中國風水
與
建築選址

● 一丁　雨露　洪涌　編著

Geomancy and the Selection of Architecture Placement in Ancient China

藝術家出版社印行

內容提要

　　中國古代風水與建築選址是中華民族傳統文化的重要內容之一，風水作為地理要素的環境內涵有其科學的一面。本書從考古發現的風水起源，介紹了古人對風水與建築及其選址之間密不可分關係的認識；昭示了風水與易經、八卦、曆法以及陰陽變易、天人合一、五行循環、大地經絡諸多領域之間的互補關係；展現了風水用於古都（北京、南京、長安、洛陽等）選址、城鎮布局、村落聚散、民宅（陰宅、陽宅）營建等方面的方法、手段和重要作用。最後簡述了古今著名學者論風水及風水的國際研究與學術活動等。

Abstract

　　Geomancy and the selection of architecture placement in ancient China is one of the important constituents of the Chinese traditional culture. As a geographical, environmental element, geomancy connotes science in some aspects. Based on the origin of geomancy identified in archaeological findings, this book introduces how ancient people understood the close relationship between geomancy and the selection of architecture placement, it also reveals the supplementary interrelationship between geomancy and Book of Changes (Yih-Jing), the eight diagrams, calendar, changes of Yin and Yang, the unity of man and the heaven, the cycle of Five Elements and veins and arteries of the earth etc. It shows the way to apply geomancy in the location selection of ancient capitals such as Beijing, Nanjing, Changan and Luoyang, cities and towns, village settlements, houses and tombs and shows the important role of geomancy as well in the construction. The last chapter briefly introduces the thesises on geomancy written by famous ancient and modern, domestic and foreign scholars, and the international studies on geomancy and its academic activities are also included.

序言

人生活於天地之間，一時一刻也不能脫離周圍的環境。地理環境在地表分布是千差萬別的，它具有不平衡性。因此，客觀上存在著相對較好的、適合於人們生活的、給人們帶來幸運和隱藏著吉祥與幸福的環境。也有相對而言比較險惡、危險，給人們生活帶來不便、困苦和不吉利的環境。人們本能地要選擇、建設、創造自己周圍的環境。這就包括了建設創造城市、村落和住宿的宅屋。選擇和建造適合於人們生活的美麗、舒適、祥和、吉利的生活空間。人們置身於其中，生活、生產、工作均有方便、舒適、安全之感。美麗而富於特色的環境景觀，還會使人們的心靈受到感染與鼓舞，使人們充滿美好的情緒與崇高的理想。以此為精神嚮導，促進事業的成功並帶來光明的前途。

福、祿、榮、壽人所嚮往；艱、難、危、困人所趨避；飢、寒、貧、苦人所難忍。趨利避害之心，是人群本能的反應，人皆有之。於是，在中國——這東方文明的發祥地，逐漸形成了依古代社會意識而為系統的「風水」。以此來考察周圍的環境，擇其吉而避其凶，營建城市、村落、居室等。

我們中華民族是世界上一個具有獨立文化系統與古老文化傳統的民族。黃河流域是中華民族的祖先之地、父母之邦，是黃河文化早先賴以生息和繁衍的故鄉。導源於黃河文化流域的中華民族文化，有如一個偉大的生命。從遙遠的古代，逐漸匯積大小百條支流，形成浩淼無垠的水體，奔騰澎湃，以穿石之功一波三折、九曲回腸地橫越群山，經黃土高原、華北平原奔流向大海。

這個生命因其有天縱聖哲的歷史淵源，方顯見其系統而偉大。真是千丈之木，本於一根；源遠之川，浩蕩無疆；根網深固，樹木方能欣欣向榮、灼灼有光；大河源遠，方能聚匯千流、接納百川。

國於天地，必有以立。何以立國，惟民族精神是賴。民族精神根源優秀的民族文化。中華民族優秀的文化，是滋養民族生存，維繫民族團結，維護國家獨立與統一，推動民族進步、發展和繁榮的精神力量。我們要愛國，要進行愛國主義教育，就要挺起自己民族文化的脊梁骨。

中華民族的文化，本於大公，發於至誠，歸於仁義，成於力行，蘊藏著許多人類深邃的智慧，這像一曲又一曲行雲流水般的美妙樂章。她那天籟自然的神韻，經歷了千百年時間的考驗，仍然打動著一代又一代中國人的心扉。她超越民族、超越國界、超越時空，也使全世界許多國家的學者為之傾倒，許多國際友人受到感染。她能啟迪智慧、淨心化靈，提高人們的品味。因此，黃河文化自身有著旺盛的生命活力和強大的感召力。

科學史是文化史中的重要組成部分。

中華文化的偉大，也在於她科學思想的廣博、深厚與細密。她作為東方科學文化體系，與淵源於古希臘、古羅馬並演變到今天歐美的西方科學文化體系，長期交光互影、互相滲透而又各自獨立發展，並不遜色。只是近百年來，災難深重的中華民族，才在科學上比西方落後了。如何對待中國的傳統科學？英國李約瑟博士說：「至於遠東文明，特別是其中最古老而又最重要的中國文明對科學、科學思想和技術的貢獻，直到今天仍然被雲霧所遮蔽，而沒有被人們所認識。」然而，中國古代從天文、曆法、物理、化學、數學、地理、生物、建築、陶瓷、冶金、醫學、農學一直到「四大發明」的偉大成就，都碩果纍纍，燦如繁星。這極大地豐富了人類文化的寶庫，推動了世界文明的進程。當今國外有科學家預言說：只有東、西方科學文化的結合，才能創建二十一世紀未來的世界科學。

中華文化的兼容精神，正像漢代偉大史學家司馬遷所提出的那樣，是一種「究天人之際」的文化。從「近取諸身，遠取諸物」、「天垂象，聖人則之」的觀察研究中，認識到天地有正氣；「大道之行也，天下為公。」大公無私是中華民族理想的美德。「天行健，君子以自強不息！」奮發有為、勤勞刻苦、剛正自強、維護正義、堅韌不拔、精誠所至、金石為開，這是中華民族的精神。各時代湧現出來的仁人志士，以天下為己任，捨生取義，濟世救蔽是黃河文化的精英。

中華文化有寬厚、仁慈的精神。「地勢坤，君子以厚物載德。」大地以博大的胸懷，慈母般地包孕萬物。我們與人相處，對周邊的民族、外來的文化也應當愛其所同，敬其所異。每當黃河文化興盛發展之時，總是表現出博大的氣度，對外來文化兼收並容，以旺盛的消化力，「化」掉域外傳入的許多好東西。因而能博採眾長，鑄成博大精深的文化內涵。

世界上任何一種古文化，都難免有其時代局限性的一面。我們「讀古書，當明古誼；居今世，不違今人。」推陳出新，化腐朽為神奇，使優秀的中華民族文化，一代又一代地發揚光大。中國古代的風水與建築選址是不可忽視的文化內容之一。整理、研究風水與建築選址是理所應當的。

在遠古時代，人們就依照當時的社會意識，逐漸形成了考察周圍的環境，擇其吉而避其凶，營築宅址與村落。中國古代的風水地理是在當時哲學觀念與民俗意識支配之下，為了選擇與建造生活環境，為使城市、村落、住宅、墓地趨利避害而發展起來的環境評價系統。它包含了對自然環境和社會文化環境進行地形分析、區位與方向分析、環境規劃布局的學術思想與方法。人們在生產生活中發現所選擇的地址、所布局的環境，如果得當，那就會給人們帶來鴻運；如果地理環境選擇、布局不當，就會給人們帶來禍殃。於是人們總結其中的經驗，並用當時的文化意識觀念來解釋它，這就是風水。

風水從字面上來理解，「風」是流動著的空氣；「水」是大地的血脈、萬物生長的依靠。有風、有水的地方就有生命和生氣，萬物就能生長，人群就能生活。風水好的吉祥地總是生氣勃勃、欣欣向榮。風水壞的地方總是暗伏危機、一片荒涼、充滿恐怖。風水又稱「堪輿」。什麼叫「堪輿」呢？西漢司馬遷《史記》中已有「堪輿家」的專有名詞。《漢書·藝文志》中也有《堪輿金匱》的書目。在中國古代的文意裡，「堪」是天道、高處；「輿」是地道、低處。「堪輿」是指研究天道、地道之間，特別是地形高下之間的學問。它是以當時有機論自然觀為基礎，把當時天文、氣候、大地、水文、生態環境等內容引進選擇地址、布建環境的藝術之中。

風水發生於中國，它和《易經》關係密切。《易經》是中國的一部最為偉大的書。要研究中國的學問，談中國的文化，不能不研究《易經》。中國文化思想的深厚、廣大及細密，其一切思想哲學基礎都與《易經》息息相關。《易經》應用於天道，例如天干、地支、氣象與節氣；

應用於地道，大地、山川、河湖、道路、城鎮、村落與住宅；應用於人道，人們的倫理觀念與行為準則等。陰陽、五行是《易經》的基礎。風水這門選擇、布建人們生活環境的學問，是以《易經》為其理論基礎的，用《易經》的觀念來指導人們選擇、布局和建造周圍的環境。認為人要配合天、效法天才能興盛發展；違背天理人情，違背自然法則就會失敗遭殃。所以風水在選擇與布建生活環境時，總是要把城市、村落、住宅等與天象結合起來。「法天象地」力求「天助、人助」。「萬物兼育而不相害，道並行而不相悖」，使人和周圍的生活環境、氣候、天象、動植物、地形等達到協和、共進、互助的關係。從而達到「天人合一」、「天人相助」而「致中和，天地位焉，萬物育焉」的境地。中國傳統的城市、村落、住宅的選址、規劃、布局，注重四方、區位，四合院、中軸線都體現了「中者，天之正道」。

這樣的東方風水，早與中國的中醫、針灸一起，引起了西方學者的強烈興趣。

一九八六年前後，紐西蘭奧克蘭大學的人文地理高級講師尹弘基（Hong-Key Yoon）博士，希望我推荐他申請基金並邀請他到中國考察中國大陸的風水學問。

尹弘基是韓國出生並在美國地理界著名的柏克萊大學獲得博士學位的人文地理學者。他是世界著名的人文地理大師C. O. Sauer教授的最後一位博士生。他也曾師從柏克萊大學地理系的Clacken教授和民俗社會學系的Wolfram Eberbard教授。尹弘基在他們的指導下，當時已從事風水研究二十餘年，完成《韓國堪輿的研究》博士論文等專著多部和在國際上知名的地理雜誌發表風水論文多篇。他之所以醉心要到中國來，是因為他提出了一個學術設想，即風水起源於中國黃土高原的窰洞選址、布局。他為了證實這個理論，就必須到中國考察。

我接二連三地收到他許多來信，深深地被外國人研究中國學問的精神所打動，慨然推荐他申請基金，並通過中國科學院自然科學史所楊文衡研究員共同邀請他到中國來考察。經過一年多的努力，尹弘基終於如願以償來到中國。

我們交談中，才知道早在一九七一年，他作為C. O. Sauer博士研究生，第一次走進柏克萊大學地理系辦公室，就被牆上的風水圖所吸引。可見中國古代的風水地理在國際最為著名的人文地理學家的心目中，是占有重要地位的。尹弘基那次來到中國，到西北考察，受到原陝西師範大學副校長、著名歷史地理學家史念海教授的熱情接待，進行了學術交流。

僅以我個人極有限的收集來看，事實上，外國學者研究中國風水，已經形成一種熱門學問，出版過許多著作。一九七六年，在美國加利福尼亞柏克萊大學獲得博士學位的尹弘基出版了英文版《韓國堪輿研究——風水的文化與自然的關係》一書。書中介紹了陰陽理論與風水；風水思想的哲學基礎；有關風水的地形原則；風的風水原則；水的風水原則；風水對住房與市場的影響；風水對城市和聚落的影響；風水對植物的影響；風水與佛教、儒教、道教的關係等。另外，他在一九八〇年發表在國際著名的《地學雜誌》(Geojournal)上的論文〈風水地理透視〉(The Image of Nature in Geomancy)論述了風水地理的基本原則及其在東亞的實踐。一九八二年他在上述《地學雜誌》上，又發表了〈環境決定論和風水，兩種文化，兩種概念〉的論文。一九八三年，杜登(E. P. Dutton)在紐約出版了《風水——地理位置選擇與布局的藝術》一書，全面介紹了有關風水地理位置選擇中的吉祥地物與不吉祥地物。一九六八年瑪琪(Andrew 1. Mach)在《亞洲研究》雜誌上發表〈中國風水的應用〉一文，系統地介紹了中國風水的「宅」、「乘生氣」、「局」、「行龍」、「形勢」、「理氣」、「地脈」等概念，介紹了各種風水應用情勢。一九八五年在《地學雜誌》上尹弘基又發表了〈環境循環論——中國早期的風水思想〉。此外，日本的渡邊欣雄寫了《東亞的風水思想》一書。武藏大學公開講座《風水——運勢的景

中國風水與建築選址

觀地理學》和三浦國雄、毛納毅曠的《風水與城市形象》等；日本崛込憲二的《風水思想和中國城市》；郭中瑞的《風水：中國的環境設計》。英國E．J．Eitel的《風水：古代中國神聖的景觀科學》一書影響很大。還有，國際上的各種大的報刊，如英國的泰晤士報等都常有風水文章的發表。

事實上，西方地理學的思想理論體系傳入中國，在大學裡設立地理學系還是本世紀二十年代的事。在此之前，長達四千餘年的時間裡，中國古代，自有一套地理學的理論體系，其指導思想就是《易經》與《內經》。中國古代的許多地理學偉大成就，中國古代眾多的城市、寺廟、村落、民宅的選址、布局、規劃、建設，使西方的地理學家嘆為觀止！其間是否只是技術水平的問題？其中有沒有思想體系的學問？這些學問又應當到哪裡去找呢？

就像醫學有一套西醫的系統，它是建立在細胞學說、解剖學的基礎之上；又有一套傳統的中醫系統，它是建立在陰陽、五行的整體有機理論之上，以辨別和調節人體的陰陽、虛實、表裡、寒熱為要務，以協調人體內部和人與環境的關係，這是中醫獨特之處。地理學也有兩套系統，一套源自西方的系統，另一套是傳統的中國古代地理學系統，它也是建立在陰陽、五行的理論基礎上，有天、地、生、人系統的有機、循環觀念，有「天人合一」、「天人感應」，研究「氣」、「勢」、「理」、「形」等等問題，宋代的蔡元定提出風水以辨明地形的陰陽、剛柔、高下、強弱為要務，把人類賴以生存的大地看作是一個活的有機體。傳統的中國地理學就叫做堪輿或地理，並應用於城市、聚落、民宅的選址、布局、規劃之中。傳統的中國地理學與風水有著密切的關係。

清同治六年(1880)晏聯奎著《地理求真》一書，他說，地理之學的研究，「夫地者，稟天之氣以成形，而理寓於其中。故或峙而為山，或流而為水，剛柔、清濁各分其體。即吉凶善敗之互顯其應。其成形也，有目所共識。其為理也，皆人盡可知。」不應當「吞吐其說、隱怪其行，傲於人曰，有秘訣。私諸己曰一燈油。一似地之在宇宙間，別有一道焉，而不可以常理測者也。」地理之學，「榮枯得喪，是散見人世」的。「何不關夫山川靈濁之氣，所以征應哉！」地理之學「顯諸形也，未嘗不予人以可見也。載諸理也，未嘗不令人可知也。獨奈何仰觀俯察，古聖兼盡其學。」將其「搜羅眾說，去偽存誠」，編纂成書，以求其真。這是一個整理古代風水建築文化，服務當世的可取精神。

要研究中國的國情，要認識中國的文化，對於一個歷史地理工作者來說，研究中國風水，這是一個嚴肅的科學問題。西方的地理學家已經在研究它，中國的地理工作者，更應當深入研究它。

一丁先生等編寫的這本《中國風水與建築選址》是依據現實，匯集近十年以及古代對這一文化研究的精華，力圖反映對風水研究的最新水準，是為之序。

北京大學教授、博士生導師　于希賢
於北大蔚秀園

目錄

第一章　中國古代風水的起源

第一節　尹弘基論風水因建築選址而起源

　　本文是尹弘基關於中國風水起源的早期研究以及一九八八年在陝西師範大學、北京大學和中國科學院自然科學史研究所講演的發展。它是建立在一九八八年三月三日至四月廿七日間於黃土高原以及中國其他地方進行實地考察的基礎之上的。這次考察得到奧克蘭大學研究基金的資助。

　　尹弘基認為：中國風水是為尋找建築物吉祥地點的一種景觀評價系統。這種古老的中國系統不應該歸類於或者是科學的，或者是迷信的。因為它同時包含有這兩個部分。中國風水所有的基本原則都指出確定黃土高原窰洞理想地點的因素。在分析風水原則和進行實地調查的基礎上，認為山巒起伏，附近又有水的黃土高原很有可能是中國古老風水的發源地。

　　風水確是為找尋建築物吉祥地點的景觀評價系統。它是中國古代地理選址與布局的藝術，不能按照西方概念將它簡單地稱為迷信或科學。這種獨特的選擇地點的中國系統，具有科學的成分，也有迷信的成分。

一、風水的三個前提

　　中國風水建立在以下三個前提的基礎上：

1. 某個地點比其他地點更有利於建造宅第或墳墓；

2. 吉祥地點只能按照風水的原則通過對這個地點的考察而獲得；

3. 一旦獲得和佔有了這個地點，生活在這個地點的人或埋葬在這個地點的祖先的子孫後代，都會受到這個地點的吉祥影響。

　　第一個前提是評價人類居住地點地理景觀的原則。雖然有各種各樣的地點，而只有某些類型的地點被認為適合於作為宅第或墳墓。

　　第二個前提反映了古代中國人有關選擇有利居住地點的民間科學。在中國北方惡劣的自然環境中，像黃土高原這樣冬季刮著大風，氣溫年差較大，早期的人們一定會設法選擇一個比較合適的地點，建造盡可能舒適的住房形式以保護他們免受惡劣環境的襲擊。對於黃土高原上的先民們，最好的建築形式就是挖一個窰洞。

　　風水這種居住形式成功地代表了對黃土高原環境的適應性，反映了古代中國人把他們的居住地點看作與當地環境有關的科學認識。現有證據都表明有關地形和方向的主要風水原則一定是從早期窰洞的建造者在黃土高原上的選擇地點和建造窰洞的準則中發現起來的。

第三個前提代表了風水實踐者的願望，可被認為是運用風水原則選擇吉祥地點的邏輯成果。這一前提是風水迷信成分的基礎與根源。它對風水的發展起了控制和統治的作用。

二、風水的基本原則

應用於選擇地址的風水的主要原則，可以綜合如下：

1. 周圍的地形：它需要呈馬蹄形的隱蔽地形。它以馬蹄形的山丘為靠背，前面能有臨水的開闊地形。最吉祥的地點——風水穴，位於山脊當中主山峰的山腳下。

2. 水：吉祥地本身必須是乾燥的，但距吉祥地點不遠的前方應該有水。

3. 方位：具有以上條件的地方還應該面向吉祥的方向。一般來說是向陽的方向，最好朝南。

這些基本的準則一般說來適用於尋找住宅、墳墓、廟宇和村落的吉祥地點。

三、中國風水最早起源的假設

一九七六年以前除了幾個學者用簡單假設之外，很少有人打算考證風水的起源。一些學者的風水起源假設，僅只是在文章或著作的前言當中有所表述。尹於一九七六年在分析風水的主要原則的基礎上提出了假設，今綜述如下：

1. 中國風水是由居住在具有各種各樣地形的山脈、丘陵地帶的人們所發展起來的。這一假設是以山脈和丘陵在風水中的重要性為出發點的。

2. 中國風水是在具有多種多樣氣候條件的區域中發展起來的。在風水原則中它以天氣（特別是風向）為出發點。

3. 中國風水代表人們早期對環境的自然反映。這一假設是建立在風水的主要原則都與最初的有利居住因素有關這一事實基礎上的。例如：吉祥地點本身應該乾燥但附近應該有水，應該面向有陽光的南方以免受寒風的侵襲。

4. 中國風水的最初形式都只與選擇住宅有關。後來這一技藝受到中國關於崇祖和孝道思想的影響，從而開始選擇墓地。在中國歷史上，陰宅風水往往比陽宅風水更重要，但這並不能說明陰宅風水比陽宅風水出現更早。現有證據（對風水原則的分析）都表明，既用於陽宅也用於陰宅的主要風水原則，事實上都是從陽宅風水發展起來的。例如：

(1) 吉祥地點本身應該乾燥，但附近應有水。

(2) 陰宅應該避風，陽宅也一樣。

(3) 對陽宅和陰宅來說，石頭山和草木不生的山都被認為是不吉利的。

這三個主要風水原則都被認為是早期選擇宅第（陽宅）的原則。它們相當合乎中國早期人們居住的情況。例如：人的棲息之處（宅第）需要乾燥，而附近應該有供飲用、洗滌和其他日常用的水。理想的宅第（野營地）需要使人們免受像中國北部那樣強勁寒風的襲擊。中國早期人類理想的居住地點應該靠近食物源。蔥翠的草木可能是大量食物來源的標誌。如果人們認為死人和墳墓也像活著的人在世界上一樣，需要同樣的居住條件，那麼死後的人也必然是活人生活的繼續。例如，中國人給死人供食物，這就是人們認為在墳墓中的死人也像活人一樣需要食物，那麼死後的生活也必然是活人在世上生活的繼續。

(4) 陽宅風水先於陰宅風水的另一個原因是在陽宅和陰宅中吉祥地都稱為「穴」。在古代它的意思是洞穴（土屋）而它現在也表示穴。這一傳統可能是宅第選擇的繼續。

四、風水的起源以及黃土高原早期的窯洞居住者（註一）

這些關於風水起源的最初假說後來通過中國風水有其起源之地這一想法所證實了。我認為黃土高原地區也就是綿延起伏的山丘和朝著黃河流去的河流附近，可能就是中國古代風水的發源地。黃土高原上窯洞居住者發展了這種風水。我的想法又是建立在分析中國風水原則的基礎上。中國風水的這些基本原則都指出了確定寒冷多風黃土高原上窯洞理想位置的因素。

現以下面四點為基礎論述中國風水首先是由在黃土高原上的窯洞居住者所發展起來的。

1. 地形條件：吉祥地點的地形，背山臨水，前面有開闊地（通常朝南），這最適合於北方居住的條件。它既擋住了冬天從北方西伯利亞吹來的冷風，又能保證得到最多的日照。事實上，背靠山，前臨開闊地是窯洞最主要和關鍵的地形條件。因為所有的居住窯洞都是從背靠的山挖出來的。

2. 土壤條件：理想的土壤是質地堅硬而又細膩的黃土，像壓實了的精製黃豆粉。這也很可能是對典型黃土條件的描述。這是挖窯洞理想的土壤條件。

3. 中國五行和五色的宇宙論：在中國古代的顏色宇宙論中，紅色象徵南方；黑色代表北方；青色象徵東方；白色代表西方；而黃色象徵中心。在五行說宇宙論中，火代表南方；水代表北方；木代表東方；金代表西方；土（土壤）代表中心。

雖然五行、五色為什麼會代表一定的方向，其確切的原因尚不清楚，但可以有理由推斷，它們代表著中國北方以黃土高原為中心四個方向的自然環境條件。例如：紅色暗示火，朝南的房屋冬天較溫暖。黑色暗示陰冷，把水定為北方用以熄滅溫暖之源的火。這就講得通了。東方是太陽升起的方向，它與生命、活力聯繫在一起。青色是生機的象徵，由東方來代表才合適。西方和白色以及金的聯繫在五行裡都比較難於解釋。然而，西方是太陽落下去的方向，是東方相反的方向，因此代表死和結果（果實）。白色可能代表蒼白的面色，是疾病或者缺少活力的表現，是中國西部沙漠景觀的象徵。

中的象徵在五色中是黃色，在五行中是土。除了黃土（中國北方黃色的土壤）以外，很難得出像日出、日落這樣的自然現象。確實，當中國字「黃」和「土」結合起來時，它們就形成中國用語「黃土」。再說，中國黃色是土黃色，也就是黃土的顏色。早期的中國文化就是從這塊黃色土地上產生出來的，並擴展到黃土高原以外的地區。黃土高原上早期窯洞居住者向外移居才發現在新的地方，土壤不再是黃顏色的。因此，我認為把黃色定為中心是與居住在黃土窯洞中的中國人早期的家有關。「家」意味著起源和中心。在中國宇宙論中，「中」代表絕對中性、平靜和穩定。這反映了「理想之家」的特點。可能，古代中國人會認為黃土高原是世界真正的中心。甚至現代中國人稱他們的國家為中國。它的涵義是中心的國家。

4. 穴——中國風水的吉祥地點：風水中最吉祥的地點稱為穴，這並不意味確實有一個洞穴。中國字「穴」起初表示洞穴，現在的意義主要也仍然是洞穴。現在風水中它作為一種比喻，用以指風水中任何吉祥地點，而並不指真正的洞穴。在風水中將吉祥之地稱為「穴」的古老慣例，可以認為是試圖尋找或建造一個理想的洞穴的居住者傳下來的。演化到今天，找到穴在風水中表示找到吉祥之地。

五、野外考察的印象

通過在陝西省黃陵縣對窯洞的實地考察，得以證實了早年的想法，即基本的風水原則與尋找

理想的洞穴之地是一致的。從所看到的中國中部和北部的房屋形式來看，確信風水原則最適合於尋找理想的洞穴之地。事實上，其他形式的房屋不需要像窯洞那樣注意有關觀測地形和方向的最初原則。基本的風水原則就是對洞穴理想位置的主要描述，這一點看來是很明顯的。例如：風水中最主要的地形原則，吉祥地背山臨水可能很恰當地指出了洞穴地點的理想位置。窯洞需要以崖壁為依靠用以挖洞。確實，黃土高原上一般的窯洞都可能坐落在山腳下，而前面通常都有開闊地。前面的平地是院子，用於備耕和飼養家畜。這種地形在風水中稱作吉祥之地。

窯洞本身不應該有水，因為潮濕的地方不是舒適的棲身之處。水還會加速窯洞的毀壞。然而，人們在窯洞附近需要日常用水。如果窯洞朝南，就可以充分利用陽光。在陝西省黃陵縣實地調查發現，幾乎所有的窯洞都朝南（南、東南或西南）方。

建造窯洞理想的土壤是純淨的黃土，它結構緊密、質地優良，呈黃色，否則挖窯洞就不安全。例如含礫石的不純淨的黃土可能是今後窯洞不穩固的標誌。含有少量雜質的黃土，其顏色可能意味著有一個縫隙，水曾從中滲出來。

對基本風水原則的分析以及對窯洞的實地考察都表明，風水起源於具有連綿起伏的山丘以及可利用的水的地方，亦即黃土高原上。事實上，這些基本風水原則都主要敘述了尋找窯洞基址的理想條件。因此，這裡提出風水的最初形式是尋找吉祥窯洞地點的一般準則。

此後，風水才逐步用於建造不同形式的房屋、廟宇、官府、城市及墳墓。陰宅風水的主要原則都來自陽宅風水並與之相同。

當風水術從黃土高原擴散到其他區域，它的主要原則仍然保留下來。甚至於運用到華東平原和華南等具有不同氣候和地形條件的地方。甚至在與黃土高原風水發源地環境完全不同的地方，其吉祥地的理想條件也只是做些微小的調整。像在華東平原上，風水先生自圓其說地把隆起一英寸的小包稱為山，而把低下去一英寸的窪地稱為水。為與最初風水原則更加符合，馬蹄形的水系在某種情況下代替馬蹄形的山脈作為屏障。在風水原則中，有時方位成為最主要的。我認為這些修改是後來發展起來的，以適應平原地區的需要。

開始作為選擇住宅地技藝的風水，在選擇宅址和墓地的過程中逐漸帶有宗教和迷信的色彩。隨著時間的流逝，風水的科學成分逐漸在蛻變，風水術由於不斷增加更為明細的帶有迷信色彩的預言而變化。例如：某些地方利於出高官；某些地方利於發財；某些地方利於多子。為了尋找吉祥地點，產生了許多帶有迷信色彩的預言。對於環境，早期僅只評估為「好」或「壞」。

風水被傳播到鄰國，包括韓國、日本和越南。可以相信，風水術是與早期的文化傳播一起從中國到達這些國家的。韓國和日本的古都所在地都有些比較具體的證據，可以說明這些國家受到風水思想的影響。風水術被認為可能在韓國的百濟、新羅和高句麗時期傳到日本。在漢文化圈中，日本奈良、京都，其周圍地形比中國唐代的都城長安以及其他古都更接近於韓國的慶州和漢城。中國的風水也深刻影響了中國、韓國、日本的佛教寺廟。西安、北京和南京的一些寺廟，它們差不多都坐落在風水的吉祥地上，有著吉祥的方向。韓國和日本的寺廟，兩國的絕大多數佛教寺廟，也都在風水的吉祥地點。當然，評述風水對東亞文化的影響超出了本文題目範圍。

六、結論和建議

從實地考察和對風水原則的分析，都有適當的證據說明，風水是從黃土高原連綿起伏的山區，

由窯洞居住者為尋找理想的洞穴而發展起來的。主要的風水原則看來是理想的窯洞條件的反映。風水的主要原則不是迷信的。雖然風水術包含較多的迷信成分，但它的某些原則卻反映了早期中國人為尋找理想的居住地點對環境條件的科學認識。優先選擇朝南、向陽的方向和背靠一地以避風，是風水原則具有科學性的一些例證。風水研究者最迫切的任務之一可能是區分出哪些風水原則是科學的，哪些是不科學的。

當今在世界上研究中國風水的學者寥寥無幾。在中國，據我了解風水在現代學者中並沒有受到認真對待。然而我感到，中國科學史研究者和歷史地理學者尤需分析風水性質和風水對中國科學和中國文化的影響。風水原理和細則是中國古代科學思想的重要源泉。例如，風水可能是中國古代自然環境水循環觀的源泉；風水術制定了特殊的繪圖法，並且很可能是中國地形分類的最早形式。

目前，也應將迷信從風水中分離出來。在良田之中蔓延著新的墳墓，表明了風水對人們生活的不良影響。然而為了使人們不再這樣運用風水，非得通過研究風水才可以解決。主觀地否定風水似乎不存在，或者裝成看不見風水的存在是不能解決問題的。可以說，為了解決問題不能繞過它，只能通過研究來正視它。

為了開導由於相信風水迷信成分而盲目運用風水的人們，學者們需要科學地研究風水，讓人們懂得風水的哪些方面是科學的，哪些是不足取的。在擔負起這一任務的過程中，研究風水的原理、起源和發展，科學地認識風水是至關重要的。

尹弘基提出的關於中國風水與建築起源的意見是很好的。可惜他作為一個外國人，對中國的文化與文獻了解還不夠。經多年研究，可以提出許多有關風水的實證材料。

〔注釋與參考文獻〕

註一　這一部分是以尹弘基的論文《中國風水的性質和起源》為基礎，Eratosthene-Sphragide 1, 1986 年，洛桑，第 93 ～ 99 頁。

第二節　考古發現的風水起源

人生天地之間，一時一刻也不能脫離周圍的生活環境。人和環境總是從不間斷地進行物質、能量、意識、感情磁場等多方面的交流。而周圍總是有相對較好、較舒適、安全、令人充滿希望的環境；也有相對而言比較險惡、有危險、生活不便、發展不利、使人艱難困苦的環境。從人生活和發展的角度來看，在選擇、建造、布局環境的過程中，趨利避害之心，是人類一種本能的反應，人皆有之。

現在全世界都公認，風水起源於中國。紐西蘭奧克蘭大學的尹弘基教授提出風水起源於中國黃土高原的窯洞、半窯洞的選址與布局。今以事實補充如下：

一、仰韶半坡村的風水例證

事實上，六千多年前黃土高原陝西西安半坡的仰韶文化，已經是一個典型的風水例證 （圖1-1）。

距今六千年前有一項偉大工程，這就是圍繞西安半坡

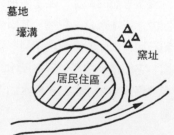

圖 1-1　半坡村原始村落
西安半坡仰韶依山面水，
二水交匯合口風水形局。

原始村落遺址的大濠溝及貫穿遺址中心的一條東西溝道。

　　環繞村落的大濠溝，是一條為保護居住區和全體公社成員的安全而作的防禦工程，有如古代的城牆或城濠的作用。濠溝規模相當大，平面呈南北長不規則的圓形（圖1-2），全長三百餘米，寬6～8米，深5～6米，上寬下窄，像現在的水渠一樣。靠居住區一邊的溝沿高出對面溝

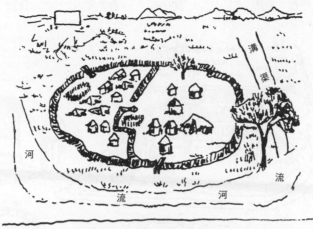

圖1-2　原始村落平面布置

沿約1米，這是挖溝時將掘出的土堆積在內口沿形成的，起加強防衛的作用。

　　穿過村落中心的一條溝道，把居住區分成南北兩半，溝道中間偏東處有一缺口，缺口中間是一個家畜圈欄。溝的長度除去已破壞的，現長53米，深、寬平均各1.8米。其用途可能是區分兩個不同氏族的界線。

　　上述兩條大溝合共全長350多米，深寬各取平均值計算，總計土方11700多立方米。假如以今一人每天用鐵鋤、鐵鍬挖土2.5立方米計算，則這兩條溝道需時四千六百八十天，以百人計，則需時一年零兩個多月；若以每輛卡車裝土3立方米計算，則可裝三千五百九十多輛。可以想見工程的浩大和艱鉅。

　　半圓形的濠溝和其下的流水在居民區的東南組成一個兩水交匯的「合口」。這正是風水形局。

　　相地之法，大約起源於原始聚落的營建。在原始社會的早期，氏族部落生活以漁獵、採集食物為主，他們逐水草而居，過著動蕩不定的游牧生活。到距今約六、七千年前的仰韶文化時期，此時的母系氏族社會已進入了以農耕為主的經濟，於是開始了穩定的定居生活，由此而導致了擇地的需求。仰韶文化的氏族村落，都分布在河流兩岸的黃土台地上。河流轉彎或兩河交匯的地方，更是當時人們喜居的地方。這不僅可以避免洪水的侵襲和方便汲水，而且還是適於農業、畜牧、狩獵和捕魚等生產活動的好地方。著名的西安半坡村仰韶文化村落遺址，就坐落在一塊面臨滻河的凸地上（圖1-3），南依白鹿原，再向南橫亙著雄偉的秦嶺山脈。在古代，白鹿原上

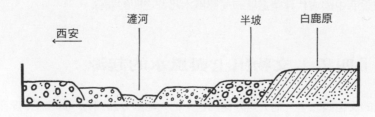

圖1-3　半坡坐落於滻河二級階地示意圖

15

生長著茂密的樹木，滻河裡流著清澈的河水。人們在這裡安居樂業，過著原始氏族公社的生活。這個遺址總面積有一萬多平方米，由居住區、製陶作坊和公共墓地三部分組成。僅居住區就已發現房屋四十六座，從發掘資料看，當時的建築技術已經有了相當的水準（圖1-4）。這說明當時人們已較重視聚落的選址。

　　人類最早的居住，是從「巢居」和「穴居」開始的。隨著生產和文化的發展，人類創造了「房

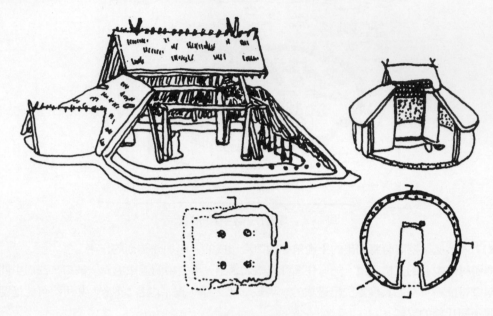

圖1-4　半坡遺址大方房子復原圖

屋」，這是人類居住條件的一個飛躍，是對原來「巢居」和「穴居」的一個否定。但隨著生產、文化和人口的進一步發展，原來的一般居室又不能適應人類的要求，所以又往現代化的「巢居」——樓房、現代化的「穴居」——窯洞發展。這在人類居住條件的歷史上，又是一個飛躍。

　　我國的先民在卜基選址的過程中，逐步認識到選址得當會給生活帶來吉祥，選址布局不當會給自身帶來禍殃。卜基的方法和儀式雖和周易預測的方法有關，儀式和卜辭的語言也表明了受「上天」的啟示，可是內容和過程卻是與實地考察、觀察地形、「嘗水相土」以及地理調查和測量有關。選址注意「藏風得水」，布局注意風、氣、水、土、向，在畜牧、農耕、安全、交通等方面有了精細的考察與選擇。

二、先民在黃土高原從穴居到巢居過程示意圖

　　圖1-5至圖1-12就是先民在黃土高原、黃土地上從穴居到巢居過程中，注重風水的一些示意圖。它有力地說明中國古代建築選址布局與風水起源之間的關係。

第三節　「四象」文物出土與風水的起源

　　在中國傳統的文化觀念中，把天空分為四宮；把大地劃分為四方，即東蒼（青）龍；西白虎；

圖1-5　橫穴

圖1-6　過渡形態穴

枝葉臨時性掩蓋

圖1-7　袋形豎穴（1）

活動頂蓋

圖1-8　袋形豎穴（2）

圖1-9　半穴居前室後寢

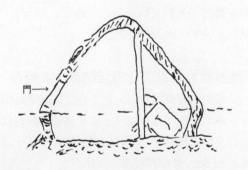

門→

圖1-10　穴壁木骨泥牆，門仍開在屋上

圖1-11　直壁淺穴的半穴居

窗→

圖1-12　屋垣宮室的內部結構

南朱雀；北玄武。用它與春、夏、秋、冬的四季和天空的二十八星宿相對應。有關這一「四象」概念之起源問題，前人竺可楨（註一）、夏鼐（註二）、錢寶琮（註三）等已多有研究，形成不同的見解。很可惜，這些前輩學者未能見到近年出土的四象與二十八宿文物圖象。其實，我國「四象」概念起源甚早，今介紹如下。

一、「四象」概念與二十八宿、四季劃分關係密切

在中國古代，天象、地理、氣候的觀念相通。在風水地理中，東蒼（青）龍、西白虎、南朱雀、北玄武是最為廣泛應用的術語。找到與之有關的圖象和文獻記載便認為是古人運用風水進行選址、布局的見證（註四）。在一年四季的劃分中，蒼（青）龍為青；朱雀為夏；白虎為秋；玄武為冬。有關的圖象與文字相應代表了古人對季節的認識。在天象上，東宮蒼（青）龍，對應角、亢、氐、房、心、尾、箕七宿。西宮白虎，對應奎、婁、胃、昴、畢、觜、參七宿。南宮朱雀，對應井、鬼、柳、星、張、翼、軫七宿。北宮玄武，對應斗、牛、女、虛、危、室、壁七宿。竺可楨根據二十八宿星名斷定沿赤道把天空劃分為四宮（或四象即蒼龍、白虎、朱雀、玄武），二者關係密切不可分（註五）。王健民等認為「二十八宿的創立與四象是緊密地聯繫的」（註六）。二十八宿的定位必須有四象的觀念。四象的測定又需據二十八宿的位置。古人據春分前後初昏之時的天象測定四象。此時東方七宿的中心房宿正當東方地平線附近。西方七宿的中心昴宿正當西方地平線附近。南方七宿的中心星宿正當上中天正南的位置。北方七宿的中心虛宿正處在下中天，即地平線以下與星宿相對應的位置（註七）。而春分這一天的確定是劃分一年四季的關鍵。

對於這樣一個天文、地理、氣候概念的出現，古人是以蒼（青）龍、白虎、朱雀、玄武，用動物的形象來象徵之。人們又稱它為「四神獸」。所以，「四神獸」文物圖象的研究，對中國古代科學技術史有著廣泛而又特殊的意義。

二、河南濮陽西水坡仰韶文化遺址的龍、虎圖象

迄今為止，我國最早的東方青龍、西方白虎的圖形是出土於仰韶文化時代的墓葬中。仰韶文化約當距今六千多年。在河南濮陽西水坡，屬於仰韶時代的文化遺址有第二、三、四、五層。45號墓（圖1-13）在第四層之下，打破第五層和生土。這說明它是仰韶早期。「墓主人為一壯年男性，身長1.84米，仰身直肢葬，頭南足北，埋於墓室正中。」「左右兩側，用蚌殼精心擺塑龍、虎圖案。蚌殼龍圖案擺於人骨架的右側，頭朝北，背朝西，身長1.78米，高0.67米。龍昂首、曲頸、弓身、長尾，前手扒，後抓登，狀似騰飛。虎圖案位於人骨架的左側，頭朝北，背朝東，身長1.39米，高0.63米。虎頭微低，圓目圓睜，張口露齒，虎尾下垂，四肢交遞，如行走狀，形似下山之猛虎。另外，在虎圖案的西部和北部，還分別有兩處蚌殼…」（註八）（圖1-14）。

此發掘簡報發表於一九八八年，在此之前，研究中國科學技術史的學者竺可楨認為「在殷墟時代殆已有四陸」（註九）。日人新城新藏認為「四陸起於春秋中期以後」（註十）。這一考古發掘的實物證明，我國四象之中的左（東方）青龍，右（西方）白虎的觀念至少在距今六千年前的仰韶文化時期就已經出現了。把四象起源的認識，提早了兩三千年。

濮陽古稱「顓頊遺都」。《史記·五帝本紀·集解》引《皇覽》稱：「顓頊冢在東郡濮陽頓丘城門外廣陽里中。」《帝王世家》也說：「顓頊葬於東郡頓丘，城南廣陽里大冢是也。」司馬

中國風水與建築選址

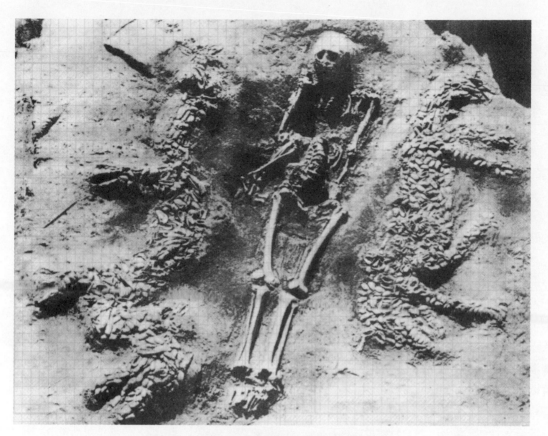

圖1-13 仰韶文化時期東青龍西白虎圖

（河南濮陽西水坡遺址第45號墓，局部）（《文物》1988年7期）

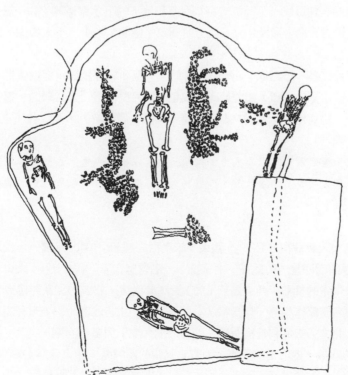

圖1-14 河南西水坡遺址45號墓龍虎圖

遷《史記》說：「少皡氏之衰也，九黎亂德，民神雜擾，不可放物，禍災荐至，莫盡其氣。顓頊受之，乃命南正重司天以屬神，火正黎司地以屬民。」（註十一）竺可楨研究「顓頊建立了兩個官職，一個觀測恒星的上中天，另一個則守望『火』的昏見」。顓頊時代已有專人負責對二十八宿的觀察。這與濮陽仰韶時期龍、虎圖象的出土，又可能完全是偶然巧合，其間是會有聯繫的。另外，西安半坡遺址的分布與周圍地形、水系的關係已附合風水選址原則。

圖 1-15　四神獸豐京瓦當

三、宗周豐京瓦當的四神獸

考古發現，遠在晚商先周時期，宗周的豐京瓦當中，已有四神獸的塑飾（圖1-15）。此圖早已載入一九三八年商務印書館的《中國文化史》叢書，其《中國建築史》的作者伊東忠太及譯補者陳清泉斷定它是「宗周豐京瓦當」，說此圖「據《石索》六所載」，「四神之像，雖磨滅而不鮮明，但中央之『韭』字，則極明了」（註十二）。

豐京的建築年代在周武王伐商之前。《詩經‧文王有聲》篇中說：「文王受命，有此武功，即伐於崇，作邑於豐。」豐京營建於晚商之時，周伐崇之後，規模十分可觀。故城遺址大約在今陝西省渭河支流的灃河西岸。今為西至靈沼河，北至客省莊、張家坡，南到秦渡鎮的範圍之中。今這裡仍發現密集的居住遺址、墓葬坑、夯築台基和地下的下水管道等（註十三）。在此豐京四神獸的瓦當上，東方青龍，形象生動。西方的圖象，像熊、像牛，不太像虎。這是為什麼呢？

在商代武丁時期的甲骨文裡，已記錄了二十八宿中的火、鳥、昴等星宿。這就使得在國際上爭論了幾百年的二十八宿起源於中國，起源於印度或起源於阿拉伯這一天文難題，獲得了徹底的解決。世傳記載二十八宿與四象結合的文獻，首推《周禮‧考工記》，其文如下：

軫之方也，以象地也。蓋之圜也，以象天也。輪輻三十，以象日月也。蓋弓二十有八，以象星也。龍旂九斿，以象大火也。鳥旟七斿，以象鶉火也。熊旗六斿，以象伐也，龜蛇四斿，以象營室也。（註十四）

《周禮注疏》說：「大火，蒼龍宿之心。」「鶉火，朱鳥宿之柳。」「熊虎為旗……伐為虎，金色。」「玄武宿與東壁連體而四星……此星一名室壁，一名營室。」（註十五）大火是東方蒼龍的心宿；鶉火是南方朱雀的柳宿；西方是熊（虎）對應於伐宿；北方的玄武對應於營宿。二十八宿的名稱與四象的名稱緊密相連。如角宿、心宿、尾宿和東方的蒼（青）龍有關。南方的朱雀和鶉火星宿有關；北方的玄武和營宿有關。西方的熊（虎）與參宿有關。

《周禮‧考工記》中的四象，西方是熊及虎。而豐京瓦當的四神獸，西方像熊（虎）之狀。這一豐京四神獸是先周之物，距今已有三千多年了。它與《周禮‧考工記》所載相吻合，說明在先周之時二十八宿與四象相配合不僅已起源、出現，而且已成為固定的模式，反映在宮城建築

的材料之上了。

在我國，古籍文獻之多世所難匹，但在一段時間內對其記載的可靠程度，疑霧重重、莫衷一是。以記錄仲星測定的《尚書‧堯典》為例，就經歷了一個極為曲折的過程。席宗澤先生總結說：「我國歷史學界受歐洲科學的影響，對古史材料重新評價的口號高唱入雲，作為儒家最早經典的《尚書》（又名《書經》或《書》）便首先受到懷疑，認為是後人偽作。一時疑古派很占優勢。」（註十六）在疑古派出現之前，《尚書‧堯典》被認為是記錄有關夏朝初年的史實。疑古派考證，認為它是戰國時代的偽作。

竺可楨、趙莊愚據《尚書‧堯典》中「日中星鳥，以殷仲春」「日永星火，以正仲夏」「宵中星虛，以殷仲秋」「日短星昂，以正仲冬」的記載，用歲差之法測算得四仲星構成一個系統，確屬於四千多年前夏朝初年時代的天象（註十七）。證實了古書記載，在後世長期流傳中，難免有後人整理的印記，但其內容必有所本，絕非後人有意偽作。

《周禮‧夏官》說：「季春火星始見，出之以宣其氣，季秋火星始伏，納之以息其氣。」《周禮‧春官》說：「馮相氏掌……二十有八星之位，辨其敘事，以會天位；冬夏致日，春秋致月，以辨四時之敘。」《周禮‧秋官》中說：「哲簇氏掌覆夭鳥之巢……二十有八星之號。」（註十八）按其內容來看，已有專門的官職從事二十八宿的天象觀測。傳統儒家的看法認為《周禮》是記錄西周初年周公時代的官制，疑古派史學家認為是戰國時代的偽作。關於《周禮‧考工記》，一些史學家只注意到它是西漢時補入。鄭玄所記原文為：「此篇司空之官也。司空篇亡。漢興，千金購求不得。此前識其事者記錄，以備大數爾」（註十九）。西漢時找不到原著，也並非虛構偽造，而是根據「前識其事者記錄」，其內容是有根據的。文字不一定十分準確，僅只「以備大數」。其中四象的記錄，特別是西方記為熊，與豐京瓦當有相似之處，值得注意。

四、湖北隨縣曾侯乙墓的二十八宿與青龍、白虎圖象

一九七八年在湖北隨縣擂鼓墩發掘出了西元前四三三年或稍後的曾侯乙墓。「在墓的東室一件漆箱蓋的面上，環繞中心的大『斗』字，有一圈二十八宿的古代名稱。蓋兩端繪有青龍、白虎的圖象」（註二十）（圖1-16）。圖中反映了當時四象與二十八宿早已融於民俗生活之中。其內容又集中體現了《史記‧天官書》的記錄，即北斗七星的「斗」在當中。二十八宿與四象相對應，係當時全部、完整的二十八宿名稱（圖1-17）。其科學意義在於它反映了二十八宿與四象之間不可分割的密切關係，「它把我國二十八宿全部名稱的可靠記載提到戰國初期」（圖1-18），「把四象出現的時代也從過去認為的秦漢提早到戰國初期。」（註二十一）

此後秦漢以來四神獸瓦當已相當普遍（圖1-19）。至唐代二十八宿、四象、八卦相配成為民間社會習俗不可分割的一部分。

總之，河南濮陽青龍、白虎圖的出土，豐京四神獸瓦當的發現，是天文、地理科學技術史可資研究的重要材料。

〔注釋與參考文獻〕

註一　竺可楨：《二十八宿起源之時代與地點》及《二十八宿的起源》，兩文均見《竺可楨文集》，科學出版社，1979年版。

註二　夏鼐：《從宣化遼墓的星圖論二十八宿和黃道十二宮》，見《考古學報》，1976年第2期。

註三　錢寶琮：《論二十八宿之來歷》，見《錢寶琮科學史論文選集》，科學出版社，1983年本第327-351頁。

註四　尹弘基：《風水地理透視》，The Image of Nature in Geomancy, Geojournal 1/4. 4 341-348/1980。

圖 1-16　漆二十八宿匵（長 83 厘米，寬 49 厘米）

此圖為匵的器蓋，裡表均塗黑漆，蓋面用紅漆繪青龍、白虎、卷雲紋和北斗星座並書寫二十八宿名稱。二十八宿名與《史記‧天官書》所載基本相同。器旁陰刻 "後匵"、"口口之匵" 文字《說文‧匚部》："匵，骨器也，從匚，匵聲。" 隨縣戰國墓中出土的此類器物，不少的銘文為匵，證明《說文》所釋有據，而且也是我們第一次見到的匵的具體器形。

圖 1-17　漆后羿射日匵（長 83 厘米，寬 49 厘米）

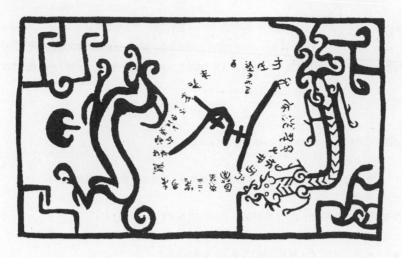

圖 1-18　漆箱蓋面圖象（摹本）
公元前 433 年或稍後基葬中青龍、白虎配二十八宿名稱（《文物》1979 年 7 期）

龍紋　　　　　　　　　　　虎紋

朱雀紋　　　　　　　　　　　玄武紋

圖1-19　漢長安城的四砂神瓦當

註五　見 Joseph Needham: Science and Civilisation in Chaina, Volume Ⅲ, PP. 171-494, The Sciences of The Heavens, Cambridge University Press, 1959。古代文獻中，四象的記載要比二十八宿晚得多，過去一般都把四象出現的時代，定在秦漢，認為四象劃分是二十八宿產生以後的事。還有人認為，四象起源於圖騰，但未說明具體時間。考古出土的龍、虎圖象證明四象起源很早。

註六　王健民等：《曾侯乙墓出土的二十八宿青龍白虎圖象》，《文物》，1979 年第 7 期。

註七　同註六。

註八　《河南濮陽西水坡遺址發掘簡報》，見《文物》1988 年第 3 期，1-6 頁。

註九　同註一。

註十　新城新藏：《二十八宿起源說》，東洋天文史研究，第四篇，沈璿譯本，1933 年中華學生出版社。

註十一　司馬遷：《史記》，卷 26。

註十二　伊東忠太著、陳清泉譯補：《中國建築史》，第 87 頁，《中國文化叢書》，上海書店本。

註十三　《新中國的考古發現》，文物出版社本。

註十四　見《十三經注疏》，卷 39，第 267 頁，卷 40，第 276 頁，中華書局影印本。

註十五　同註十四。

註十六　席澤宗：《竺可楨與自然科學史研究》，見《紀念科學家竺可楨論文集》41-57 頁，科學普及出版社。

註十七　同註十六。

註十八　《十三經注疏》，《周禮注疏》，中華書局影印本。

註十九　《十三經注疏》，《周禮注疏》卷 39，第 267 頁，中華書局影印本。

註二十　王健民、梁柱、王勝利：《曾侯乙墓的二十八宿青龍白虎圖象》，《文物》，1979 年，第 7 期，40-45 頁。

註二十一　同註二十。

第四節　從考古發現看八卦、曆法與風水起源

　　《周易·繫辭下》說伏羲氏「始作八卦」。伏羲氏與太昊在古史學家的筆下合二為一。其實伏羲氏與燧人氏、神農氏一樣只是代表一個大的時代，並不一定是指具體一個族。太昊是豫東和海岱地區的族，早期稱為太昊族，後期稱為少昊族。伏羲在南方傳說較多，但在河南淮陽有伏羲太昊之陵，河南還有傳說中的女媧城，南陽畫像石中經常發現伏羲、女媧畫像。伏羲氏究竟與太昊的關係如何，本文不準備多加論述，只是說明文獻記載中國的八卦始於伏羲氏時代。《帝王世紀》中說，伏羲氏始作八卦，炎帝、黃帝有所發揮完善，形成「二易」，夏人繼承炎帝之「易」稱為《連山》，殷人繼承黃帝之「易」稱為《歸藏》，周文王在此基礎上發展為《周易》。《連山易》、《歸藏易》我們不十分清楚，但《周易》歷代學者是深信不疑的。《周易》把八卦已發展為六十四卦。據文獻記載八卦可以早到黃帝、炎帝、伏羲氏時期，但學術界多把它作為傳說看待。建國後在安陽殷墟發現了八卦的重卦，在山東朱家橋殷代陶罐上，發現有損卦（兌下艮上）卦象數字。證明商代在中原和海岱地區已經出現了八卦，而且是重卦。更為重要的是，在江蘇海安縣青墩遺址，發現了更早的「易卦」刻文。在遺址中「出土骨角柶和鹿角枝上有易卦刻文八個，例如三五三、三六四，艮下、乾上屬遁卦；六二三、四三一，兌下、震上屬歸妹。」對遺址中木樁進行碳十四測定，發現易卦的下文化層為距今 5035 ± 80 年，樹輪校正值為 5645 ± 110 年。發掘報告作者認為下文化層時代可能還要早些。我認為下文化層的時代可能要接近距今六千年。江蘇海安青墩遺址發現的八卦資料，在目前來說時代最早了，但它還不是八卦的源頭。八卦的單卦應早於重卦，海安青墩遺址發現的是重卦，在它之前肯定還有很長一段產生和發展形成階段。海安八卦的發現，引起了對大汶口文化其他遺址的聯想。大汶口文化

有些墓葬中，發現隨葬有龜甲，還隨葬有彩陶，彩陶上有星雲圖和八角星圖案，八角星不僅是象徵太陽，而且是象徵八卦圖。江蘇邳縣大墩子遺址的墓葬中發現了三副龜甲，墓21出土的一副，其中有許多小石子，背甲上有穿孔。特別應該引起注意的是墓44，該墓出土兩副龜甲，一副發現在人骨架的左腹上，內裝骨錐六枚，背甲上下各有四個穿孔，分布成方形，腹甲一端被磨去一段，上下部有「X」形繩索痕跡。另一副發現在人架的右腹上，內裝骨針六枚，背甲偏下處有四個穿孔，分布成方形，下端邊緣有八個穿孔，列成一排；腹甲下端有三角形繩索磨痕，此外腹表還有五個環形磨痕，分布成梅花形，似象徵五個穿孔。龜甲和八角星在同一墓內出現絕不是巧合，它是有內在聯繫的。墓44的主人是男性，約三十歲，身軀高大（1.85米），骨骼粗壯。隨葬品豐富，大小共有五十三件之多，其中有三足高柄杯、八角星彩陶盆、帶柄勾器形，這些器物都是祭祀所用的禮器和法器。另外還有一具狗骨架臥在左腿側的八角星彩陶盆和陶缸上。墓44的主人是一位社會地位高的首長，他可能也是一位醫學家，同時也是一位大巫師。

海安青墩遺址發現了距今近六千年的八卦重卦，同時在邳縣等地發現占筮工具——靈龜石子，我們把它有機地聯繫在一起，並不是隨心所欲，因為靈龜與八卦的關係史書上早有記載。特別是在安徽省含山縣凌安灘大汶口文化墓地，於第4號墓葬中，出土其他珍貴文物暫且不說，值得重視的是發現了玉龜和長方形玉版，據陳久金、張敬國發表的《含山玉片圖試考》一文介紹：第四號墓出土時玉龜腹甲在上，背甲在下，玉片則夾在兩者之間。玉片的正面，圍繞著中心，刻有兩個大小相套的圓圈。在內圓裡刻方形八角形圖案，與大汶口文化彩陶八角星圖案基本一致。內外圓之間有八條直線將其分為八等份。每一等份中各刻有一圭形箭頭。玉片的方心八角形象徵太陽，八角是太陽輻射的光芒。八方圖象與象徵太陽的中心圖象相配，符合我國古代的原始八卦理論。根據古籍中八卦源於《河圖》、《洛書》的記載，玉片圖形表現的內容應為原始八卦。

玉片與玉龜疊壓在一起出土，它們之間的關係一定很密切，有可能它們就是《洛書》（即龜書）和八卦。因此說早在五千年以前，我們的祖先就有了《河圖》、《洛書》和八卦的概念。同時，含山出土的玉龜和八卦，證明了五千年前有了律曆。這的確是一項了不起的科學發明。隨葬玉龜和八卦玉版的墓主人，應該是當時的天文學家、氣象學家、律曆學家，同時也是一個大巫師。另外含山出土的玉龜也有鑽孔，它與邳縣幾處遺址出土的龜甲其作用是一樣的，同時也反證了大汶口文化墓葬中的鑽孔龜甲，的確是與八卦有關。

海安青墩遺址發現八卦的重卦象，大墩子、劉林、大汶口發現了靈龜石子等占筮工具，在含山凌家灘又發現了龜書玉版八卦圖，大汶口文化的這一系列的發現，說明海岱民族在距今五千年至六千年，八卦這一門科學的確形成。八卦的一項重要內容是天象曆法，它在含山的龜書玉版八卦圖中，反映得比較突出明顯。

據連劭名研究，商代已出現了四方風名與八卦。這是商人在長期的生產實踐中，觀察自然界運行變化的規律，逐漸形成了獨特的宇宙觀，對於後世的思想意識，產生了深遠的影響。殷代甲骨卜辭（圖1-20）是我國極其寶貴的文化遺產。

商代已有四方的觀念。殷墟所出卜辭中有：

庚申卜：衁於四方，其五犬？（《南明》487）

衁，讀為釁，《說文》：「釁，血祭也。」《漢書·高帝紀》上顏注：「凡殺牲以血祭者皆為釁。」

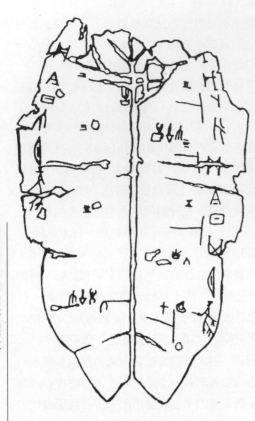

圖1-20 殷代甲骨卜辭

四方還見於下列幾版卜辭：

辛　　卯卜：邲彡酚，其又於四方？（《南明》681）

其柰……四方，虫……？（《人》1928）

……酚四方？（《存》1. 1892）

四方也可統稱為方。《詩經·小雅·甫田》云：「以社以方。」毛傳：「方，迎四方氣於郊也。」卜辭中有：

……柰年於方，有大雨？（《辭》808）

其柰年於方，受年？（《南明》425）

貞：方，告於東西？（《前》1. 48. 4）

東與西，是日神出入之處，所以商王在祭祀方神之前，有時先向東西二方舉行告祭。

中國古人將季節與四方聯繫在一起，氣候的差異代表季節的區分，不同的季節有不同的氣候，所以商人的四風實際上就是指四種氣候，同時也是四季的象徵。

四方與四風都有專名，見於善齋舊藏大骨，其文為：

東方曰析，風曰劦。

南方曰因，風曰岂。

西方曰康，風曰彝。

北方曰勹，風曰郊。（《京津》520）

商王曾向這些神祇祈年，見於下列一版卜辭：

辛亥，內貞：今一月帝令雨？四日甲寅夕（允雨）。

辛亥卜，內貞：今一月〔帝〕不其令雨？

辛亥卜，內貞：帝於北方曰勹，風曰郊，柰？

辛亥卜，內貞：帝於南方曰郊，風曰……？

貞：帝於東方曰析，風曰劦，柰？

貞：帝於西方曰彝，風曰康，柰？（《殷墟文字綴合編》261）

卜辭中的這些資料，曾引起學者們極大的注意。胡厚宣先生首先證明商代的四方神名與四風，見於《山海經》，並與《尚書·堯典》中對於四時的論述有關。之後陸續經過許多學者的研究，現已基本了解四方神名與四風的涵義。

《尚書·堯典》：「分命羲仲，宅嵎夷，曰暘谷，寅賓出日，平秩東作。日中星鳥，以殷仲春，厥民析，鳥獸孳尾。申命羲叔，宅南交，平秩南訛，敬致，日永星火，以正仲夏，厥民因，鳥獸希革。分命和仲，宅西，曰昧谷，寅餞納日，平秩西成，宵中星虛，以殷仲秋，厥民夷，鳥獸毛毨。申命和叔，宅朔方，曰幽都，平在朔易，日短星昴，以正仲冬，厥民隩，鳥獸氄毛。」

《山海經·大荒經》：「日月所出名曰折丹，東方曰折，來風曰俊，處東極以出入風。有神名曰因，因乎南方曰因，乎夸風曰平民，處南極以出入風。有人名曰石夷，來風曰韋，

處西北隅以司日月長短。有人名曰鵷，北方曰鵷，來之風曰狻，是處東極隅以止日月，使無相間出沒，司其短長。」

文獻與卜辭中的記載有個別出入，基本內容大體相同，都認為四方有神有風，神各處於一方，主司季風的變化及日月的出沒，實際上是將時間與空間結合起來，體現了我國古代對於宇宙的認識。

東方名析，又見於其他卜辭：

卯於東方析，三牛，三羊，壹三？（《金》472）

下引二組卜辭提到商王正月在析，是很值得注意的：

庚申卜：王，在析卜。

庚申卜：王，在正月。（《文錄》721）

庚申卜，行貞：王其往於田，亡災？

貞：毋往？在正月，在析。（《文錄》735）

古代帝王為了表示自己替天行道，順應時序，根據季節的變化，居處於不同的方位，如《禮記・月令》云：「孟春之月，……王居於青陽左個。」鄭玄注：「青陽左個，大寢東堂北偏。」析也許是地名，但商王正月在析，與文獻之中的記載，非常符合，所以析也可能是指方位。

《山海經》云：「東方曰折。」折、析同義。《說文》云：「析，破木也，一曰折也。」春季氣候轉暖，草木破土而出，春風解凍，植物甲皮開拆，生長萌芽，故東方曰折。《漢書・禮樂志》注：「析，解也。」《公羊傳》宣公十五年注：「析，破。」

春日融和之風曰協風。《國語・周語》上：「農祥晨正，日月底於天廟，先時五日，瞽告，有協風至。」韋注：「協，和也，協風，立春日融風也。」

南方曰因，卜辭中南方神名究竟當釋為何字，仍須研究。因，當讀為殷。《廣雅・釋詁》一：「殷，大也。」《詩經・溱洧》：「殷其盈矣。」毛傳：「殷，眾也。」南方為夏，殷、夏義同。《爾雅・釋詁》：「夏，大也。」《獨斷》上：「夏為太陽，其氣長養。」夏季氣候炎熱，植物生長茂盛，逐漸壯大，故南方曰殷。

因與炎音近，煙從因聲，《說文》：「煙，火氣也。……煙，或從因。」《廣雅・釋訓》：「煙煙，元氣也。」《詩經・雲漢》：「赫赫炎炎。」毛傳：「炎炎，熱氣也。」炎也是煙，《爾雅・釋訓》：「燭燭、炎炎，熏也。」夏季氣溫較高，故南方曰炎。《呂氏春秋・有始》：「南方曰炎天。」

南方之風名岂，即微。另一版甲骨南方神名岂，風名殘。微讀為凱，《說文》：「豈，還師振旅樂也。從豆，微省聲。」《爾雅・釋天》李注：「南長養萬物喜樂，故曰凱風。凱，樂也。」

西方曰庚，風曰彝。另一版甲骨中方名與風名互相顛倒。庚與函音通。《國語・楚語》：「若合而函吾中。」韋注：「函，入也。」函、含古通。《漢書・天文志》集注引蘇林云：「含，容也。」秋天是農作物成熟的季節，穀物入斂於倉廩，故西方曰函。《太平御覽》廿五引崔靈恩《三禮義宗》：「秋之言揫縮之意，陰氣出地，始殺萬物。」風名曰彝，應讀為夷。夷者，殺也。陽為德，陰為刑。《獨斷》云：「秋為小陰，其氣收成。」秋季氣候轉涼，草木凋零敗落，肅殺之氣漸起，故秋風曰夷。

北方曰勹。勹讀為伏，古人以北方為伏。

癸卯貞：東受禾？北方受禾？西方受禾？南方受禾？（《佚》956）

四方的本意是指四個方向，引而申之，圍繞大邑商的四土也被稱為「四方」。

除「四土」之外，商人認為大邑商處天下之中，所以又叫做「中商」：

戊寅卜，王貞：受中商人？一月。（《前》8. 10. 3）
□巳卜，王貞：於中商平御方？（《粹》348）

古代的帝王號稱天子，居於天下之中，上與天合，順行上帝的旨意。上天下土，周圍四面，商王居於六合之中，寒暑易節，四時代序，這就是商人意識中的宇宙觀。

特別值得注意的是，商代的四方神名與卦圖中的四仲卦名相合，二者殊名同義，這是研究我國遠古文明與八卦起源的重要線索。

東方神曰析，析與震同義。《釋名·釋天》：「震，戰也。所擊輒破，若攻戰也。又曰辟歷，辟，析也，所歷皆破析也。」析者，剖析破裂之意。震象為雷，發聲霹靂，震動萬物，所向皆破，故震者，析也。

南方神曰因，或曰微。南方卦名離。《廣雅·釋詁》三：「微，離也。」又，《廣雅·釋詁》四：「微，明也。」《說卦》云：「離也者，明也。」又，離、麗古音通。《易·離》：「離王公也。」《釋文》：「鄭作麗。」微、美古音近，美字又作媺。美、麗同義，故離即微。

西方神曰夷，西方卦名兌。《爾雅·釋言》：「夷，悅也。」《詩經·風雨》：「云胡不夷。」毛傳：「夷，說也。」《詩經·節南山》：「既夷既怪。」鄭箋：「夷，說也。」《詩經·那》：「亦不夷懌。」說、悅古皆作兌。《說卦》云：「說言乎兌。」《說文》云：「兌，說也。」《釋名·釋天》：「兌，說也，物得備足皆喜悅也。」《莊子·德充符》：「豫通而不失乎兌。」《釋文》：「兌，悅也。」又，兌卦有毀折之象。《一切經音義》卷九引《國語》賈注：「夷，毀也。」由此知兌即夷。

北方神曰伏，北方卦名坎。《國語·晉語》韋注：「伏，隱也。」《素問·五常政大論》：「其動彰伏變易。」王注：「伏，隱也。」《說卦》云：「坎為隱伏。」《易·艮》：「不見其人。」虞注：「坎為隱伏。」故坎即是伏。

震、離、兌、坎為四仲之圭，本於後天方位。《說卦》云：「萬物出乎震，震東方也。齊乎巽，巽東南也。齊也者，言萬物之潔齊也。離也者，明也。萬物皆相見，南方之卦也。坤也者地也，萬物皆致養焉，故曰致役乎坤。兌，正秋也，萬物之所說也。故曰說言乎兌。戰乎乾，乾西北之卦也，言陰陽相薄也。坎者，水也，正北方之卦也，勞卦也，萬物之所歸也，故曰勞乎坎。艮，東北之卦也，萬物之所成，終而所成始也，故曰成言乎艮。」依此可布列為一個圖形，即後天卦圖（圖1-21）。

《繫辭》云：「易有太極，是生兩儀，兩儀生四象，四象生八卦，八卦定吉凶，吉凶生大業。是故法象莫大乎

　　　　　　　離
　　巽　　　　　　　坤
　　震　　　　　　　兌
　　艮　　　　　　　乾
　　　　　　　坎

圖1-21　後天卦圖

天地，變通莫大乎四時，縣象著明莫大乎日月。」商代的四方風名實際上就是四象，而天地即兩儀。

八卦的起源很早，可上推至原始社會的末期，八卦相重而變為六十四卦的時間也不會很晚。相傳夏、商均有卦書。

用八卦定凶吉，也將之用於卜地建城。程建軍等研究認為：

> 庚午卜，丙貞：王勿作邑在茲，帝若？
> 庚午卜，丙貞：王作邑，帝若？八月。
> 貞：王作邑，帝若？八月。（《丙》86）

文中「貞」、「丙」是占卜者的名：「貞」義為問；「若」為順，表示允許。以上卜辭，均為殷王要修建城邑，卜問於上帝以定吉凶之辭。「我從，茲唐」，謂順從上帝之意願在唐這個地方修建城邑。修建城邑乃國家大事，故必須反覆卜問方能擇地動工。這便是通過占卜法決定營邑的地點是否合適的「卜居」或「卜地」了。《商書・盤庚》所記載的商王盤庚都於殷的訓話中說：「天其永我命於茲新邑。」意謂天帝將授命我們在此建新邑，永遠茂盛。從表面上看，商人遷都和作邑是根據占卜反映的鬼神意志決定的，實際上商人的幾次大的遷都和作邑的根本原因，仍是政治經濟因素，如部落戰爭、地理氣候、水草資源及自然災害等因素決定的。甲骨卜辭中的反覆卜問亦說明占卜不是決定性的因素。

水火木金土的五行字樣，最先見於《尚書・洪範》。《洪範》托始於禹，而由殷貴族箕子陳說，略謂：「天乃錫禹洪範九疇」，「一、五行」：「一曰水，二曰火，三曰木，四曰金，五曰土」。

從殷虛出土的卜辭中，我們發現了許多尚五的說法；這些說法，便是早期的在宗教領域內活動的五行說。如：

> 己巳，王卜，貞今歲商受年。王占曰：吉。
> 東土受年
> 南土受年
> 西土受年
> 北土受年（《粹編》907）

這是五方觀念。因為「商」有時亦稱「中商」，如：「戊寅卜，王貞受中商年。十月。」（《前編》8，10，3）中商和東南西北並貞，說明殷人已經具有了確鑿實實的五方觀念。稍嫌不足的是，迄今為止，我們尚未在卜辭中見到「五方」這個稱謂而已。至於「四方」一詞，則屢見不鮮：

> 辛卯卜，郊肜酒其又（侑）於四方。（《南明》681）
> 庚戌卜，寧於四方，其五犬。（《南明》487）

既然說到「四方」，即使不提「中商」或「商」，實已隱含中方於其中了。當然，如能把這個隱含者表達出來，把「中」與「東南西北」並列而為五方，那便意味著達到了自我認識，意味著跳出自我而把我當作對象，與客觀對象同等對待；而這是需要時間的。這大概是我們見不

到「五方」字樣的認識論上的原因。在其他沒有這種麻煩的場合，五的名目便顯而易見得多。如：

王又歲於帝五臣正，佳亡雨。（《粹編》13）

庚午貞，黿大菁於帝五丰臣，粵在祖乙宗，卜。（《粹編》12）

這個「帝五臣正」或「帝五丰臣」（丰，郭沫若釋為「介」，今作「個」。見《粹編》考釋），據丁山說，應該就是周人所謂的「明堂月令的五方之神」，即句芒、祝融、后土、蓐收、玄冥（見《中國古代宗教與神話考》第138頁）。兩者之間是否如此直接而簡單地相等，雖然還值得進一步推究；但人們確實也無法直接而簡單地否認兩者之間有著聯繫。至少，對於我們現在所注目的殷人之尚五觀念來說，我們可以相信，這裡出現的是「五臣正」「五丰臣」，而不是「六」或「四」個臣，當非由於偶然。聯繫到前述的五方來考慮，我們如果設想，這五臣正，便是五方天帝的大臣，或不致十分悖理。

因為，根據甲骨文字所示，方位不是簡單的空間概念，而是能吃全牛全羊，可以使風遣雨的神祇。五方中的四方，都各有自己的專名，各有自己的風；風亦各有名：

東方曰析，風曰劦

南方曰夾，風曰凱

西方曰韋，風曰彝

北方曰勹，風曰役（《京》520）

風為帝之使（參《乙編》2452，3094，《通》398），則「析」「夾」「韋」「勹」，便是四方之帝。至於中央之帝，自然是殷人自己的祖先了。帝既有使，亦應有臣，此之謂五臣正或五丰臣。

五方、五臣之外，別有所謂「五火」：

丁丑卜，又于五火在陮。二月，卜。（《鄴中》三，下，40，10）

……卜，又于五火，在齊。（《粹編》72）

丁山認為這個「五火」就是後來《周禮》的「四時變國火」，亦即鄒子所謂的「春取榆柳之火，夏取棗杏之火，季夏取桑柘之火，秋取柞楢之火，冬取槐檀之火」（《中國古代宗教與神話考》第104頁），也許操之過急了。鑽燧更火的事，可能行之甚早；但五時用五木取火的辦法，至《淮南子・時則》尚未見採納。更何況殷人絕對沒有五時的觀念哩！直至目前為止，我們尚難確指殷人於春、秋之外，已經有了夏、冬觀念，更不用說「季夏」這樣一個顯係為了湊數而起的有名無實的季節了。

從以上這些五方、五臣、五火的諸五中，我們不僅依次看到了殷人尚五的習慣，而且還能看到一個隱約的體系，那就是以五方為基礎的五的體系：五臣是五方之臣，五火是五方之火；而五方本身，則不再屬於其他，它是帝。這種以方位為基礎的五的體系，正是五行說的原始。在後來的一些系統化了的五行學說裡，如《管子》的〈四時〉、〈幼官〉、《淮南子》的〈天文〉等，仍然以方位打頭。

第二章　風水與中國古代建築的理論基礎

第一節　中西地理思想的差異及中國古代風水地理的特點

據于希賢研究。中國古代有獨特的地理學的理論與成就，西方科學家稱之為「東方文化生態」。其中，「天人合一」的地理觀，及天、地、生、人各系統之間的整體、有機觀，體現了中國古代風水地理學的特點。深入發掘中國古代風水地理學思想，對當今建立開放、複雜的地理系統有現實意義。

中華民族在世界上是一個具有獨立文化系統與古老文化傳統的民族。在近代世界文化大規模交流融合之前，中國傳統的科學與文化，包括科學之母的地理學在內，走的是一條獨立發展的道路。中國古代的地理學從理論體系、科學思想和某些研究方法上，都與淵源於西方的地理學，有著明顯的區別。

一般都承認，中國傳統的科學與文化，是以陰陽五行作為骨架的。陰陽消長、五行生剋的思想，彌漫於意識的各個領域，深嵌到生活的一切方面。如果不明白陰陽五行圖式，幾乎就無法理解中國的文化體系，也無法了解中國古代的風水與建築選址。

而且，雖說在長達三千多年有文字可考的中國歷史中，中華文化同外來文化有著長期的接觸，並經歷了幾次規模較大的衝突與調和，但是，中國文化固有的特質和方向，基本的骨架和面目，卻未發生過根本性的改變，更未出現過毀滅性的中斷。這一點，說來像是一個奇蹟。正是這一在世界文化發展中的特異現象，永遠孕含著迷人的魅力，經常撥動著人們的探索心弦。

從文化發展史的角度來看，自東漢以後，直至南宋，是印度文化傳入中國並同中華文化相融合的時期，中間經過了格義、衝突和調和諸階段，而後有了宋明理學。自元代尤其是明清之際，西方文化逐步東來，直至清末和「五四」運動，中華文化又吸收了許多西洋文化，完成了又一次中外文化的融合。但是不管這些外來文化如何精巧博辯，如何新奇窈眇，在中國這方古老大地上的古老文化裡，成為骨架的，仍然是固有的純粹中國式的陰陽和五行。

中國古代的地理學研究，在世界上有著極其光輝的成就。這表現在六千年前，先民已能確定東西南北的方向，選擇環境、規劃布局居住區在利用地形、水系、注意安全等方面已很合理。至四千多年前，先哲根據鳥、火、虛、昴四宿星的觀察，確定了一年為三百六十六天和四季。當時的人們用氣候引起生物活動的規律來確定自然曆法。用生物生長和氣候變化之間的關係來確定氣候季節，並進而安排農業生產。《夏小正》一書即對當時物候知識的總結。此後，《山海經》、《禹貢》、司馬遷的史記《貨殖列傳》、酈道元的《水經注》都是中國古代地理研究的傑作。長沙馬王堆出土的地形圖是二千一百多年前繪製的有比例、有與現代等高線相似的山

形閉合線，既準確又有立體投影感的獨特地圖。西元七百二十四年僧一行等人主持了世界第一次子午線長度測量。西元十七世紀徐霞客（弘祖）集中國古代地理研究之大成，開近代地理研究之先河，只可惜由於歷史悲劇，這一創新的萌芽一時後繼無人。

本世紀二十年代西方近代科學文化及地理學傳入中國。此後，對中國古代地理成就大都借助西學方法來整理研究，凡與西方傳統學術概念相牴觸的中國傳統學術，包括地理思想在內，往往被輕蔑，甚至被嗤之為「迷信」。自本世紀五十年代以來，由於「信息論」、「控制論」、「系統論」、「模糊數學」、「耗散結構」、「環境生態學」等出現，使自然科學、社會科學獲得了變革與重大發展。在這一形勢之下探討中國古代「究天人之際」的地理研究方向，是有其現實意義的。

古代東、西方的地理學思想是有明顯差異的。這正如當代耗散結構理論的創始人普里戈津（I. Prigogine）總結的那樣：「西方的科學家和學術家習慣於從分析的角度和個體的關係來研究現實。而當代演化發展的一個難題，恰恰是如何從整體的角度來理解世界的多樣性的發展。中國傳統的學術思想是著重於研究整體性和自發性，研究協調與協同。」美國哥倫比亞大學地理系主任懷博（Kepteen E. Webb）和北京大學地理系教授楊吾揚合著的《古代中西地理學思想源流新論》一文認為：「希臘、羅馬的地理學在哲學上受柏拉圖和亞里士多德的自然觀影響很大，歸納法和演繹法得到廣泛應用。」又說：「中國先秦及以後歷代地理學也吸收了《易經》、《內經》等自然哲學……使地理現象增加了條理性和關聯性，效果良好，可惜近代已不復應用。」《第三次浪潮》的作者托夫勒在為諾貝爾化學獎獲得者普里戈津《從混沌到有序》一書撰寫前言「科學和變化」時說：「在當代西方文明中得到最高發展的技巧之一就是拆零，即把問題分解成盡可能小的部分。」西方的地理學從分析的角度，用抽象為各部門、各地區的辦法來研究地表的狀況。而中國傳統的思維方式以司馬遷為代表，則從「究天人之際、通古今之變、成一家之言」，即從「天人合一」的整體、有機性來認識天、地、生、人的關係。

東、西方地理科學思想的這一基本差異為世界上不少學者所共識。十九世紀英國的伊特爾（Ernest J. Eitel）比較了東、西方的科學思想之後認為，中國的傳統科學思想是「一種精神生命的金帶，運動於所有存在的物體之中，並把它們聯結為一體。」筆者一九九一年三月在莫斯科大學講學期間，課餘討論時，莫斯科大學漢學家拉平娜教授等稱中國傳統的科學（包括科學之母的地理學在內）是「活的科學」，用以區別淵源於古希臘抽象與分析的西方科學。她認為東、西方的地理學早先分屬於不同的思想體系。東方古代的地理科學很少被介紹到國際的學術界，可以說是鮮為西方世人所知。這是迫切需要補救的。原蘇聯歐洲科學院院士、東方民族研究所的克留克夫教授也說：「只有東、西方科學的結合，才是當代全面的科學。」他對筆者說：「您在演講中，用中國古代地理思想關於山、水結構圖式，展示出北京、莫斯科和華盛頓在依山伴水的城址選擇上有驚人的相似之處。可見其間必然有符合客觀規律的奧秘。當前應當大力發掘中國古代傳統的地理學原理，這是全人類共同的財富。」此後該院院長緬列克謝多夫教授建議北京大學校長，就此立項進行國際合作研究。

近幾年來，原中國科協主席錢學森大力提倡「建立現代地理科學系統」，號召要研究「天、地、生、人的相互關係」，提出「地理科學是開放的複雜系統」。這些精闢的見解，揭示了現代地理科學應走把整體，從細緻分科到在更高層次上向綜合化回歸的研究道路。這是當前地理科學發展的迫切需要，也是在更高階段上繼承了中國古代地理學的傳統。

西方的自然科學是以拆零為技巧，微觀分析的定量的研究，這種研究必須把宇宙分割成互不

· 黃土高原地區有著
綿延起伏的山丘和
水量豐沛的黃河流
水，這個區域可能
就是中國古代風水
的發源地。圖為黃
河的濁流。
（參閱第 12 頁）
（上圖）

· 風水是從黃土高原
連綿起伏的山區，
由窰洞居住者為尋
找理想的洞穴而發
展起的。圖為窰洞
——西安郊外農民
橫穴式住居。
（參閱第 12 頁）
（下圖）

．六千多年前黃土高原陝西西安半坡的仰韶文化，已經是一個典型的風水例證。先民從穴居到巢居過程中，已開注
　重風水。圖為半坡村仰韶文化期的住居，西安東約六公里的半坡博物館復原模型。（參閱第 14 頁）（上圖）
．青龍、白虎　漢代畫像磚　河南新野（參閱第 21 頁）（下圖）

· 后羿射日　曾侯乙墓漆箱彩繪摹本　戰國　湖北隨縣出土
（參閱第 22 頁，圖 1-17）（上圖）

· 漆二十八宿圖（局部）　湖北隨縣出土（參閱第 22 頁）（右圖）
· 漆后羿射日圖　戰國早期　1978 年隨縣曾侯乙墓出土　長 83 公分
　　寬 49 公分　高 37 公分（參閱第 22 頁）（下圖）

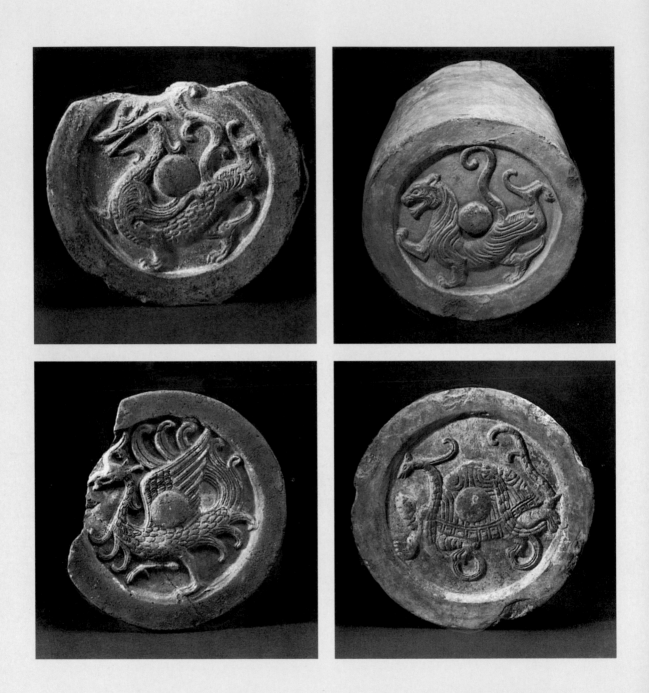

・漢長安城的四砂神瓦當　直徑均約 19 公分　陝西長安故城遺址出土　青龍（代表東方）（左上圖）、白虎（代表西方）（右上圖）、朱雀（代表南方）（左下圖）、玄武（代表北方）（右下圖）（參閱第 23 頁）

・「龍脈」與陰、陽的生命領域　有關「風水」的古代名著《水龍經》1744-45 年版插圖（參閱第 128、129 頁）（右頁左上圖）
・玉雕龍　紅山文化　高 26 公分，直徑 2.3-2.9 公分（參閱第 105 頁）（右頁右上圖）

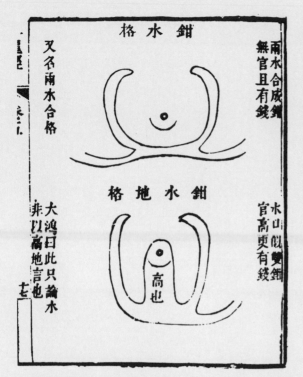

・黃公望（1269-1354）　富春山居圖（局部）　元代　故宮博物院藏　這是中國山水畫中強調「龍脈」的構圖方式。
（參閱第 106 頁）（上圖）

・明代畫家藍瑛所描繪地理學「龍脈」的山水畫，全圖以道家思
　想來構圖，為繪畫添加咒術的力量。（參閱第 107 頁）（左圖）

・城牆是「城」最直觀的標誌物，它也象徵著中國的「城」的傳統特徵。圖為長安城壁與安遠門。唐代長安城東西約 9.5 公里，南北約 8.5 公里，是當時世界上最大的國際都市。(參閱第 156 頁)(上圖)

・北京城圖，清代乾隆年間所繪。（參閱第 172 頁）

· 北京天壇的主建築群均依照古代「天圓地
方」之說，築造為圓形結構。圖為明清時
天壇裡舉行祭天儀式的地方——圜丘壇，
高三層石壇，共5.33米。（參閱第175頁）
（上圖）

· 天壇祈年殿建於明永樂十八年（1420），
是明清兩代皇帝祈禱五穀豐登的地方。天
壇的主要建築有祈年殿、皇穹宇、圜丘壇
等，設計構思精巧，象徵意義出自《周易》。
（參閱第175頁）（右上圖）

· 四神文礎石　三國時代（魏）（220-26年）
高15.5公分，長62.5公分，幅63.5公分
1984年許昌縣出土　河南博物館藏
這塊礎石浮雕有代表天體方位的四靈形象，
東方青龍、西方白虎、南方朱雀、北方玄武。
雕刻手法簡潔明快。（參閱第108、109頁）

・漢長安城遺跡（參閱第186頁）

・大明宮麟德殿遺跡──唐歷代皇帝招待外國
　使節、舉行宮中宴會之地。（參閱第186頁）

・唐代皇城加建的西安城壁（參閱第188頁）

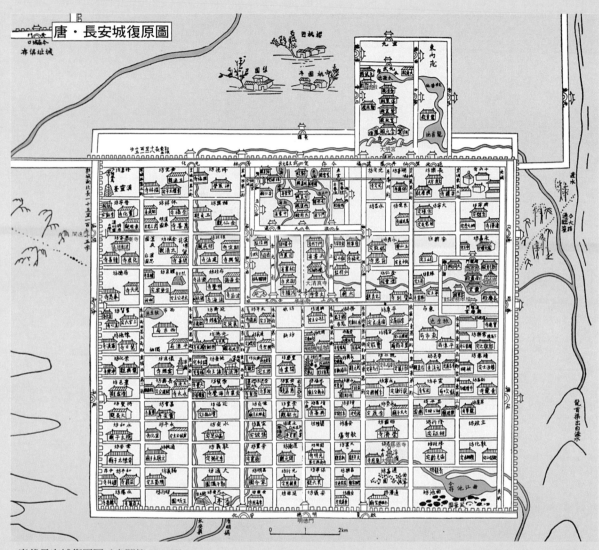

・唐代長安城復原圖（參閱第 186 頁）

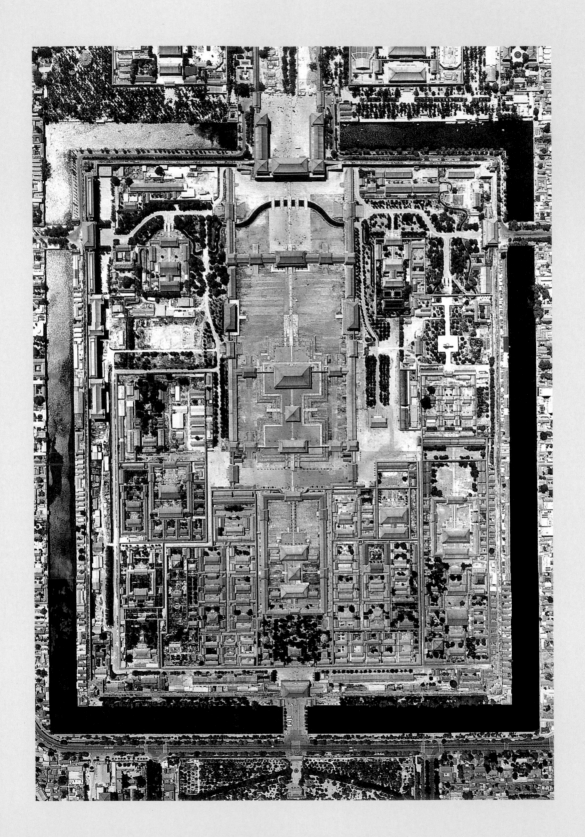

· 北京故宮建築物鳥瞰,中軸線上的建築物依序為:
午門、太和門、太和殿、 中和殿、保和殿、乾清宮、
神武門。(參閱第 179 頁)(上圖)
· 紫禁城是風水建築的傑出典範(參閱第 177 頁)
(右圖)
· 紫禁城空中鳥瞰圖(參閱圖 4-8 及第 177 頁紫禁城—
風水建築的傑出典範)(左頁圖)

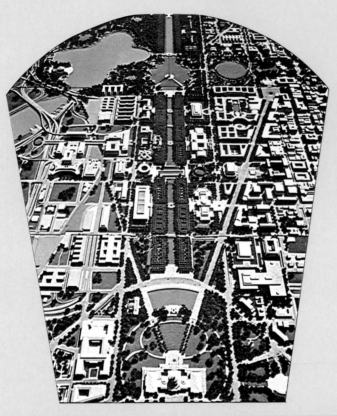

・左方模型圖顯示出許多在華盛頓特區賓夕法尼亞大道（由國會山莊延伸向右上方）及林蔭道（中央）的一些改變。除了國會山莊前的游泳池及白宮附近的國家廣場外，賓夕法尼亞大道北部將興建一個面對國家檔案館的空地。北部也將興建一些新的拱廊，辦公建築、旅館及商店。大道的南邊接近聯邦三角區之處，郵政局的一部分並將被拆除改建為宏偉的廣場。（參閱第 194 頁）（左圖）

・隆豐與艾利柯的華盛頓規畫圖在一七九二年由艾利柯執行，並以他命名。此圖是在一八八六年繪製，以擴建邊境街（今佛羅里達大道）以北的地區。（參閱第 194 頁）（右圖）

・一九六八年五月華盛頓特區的鳥瞰圖，可見到議會的城市規畫計畫在執行中。為了興建地鐵，林蔭道的地面部分做了撤空，從國會山莊延伸，馬里蘭大道斜跨至圖面上方，賓西法尼亞大道則向右上方發展。
（參閱第 194 頁）（下圖）

・位於克里姆林宮衛城牆外、紅場和莫斯科河之間的
　華西里・伯拉仁內教堂。由九個獨立的墩式結構組成。
　（參閱第 192 頁）（左圖）
・莫斯科整個城市放射狀中心點克里姆林宮紅牆東門外的紅場。
　克宮也稱紫宮，象徵天上的紫微星座，其中心是宇宙天球的不
　動點──北極星。（參閱第 192 頁）（右圖）
・莫斯科克里姆林宮紅場附近的「無名英雄紀念碑」。
　（參閱第 194 頁）（下圖）

相關的各種科學領域，它雖然取得了輝煌的成就，但由於肢解了宇宙的整體性而在一些方面顯示不足。現代的自然科學家已經注意到這一點，F. 卡普拉在他的《物理學之道》中說：「東方哲學的有機的、生態的世界觀無疑是它們最近在西方氾濫的主要原因之一，在我們西方的文化中，占統治地位的仍然是機械的局部的世界觀。越來越多的人把這看成是我們社會廣為擴散的不滿的根本原因。有許多人轉向東方式的解放道路……而向《易經》求救。」而諾貝爾物理學獎獲得者、量子力學的奠基人玻爾則發現物質的原子結構和太極八卦非常相似，從而對《易經》表示讚賞。所以《易經》不僅是中國文化的瑰寶，也是世界文化的瑰寶。為了獲得解釋《易經》的科學基礎，我們還必須向西方人學習條分縷析的精確的自然科學。「東海西海，心理攸同；南學北學，道術未裂。」（錢鍾書《談藝錄》第1頁）。宇宙和人類本是一個整體，它是不可分割的。

第二節　易經概說

《易經》相傳為伏羲、文王和孔子所作，它以乾、坤、震、巽、坎、離、艮、兌這八卦，象徵世界的結構，代表天、地、雷、風、水、火、山、澤八種自然現象，並根據這八種自然現象順序的變化，用陰陽兩種對立勢力的互相消長和互相作用來說明萬物的形成和變化。

據西安周易研究會高銀鶴先生研究，《易》為群經之首，是燦爛東方文化的源泉，其道至大，無所不包；馮友蘭先生稱其為「宇宙代數學」並不過分。《易經》是占筮之書，離開這個根本就無從言《易》。

從易經的觀點看，「天下萬事萬物，莫不有其定數」。用現代的話來說：「任何事物都是按一定的相似規律在運行。」哈肯教授在研究協同理論時已經明確地得出這種結論。自然科學的規律比較直觀，通過實驗就可摸清來龍去脈。社會科學也有其普遍的規律，沒有規律就不稱其為科學。這種規律的各種制約因素較多。現代的信息論、控制論、未來學、預測學等邊緣科學，就是自然科學和社會科學的交叉，但研究方法仍然按傳統的模式，要在大量的資料佔有基礎上去推斷事物的發展動向，而對突發性的變化則無能為力。例如預測一次合作項目的成功率，從現有資料看各個因素都有把握；但由於出現了突發性的戰爭而使這次合作沒有成功。現代預測學無法判斷這種意外因素。易經占筮的本能，是測定過去和未來的信息動向，但一些人就是在事實面前不承認其存在，反過來倒說這是「迷信」，還要加「封建」二字，殊不知人類應用占筮的時候還沒有封建社會呢！

凡是能建立數理模型的知識，它一定是科學的。占筮本身就是一種極為嚴密的數理模型。《易經》理論用於指導自然科學研究所取得的成就，古、今、中、外人盡皆知，從天文、地理、曆法、醫藥、營造、舟車、武術、兵法，直到羅盤、地動儀、圓周率、相對論、電子計算機各個方面到處都閃爍著易理的光輝。

總之，古人認為《周易》關於乾坤、陰陽的理論，不但適用於自然界，而且適用於人類和人類社會生活。古人把《周易》的陰陽五行學說貫穿到社會生活的各個領域和各個方面；運用《周易》的陰陽五行思想，來指導和安排社會政治生活；運用《周易》的陰陽五行思想來指導和推動社會生產。《周易》的陰陽五行學說，一方面，作為一種天道運行規律的反映，有其自然科學的基礎，具有合理的因素和成分；另一方面，作為一種世界觀和世界圖式，具東方科學的思維方式。

《易經》是中國傳統科學文化思想的精神支柱。《易經》裡的卜傳，經後人考訂，實出於孔子之後。但上下二篇的《周易》本文則不失為孔子以前的一部古書。這本來是上古占卜人事吉凶用的書，但中國後代的人生哲學欲由此淵源。要占卜人事凶吉，就要包容人生萬事的實際。《易經》的卦象欲用幾個極簡單、抽象、空靈的符號，來代表著天地人生間，從自然界到人事活動的種種複雜情形。而且就在這幾個極簡單、極抽象、極空靈的符號上面，我國的先人即把握到宇宙人生之內秘的中心，而用來指示人類各方面避凶趨吉的條理。這可以說，《易經》博大精深，充分顯示出古人概括萬事萬物變化發展的無窮智慧與藝術天才。因此，《易經》不僅是中國古代的一部深入人生事理的哲學書，同時也是一部影響深遠的文學或藝術作品。《易經》所代表的中國哲學與中國文學藝術既注重實際，同時又超脫一切束縛，用抽象和空靈淵微的方法直入深處。它體現了中國國民性與中國文化的一種特徵。

自然界盡其廣大、人事盡其繁雜，但最終歸納不外兩大系統：一屬陽（男）性；一屬陰（女）性。人性全由人起，人有男女兩性之別，無論在心理上、生理上均極明顯，不能否認。自然萬物亦復如是，有陰、陽之分。《易經》的卦象，即由此觀念作基礎。一代表陽（男）性的，一屬陰（女）性。這是卦象最基本的一個分別，即「—」與「--」。但僅只如此，太簡單了，不能變化，若將此二者疊而為「☰」和「☷」代表純陽性和純陰性。「☳」「☵」「☶」代表偏陽性；「☴」「☲」「☱」代表偏陰性。如此成了八個卦象。若以此比擬家庭，則「☰」為父；「☷」為母，「☳」為長男，「☵」為中男，「☶」為少男。「☴」為長女；「☲」為中女，「☱」為少女。若以此比擬自然界，則「☰」為天，「☷」為地。「☳」為雷，「☵」為水，「☶」為山，「☴」為風，「☲」為火，「☱」為澤。若以此比擬動物，則「☰」為馬，「☷」為牛，「☳」為龍；「☵」為豕，「☶」為狗，「☴」為雞，「☲」為雉，「☱」為羊。如此比附推演，天地間一切事物，有形無形都可以用八卦來象徵。由此更進一步，把八卦重疊成六十四卦，則其錯綜變化可以象徵的事物，更加無窮。如「☲☴」像木在火下，這便可以象徵烹飪，在物便可代表著鼎鬲。如「☶☱」像少男追隨少女之後，便可代表戀愛與婚姻。《易經》把如此簡單的六十四個符號，變化無盡地包容了天地間極複雜的事事物物。它是如何來判斷凶吉呢？這其間有幾條基本原理。

《易經》六十四卦都由兩卦相疊成。在時間上象徵前後兩個階段，在空間上象徵高下兩個地位。「時」和「位」是《易經》裡極重要的兩個基本概念，幾乎如分別男女一樣重要。這是說，在某一時候的某一地位，宜乎採取男性的姿態，以剛強、進取的精神，進行活動。而在另一時段的某一地位，則又宜乎採取女性的姿態，以陰柔和靜處、退讓的方式處理事物。易經的每一卦，都由三劃形成，這無論在時間上或地位上都表現著上、中、下或者前、中、後三個境界。大體上在最先的階段或最下的地位，其時則機緣未成熟，事勢未成，當此之時，則應該採取謹慎和退守的姿態。只在正中的一個地位和階段，最宜我們積極與進取。

若把重卦六爻合併起來看，則第二、第五兩爻居中之一堅，占最主要的地位。為吉利可以進取。第三、第四爻則可上可下，其變動性很大。其行事則須有成功與並不成功的兩種思想準備。最下一爻和最上一爻則永遠指示人們宜謹慎、漸進、小心、警惕、保守。像這樣，再配上全卦六爻所象徵的具體事物及整個形勢則每一時間、每一地位應採取的剛柔態度和可能出現的凶吉感召，便不難辨認了。

總之，人類自身內部即有男女、剛柔的天性。人類在外面所遭逢的環境，在時間上會有不同的機遇，發跡有先有後。在地點位置上有高有下以及四周圍的人物與事變所形成不同的形勢。

占卦所得到的結果，某一爻即表示其時、其地的性質。其餘五爻則指出其外圍的人物與事態。所以，易經已考慮到自身的命運與周圍事理興敗的環境。用自身的剛柔姿性與外部的天時地利環境命勢相結合，選擇決定其動靜、進退的態度，以希望避凶、趨吉。這就是道。因此，《易經》是卜筮之書，宗旨在於教人避凶趨吉。實際的根據則絕不在鬼神的意志上，而只在於從人生複雜的環境和自己深微的內性上，找出一個恰當無莫的道路或條理來。最先此種占卜應該是宗教性的，而終於把它全部倫理化了。而這種倫理性的啟示和教訓不僅只在於私人生活，還包括種種政治、社會、人類群體的重大事件。用一種倫理性的啟示，渡人化劫、指導前程，這是中國文化的一個主要的特徵。

《周易》雖始於卜問吉凶禍福，但對卦的釋義，目的卻主要是在於提高人的道德境界。《說卦傳》說：

> 立天之道，曰陰與陽；立地之道，曰柔與剛；立人之道，曰仁與義。

什麼是「仁」與「義」呢？

「仁，人心也；義，人路也。」將仁和義結合起來，這是儒家的創造，二者的關係像陰陽剛柔一樣是相輔相成的，「義者仁之節也，仁者義之本也」（《禮記‧禮運》），仁是指人的善良博愛，義是指人的正直信用。儒家認為，只有博愛、信用、向善、明辨是非，才能達到一種以「禮儀」秩序治國的崇高境界。

《易經》不僅對中國的哲學、政治、文學、史學、倫理、民俗、文教、天文、曆法、數學、樂律有著重大的影響，而且傳播到國外，受到各國學者的廣泛重視。

第三節　風水與陰陽學說

自遠古以來，陰陽概念就體現了中國人對世界的基本看法。中國人的這種世界觀影響了中國文化的方方面面，包括醫學、哲學、政治思想、法學思想、占卜、宗教、音樂及風水等等。

陰陽學說是古代中國人的一種宇宙觀和方法論，用以認識自然和闡釋自然現象。古代，人們對自然現象的長期觀察中，看到日來月往，晝夜更替、寒暖晴雨、男女老幼等種種兩極現象及其變化，便很自然地產生了陰和陽這兩個觀念。西周時代，陰陽觀念發展成為包含樸素辯證法的陰陽學說，它的集中表現就是《周易》（指《周易》經文。下同）一書。《周易》全書是以陰「--」、陽「一」兩種符號構成的。《莊子‧天下》說：「易以道陰陽。」完全符合《周易》的實際。他們認為天地、日月、晝夜、晴雨、溫涼、水火等運動變化，都是由構成世界萬物的氣在運動過程中合二為一的結果，自然界的一切事物都存在著陰陽兩個方面，並由於陰陽的結合變化，推動著事物的發展變化。由此可見，陰陽論成了自然界的根本規律之一，所以《素問‧應象大論》說：「陰陽者，天地之道也，萬物之綱紀，變化之父母，生殺之本始，神明之府也。」

該理論的基本原理極其簡單：世界上的萬事萬物都是陰陽兩氣的產物（氣：能量、力、本原、元氣）。宋代著名的理學家周敦頤在《太極圖說》一書中曾以最精練的文字對此加以概括和總結：

> 無極而太極，太極動而生陽，動極而靜，靜而生陰，靜極復動，一動一靜，互為基根，分陰

陽，兩儀立焉。

陰陽諧和，而生水、火、木、金、土。五氣順布，四時行焉。

五行一陰陽也。陰陽一太極也，太極本無極也。五氣之生也，各一其性。無極之真，二五之精，妙合而凝。乾道成男，坤道成女，二氣交感，化生萬物，萬物生生，而變化無窮焉。

由此可知，陰陽五氣化生萬事萬物，萬事萬物按性質分屬陰陽及木、火、土、金、火五行之一。這就是陰陽理論的核心。

據英國李約瑟（Joseph Needham）和台灣陳立夫先生研究，從文字學的觀點看來，「陰陽」二字定然各自與黑暗和光明有關。「陰」這個字可圖解為山（之影）和雲；而「陽」，如果它不是象徵著一個人手中端著中央有孔的玉盤——此種玉盤乃是天的象徵，眾光之源，而且很可能原是最古老的天文儀器——那麼，它就是表示斜斜的日光線，或是日光下飛揚之旗幟。

「陰」令人聯想起寒、雲、雨、女性以及裡面和黑暗（譬如貯冰以度暑之冰室）。「陽」令人聯想起日光、熾熱、春夏兩季、男性，也許還會聯想起祭典上踴舞者之雄姿。一般同意：「陰」意為山或谷有陰影的一面（山之北，谷之南）；「陽」意為有日光的一面（山之南，谷之北）。

研究「陰陽」初次使用為哲學術語的學者，在《易經·繫辭傳》上篇第五章中找出一句經常被人引用的句子，即「一陰一陽謂之道」。這句話的意思似乎是說，宇宙內只有兩種原動力或作用，有時此占優勢，有時彼占優勢，呈波浪式的交替。《易繫辭》當著成於戰國時代的末期，約當公元前三世紀初年。其他提到陰陽的古籍，還有《墨子》、《莊子》和《道德經》。在《墨子》一書裡，將「陰陽」當做術語者有兩處：「凡回於天地之間，包於四海之內，天壤之情，陰陽之和，莫不有也。」（辭過篇）；「（聖王）節四時調陰陽而露也。」（天志中）。在《莊子》裡，「陰陽」二字用得相當普遍，我們至少可以發現有二十處將它們當做術語用。在《道德經》裡它們也出現過一次：「萬物負陰而抱陽，沖氣以為和。」由於老子卒年的問題，譯注家對於該處之「陰」與「陽」，是否具有完全的術語意義，感到猶豫不決，但我們相信它們是有的。

陽代表那些與男性、父親、正面、強壯、堅硬、明亮、建設有關的事物；陰則代表與大地、女性、母親、反面、虛弱、柔軟、黑暗、濕潤、破壞有關的事物，這兩種彼此對立的力量互相作用而生成五氣，五氣再轉化合成陰陽。

《素問·金匱真言論》舉一晝夜的時間為例進行劃分，則就更加具體了。「平旦至日中，天之陽，陽中之陽也；日中至黃昏，天之陽，陽中之陰也；合夜至雞鳴，天之陰，陰中之陰也；雞鳴至平旦，天之陰，陰中之陽也。」這種陰中有陰，陽中有陽，陽中有陽，陽中有陰的現象，說明天地萬物的陰陽，並不是絕對割裂的，而是分中有合，合中有分。

在古人眼裡，陰陽兩者的關係是對立統一的辯證關係。「譬如陰陽，陰中有陽，陽中有陰，陽極生陰，陰極生陽，所以神化無窮。」（《朱子語類·卷九十八》）陰陽互含，說明陰陽是互相的，陰陽作為事物對立面的關係不是絕對的，陰極陽生，陽盡陰至，在對立中達到平衡，且兩者是可以轉化的，所謂「日中則昃，月盈則食」就是這個意思（圖2-1）。陽代表著積極、進取、剛強等特性和具有這些特性的事物和現象；陰則代表有消極、退守、柔弱的特性和具有這些特性的事物和現象。一般說來，凡是活動的、外在的、上升的、溫

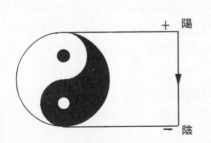

圖2-1　陰陽對立統一示意

中國風水與建築選址

熱的、亢進的等，統屬於陽的範疇；凡是沉靜的、內在的、下降的、寒冷的、晦暗的、衰減的等，統屬於陰的範疇（表 2-1）。

表 2-1　　　　　　　　　　　　　　陰陽範疇

陽	天	光	熱	乾	剛	南	上	左	圓	男	太陽	奇	主動
陰	地	暗	冷	濕	柔	北	下	右	方	女	月亮	偶	被動

《素問‧陰陽離合論》說：「陰陽者，數之可十，推之可百。數之可千，推之可萬，萬之大，不可勝數，然其要一也。」世間萬物的變化雖然多得不可勝數，然而它的要領卻只一個，就是陰陽對立統一的宇宙規律。

由於陰陽兩種力量的對壘和相互滲透，因此它們彼此之間互相牽制消長。陰盛則陽衰，陽盛則陰衰，就是這種盛衰消長的對壘，構成客觀的世界的動態平衡。如以一年四季的天時變化為例，從冬至夏白晝一天天的長起來，氣溫也一天天地升高起來，說明這段時期正處在一個陽長陰消的過程之中。反之，從夏至至冬至，黑夜開始一天天的長起來，氣溫也變得一天天地降了下去。這又說明，這一時期正處在陰長陽消的階段。古人所謂：「冬至四十五日，陽氣微上，陰氣微下，夏至四十五日，陰氣微上，陽氣微下」就是這一陰陽交互消長，你來我往規律的具體體現。

陰陽變化規律不盡體現在你中有我，我中有你，相互消長，你來我往上，還在極大程度上體現在相互依存和相互轉化上。陽根於陰，陰根於陽。孤陰不生，獨陽不長，任何一方如果失掉對另一方的依存，就沒有什麼陰陽可言。比如沒有明就無所謂暗，沒有熱就無所謂冷，沒有上就無所謂下，沒有右就無所謂左，等等。又如從體和用來說，物體是陰，作用是陽。陰是陽的物質基礎，陽是陰的作用體現。這種關係，也可用質和能的關係來加以闡明，沒有陰的質量，就無所謂陽的能量。「無陽則陰無以生，無陰則陽無以化」，這就是陰陽互根，對立統一的道理。

說到陰陽的轉化，這也是一種自然界物極必反的規律。任何事物，當它發展到盡頭的時候，就會走向反面，比如白天發展到中午的頂峰，就開始走下坡路，最後終至被黑夜所吞噬；而黑夜發展至子夜的極限，也勢必不可抗拒地要開始發生轉化，直至最終被白天所代替。一天如此，一年也同樣如此，冬去春來，夏去秋來，循環往復，如環無端，生命的盡頭是死亡，死亡的反面是新生，物極謂之變，物生謂之化，生生死死，變變化化，自然界的陰陽變幻轉化就是這樣不可抗拒。

風水家深諳陰陽論，將其用之於風水學，把山稱為陽，水稱為陰，山南稱為陽，山北稱為陰，水北稱陽，水南稱陰。於是地形要「負陰而抱陽」，背山而面水；把溫度高、日照多、地勢高等統稱為陽，而溫度低、日照少、地勢低等統稱為陰。從生活的經驗中人們體會到「陰盛則陽病，陽盛則陰病」（《素問‧陰陽應象大論》），因而風水師選擇必「相其陰陽」，尋找「陰陽合和，風雨所會」，陰陽平衡的風水寶地，只有這些地方才能「陰陽序次，風雨時至，春生繁祉，人民和利，物備而樂成」（《國語‧周語》），才具備人們繁衍生息，安居樂業的環境物質條件。可見，風水學中的陰陽相地，是一種直觀體驗的總結和一個整體思辨的結果，它包含了選擇的地形、地質水文、氣候、植被、生態、景觀等諸要素，並以傳統哲學的「氣」、「生氣」、「陰陽」等概念來闡釋其好壞吉凶，確定是否適合人類居住生息，如此而已。

欲知漢儒對於陰陽之看法，我們可以參閱董仲舒《春秋繁露》（約西元前135年）五十七卷同類相動篇。他說：

> 天將陰雨，人之病；故為之先動。是陰相應而起也。天將欲陰雨，又使人欲睡臥者，陰氣也。有憂亦使人臥者，是陰相求也；有喜者使人不欲臥者，是陽相索也。水得夜益長數分，東風而灑湛溢。病者至夜而疾益甚，雞至幾明皆鳴而相薄，其氣益精。故陽益陽，而陰益陰，陽陰之氣固可以類相益損也。

據楊文衡等研究，陰陽風水之祖，講風水龍脈必須講陰陽。一陰一陽，相間而成，這樣才不呆板，顯得有生氣，景色美。風水學說中，山以高峻為陰，平衍為陽；曲為陰，直為陽；俯為陰，仰為陽；尖為陰，窩為陽；靜為陰，動為陽；山為陰，水為陽。為什麼要分陰陽？因為自然界中存在相互對立的事物，用陰陽來反映這些相互對立的事物，是符合大自然客觀實際的。此外，陽代表生，陰代表死。人當然是喜生惡死，喜陽惡陰，所以局要陽，水口要陽，一切龍砂穴水無不要陽。《老子》最先提出「負陰抱陽」的環境選擇觀念，說「萬物負陰而抱陽」。所謂「負陰抱陽」有兩層意思：一是背負高山，面對江河，與《管子》講的建都條件完全一致。二是背北向南，即坐北朝南，爭取充足的陽光。以後「負陰抱陽」就成了風水的一條基本原則。

風水家主張，陰龍必得陽水來含，陽龍必得陰水來交。陽龍左行而陰水右來，陰龍右行而陽水左來，到堂合襟。沖陽和陰，萬物化生（《平砂玉尺經》）。山、水雖二，但表示一陰一陽，須臾不可分離。山無水不變，水無山不合。一動一靜，一陰一陽。山主人丁，水主財祿（《青囊序》）。這是風水家對山、水的一種迷信觀念。其實，只有山水配合，環境才美，環境生態才好，人類居住起來才覺得舒適。

據李約瑟（英籍）和陳立夫研究：

> 天有陰陽，人亦有陰陽。天地之陰氣起，而人之陰氣應之而起。人之陰氣起，而天之陰氣亦宜應之而起。其道一也。明於此者，欲致雨則動陰以起陰，欲止雨則動陽以起陽，故致而非神也。而疑於神者，其理微妙也。

對董仲舒來說，陰陽僅是宇宙內所有對立或「相關」的最高典型，在《基義篇》裡他以「合」這個術語來稱呼此種成對的關係。

雖然將卦象的問題，放在以後討論《易經》時來探討比較合適，但在此處先略微敘說一些也是必要的。所謂卦象，是由六條或全或斷的橫線，排列而成的符號；它的全或斷，對應於陽或陰。因此，每一卦象主要的是陽或是陰。用適當的排列，可以得出六十四卦，且陰陽互相間隔，從胡渭的《易圖明辨》一書中可找出一個圖表。在該圖裡，原始的陽分裂為二，一為陽，一為陰；然後每一陽或陰又各自分裂為二，一為陽，一為陰。這程序一直繼續下去，直到產出六十四卦；當然，它還可以繼續分裂下去，以至於無窮。雖然陰與陽不會完全地分離，但在其演變的每一個階段裡，則僅有其中之一顯現出來。這樣的理論，不能不使具有科學素養的人感到興趣，因為這些研究《易經》的學者所使用的思維方法，正是我們熟悉的現代科學的思維方法之一，曰「析離原理」（Principle of segregation）。同時，它也類似於我們現今在遺傳學裡，所知道的隱性因子與顯性因子；只不過顯性因子具有「表型」的特徵，可以看得出來。更廣泛地說，陰陽的演變程序，也會令人聯想起許多動物（如棘皮動物、魚類、兩棲類）在形態發展

中國風水與建築選址

時的現象。為探討此種現象，乃有形態發生學觀念的發展。由此看來，陰陽學說跟我們在前面討論的五行交互關係一樣，它也能引導人類的思想，到了今日，達到了可以說是對大自然的有效的應用。因此，這個學說不但類似於遺傳學與胚胎學，而且還可能類似於化學，因為不斷地實施淨化作用，便會逐漸地把物質析離。再者，《易經》的學者們直覺地感到，物質的淨化作用無論進行到怎麼樣的程度，那些經過析離的物質，雖然在表面上呈現陽占優勢或陰占優勢，但總還是由陰與陽共同組成的；這種看法，非常接近現代科學的見解。因為他們這種思維方法，正是所謂「場」的思維方法，雖則甚少人能夠有意識地指出一條磁鐵無論被分割成幾小段，每小段的磁鐵仍舊具有南北兩極。總之，我的意思是：現代科學所探討出的世界結構的某些成分，已見諸陰陽學家的思考中。固然這些思考不是研究大自然的完整科學方法（諸如實驗或數學公式化的假說），但它們絕不是不合理的。

當我們研究卦象的時候，還會引起一種想法，即如果陰與陽也各自隱含著惡與善，那麼它與摩尼教的理論便非常相似了。摩尼（Mani）在波斯的後繼者相信：做人的責任，就是要在這一個善惡混淆的世界裡去惡求善；不過，這恐怕是一件永遠無法完成的任務。前面我們提到過一種主張，認為中國的陰陽學說曾受到波斯人的二元宗教論影響。這種主張要令人相信的最大困難是，中國的陰陽學說事實上並沒有善惡的觀念。反之，他們認為唯有陰陽調和保持真的平衡時，才能達到幸福、健康及良好的秩序。雖然如此，現仍有人繼續地想從波斯人的二元論（如祆教）導出中國的陰陽學說。除非我們對於伊朗和印度之二元論的神話和宇宙論，及其與美索不達米亞的來源之可能的關係知道得更多，要評估這觀點幾乎是不可能的。但如我們就同意 Rey 氏的結論，他說中國的宇宙觀在中國之外未有任何影響，則似乎仍嫌太早。目前反而有一種傾向，認為中國的陰陽學說可能引致伊朗的二元論。這種傾向，大部分是由 de Saussure 的努力引起的，戴氏的工作在其他方面很有價值，但在此處，他將中國的古籍的古老性，估得過高。無論如何，如 Bodde 所說的，陰陽學說在中國的極大成就，顯示出中國人是要在宇宙萬物之中，尋出基本的一統與和諧，而非混亂與鬥爭。

對於那些簡單的，可由各文明自身發展出來的觀念，我們似亦宜加以討論。Granet(1, 2) 以為陰陽學說與兩性差異在中國初民社會裡的表現有關，此說頗有見地。當時每逢季節性的儀禮，年輕人便在那裡挑選自己的配偶並跳舞，以象徵大自然永恆而奧妙的二元性。另外，還有不常被人提起的，就是在歐洲思想史中，隨處也可以找出類此的二元觀念，雖然它與中國的比較起來，是較粗簡的形式。Freeman 將畢達哥拉斯學派的二元宇宙論（西元前第五世紀），表現在一張十對相反性的表格。在該表裡，一邊是有限、奇數、一、右、雄性、好、動、光明、正方形及直線；另一邊是無限、偶數、多、左、雌性、歹、靜、黑暗、長方形及曲線。這很容易令人聯想起中國的陰陽學說，但是除非我們設想兩極說的某些基本理論是導源於巴比倫，然後由巴比倫傳到中國及歐洲，否則它們之間的來源並無任何關係。

歐洲思想史上另有一些受到傳統猶太教神秘哲學影響的十七世紀思想家，如 Robert Fludd (1574-1637)。他的思想曾被 Pagel(1) 仔細地分析過。Fludd 氏的 Medicina Catholica 把上帝 (God) 描寫成一個化學家，而不是數學家，世界是他的「實驗室」。他認為在這世界裡，有一系列的極端對立存在著：一方面是熱、動、光明、擴散、稀薄；另一方面是冷、靜、黑暗、收縮、濃厚。另外，太陽、父親、心臟、右眼和血液，也與月亮、母親、子宮、左眼和粘液對應著。特別饒有趣味的是在這裡我們發現了他主張有收縮和擴散這一種古老的對立，雖則此一對立來

自蘇格拉底之前的時代，比較來自中國為可能。然而，我們必須承認，Fludd對於煉金術的興趣並非出於偶然的，因為在當時兩極對立（通常是金和水銀）的理論，已經彌漫了整個中世紀末期與十七世紀的煉金界。如果中國的煉金術確實曾經由回教徒傳到歐洲（所有的證據都支持這種看法），那麼陰陽學說也會一同傳過去的。這樣說來，Fludd便不可避免地曾受到鄒衍與老子的影響，雖然他永不會知道這件事實。再者，也許這些古代的兩極說，已深埋於化學科學的基礎裡面；因為對煉金家來說，物質之化學反應性須依憑於它們對兩極性的位置，而今天我們已經知道，所謂化學反應者，僅不過是組成物質宇宙之正負。

據史箴先生研究，風水也稱為陰陽，在元代以後才更為流行，據《元史‧選舉志》載，元世祖至元二十八年依儒學、醫學之例，於諸路置陰陽學，於路、府、州設教授，凡陰陽人皆管轄之，其中也包括風水家。至明代因之，《明史‧職官志》載，明太祖洪武十七年置陰陽學官，府、州、縣各設一人，凡天文、占候、星卜、相宅、擇日之流悉歸管理。清承明制而襲此。自是，風水家一如天文、占候諸流，俗稱陰陽生。

不過，除此而外，風水與陰陽緊密相關，淵藪非同一般，一是卜宅之文的濫觴，即典出陰陽一語，被後世風水家奉為經旨；二是風水理論，無論堪輿家與刑法家抑或形勢宗與理氣宗，都大量汲取了哲學意義上的陰陽概念而論說其相度風水機理。

陰陽一語典出，最早見於《詩經》之《公劉》章，說夏末時公劉率周民族由邰遷豳，相度山川形勢與水土之宜，進而規劃營宅，使周之先民得以安居生息之事。這一美麗的史詩，歷歷如繪地描述了部落的領袖公劉勤勉勘察、規劃部落聚居地的種種活動細節，如其「于胥斯原」，「陟則在巘，復降在原」，「逝彼百泉，瞻彼溥原，乃陟南崗，乃覯於京」，「觀其流泉」，「度其隰原」，「度其夕陽」等等。其中，更有「既景乃崗，相其陰陽」之句，不惟為歷代風水家所注重，引為經旨，在我國古代天文學史、地理學史、建築史及哲學史等研究中，也備受重視。在前者，風水稱為陰陽，則典出此句。在後者，此句既是古代用木桿即晷表測日影（景），以定方向及時令之方法的最早記載，也是涉及古代陰陽這一哲學概念的最早出處。

就詩句本義言，此句是說公劉立表於山崗上，測日影以定向計時，並考察山川陰陽向背及寒暖等。立表測日影以定向，即後世《定之方中》詩中「揆之以日」，《考工記》、《淮南子‧天文訓》、《周髀算經》及至宋《營造法式》中各種「端朝夕」、「取正之制」。這一辨方正位的職業活動為歷代風水家傳承，衍出風水術中的所謂「倒杖」之法，也直接引出了指南針的偉大發明及磁偏角的發現。這一史實，有另文詳說，此不煩述。而山川陰陽向背之理，也為後世風水家在其職業活動中不斷探究，形成了豐富理論。在這陰陽典出之處，尚無玄學色彩，正如東漢許慎《說文解字》云：「陰，暗也，水之南，山之北也。」「陽，高明也。」段玉裁注謂：「山南曰陽。」劉熙《釋名》又謂：「陰者，蔭也，氣在內而奧陰也；陽者，揚也，氣在外而發揚也。」釋明陰陽向背的小氣候。

「相其陰陽」被風水家所宗，觀其全詩，也可見風水內涵的理性要素，不外詳細審視和測量山川地形、地質水文、小氣候、植被、生態、景觀等等，然後擇其佳處辨方正位，確定建築規劃事宜。關於此，後世沿用陰陽一語，也常出於這一典故本義。如《周禮‧地官司徒第三》謂：「大司徒之職，掌建邦之土地之圖」，「辨其山林川澤丘陵墳衍原隰之名物」。「以土會之法辨五地之物生」；「以土地之法，辨十有二名物，以相民宅而知其利害，以阜人民，以蕃鳥獸，以毓草木，以任土事」，「以土圭之法，測土深，正日景，以求地中」。「日至之景，尺有五寸，謂之地中，天地之所合也，四時之所交也，風雨之所會也，陰陽之所合也。然後百物阜安，

乃建王國焉」。又如《漢書‧晁錯傳》之說：「相其陰陽之和，嘗其水泉之味，審其土地之宜，觀其草木之饒，然後營邑立城，制里割宅，正阡陌之界。」風水經典之一，郭璞傳《古本葬經》更言簡意賅，說風水之選擇標準：「來積止聚，沖陽和陰，土厚水深，鬱草茂林，貴若千乘，富如萬金」等等。

先民們考察天地與人事萬物，終至發現，事物皆有相反相成，即對立統一的兩面，恰如陰陽之理，於是，陰陽衍為中國古代理論思維的最重要範疇之一，被哲人們用以探究世界本源及其變化機理，陰陽學說由是而生。典型如《周易‧繫辭》：「一陰一陽之謂道，陰陽不測謂之神」，「陰陽合德，而剛柔有體，以體天地之撰，以通神明之德」。《周易‧說卦》：「參天兩地而倚數，觀變於陰陽而立卦」；「是以立天之道，曰陰與陽，立地之道，曰剛與柔」。《國語‧周語》：「陰陽分布，震雷出滯」；「陰陽序次，風雨時至，春生繁祉，人民和利，物備而樂成」。《管子‧四時篇》：「是故陰陽者，天地之大理也，四時者，陰陽之大經也」。這種理論思維，在古代第一哲人老子那裡，更有謂：「道生一，一生二，二生三，三生萬物。萬物負陰而抱陽，沖氣以為和。」等等。由「觀變陰陽而立卦」，八卦理論發展起來。由「一陰一陽之謂道」、「沖氣以為和」，元氣說也產生發展起來，對後世哲人的理論思維奠定了基本框架，形成了獨具特色的中國古代哲學理論體系。

這種哲學上的理論思維，歸復於「相其陰陽」的風水家，風水理論也因此充滿了哲學思辨的成分，雖有玄學乃至迷信成分，同時也富含辯證法的中肯哲理，而且，其理論思維又直接導致以山川自然為審美對象的山水美學日趨發展臻於成熟。如風水家論山水，以山主靜而屬陰，水本動而屬陽，則講究山水交會，動靜相乘，陰陽相濟，乃有情之所鍾處。故山有「指山為龍兮，像形勢之騰伏」的種種尋龍之法。而左水，則求其靜而臻於美，故「左水為美，要詳四喜，一喜環彎，二喜歸聚，三喜明淨，四喜平和」，而山水植被陽光空氣以及建築形式空間布局，也莫不講究「動靜陰陽，移步換形，相生為用」，「如畫工丹青妙手，須是幾處濃，幾處淡，彼此掩映，方成佳景」等等。而可以指出的是，正是基於這種藝術哲學的臻於完善及其豐富實踐，才促成中國傳統建築的獨特風格，達到極高藝術境界。英國學者李約瑟在其《中國的科學與文明》中評述說：「風水對於中國人民是有益的……雖然在其他一些方面，當然十分迷信，但它總是包含著一種美學成分，遍及中國的田園、住宅、村鎮之美，不可勝數，都可由此得到說明。」這對於傳承數千年的風水術，無疑是一個十分中肯的評價。

第四節　風水與陰陽變易、生生不息

《易經》所闡述的宇宙論思想，主要體現在《傳》中，《傳》以陰陽說《易》，認為陰陽不僅是構成宇宙萬物的兩種基本要素，而且也是宇宙萬物一切變化現象的功能屬性：「一陰一陽之謂道」、「陰陽不測之謂神」（繫辭上）。考陰陽原義，「陰」為雲覆日，「陽」為日出；引申為暗和明，寒和暖，北和南，裡和表等一切對應或相反的事象。故在自然，天為陽，地為陰；在人類，男為陽，女為陰；在性情，剛為陽，柔為陰；依此類推。《易經》對此進行了抽象化的概括，把陰陽看作推動宇宙萬物生成變化的兩種基本元素，因而支配一切事物，這就使陰陽說具備了形而上學的哲學思維的性質。

陰陽說在《易經》中最集中地表現在「乾卦」和「坤卦」中。

「乾」表示天，是日出光氣舒展的形態。天是動的，具有剛健的性質，也代表「君」和「父」。乾卦全由陽爻組成，其中象辭曰：「大哉乾元，萬物資始，乃統天。雲行雨施，品物流行。」象辭曰：「天行健，君子以自強不息。」子辭曰：「大矣哉！大哉乾夫？剛健中正，純粹精也。」這裡，賦予天以生生不息萬物成長的原動力的功能，六位陽爻，隨著時間的發展，由潛伏、顯現、成長、躍動、飛騰到滿盈，有六個階段的變化。其中充滿了對由乾卦所象徵的剛陽之美的高度讚譽。它和老子所提倡的「無為而無不為」貴陰柔的主張不同。《易經》貴剛陽，提倡自強不息、積極進取。

「坤」表示地，柔順、安靜而舒展。坤卦全由陰爻組成，其象辭為：「地勢坤，君子以厚德載物。」「坤至柔」，「坤道其順乎？承天而時行。」地道、妻道、臣道，它有順天、滋養萬物的功能。它包容、寬厚、含蓄、順從、柔弱。它是大地母親品格的象徵。

風水的這一陰陽論宇宙觀把大自然分為壯美──陽剛之美和優美──陰柔之美兩種類型。所以古人曾說：「天地之道，陰陽剛柔而已。」懸崖、飛瀑、狂風、驟雨、大河落日或無邊草原以及「駿馬秋風冀北」都體現了陽剛之美；而清風、皓月、暗香、疏影、小橋流水、碧波楊柳以及「杏花春雨江南」都是陰柔之美。

陰陽相推、剛柔相摩、動靜相繼即宇宙生生不息的變易。這種觀念，孔子、老莊已倡其端：「子在川上曰：逝者如斯夫，不捨晝夜。」「物之生也，若驟若馳，無動而不變，無時而不移。」萬物無時無刻不處於變化發展之中。「在天成象，在地成形，變化見矣。」（繫辭上傳）「日新之謂盛德，生生之謂易。」它為道屢遷、變動不居、周流六虛、上下無常、剛柔相易、唯變所適，形成日新月異的變化。即「日中則昃，日盈則食，天地盈虛，與時消息。」「易窮則變，變則通，通則久」（繫辭下傳）。真是「通其變遂成天下之文」。「氣」、「韻」結合，骨肉結合，就使大自然陰陽變易，生生不息。氣韻一詞可以分解詮釋，氣韻的「氣」常指氣勢、力度、風骨而言，是和人的天賦的氣質、個性直接相聯的一種生命力的表現，常是由作者的品格、氣概所給予作品中的力的、剛性的感覺，並常以「骨」字加以象徵，在審美感受上表現為陽剛之美。劉勰的《文心雕龍》全書都貫徹了「重氣之旨」，鍾嶸的《詩品》更進一步以「氣」為建立他的全部詩論的根本。一般來說，氣韻的「韻」字的涵義要比「氣」字複雜得多，它常指一種具有審美直感性的超越社會生活功利束縛的情感、智慧、精神的美。它具有藝術所必須具備的超群脫俗、微妙難言的個性。古典藝術理論中常有清韻、雅韻、遠韻、玄韻、素韻等概念出現，常指一種具有玄學意味的風姿神貌。如果說，「氣」常與有「力」的內容相關的話，那麼「韻」常與有「神」的形式相關，韻的性格常表現為清遠、通達、放曠，或瀟灑不群，或精微蘊藉，包含一種以「超俗的純潔性」（徐復觀《中國藝術精神》154頁）為基柢的陰柔之美。

「氣」、「韻」雖有區別，但實際上又是相互聯繫不可分割的，只是在具體的藝術作品中有所偏重而已。中國的書畫藝術中常有兩種情況，衛夫人在《筆陣圖》中說：「善筆力者多骨，不善筆力者多肉，多骨微肉者謂之筋書，多肉微骨者謂之墨豬。」又蕭衍在《答陶隱居論書》中說：「純骨無媚，純肉無力。……肥瘦相和，骨力相稱。」書畫中不同的筆法，可以通過燥潤、方圓、藏顯、肥瘦等多種形式表現陽剛陰柔不同的組合，即不同的氣韻。一般來說，氣韻不可偏廢，有氣而無韻者，雖豪宕激越，但質木無文，顯得粗野、直露，缺乏深遠的韻味；有韻而無氣者，則筆弱詞靡，文秀質羸，顯得柔弱、纖細，缺乏氣勢力度。而在氣韻兼具的情況下，強調「氣」者偏於陽剛之美，強調「韻」者偏於陰柔之美。

最能體現《易經》「生生之謂易」的就是「生動」和「生氣」兩種觀念。「生動」是環境景觀

的外部形象。「生氣」也即氣韻，是自然與社會環境保持生生不息的活力。

「生動」一詞又可分開來解釋，「生」即生長，「動」即運動，生長不能脫離運動，有運動才有生長，它必須具有如大自然那樣生生不息的運動感，縱橫揮灑或流動飄逸的幾無滯礙的流動感，或如「曹衣出水，吳帶當風」，或如「流電激空，驚飆戾天」。

《莊子》認為宇宙之中，形之最大者為天地，氣之最大者為陰陽（《則陽》）。「大明之上」是「至陽之原」，「窅冥之門」是「至陰之原」（《在宥》）。「陰陽相照相蓋相治，四時相代相生相殺」，而有萬物（《則陽》）。人亦「受氣於陰陽」（《秋水》），「陰陽於人，不翅於父母」（《大宗師》）。正由於此，人體內部作為一個小宇宙，也有陰陽二氣，為人應該「靜而與陰同德，動而與陽同波」（《天道》）。它和大自然一樣，陰陽變易，生生不息。

第五節　天、地、生、人系統的整體有機循環觀

據于希賢研究，淵源於西方的地學觀念認為大氣圈、水圈和岩石圈是沒有生命的無機界。只有生物圈和人類智慧圈才是有生命的有機界。但是，中國古代傳統的風水地理思想與此不同，不僅認為人和生物有生命，而且認為天、地、生、人各大系統之間組成一個整體性的大自然也是有循環、輪迴，有新陳代謝的系統。

大自然的生命在於陰、陽的結合。陰、陽是宇宙間最基本的兩種力量。它是深層次的關於物質世界結構的最終原理。先秦時代的《老子》一書提出：「萬物負陰而抱陽。」《黃帝內經》說：「陰、陽交而不離乎中」、「天地感而萬物生化」。萬物由陰、陽結合而生成。陰陽是生命的本源，是「天地之道也，萬物之綱紀，變化之父母，生殺之本始，神明之府也。」這裡「神明」不是鬼神而是精神。《黃帝內經》的《素問》進一步解釋說：天地之間因為有陰、陽，有生氣和活力，所以空中的大氣才會呼呼流動以成風，草木才能欣欣向榮而生長。天地間有風、寒、熱、濕、燥這些無形的元氣，有金、木、水、火、土這些有形的物質。「氣」和「形」相交，就生化成彩色繽紛、豐富多彩的萬事萬物了。總之，「人生有形，不離陰陽，天地合氣，別為九野……萬物並至，不可勝量」。從那一望無際的太空，到運轉不息的日月、星辰；從寒來暑往、周而復始的季節變化到生生不息的動物、植物，其生命的源泉都是陰、陽的「幽顯既位」。

基於對地理環境的這一總體認識，清代《地理求真》一書總結說：「蓋太極判而分兩儀，宇宙間事事物物無一不在陰、陽之中，斯無一不在生氣中也。浮而上者陽之清，天氣之所輕靈也。降而下者陰之濁，地氣之所重質也。向使天地二氣不能相交，則陰陽無媾合之情，萬物則不能生育。語所謂孤陰不生、獨陽不長是也。……陰、陽配合，氣機由此胎息亡謂與。」

雖然物體都是由陰、陽結合生成，但他們的成分與結構不同，所處的位置與層次也不同。老子把「道、天、地、人」視為「域中四大」系統。其關係是：「人法地、地法天、天法道、道法自然。」「道」是指宇宙萬物的內在機理；「天」是指日、月、星辰的天體及其大氣與天空；「地」是地理環境；「人」是人類及其社會；「自然」是自然規律。其間的關係是，人類社會要適應地理環境，人雖然是地理環境的一部分，同時人又獨立於地理環境。地理環境有其本身發生演變的過程與規律，它又受天體運行的支配。天、地、生、人都有其內在的機理，最終都要服從於運動不息的自然規律。他們「獨立不改，周行而不殆」。在各自的層次中，不同的軌跡上周而復始地永恆運動著。

陰、陽結合則為太極。它是生命的種子。《易經》裡說：「一陰、一陽之謂道」。陰陽互補依序，具有均衡、和諧、對稱、協調的機制。「《易》以天地為準，故能彌綸天地之道。仰以觀於天文，俯以察於地理，是故和幽明之故。原始反終，故知死生之說，精氣為物。其意思是：《易》客觀而嚴密地反映了天地構成和運動變化的道理。人們懂得了這個道理，借助它來仰觀天文、俯察地理，探知其中或幽或明的奧秘，追溯事物的起始，跟蹤其發展的軌跡，直至終了。於是就會知道天、地、生、人，萬事萬物生死輪迴的規律。其根本之點是萬物天地都是有機體。

天地是一個圓滿自足的、自本自根的自然活體。老子《道德經》二十五章中說：

> 有物混成，先天地生，
>
> 寂兮寥兮，
>
> 獨立不改，
>
> 周行而不殆。
>
> 可以為天下母，
>
> 吾不知其名，
>
> 字之曰道，
>
> 強為之名曰大。
>
> 大曰逝，
>
> 逝曰遠，
>
> 遠曰反……
>
> 人法地、地法天、天法道、道法自然。

這種說法則根本肯定了科學的自然主義。

這是一首讚美自然活體的獨立個性的詩。其意為：

> 自然
>
> 擺脫一切權威，
>
> 因而獨立自在；
>
> 從來不侵他力，
>
> 卻能作成萬物。
>
> 自然超越諸神，
>
> 實為萬物之主（註一）……

這是把天地自然萬象都當做一個不受意識控制的有機整體。天人宇宙互為一體。

對於中國古代的這一由陰、陽結合而構成天、地、生、人系統的整體有機觀，科學界有不同的看法。英國李約瑟博士總結說：

> 中國人的科學或原始科學的思想包含著宇宙間兩種基本原理或力量，即陰和陽……大多數歐洲觀察家都指責它是純粹的迷信，阻礙了中國人真正科學思維的興起。不少中國人，特別是現代自然科學家，也傾向於同樣的意見。但是……我的考察是，事實上古代和傳統的中國思想體系，是否僅只是迷信或者簡單地只是一種原始思想，還是其中也許包含有產生了那種文明的某些特徵性的東西，並對其他文明起過促進作用。

中國風水與建築選址

李約瑟博士所提出的疑問與思考，是值得我們中國地理學界重視的。事實上，李約瑟博士對中國古代的這一天、地、生、人系統的整體有機觀曾予高度評價，他說：「在希臘和印度發展機械和原子論的時候，中國則發展了有機的宇宙哲學。」

今天，錢學森教授號召研究「天、地、生、人系統的相互關係」，倡議建立「地球表層學」。這與李約瑟博士對中國古代有機宇宙觀的高度評價，真是中西呼應，不謀而合。

對大自然間的循環，中國古代早就有觀察和記錄。屈原（西元前340～前278年）在《天問》中提出了「九州安錯，川谷何洿？東流不溢，孰知其故？」意為：川谷幽深，眾河川日夜東流，為什麼海水不會滿溢出來？先秦時《管子》一書提出「天氣下，地氣上，萬物交通」的循環思想。成書於西漢的《黃帝內經》中進一步提出：「地氣上為雲，天氣下為雨；雨出地氣，雲出天氣。」表明當時已有水氣循環的思想。晉郭璞（276～324）在《葬書》中說：「夫陰、陽之氣噫，而為風。升而為雲，降而為雨，行乎地中而為生氣。生氣行乎地中，發而生乎萬物……是以銅山西崩，靈鐘東應，木華於春，栗芽於室，氣行乎地中。」

什麼是「氣」？《黃帝內經》中說，氣是「天覆地載，萬物悉備，莫貴於人。人以天地之氣生，四時之法成。」郭璞《葬經》認為氣是陰、陽的結合體，成為風，升為雲、降為雨，到了地中就成為「生氣」。它最初是流動的，毫無硬度、無間斷、無終止。「氣」是人們想像中最稀薄的物體，是天地萬物的基本元素，是一種微粒流，它或輕或重，或清或濁。輕浮為陰，重濁為陽。「氣」又酷似物理學中的磁場。「生氣」由陰、陽交感生成，是使萬物形成生命的活躍因素。它是一種生命「場」，在機體內起到能量和力量的作用。由於這生氣場的存在，地球表層所發生的變化，是會相互感應的。當著銅山西崩之時，靈鐘在遙遠的東方也能感應。這在當今地震研究中已得到證實。地球表層也像人體一樣有經絡和穴位的存在。在郭璞的地理觀念中，陰、陽、風、雨循環變化都受生氣場的控制，它們形成一個有機的整體系統。

此後，明代狀元楊慎（1488～1568）也進一步解釋了水氣循環的原因。他說：

余謂，水由氣而生，亦由氣而減，今以氣噓物則得水，又以氣吹水則乾，由一滴可知其大也。……又莊子云：日之過河也有損焉。風之過河也有損焉。風日皆能損水，但甚微而人不覺，若暴衣於日中，標濕於風際，則立可驗此，隨時而消息也。

他明確地指出水的蒸發作用，是東流不溢的原因，解決了水、氣循環的問題。

在明末清初，出現了〈日火下降，暘氣上升圖〉。它附於《諸葛武侯白猿經風雨占圖說》一書。據中國科學院自然科學史研究所地學史組主編的《中國古代地理學史》一書研究，此圖「對太陽輻射在空氣對流中的作用，作了形象化的生動表示。它說明了風、雲、雷、電、雨等的形成原理和過程」。「說明水氣上升，成雲致雨，流濕地面及滲入地下的水分循環情況」。明代朱謀㙔一六一五年在《水經注箋序》中說：「夫水在天地間，猶乎世之貨財也，發源名山，流成江河，趨為四海，蘊為雲氣，還雨天下，以浸潤萬物」，他說明了水氣循環的過程。

由於有了循環，更產生了「和諧」。

「和諧」就是指的多樣統一和有序運動。我國的莊子在《知北遊》中說：「天地有大美而不言，四時有明法而不議，萬物有成理而不說。」他認為物質世界之美，根本不需要人去加工、去刻意雕鑿，去「言」、「議」、「說」，萬物本身就有一種自然之美。比如百花齊放、彩蝶紛飛無疑是美的，但仔細觀察一下，就可以發現花朵及蝶翅的形成有嚴格的造形規律：其圖案線條

的對稱非常和諧，色彩濃淡的轉換配置非常柔和，它們幾何學意義上的造形的精確性常令數學家驚嘆不已，其他如冰雪的結晶、彩虹的曲率、樹葉的葉脈、蜂巢的六邊形結構以至人體的四肢，都具有精確的幾何造形的規律。近代物理學家發現天體的運行和原子的構造以至許多數學物理公式都是非常和諧有序而又簡潔勻稱的，難怪德國天文學家開普勒說：「數學是這個世界之美的原型。」所有這些形式規律都不是人類按照自己的意願創造出來的，而是大自然鬼斧神工式的造化，但它們很美。因此，《易經》的易變和不易、簡易的統一，即「循環」與「和諧」既是大自然的規律，也是美的規律。

當然，要解釋自然規律和美的規律的一致性，還必須有對於審美主體（人）的心理分析為基礎，因為美要依賴於人的感覺，要分析這種感覺何以會產生。今天，這種分析從宏觀上來說並不困難，因為人本身是自然的產物，人正是地球在幾十億年的演化過程中從無機物 —— 有機物 —— 生命這一漫長的進化過程中產生出來的最高級的生命形式。所謂高級，無非是說物質結構隨著時間的延續，變得日益複雜和多樣化的同時，組織結構的有序化程度也更高了。生命是靠不斷地和外界進行能量、信息交換而維持其運動的，它不斷地吸收及不斷地耗散，從而保持一種穩定有序的運動狀態，生命愈是進化，它與外界進行的交換傳遞就愈是擴大，同時它的自我調節、自我再生的應變能力也愈是增強，它的內在秩序的質量也愈是提高。也可以說，它愈是「變易」，也就愈是「不易」和「簡易」。所以，從物質運動這一點上來說，人同其他生命形式（包括一切動物和植物）以至無生命物質的區別，只是程度的區別，而非本質的區別。雪晶與彩虹是無機物質有規律運動的結果——前者是水分子在零度時的有序組合，後者是陽光透過含水雲層的光譜折射，而花瓣、蝶翅、蜂巢、葉脈本身就是生命（動物或植物）的形態，它們當然是極變化之能事而又井然有序（不易和簡易）的。因此，人類（不論是他的五官還是大腦）作為最富於生命特徵的統一的組織結構，他對於這些客觀對象的審美，當然帶有自我觀照的性質。這些有序運動的客觀形式是作為生命的象徵而給予觀照的。從根本上說，人的心理（包括審美心理）也不過是自然物質存在的一種形式，是腦細胞的一系列極其複雜的化學反應，只是人類至今的生理學、心理學還無法準確地解釋它，但無論如何，心理的活動規律應在物質運動規律之內，兩者本質上是同一的。

據楊文衡等研究，中國古代有機論自然觀，滲透到各個文化領域，風水也不例外。有機論自然觀認為，天、地、人等自然界萬物有著複雜的內在聯繫，每一種現象都是按照等級秩序而與每一種別的現象聯繫著。風水中的有機論自然觀表現在四個方面：

第一，天地之間的關係。風水家認為，天地相通，天地是一個整體。因此，有天理則有地理（《地理樞要序》）。比如天有五星，地有五行；天分星宿，地列山川；氣行於地，形麗於天；天有象，地有形（《青囊經》）。這種思想最初來源於《周易》。「《易》與天地準」，它把整個自然界作為摹寫的底本，因而它與整個自然界是一致的（《周易》講座）。也就是說，中國古代有機論自然觀在《周易》中已奠定了基礎。風水家在《周易》的基礎上，對有機論自然觀作了進一步的發展，認為地球上的山形與天上的星體相合，地球上的河岳就是天上的星辰，原非二物。如天東有蒼龍在九天，謂之蒼天，其下即為東岳。北有玄武為玄天，其下即為北岳。南有朱雀為炎天，其下即為南岳。西有白虎為昊天，其下即為西岳。中有北極為均天，其下即為中岳。天上有天河天漢，地下即有長江、大河。天上有四垣九野，地上即有垣局以造王城，有分土以域九州（《靈城精義注》）。這裡講的天上各種星宿名稱都是人為的，人們用帝王百官和宮室土地人物等名稱來表示空中星宿，將天空星座分為中央、東、南、西、北五部分，稱作五官。中

央是中官，包括三垣：上垣太微垣，即星宿、張宿、翼宿和軫宿以北的天區。中垣紫微垣，即北極周圍，包括在我國黃河流域一帶地區（地理緯度約36度）常見不沒的天區。下垣天市垣，即房宿、心宿、尾宿、箕宿和斗宿等以北的天區。三垣中每垣都有若干顆星作為框架，界限出這三個天區的範圍，它們好像是圍牆，故稱垣。三垣中，紫微垣是天空的中心，是天帝居住的地方。因此，人間天子居住的宮殿也叫紫微宮，紫禁城。由於這個緣故，風水家在選擇國都時，地上的山川形勢也要符合三垣。這種做法除了有機論自然觀起一定的作用外，還有皇權天授或皇權神授的思想在作怪。《人子須知》講，帝都乃至尊之地，地理之大莫先於此，必上合天星垣局，下鍾正龍王氣，然後可建立。比如北京，後面燕山像天上的華蓋，黃河前繞，像天上的御溝，而太行諸山在右，海中諸島、遼東半島、山東半島在左護衛，中間是中原大地，南面有秦嶺、大別山為朝應，形成垣局，是非常理想的風水寶地。

第二，天人之間的關係。在西周和《周易》那裡，把人和社會看得很重要，與天地並稱三才。它很重視人的主觀能動作用，把人作為主體看待。無論怎樣談天談地，到最後總是歸結到人和人的事業。宇宙自然界為一大天地，人為一小天地。大自然的天象變化與人體的氣化活動有直接的相互感應和共通的規律。人體各種疾病的發生，特別是與季節氣候有關的流行病，已有越來越群體化和頻繁發生的徵象，這是宇宙大天地的陰陽失調造成人體小天地的陰陽失調。天人之間，存在著內在聯繫，借天例人，推天道以明人事，這就是「天人一理」。《史記·樂書》也說，天與人相通，就好像是形和影的關係，做好事的人天報以福，做壞事的人天報以禍，是很自然的道理。這是「天人一理」的第一個表現。風水家根據這種天人合一的天命觀，提出「循天理誠為地理之根」（《儒門崇理折衷堪輿完孝錄》）。「家之將興，必先世多潛德陰，善厚施而不食其報。這樣，雖不擇地而葬，也會子孫昌盛，這是天賜」（《葬書問對》）。天產佳地，必待有德者得之。若非其人，甚勿輕泄，若與人卜葬，必是積善之家方可下手。如遇造惡之人，悖逆天理，切不可與葬（《天寶經序》）。

「天人一理」的第二個表現是「天人感應」說。它是由西周時期的天命論思想發展來的，是漢代占統治地位的思想，主要代表人物是董仲舒（西元前180～115），主要觀點是天人一體，相感相應。自然界的現象，都是天神意志的表現，災異怪變以及吉利瑞祥，也都是天受感應後而施加於人的獎懲。道教初期的經典《太平經》對此作了進一步的發揮，說人是天之子，當象天行動。人君至誠的心能感動皇天，使陰陽變易。如果人君逆陰陽，背天心，則會有災異，這是皇天對人君的勸告。

第三，人地關係。人與地的關係十分密切，人本身就是從地上產生的。因此，人體中微量化學元素跟地殼裡的微量元素基本一致。如果缺乏，就會生病，人病了吃藥，其作用也是補充人體缺乏的某種微量元素。人們擇地而居，選擇較好的地理環境，實質上是選擇較好的生態環境。風水家擇地而居的觀點是科學的，直到現在仍有現實意義。程子曰：「卜其宅兆，卜其地之美惡也。地美則神靈安，子孫盛，若培壅其根而枝葉茂，理固然也，惡則反是。」（《地理大全》）。不過在人地關係問題上，風水學說體現的是地理環境決定論，以為只要地好就得福得吉，地靈則人傑，宅吉即人榮。地不好則有禍殃，甚至某個地點遭受破壞也會影響人的吉凶。有些不好的地，經過人工修理，也可以使人得吉避凶。

第四，天、地、人三者的關係。古人已認識到人與天地同等重要，組成三才。《呂氏春秋·情欲》曰：「人與天地同。」人有主動性，能參天地，即效法天地，但不能改變天地。風水家吸收了這種思想，認為天運有轉旋而地氣應之，地運有推移而天氣從之，天氣動於上而人為應

之（《靈城精義》）。「天運有轉旋而地氣應之」是什麼意思呢？比如秦太史占金陵有天子氣，秦始皇希望通過疏浚秦淮河達到泄王氣的目的。但疏浚的結果不但沒有破壞王氣，反而使地運轉移，嗣後果有六朝建都，明朝定鼎應驗。所以金陵有天子氣，那是天運轉旋而地氣相應的表現，人破壞不了。「地運有推移而天氣從之」是什麼意思呢？比如黃河是天地間一大血脈，黃帝堯舜時，黃河由龍門轉呂梁，由呂梁轉太行，由太行轉碣石入海。冀居其中，黃河如帶，五岳俱朝，堯舜禹三聖人出，是古代最興盛的時期。漢代黃河漸往南遷移，穿斷鄒魯地區，直走淮泗，使冀州的水勢傾斜，鄒魯的地脈沖斷。這樣北地的氣運衰落，江南興盛，南宋興起。由於黃河南遷，天運亦轉南的表現，人無力挽回。「天氣動於上而人為應之」又是什麼意思呢？比如宋太祖趙匡胤還沒有當皇帝時，有一天晚上陳希夷看見一顆小星位於帝星的左邊。天亮以後，他在人群中尋覓昨天晚上所見星相，發現趙匡胤與趙普同坐在酒店裡，普居左。希夷說，小星何敢居帝座左哉！這些說法，顯然迷信成分多，沒有指出天、地、人三者之間的科學聯繫。

〔註釋與參考文獻〕

註一　見陳立夫：《中國古代科學思想史》。

第六節　大地經絡活體觀

經絡學說產生於遠古，其後不斷與中醫經絡學說互相滲透，彼此促進。

大地經絡穴位系統的思想是以大地像一個龐大的生物體一樣的認識為基礎的。古代所說的「天地一大生命，人身一小天地」正是這一認識的反映。在中國古代，大地有生命、大地有經絡、穴位的思想是風水思想的基礎理論之一。李樹菁等人作了不少研究。

風水中提出的「大地有如人體」的說法，是中國古代大地有機說的重要組成部分。風水把大地看作是一個有機體，認為大地各部分之間是通過類似於人體的經絡穴位相貫通的，「生氣」是沿經絡而運行的，風水穴就是一種穴位的表現。這在許多風水著作中都能找到證據。《水龍經》（水法篇）中說：「石為山之骨，土為山之肉，水為山之血脈，草木為山之皮毛，皆血脈之貫通也。」《發微論》（剛柔篇）則把構成大地的四種主要元素直接與人體類比，指出：「水則人身之血，故為太柔；火則人身之氣，故為太剛；土則人身之肉，故為少柔；石則人身之骨，故為少剛。合水火土石而為地，猶合精氣骨肉而為人。近取諸身，遠取諸物，無二理也。」正因為大地有如人體，所以大地之脈有如人體之脈，《發微論》（浮沉篇）中進一步論述道：「大抵地理家察脈與醫家察脈無異。善醫者察脈之陰陽而用藥，善地理者察脈之沉浮而立穴，其理一也。」風水穴被賦予特別重要的意義，它具有「雌雄相喜、天地交通」之寓意。「而以雌雄言者，猶夫婦之義也。夫婦媾而男女生，雌雄交而品物育，此天地化生之大機也。故楊公首辨家之雌雄」。辨穴認氣要「認氣於大父母，……認氣於方交媾，…認氣於成胎育。」「山之結穴……猶如歸人有始、有息、能孕、能育。」「下聚之穴，如人之陰囊。」所以風水穴是生氣聚集的中心，「陰陽交媾之區」，能聚氣盈育，生發萬物，以象徵一種生生不息、蓬勃向上的精神和力量。中國古代民居、村落、城市強調選擇「生氣」之地，就流露出這種「生生不息」的願望。這種觀念既體現了中國傳統的「大地為母」的思想，又使中國傳統的大地有機自然觀得到了生動的表達和發揮。

中國風水與建築選址

其次，風水中的「大地有機」自然觀，還表達了一種「天人合一」的思想。漢代董仲舒提出「人副天數」，認為：「人有三百六十節，偶天之數也；形體骨肉，偶地之厚也；上有耳目聰明，日月之象也；體有空竅理脈，川谷之象也。……天以終歲之數成人之身，故小節三六六，副日數也；大節十二分，副月數也。內有五臟，副五行數也。外有四肢，副四時（季）數也。乍視乍瞑，副晝夜也；乍剛乍柔，副冬夏也。乍哀乍樂，副陰陽也。」（《春秋繁露·人副天數》）他又說：「天地之常，一陰一陽。陽者天之德也，陰者天之刑也。……天亦有喜怒之氣、哀樂之心，與人相副。以類合之，天人一也。」（同書《陰陽義》）因此，「事各順於名，名各順於天，天人之際合而為一。」「道之大源出於天。」這樣，「天地是個大宇宙，人身是個小宇宙」，中國古人就這樣從自身去推測宇宙。《周易》中所謂「近取諸身，遠取諸物」的說法，也包含著這樣一層意思。中國人講究「天人合一」，不僅把天、地、人為「三才」看作是一個有機的整體，還把「三才」看作是具有全息同構的關係。風水中也表現出這種全息同構關係，從所謂的太祖山、少祖山、少宗山到父母山，其間雖等級層次不同，但構成原理是一致的。父母山又可按同樣的原理再細分下去而保持結構不變。比如城市、村落和民宅的風水環境，雖有一定差別，但基本結構是一致的，如三面環山、一面臨水的結構，是它們所共有的，所以它們之間有著全息互顯的關係。宇宙全息律為中國古代文化思想所特有，今天的自然科學如生物學等領域，正在採用宇宙全息律來尋找各級系統組織之間的聯繫。在天地人體之中經絡主運行血氣，關於「血氣」，在春秋戰國時期不少著作中都曾提到。記載孔子言論的《論語·季氏》，講到人的一生分三個階段：少年時是「血氣未盛」；壯年時是「血氣方剛」；老年時是「血氣既衰」。說明這時已把「血氣」變化看成是生命的主要特徵。在《管子·水地》還說：「水者地之血氣。如筋脈之通流者也」。這裡既提到「血氣」，又提到「筋脈」，認為「筋脈」是通流「血氣」的；還把地面上的水流比方做人體內的「血氣」。地上的水應當流通，人體內「血氣」也是需要流通的。《呂氏春秋·達鬱》有類似的記載：「……肌膚欲其比也，血脈欲其通也，筋骨欲其固也，心志欲其和也，精氣欲其行也。」這裡提到了人體的一些基本名詞：「肌膚」指皮、肉，「血」與「脈」相聯繫，「筋」與「骨」相聯繫，這也就是醫書中所說的皮、肉、脈、筋、骨（五體）。關於「精氣」，在《管子·內業》中已有討論，說「精也者，氣之精者也。」從「氣」推論到「精氣」，對生命現象的認識又深化了一步。

李樹菁進一步認為，先秦時期，《周易》坤卦象辭和咸卦象辭分別論述了大地具有生命特徵：

> 至哉坤元，萬物資生。……含弘光大，品物咸亨。（《周易·坤卦象辭》）
> 天地感而萬物化生。（《周易·咸卦象辭》）

到了秦漢時期，《黃帝內經·素問》、各種緯書以及楊泉《物理論》等古文獻中分別論述了太虛演化而生萬物；地表水和地下水是天地元氣的津液；各種山相當於人體的某一器官；石相當於人的指甲、牙齒等堅硬物質等等。

> 太虛寥廓，肇基化元，萬物資始，五運終天，布氣真靈，總統坤元，九星懸朗，七曜周旋。曰陰曰陽，曰柔曰剛，幽顯既位，寒暑弛張，生生化化，品物咸章。（《黃帝內經素問·天元紀大論》）

「布氣真靈」不僅彌漫於空間，也存在於地下。

> 水者天地之包幕，五行之始焉。萬物之所由生，元氣之津液也。（《春秋元命苞》）

荊山為地雌。岐山為地乳。……汶山之地為經絡。（《河圖括地象》）

它們相互作用，使大地山河也聯繫成像人一樣的整體。

土精為石，石氣之核也。氣之生石猶人筋絡而生爪牙也。（楊泉《物理論》）

到了魏晉南北朝時期，由於天下動盪，士大夫多到處周遊，地理學大興。著名地學家郭璞「大地生氣論」應運而生（《葬經》）。成書時代稍晚，但這一思想出現於晉代是完全可能的。《葬經》「大地生氣論」認為大地中沿著山脈的走向有生氣流動，像人體的血液、經氣似地流動並且隨著地形的高低而變化。遇到丘陵、山崗則地中生氣就高起，到了窪地內就下降（圖2-2）。這種思想很顯然是從《易傳》「山澤通氣」的思想而來的；在高聳處（山）和凹下處（澤），地下的「氣」可以通到地表。這種「山澤通氣」的說法是有一定道理的。地質學研究表明，山前多有斷裂，地下水和氣體可沿斷裂上升。海為最大的澤，大洋底部地殼比陸地薄得多，海洋地下氣體很易上升。明宋應星《天工開物》中提到採珠人在海底常遇到「震氣」，實際上這種「震氣」就是從海洋地下冒出的一種氣體。

圖2-2　龍脈的流向

晉陶侃《尋龍捉脈賦》中認為這種生氣是在天地之先及其後所固有的：「一氣潛萌方杳奧，萬殊默露於混沌。……是氣先天地而長存，後天地而固有。」

到了唐宋時期，大地有生氣及經絡學說大有發展，與人體的類比越來越詳細。

唐曾文迪《青囊正義》序言說：「脈者呼吸之氣，流貫百骸者為血，血脈相連，猶水不離氣。」把呼吸之氣和身體中流通的血液比喻成自然界中的水和氣不能分離。

宋蔡牧堂在其所著《發微論》中認為水、火、土、石分別與人身的血氣骨肉相對應。並且指出地由水火土石組成；人由血氣骨肉組成：「水則人身之血，故為太柔；火則人身之氣，故為太剛；土則人身之肉，故為少柔；石則人身之骨，故為少剛。合水火土石而為地，猶合精氣骨肉而為人。」

將經絡和穴位相聯繫，與帛書的記載也是基本一致的，所不同者，帛書記載十一脈的走行，絕大多數以四肢部開始，各脈之間不是互相銜接；在《靈樞·經脈》則有順有逆，各經脈之間互相連接。這也就是《靈樞·逆順肥瘦》所說的「脈行之逆順」：「手之三陰，從臟走手；手之三陽，從手走頭；足之三陽，從頭走足；足之三陰，從足走腹。」經脈之間的互相連接，說明氣血運行是「陰陽相貫，如環無端」的。

《靈樞·脈度》說：「氣之不得無行也，如水之流，為日月之行不休。故陰脈營其臟，陽脈營其腑。如環之無端，莫知其紀，終而復始。」這裡還把氣血運行與自然界的水流和日月的運行現象聯繫起來，從而提出人「與天地相參」、「與日月相應」的論點。

根據《靈樞·營衛生會》等篇的論述：「氣」來自飲食物（谷），經胃傳到肺，進而五臟六腑都得到「氣」，其中清的稱做營氣，運行於脈中；濁的稱做衛氣，散布到脈外。營氣是「常營無已，周而復始」；衛氣則日行於陽，夜行於陰，「與天地同紀」。

「人與天地相應」的觀點，在經絡學說中有其重要性。應加分析，這一觀點與董仲舒的「天人合一」論有所不同。「天人合一」是以天為主體，將人身的一切附和於天；「人與天地相應」是以人為主體，說明人生活於天地之間，與自然界是息息相關的，氣血活動也像自然現象一樣是有一定的節律的。如《素問·八正神明論》說：「天溫日明，則人血淖液而衛氣浮，故血易瀉，氣易行；天寒日陰，則人血凝泣而衛氣沉。……是以因天時而調血氣也。」

總的看來，經絡學說的形成與陰陽五行是緊密結合的。陰陽五行，主要的是陰陽，或說四時陰陽。如《素問·四氣調神論》所說：「四時陰陽者，萬物之根本也。」「陰陽四時者，萬物之終始也。」經絡學說在闡述人體氣血運行與自然界的關係時都貫串著這一基本觀點，以致將經絡的數目也與時令配合起來解釋。如《靈樞·五亂》說：「經脈十二者，以應十二月；十二月者，分為四時；四時者，春、秋、冬、夏，其氣各異……」由此說明，人體通過氣血的運行構成有機整體，而人體與自然界又是統一的。

經絡作為運行氣血的通道，是以十二經脈為主體，其「內屬於臟腑，外絡於支節」，將人體內外連通起來。十二經別，是十二經脈在胸、腹及頭部的重要支脈，溝通臟腑，加強表裡經的聯繫。十五絡脈，是十二經脈在四肢部以及軀幹前、後、側三部的重要支脈，起溝通表裡和滲灌氣血的作用。奇經八脈，是具有特殊作用的經脈，對其他經絡起統率、聯絡和調節的作用。此外，經絡的外部，筋肉也與經絡類似分為十二經筋；皮膚也按經絡的分布分為十二皮部。以上內容簡列如下：

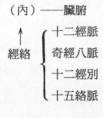

（內）——臟腑

經絡 ↑ { 十二經脈 / 奇經八脈 / 十二經別 / 十五絡脈 }

↓ （外）{ 十二經筋 / 十二皮部 }

元司馬頭陀「天元——氣寓形論」中認為氣在天地之間到處都有不同地點，有不同的表現：「盈天地皆氣也。而行乎山，適乎水，有升降變化之機。不同者非不同也，因流峙之有形，因氣以隨之。亦理之自然也。」將「經絡」二字連在一起出現，在《漢書·藝文志》有說：「醫經者，原人血脈、經絡、骨髓、陰陽、表裡，以起百病之本……」。這裡似乎將「血脈」、「經絡」做了區分。其原意也許是將「血脈」作為總的名稱，而「經」和「絡」是指脈的類別。《靈樞·口問》有「經絡厥絕，脈道不通」一語，也是將「經絡」和「脈」並提，意思是經脈、絡脈的血氣厥逆（經氣厥逆）或終絕（經氣終絕），脈道也就不通暢了。

由經脈、絡脈簡稱為經絡，進一步又按氣血虛實和陰陽部位的不同分別稱為「虛經」、「盛

經」、「陰經」、「陽經」、「陰絡」、「陽絡」、「大絡」、「小絡」、「浮絡」等。在《素問‧調經論》中有較集中的論述。《調經論》還提到「經隧」一名，說「五臟之道皆出於經隧，以行血氣；血氣不和，百病乃變化而生，是故守經隧焉。」它把「經隧」講得很重要，正常時運行血氣；有病時，診斷治療都要掌握（守）這個。隧指潛道，「經隧」可理解作經脈內的通道，與「脈道」意義相似。但《調經論》又說：「氣有餘，則寫（瀉）其經隧，無傷其經，無出其血，無泄其氣。」它要求針刺瀉「經隧」而不要損傷「經」，不要出血和瀉氣。似乎「經隧」是指「經」外的通道。人體如此，大地山河也如此，有「經隧」通道。

天、地、人之間，在生理機制上總是具有各種各樣的氣血運行通道。這通道最為具體而展現在人們眼前的是血管，也就是「脈」，但古人由此而擴展出來的許多概念，實際上已大大超出了「脈」的應有範圍，關於「脈」字的本義，東漢時許慎的《說文解字》解釋作「血理分衺（斜）行體者」；到了五代時徐錯的《說文解字繫傳》則補充做「五臟六腑之氣血分流四肢也。」從單純「血」補充為「氣血」，大概是吸收了醫學理論的結果。

現代科學的深入研究，認為中國古代大地人體經絡活體觀基本是符合事實的。當今西方出現了一門新興的學科——地球生物學。據法國《週末三日》刊，一九九二年四月二日報導：

如果你現在還認為建房子就是找一塊地，挑選一張房屋設計圖，那麼你應該徹底改變你的理論，認真學一學地球生物學的基礎理論。那麼，什麼是地球生物學呢？法國全國農藝研究所研究員、生物學家蒂埃里‧阿爾諾的解釋是：地球生物學是一門研究環境與人體器官健康之間相互作用的科學。

如果你認為躲在家中便能平安無事，那就錯了。當你一閉上眼睛，周圍的振盪波便會侵入你的體內，殺傷你的細胞。這種襲擊非常隱蔽，你毫無感覺，而且夜復一夜，每當你體內防禦系統處於休息狀態時便會受到襲擊。兇手是誰？兇手就在你身邊：液晶顯示的電子鬧鐘收音機、電視機、電腦、微波爐、報警器，當然還有來自遠處、地下或高空的電磁波。

蒂埃里‧阿爾諾說：「我們知道人對天然磁場有敏感的反應。我深信某些地質因素——不同的土質——對於人體器官會產生影響：花崗岩質土地內含有放射性元素氡，它能增加住戶患肺癌的危險。此外，空氣離子化使人感到緊張和疲乏也已得到證實。」

「然而，在人體組織結構上卻不會產生明顯的症狀。唯一可以肯定的是，細胞的新陳代謝將受到影響，而且根據每人適應能力及抵抗力的不同，分別會產生失眠、疲勞、偏頭痛及濕疹病等。」

法國梅斯大學生物學教授、歐洲生態學研究所所長讓‧瑪麗‧佩爾特說：「20多年來，我們一直生活在各種各樣的電磁波及輻射之中。它們對人體健康有什麼影響，我們幾乎一無所知；這些振盪是否有害？應該鄭重地、科學地提出這個問題。」

巴黎市一位居民說：「十二年來，我一直住在蒙馬特爾高地的一幢公寓裡，飽受來自埃菲爾鐵塔的調頻電台無線電波的侵襲。我經常莫名其妙地焦躁不安、失眠並且患有耳鼻喉疾病。剛搬到這裡時，我以為是工作、家務操勞過度而引起的。

「但我想盡一切辦法四處求醫依然無濟於事。後來，終於有一家控制和安全事務所替我找出了原因：原來我房間內的靜電電壓大大高於能夠承受的限度。」

在地球生物學的誕生地美國，人們目前已經充分注意到了這一點：新時代的人們在喬遷新居或布置房間時都要請地球生物學家檢測環境。

在中國古代，需要測量的不僅是空中的電磁體，還有地下流動著的經絡。它們可統稱為龍脈經絡。

第七節　張岱年論天人合一觀

《易經》成書，時代久遠，內容極其博大精深。其中「天人感應」、「道出於天」，是其核心。認為人類社會是自然界中的一員，人類的認識，「近取諸物，遠取諸身」，從物質、意識到精神都與客觀的自然界相應相通。「天人合一」，這裡的天是反映物質的、客觀的自然，人指人事，人類社會。孟子認為：「盡其心者，知其性也。知其性，則知天矣。」人的心、性與天原為一體，盡心、知性則能知天。董仲舒更提出「天人之際，合而為一」的主張。這種「天人合一」觀，承認天道與人事，自然界與人類社會存在密切的聯繫，是相類相通的，強調要注意調節人類社會與自然界的關係。

據北京大學張岱年教授研究，所謂「天人合一」，可以看作一個命題，也可以看作一個成語。天人合一的思想起源於先秦時代，而這個成語則出現較晚。漢代董仲舒曾說：「以類合之，天人一也」(《春秋繁露·陰陽義》)；又說：「天人之際，合而為一」(同書《深察名號》)，但是沒有直接標出「天人合一」四字成語。宋代邵雍曾說：「學不際天人，不足以謂之學」(《皇極經世·觀物外》)。「際天人」即是通貫天人，也是天人合一的思想，但也沒有提出這四個字。明確提出「天人合一」四字成語的是張載，他說：「儒者則因明致誠，因誠致明，故天人合一，致學而可以成聖，得天而未始遺人」(《正蒙·乾稱》)。他說：「合內外，平物我，自見道之大端」(《理窟》)。「天人合一」亦即內外合一。程顥也講「天人一」，他說：「故有道有理，天人一也，更不分別。」(《程氏遺書》卷二上)但他不贊同講「合」，他說：「天人本無二，不必言合」(同書卷六)。程顥講「不必言合」，可能是對於張載的批評。張程用語不同，但是他們關於天人關係問題的思想基本還是一致的，我們認為用「天人合一」來概括這類思想還是適當的。

中國古代哲學中所謂天，在不同的哲學家有不同的涵義。大致說來，所謂天有三種涵義：一指最高主宰，二指廣大自然，三指最高原理。由於不同的哲學家所謂天的意義不同，他們所講的天人合一也就具有不同的涵義。

對於古代哲學中所謂「合一」的意義，我們也需要有一個正確的理解。張載除了講「天人合一」之外，還講「義命合一」、「仁智合一」、「動靜合一」、「陰陽合一」(《正蒙·誠明》)；王守仁講所謂「知行合一」(《傳習錄》)。「合」有符合、結合之義。古代所謂「合一」，與現代語言中所謂「統一」可以說是同義語。合一並不否認區別。合一是指對立的兩方彼此又有密切相聯不可分離的關係。

天人合一的觀念可以說起源於西周時代。周宣王時的尹吉甫作《烝民》之詩，有云：「天生烝民，有物有則，民之秉彝，好是懿德。」(《詩經·大雅·蕩之什》)這裡含有人民的善良德性來自天賦的意義。孟子引此詩句並加以讚揚說：「孔子曰：為此詩者其知道乎！故有物必有則。民之秉彝也，故好是懿德。」(《孟子·告子上》)這是孟子「性」、「天」相通思想的來源。

《左傳》成公十三年記載周室貴族劉康公的言論說：「吾聞之：民受天地之中以生，所謂命也，是以有動作禮義威儀之則，以定命也。」這裡對於「天地之中」未作解釋，主要是指天地

的精粹而言。這裡把「天地」與人的「動作禮義威儀之則」聯繫起來，表現了天人相通思想的萌芽。鄭國著名政治家子產區別了天道與人道，他說：「天道遠，人道邇，非所及也，何以知之？」(《左傳》昭公十八年) 子產反對當時占星術的迷信，這是有重要進步意義的。但是子產也肯定天與人的聯繫。《左傳》昭公二十五年記載鄭子太叔（游吉）的言論云：「吉也聞諸先大夫子產曰：夫禮，天之經也，地之義也，民之行也。天地之經，而民實則之。則天之明，因地之性，生其六氣，用其五行，……為君臣上下以則地義。為夫婦外內，以經二物。為父子兄弟姑姊甥舅婚媾姻亞，以象天明。……哀有哭泣，樂有歌舞，……哀樂不失，乃能協於天地之性，是以長久。……禮，上下之紀，天地之經緯也，民之所以生也，是以先王尚之。」這裡子太叔引述子產的遺言而加以發揮，認為禮是「天經」、「地義」、「天地之經緯」，把天地與人事聯繫起來（這裡子產的遺言是到何句為止，已難確定）。這是從倫理道德來講天人關係，以為天地已經具備了人倫道德的根據，這種觀點是和當時的占星術不同的，而含有深刻的理論意義。子太叔的這些言論為後來漢宋儒者所繼承。不同的是，這裡以為「君臣上下」是「以則地義」，與天無關；而「父子兄弟」等等則是「以象天明」。後來《周易·繫辭》則以「天尊地卑」來說明「君臣上下」，與子太叔不同了。子太叔的觀點表現了原始樸素的性質。

孔子雖然推崇子產，卻沒有談論「天經地義」等問題（《孝經》所說是後人依托）。到孟子，把天與人的心性聯繫起來。孟子說：「盡其心者，知其性也。知其性，則知天矣。」(《孟子·盡心上》) 以為盡心即能知性，知性就知天了。孟子此說，非常簡略，不易理解。於此應先考察孟子所謂心、性、天的意義。孟子論心云：「耳目之官不思，而蔽於物，物交物則引之而已矣。心之官則思，思則得之，不思則不得也，此天之所與我者。」（同書《告子上》）心是思維的器官，心的主要作用是思維。孟子論性云：「惻隱之心，人皆有之；羞惡之心，人皆有之；恭敬之心，人皆有之；是非之心，人皆有之。惻隱之心，仁也；羞惡之心，義也；恭敬之心，禮也；是非之心，智也。仁義禮智，非由外鑠我也，我固有之也，弗思耳矣。」（同上）性的內容即是惻隱之心、羞惡之心、恭敬之心、是非之心。所以盡心即能知性。這惻隱、羞惡、恭敬、是非之心，都是「思則得之，弗思則不得」的。而這思的能力是天所賦予的。孟子以天為最高實體，是政權的最高決定者，舜、禹「有天下」，都是「天與之」(《萬章上》)。又說：「舜禹益相去久遠，其子之賢不肖，皆天也，非人之所能為也。莫之為而為者天也，莫之致而至若命也。」（同上）凡「非人之所能為」的，都是由於天。天又賦予人以思維能力，即所謂「心之官則思，思則得之，不思則不得也，此天之所與我者」。孟子認為，思是「天之所與」，思與性是密切聯繫的，所以「知性」即「知天」。

孟子「知性則知天」的觀點，語焉不詳，論證不晰，沒有舉出充分的理據。荀子批評孟子「甚僻違而無類，幽隱而無說，閉約而無解」(《荀子·非十二子》)，如果是批評孟子「知性則知天」之說，確有中肯之處。但孟子通貫性天的觀點對於宋明理學影響極大。張載、程顥、程頤都接受了孟子的這個觀點，對之提出了各自的解釋和論證。

道家老子以「有物混成，先天地生」的道為最高實體，不以天為最高實體，因而在老子哲學中沒有涉及天人合一的問題。老子以道、天、地、人為「域中四大」，宣稱「人法地、地法天、天法道、道法自然」，但沒有多談天地與人的關係。老子摒棄儒家的「仁義」，要求「見素抱樸」，回到自然。莊子更將「天」與「人」對立起來，主張「不以心捐道，不以人助天」(《莊子·大宗師》)，「無以人滅天」、「無以故滅命」(《秋水》)。這是要求放棄人為，隨順自然。如果完全放棄了人為，就達到「畸於人而侔於天」(《大宗師》)的境界，也稱之為「與天為一」

（《達生》）。但是這所謂「與天為一」不是天人相合，而是完全違背了人。所以荀子批評莊子「蔽於天而不知人」（《荀子・解蔽》），這是完全正確的。

荀子反對莊子「蔽於天而不知人」，也不同意孟子的知天，宣稱「唯聖人為不求知天」，而強調「明於天人之分」（《天論》）。但是，荀子也承認天與人有一定聯繫，他把人的「好惡喜怒哀樂」稱為「天情」，把「耳目鼻口」稱為「天官」，把「心居中虛以治五官」稱為「天君」。又說：「財非其類以養其親，夫是之謂天養；順其類者謂之福，逆其類者謂之禍，夫是之謂天政。」而聖人的作用是「清其天君，正其天官，備其天養，順其天政，養其天情，以全其天功。」聖人雖然是「明於天人之分」，但也不是脫離天的。荀子提出「制天命而用之」的重要命題，強調人的能動作用，這是荀子的獨特貢獻。荀子雖然沒有割斷天與人的聯繫，但是所強調的是「天人之分」，他是中國哲學史上不講天人合一的思想家。

戰國時期，一些傳授《周易》的儒家學者依托孔子的名義寫成《易傳》十篇。漢代為了區別於後人寫的「易傳」，稱依托孔子的十篇為《易大傳》。這十篇不是一人的手筆，也不是一時的作品，大致是戰國中期至末期的著作。《易傳》中提出了關於天人關係的精湛見解。《周易・文言》提出「與天地合德」的理想，說：「大人者，與天地合其德，與日月合其明，與四時合其序，與鬼神合其吉凶，先天而天弗違，後天而奉天時，天且弗違，而況於人乎？」所謂「先天」即為天之前導，在自然變化未發生以前加以引導；所謂「後天」即遵循天的變化，尊重自然規律。《周易・象傳》說：「天地交泰，後以財成天地之道，輔相天地之宜，以左右民。」（《泰卦》）財成即加以裁制成就，輔相即遵循其固有的規律而加以輔助。這裡強調統治者（「後」即君）的作用，屬於唯心史觀，這在當時是不可避免的。《繫辭上傳》講聖人的作用說：「與天地相似，故不違；知周乎萬物而道濟天下，故不過；旁行而不流，樂天知命故不憂，安土敦乎仁，故能愛；範圍天地之化而不過，曲成萬物而不遺，通乎晝夜之道而知。」聖人有廣博的知識，「知周乎萬物」，又堅持原則，「旁行而不流」；不違背天命，「樂天知命」，又發揮德行的作用，「敦乎仁」；對於天地之化加以「範圍」，即加以制約；對於萬物則委曲成就，「曲成萬物」。其所以如此，在於通曉陰陽變化的規律，「通乎晝夜之道而知」。用現代語言來說，可謂天人協調，一方面尊重客觀規律，另一方面又注意發揮主觀能動作用，這是關於天人關係的一種全面觀點。

漢代董仲舒提出「人副天數」的觀點，認為：「人有三百六十節，偶天之數也；形體骨肉，偶地之厚也；上有耳目聰明，日月之象也；體有空竅理脈，川谷之象也。……天以終歲之數成人之身，故小節三百六十六，副日數也；大節十二分，副月數也。內有五臟，副五行數也。外有四肢，副四季數也。乍視乍瞑，副晝夜也。乍剛乍柔，副冬夏也。乍哀乍樂，副陽陰也。……於其可數也副數，不可數者副類。」（《春秋繁露・人副天數》）此其為說，牽強比附，內容粗淺而繁瑣，理論價值不高。董仲舒又說：「天地之常，一陰一陽，陽者天之德也，陰者天之刑也。……天亦有喜怒之氣、哀樂之心，與人相副。以類合之，天人一也。」（同書《陰陽義》）把天的陰陽說成天的哀樂，也是附會之談。又說：「事各順於名，名各順於天，天人之際合而為一，因而通理，動而相益，順而相受。」（同書《深察名號》）以為名號出於天意。因此，「以類合之，天人一也」是董仲舒關於天人關係的結論，實則論證不足。董仲舒又提出「道之大原出於天」的命題（《舉賢良對策》），把君臣父子夫婦的倫理原則歸屬於天，為封建社會的等級秩序提供天道的根據。董仲舒所謂天具有奇特的涵義，一方面天是「百神之大君」，是有人格的神靈；另一方面天又是包括日月星辰的天體。因而他所謂「天人一也」的涵義也是複雜而含

混的。董仲舒又講天人感應。在董氏的系統中，天人感應與「天人一也」是密切聯繫的，因為他所謂天有「喜怒之氣」、「哀樂之心」。但是在理論邏輯上，天人感應思想與天人合一觀點並無必然的聯繫。

王充猛烈攻擊天人感應的迷信思想，他斷言「天本而人末」，「天至高大，人至卑下」（《論衡‧變動》），他是不承認所謂「天人一也」的。但是王充也肯定「天稟元氣，人受元精」（同書《超奇》），又說：「上世之天，下世之天也，天不變易，氣不改更；上世之民，下世之民也，俱稟元氣。」（同書《齊世》）這樣，天和人都是「稟元氣」的，還是有其統一性。

唐代柳宗元強調「天人不相預」，劉禹錫提出「天人交相勝」，都屬於不講天人合一的思想家。

到宋代，天人合一思想有進一步的發展。張載明確提出「天人合一」的命題，他是針對佛教「以人生為幻妄」的主觀唯心主義而提出這個命題。張載說：「釋氏語實際，乃知道者所謂誠也，天德也。其語到實際，則以人生為幻妄，以有為為疣贅，以世界為蔭濁，遂厭而不有，遺而弗存。就使得之，乃誠而惡明者也。儒者則因明致誠，因誠致明，故天人合一，致學而可以成聖，得天而未始遺人，《易》所謂不遺、不流、不過者也。」（《正蒙‧乾稱》）佛教哲學追求最高的絕對的實體，稱之為「實際」，亦稱之為「真如」，而認為現實世界是不真實的。張載用《中庸》的「誠」、「明」學說加以批判。所謂「誠」指天道，又指「不勉而中、不思而得、從容中道」的聖人境界。以誠為天道，即是認為天是真實而具有一定規律的。以誠為聖人的境界，即是認為聖人的一切行為都是合乎原則的。《中庸》又講誠與明的關係，「誠則明矣，明則誠矣」。誠即達到「從容中道」的境界，明指對於這種境界的認識理解。《中庸》講誠，把天道與聖人的精神境界混為一談，表現了唯心主義傾向；另一方面肯定天是真實的具有一定規律的，又表現了唯物主義的傾向。張載認為，肯定現實世界的實在性，才可謂「明」，而佛教否認現實世界的實在性，專講所謂「實際」，這至多是「誠而惡明」，這是割裂了天人，違背了真理。

張載以天人合一的觀點解釋所謂誠明，他說：「天人異用，不足以言誠；天人異知，不足以盡明。所謂誠明者，性與天道不見乎小大之別也。」（《正蒙‧誠明》）又說：「性與天道合一存乎誠。」（同上）他認為，如果不承認人的作用亦即天的作用，就不是誠；如果不承認知天與知人的統一性，就不是明。誠明就是肯定天道與人性的同一。這性與天道的同一性何在？他說：「聖人語性與天道之極，盡於參伍之神，變易而已。」（同書《太和》）又說：「性與天道云者，易而已矣。」（同上）性與天道的內容就是變化。他又說：「太和所謂道，中涵浮沉升降動靜相感之性」（同上）。這性即是「浮沉升降動靜相感之性」，即運動變化的潛能。這樣，張載提出了對於孟子所謂「知性知天」的新解釋，肯定運動變化即是天道，也即是人的本性。

張載以「變易」為「性與天道」，他沒有從這「性與天道」中引申出道德原則來，他是從性的普遍性來引出道德原則的。他說：「性者萬物之一源，非有我之得私也。惟大人為能盡其道，是故立必俱立，知必周知，愛必兼愛，成不獨成。」（《正蒙‧誠明》）因為人人物物都有統一的本性，所以應該愛人愛物。

張載的「天人合一」觀點的主要思想是：(1)天和人都是實在的，「天人」之「用」是統一的；(2)天和人都以「變易」為本性。張載所謂「天」指無限的客觀世界，「由太虛有天之名」（《正蒙‧太和》）。「天大無外」（同上）。他主張「本天道為用」（同上），「範圍天用」（同書《太心》），把天之「用」與人之「用」統一起來，這都是唯物主義觀點。但是，人性應是人之所以

為人者，人性與天道應有層次的不同。張載沒有區別天道與人性的層次，這表現了神秘主義的傾向。

程顥也強調「一天人」，他說：「須是合內外之道，一天人，齊上下」(《程氏遺書》卷三)。又說：「除了身只是理，便說合天人，合天人已是為不知者引而致之，天人無間。」(同書卷二上)又講：「天人本無二，不必言合。」(同書卷六)他反對講天人「合一」。他何以反對講「合」字呢？其理由之一是反對區別主體與客體，他說：「言體天地之化，已剩一體字。只此便是天地之化，不可對此個別有天地」(同書卷二上)，認為天地不是外在的。他又說：「若如或者別立一天，謂人不可以包天，則有方矣，是二本也。」(同書卷十一)這是對於張載的批評，張載肯定天是外在的，程顥以為是二本，即區別主客為二。程顥提出「心即是天」的徹底唯心主義的觀點：「只心便是天，盡之便知性，知性便知天，當處便認取，更不可外求。」(同書卷二上)程顥對於孟子「知性知天」作了主觀唯心主義的解釋。

程顥又提出「以天地萬物為一體」之說，他說：「醫書言手足痿痹為不仁，此言最善名狀。仁者以天地萬物為一體，莫非己也，認得為己，何所不至？若不有諸己，自不與己相干，如手足不仁，氣己不貫，皆不屬己。故博施濟眾乃聖之功用。」(同書卷二上)又說：「人與天地一物也，而不特自小之，何耶？」(同書卷十一)這就是說，應以「天地萬物」的總體為大我，不應拘於自己身體的小我。這是一種宣揚「人類之愛」的思想，這是一種空想的泛愛說教。在階級社會中，宣揚「泛愛」，是不可能實行的，但也有反對暴政的積極意義。

程顥的「天人本無二」說，主要有兩方面的意義：(1)心便是天，天非外在，這是主觀唯心主義。(2)把「以天地萬物為一體」作為最高的精神境界，這是一種「人類之愛」的理想。

程頤立說與程顥有所不同，他不講「心便是天」，也不談「以天地萬物為一體」，而強調天道與人道的同一性。他說：「道一也，豈人道自是人道，天道自是天道？」(《程氏遺書》卷十八)又說：「道未始有天人之別，但在天則為天道，在地則為地道，在人則為人道。」(同書卷二十二上)而這個道也就是性。他說：「稱性之善謂之道，道與性一也。以性之善如此，故謂之性善。性之本謂之命，性之自然者謂之天，自性之有形者謂之心，自性之有動者謂之情，凡此數者皆一也。」(同書卷二十五)他這樣把性與天與心聯繫起來，這是程頤對於孟子「知性知天」的解釋。在程頤的體系中，天就是理，性也即是理，他以「理」把性、天貫通起來。

程頤解釋《周易》乾卦「乾，元亨利貞。」說：「元亨利貞謂之四德。元者萬物之始，亨者萬物之長，利者萬物之遂，貞者萬物之成。」(《周易·程氏傳》)以元亨利貞為始、長、遂、成，這就是認為元亨利貞是表示動植物發生發展的規律。程頤又說：「四德之元，猶五常之仁，偏言則一事，專言則包四者。」(同上)這裡初步把元亨利貞四德與五常聯繫起來。朱熹繼承程頤此說更加以發展，把元亨利貞與仁義禮智結合起來。朱熹說：「元者生物之始，天地之德莫先於此，故於時為春，於人則為仁，而眾善之長也。亨者生物之通，物至於此莫不嘉美，故於時為夏，於人則為禮，而眾美之眾也。利者生物之遂，物各得宜，不相妨害，故於時為秋，於人則為義，而得其分之和。貞者生物之成，實理具備，隨在各足，故於時為冬，於人則為智，而為眾事之幹，幹木之身而枝葉所依以立者也。」(《周易本義》)把天道的元亨利貞即生長遂成與人道的仁禮義智直接統一起來，這可以說是朱熹的天人合一觀點。

張載、二程論天人合一，立說不同，也有共同的特點，即都認為「天人合一」是最高覺悟，是人的自覺。張載肯定「天人合一」是「誠明」的境界，誠即是最高的精神修養，明是最高的智慧。以天人合一為誠明的境界，就是以天人合一為最高覺悟。程顥強調「人與天地一物也」，

如果不承認「人與天地一物」，就是「自小」，就是麻木不仁。這就是說，惟有承認天地萬物「莫非己也」，才是真正自己認識自己。西方有一種流行的見解，以為把人和自然界分開，肯定主體與客體的區別是人的自覺。而宋明理學則不然，以為承認天人的合一才是人的自覺。應該承認，這是一個比較深刻的觀點。我們可以這樣說，原始的物我不分，沒有把自己與外在世界區別開來，這是原始的朦朧意識。其次區別了主體與客體，把人與自然界分開，這是原始朦朧意識的否定。再進一步，又肯定人與自然界的統一，肯定天人的統一，這可以說是否定之否定，這是更高一級的認識。

王夫之論天人關係說：「在天有陰陽，在人有仁義，在天有五辰，在人有五官，形異質離，不可強而合焉。所謂肖子者安能父步亦步，父趨亦趨哉？父與子異形離質，而所繼者惟志。天與人異形離質，而所繼者惟道也。」（《尚書・引義》卷一）從形質來說，天與人是「異形離質」的，不可強合；從道來說，天與人有「繼」的關係，人道與天道有一定的聯繫。王夫之強調「盡人道而合天德」，他說：「聖人盡人道而合天德，合天德者健以存生之理；盡人道者動以順生之幾。」（《周易外傳》卷二）天的根本性質是健，人的生活特點是動。人的動與天的健是一致的。王夫之重視「健」與「動」，這是進步思想。

戴震講倫理原則，也力圖為人倫道德尋求天道的根據。他認為善的基本標準有三，即仁、禮、義。這三者「上之見乎天道，是謂順」（《原善》）。就是說，仁禮義的根源在於天道。天道的內容就是變化不息。他說：「道，言乎化之不已也」，也就是生生而有條理。「生生者化之原，生生而條理者化之流」。這生生而條理就是仁、禮、義的天道根據。他說：「生生者仁乎；生生而條理者禮與義乎！何謂禮？條理之秩然有序其著也；何謂義？條理之截然不可亂其著也。得乎生生者謂之仁，得乎條理者謂之智。……是故生生者仁，條理者禮，斷決者義，臧主者智。」（同上）生生與條理以及條理之秩然截然，都屬於天；仁、禮、義則屬於人。人懂得條理，稱為智。戴震這樣把「天道」與人倫之「善」聯繫起來。這可以說是戴氏的天人合一觀點。

在中國近古哲學中，從張載、二程到王夫之、戴震都宣揚天人合一。張載、王夫之、戴震的哲學是唯物主義的，二程、朱熹的哲學是唯心主義的。雖然都宣揚天人合一，但是兩者的理論基礎不同。張載、王夫人、戴震是在肯定物質世界是基礎的前提下講天人合一的；程朱學派是在肯定超自然的觀念是基礎的前提下講天人合一的。但是兩者都企圖從天道觀中引伸出人倫道德來，這是中國古代哲學的特點之一。

中國哲學中的天人合一觀念，發源於周代，經過孟子的性天相通觀點與董仲舒的人副天數說，到宋代的張載、二程而達到成熟。張載、二程發展了孟子學說，揚棄了董仲舒的粗陋形式，達到了新的理論水平。張載、二程的天人合一思想，分析起來，包括幾個命題：

(1)人是自然界的一部分。張載說：「理不在人皆在物，人但物中之一物耳。」（《語錄》上）明確肯定人是一物。張載《西銘》說：「天稱父，地稱母，予慈貌焉，乃混然中處」，其主要意義是肯定人類是天地的產物即自然的產物。

(2)自然界有普遍規律，人也服從這普遍規律。張載說：「若陰陽之氣，則循環迭至，聚散相蕩，升降相求，絪縕相揉，蓋相兼相制，欲一之而不能，此其所以屈伸無方，運行不息，莫或使之，不曰性命之理，謂之何哉？」（《正蒙・參兩》）陰陽相互作用相互推移的規律就是性命之理，自然界與人類遵循同一規律。

(3)人性即是天道，道德原則和自然規律是一致的。張載說：「性與天道云者，易而已矣。」（《正蒙・太和》）他認為性與天道具有同一內容，即是變易。程頤說：「道與性一也。」（《程氏

遺書》卷二十五）又說：「道未始有天人之別。」（同書卷二十二上）他為天道、人性、人道是同一的，其內容即是理，也就是仁義禮智等道德原則。張、程都肯定性與天道的同一性，但張載以為這道即是變易，程頤則以為道即是理，這是彼此不同的。

（4）人生的理想是天人的協調。這是《易傳》提出的，以「範圍天地之化而不過，曲成萬物而不遺」為理想境界。張載、程頤亦接受這種觀點，但是沒有更詳盡的發揮。

這四個命題之中，第一和第二命題基本是正確的。這第三命題基本是錯誤的，第四命題包含著有價值的重要思想。為了正確評價這些命題，應考慮三個理論問題：1.自然界和人類精神有沒有統一性？2.自然規律與道德原則的關係如何？3.人類應如何對待自然界？

恩格斯在《自然辯證法》中多次講到自然與精神的統一，摘引如下：

風水與中國古代建築的理論基礎

我們一天天地學會更加正確地理解自然規律，學會認識我們對自然界的慣常行程的干涉所引起的比較近或比較遠的影響。……人們愈會重新地不僅感覺到，而且也認識到自身和自然界的一致，而那種把精神和物質、人類和自然、靈魂和肉體對立起來的荒謬的、反自然的觀點，也就愈不可能存在了。（《自然辯證法》1971年中文版第159頁）

自然界和精神的統一。自然界不能是無理性的，……而理性是不能和自然界矛盾的。（同上書第200頁）

思維規律和自然規律，只要它們被正確地認識，必然是互相一致的。（同上書第203頁）

我們的主觀的思維和客觀的世界服從於同樣的規律，……這個事實絕對地統治著我們的整個理論思維。（同上書第243頁）

思維過程同自然過程和歷史過程是類似的，反之亦然，而且同樣的規律對所有這些過程都是適用的。（同上書第244頁）

辯證法的規律無論對自然界和人類歷史的運動，或者對思維的運動，都一定是同樣適用的。（同上書第244頁）

恩格斯的這些論述可謂精闢透徹，深切著明。人類和自然界，自然界和精神，具有統一性。自然規律與思維規律是互相一致的。自然過程、歷史過程、思維過程都遵循同樣的根本規律，而這根本規律就是辯證法的規律。

應該承認，中國古代哲學家所謂「天人合一」，其最基本的涵義就是肯定「自然界和精神的統一」，在這個意義上，天人合一的命題基本是正確的。

恩格斯也談到自然規律與歷史規律的區別。他說：

自然界中死的物體的相互作用包含著和諧和衝突；活的物體的相互作用則既包含有意識的和無意識的合作，也包含有意識的和無意識的鬥爭。因此，在自然界中絕不允許單單標榜片面的鬥爭。但是，想把歷史的發展和錯綜性的全部多種多樣的內容都總括在貧乏而片面的公式「生存鬥爭」中，這是十足的童稚之見。（同上書第283頁）

在自然界，無機物之間既有衝突，也有和諧；生物之間，既有鬥爭，也有合作。用生存鬥爭的公式來概括人類歷史的複雜內容是十分幼稚的。自然過程和歷史過程雖然都服從於同一的普遍規律；但自然現象、生物現象、人類歷史又含有其特殊規律，不能混為一談。

道德原則與自然規律的關係是一個非常複雜的問題。道德不可能違背自然規律，但是服從自

然規律的行為不就是道德行為。道德是一種社會歷史現象，道德原則是人們依據社會生活的需要而設定的，具有一定的歷史性和階級性。程頤認為「天道」與「人道」只是一個道，事實上是把維護當時社會秩序的道德原則絕對化、永恒化，把當時佔統治地位的道德原則抬高為天經地義，這是根本錯誤的。至於程顥以「心即是天」來論證「天人本無二」，就更是陷於主觀唯心主義的錯誤了。

張載沒有講仁義就是天道，但是他把人性與天道統一起來，以為「性與天道云者，易而已矣」。這就混淆了人性與天道的區別。所謂人性應是指人的特性，即「人之所以為人者」或「人之所以異於禽獸者」，人性與自然界的普遍性應有區別。張載以「天地之性」為人的本性，也是不正確的。孟子「知性則知天」的學說是張載、二程的許多錯誤觀點的思想來源。

我們認為，中國傳統哲學中的天人合一思想包括複雜的內容，其中既有正確的觀點，也有錯誤的觀點，應該如實地加以分析。

關於人類應如何對待自然界，中國古代有三種典型性學說，一是莊子的因任自然（順天）說，二是荀子的改造自然（制天）說，三是《易經》的天人協調說。莊子的觀點是消極思想，荀子的觀點是積極思想。自從西方「戡天」（戰勝自然）的思想傳入中國後，荀子的學說受到高度讚揚。但是，如果一味講「戡天」，也可能陷於破壞自然。事實上自然界是人類生存的基礎。如果盲目破壞自然，會引起破壞人類生存條件的嚴重後果。近年來人們強調保持生態平衡，是具有非常重要的意義的。《周易·大傳》主張「裁成天地之道，輔相天地之宜」，「範圍天地之化而不過，曲成萬物而不遺」，是一種全面的觀點，人要利用自然就要順應自然，應調整自然使其符合人類的願望，既不屈服於自然，也不破壞自然。以天人相互協調為理想。應該肯定，這種學說確實有很高的價值。

總之，對於中國傳統哲學中的天人合一學說要進行科學分析，要繼承其光輝思想。

第八節　五行學說與風水理論

據李約瑟、陳立夫先生研究，五行理論之說，起源於西元前第四世紀，正與一塊鐫刻的銘文符合。這塊鐫刻就是「玉刀祕銘」，陳夢家以為這塊「玉刀祕銘」當是齊國之物，其時代則在西元前第四世紀稍後。銘文是用警句的形式寫成的，他們確信，如果順從自然主義者（陰陽家）的教訓，便會處在天神一邊，或者如我們說的，「處在歷史的力量」一邊。一種對科學宇宙觀的嘗試，會強化某種特殊社會背景裡戰士們的意志與勇氣，這不會是歷史上的最後一次。

另外一篇述說五行理論的古典名著就是《尚書·洪範》。《尚書》的著成，傳統上都以為是在西元前第一千年代中初期的那幾百年裡。但是，現在學術界都公認《尚書》是經過漫長時期而完成的一部集體著作。

《洪範篇》中對五行的敘述，使我們在了解陰陽家（自然主義者）締造五行的方式上，有了一些頭緒。《洪範》云：

　……五行：一曰水，二曰火，三曰木，四曰金，五曰土。水曰潤下，火曰炎上，木曰曲直，金曰從革，土爰稼穡。潤下作鹹，炎上作苦，曲直作酸，從革作辛，稼穡作甘。

以上所言，我們可以看出，五行的觀念，並不是五種基本物質（質點不在考慮之內），而是

五種基本的程序。中國思想特別著重在關係，而不在物質本身。今按《洪範》所述，列一格式於後：

水	濕潤、滴落、下降 （溶解？）	液體流質溶液	鹹味
火	炎熱、焚燒、上升	熱力、燃燒	苦味
木	以切割與鑴刻的工具，可使成所欲之形	得以加工之固體	酸味
金	在其呈液態之時，以鑄造之法而使其成形。 又可以重熔、重鑄之方法而再變更其形	可以凝固（鑄造），熔而 重凝之固體	辣味
土	出產可食的植物	營養	甜味

以上所示，其中第二欄為陰陽家想像結構中自然物質的性質或處理方法，次為現代的近似稱謂，再次為陰陽家們以為各產物的味道。

由這個觀點上看，把自然界重要物質的基本屬性作一假定性的分類，而這種工作的成果，也就是五行的理論。此地所謂「屬性」者，就是只有在他們受到變更時才會表露出來的那種性質。所以，用「要素」或「元素」這種名稱來解說「行」字，我們總會覺得它於義不足。「行」字的來源，如陳夢家所說，五「行」是五種強大力量的不停循環的運動，而不是五種消極無動性的基本（主要的）物質。但在（英）文獻裡「element」一字用於「五行」已久，現不甚可能改換它。《尚書・洪範》的那段話，其最有趣的一點，是把五行跟五味配合起來。雖然一般都認為，五行論主張宇宙間任何可以分為五的東西，都和五行有關，故五味之配五行，亦只是這個大體系中的一例而已，但是，「五行」之與「五味」的互相關係，頗不能如此等閒視之。因為「五味」的提出，很強烈地顯示了陰陽家（自然主義者）們在化學方面的興趣。鹹與水相配（當然對於沿海人民是很自然的），表示對於液體與結晶體的初步實驗與觀察。苦與火相配（這兩者的關連，大概是五者之中最不顯明的一例），可能是指用火來煎煮草藥，這是苦味最甚的東西。在調味方面還有「苦」與「熱」（指辛辣的感覺）相配合的。酸與木的相配，就比較容易解釋。因為木是植物，又與一切植物性的物質有關，而這類東西在其腐朽分解的狀態下，就會有酸味。植物灰中的鹼質也是帶有酸味的。辣味與金屬相配，當然是指熔解金屬而說的。有許多金屬，在熔解的過程中會放出大量的辛辣氣味，如：二氧化硫即是。最後，甜味與土相配，則是由於在土中的蜂巢裡發現了蜂蜜的關係，再者地裡出產的穀類，一般也都有甜味。

此外，五味、五色、五聲諸名目，也已時有所見：

天有六氣，降生五味，發為五色，徵為五聲，淫生六疾。（《左傳》昭公元年醫和曰）

天地之經，而民實則之。則天之明，因地之性，生其六氣，用其五行。氣為五味，發為五色，章為五聲。淫則昏亂，民失其性，是故為禮以奉之。（《左傳》昭公二十五年子太叔曰）

所謂五味，當係《洪範》的水鹹、火苦、木酸、金辛、土甘。所謂五色，《左傳》有「黃，中之色也」（昭公十二年）；《逸周書・作雒》更有東青、南赤、西白、北驪、中黃的明確體系，不辨是否後來思想篡入。至於五聲，自是宮、商、角、徵、羽。這一些，都尚難確定它們在春

秋時代便已如後來那樣被分屬於五材；儘管已經有了個別實例和趨勢。

齊人鄒衍將稷下學派的陰陽五行學說向著另外方向推進。

據史書記載，鄒衍由於看到「有國者益淫侈，不能尚德」，「乃深觀陰陽消息而作怪迁之變，終始大聖之篇十餘萬言」（《史記‧孟荀列傳》），終於「以陰陽主運顯於諸侯」（《史記‧封禪書》）。鄒衍曾游學於稷下，他的「怪迁之變」、「終始大聖」、「陰陽主運」，顯然也是接受自稷下學派的陰陽五行學說。不過他不像《逸周書》那樣，用中和觀念去解釋它；也不停留在「務時而寄政」方面，只求每月每季的「人與天調」；特別是，他更一反常用的五行相生序列，將春秋時已見端倪的相勝關係系統化起來。於是，成為鄒衍陰陽五行學說特色的是，他把陰陽五行主要用於解說朝代的發展，認為整個人類歷史都是「合於天地之行」的；而這種發展，又被想像成依照五行相勝的關係，終而復始地循環。所謂：

> 鄒子終始五德，從所不勝。土德後，木德繼之，金德次之，火德次之，水德次之（劉歆《七略》，據《文選》左思《魏都賦》李善注）。
>
> 稱引天地剖判以來，五德轉移，治各有宜，而符應若茲。（《史記（孟荀列傳)》）

用於歷史並鼓吹相勝，其現實背景可能是為了服務於社會變革（註一）。

據程建軍研究，五行學說是我國古代的一種哲學思想，是一種普遍系統論。五行中，「五」是指金、木、水、火、土五種自然物質，「行」是指運動不息的意思，五行就是五種物質的關係和運動變化。

古代中國人以黃河中游、關中一帶為地中。地中以東，氣候溫暖，土呈藍青色，故以木配春季、東方、青色；地中以南，氣候炎熱，高溫多雨呈現遍地紅壤，故以火配夏季、南方、紅色；地中以西，氣候溫涼，內陸乾燥，土色灰白如粉，故以金配秋季、西方、白色；地中以北，氣候寒冷，肥沃黑土，故以水配冬季、北方、黑色；而地中氣候適宜，覆蓋著黃土，故以土配以長夏和四季、中央、黃色。北京故宮社稷壇的五色土祭壇就是國土五色的真實縮影（圖2-3）。

可見五行論是對物質世界觀察所總結出來的五種不同屬性的抽象概括，由此進一步認為宇宙間的一切事物都是由金木水火土五種物質所構成，自然界各種事物和現象的發展變化，都是這五種物質不斷運動和相互作用的結果。以具體的物質形態作為世界的本源。

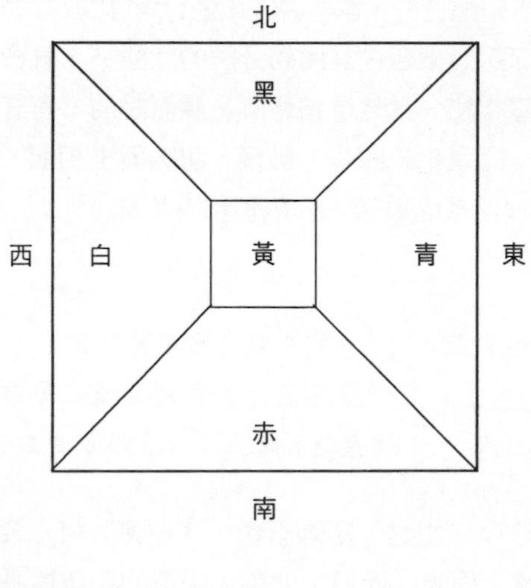

五行學說以整體思辨的方法將自然界各種事物和現象作了廣泛聯繫和研究，並用「聯類比象」的方法，按照事物的不同性質、作用與形態，分別歸屬於五行之中（表2-2）。

五行學說主要是以五行生剋規律，來說明事物之間的相互滋生和相互制約關係。五行相生規律和五行相剋規律見圖2-4。

可見，相生即五行之間的相互滋生和促進的關係，相剋則是五行之間相互敵剋和制約的關係。五行學說正是運用這種相生相剋的關係來闡釋自然現象和人體現象以及兩者之間的關係。

圖2-3　北京故宮社稷壇五色土壇

表 2-2　　　　　　　　　　　事物的五行屬性

五行	五方	五季	五色	五音	五氣	五化	五味	五體	五星	五數	五時
木	東	春	青	角	風	生	酸	星	木	八	平旦
火	南	夏	赤	徵	暑	長	苦	日	火	七	日中
土	中	長夏	黃	宮	濕	化	甘	地	土	五	日西
金	西	秋	白	商	燥	收	辛	辰	金	九	日人
水	北	冬	黑	羽	寒	藏	鹹	月	水	六	夜半

圖2-4　五行相生相剋關係

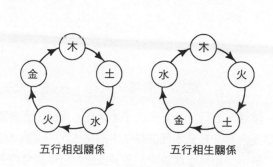

五行相剋關係　　　　五行相生關係

圖2-5　五行生剋原理

五行：五行最先見於《尚書・洪範》：「水曰潤下，火曰炎上，木曰曲直，金曰從革，土爰稼穡。潤下作鹹，炎上作苦，曲直作酸，從革作辛，稼穡作甘。」

其基本生剋原理是：木生火、火生土、土生金、金生水、生土；金剋木、水剋火、木剋土、火剋金、土剋水（圖2-5）。

這種關係又不是絕對的，若木盛而金微，則金不能剋木，若火旺而水至少，則水為火所消，這裡存在著強烈的辯證因素。但作為普遍的存在原則，它符合上述關係，因而這種關係也成為後世判定風水吉凶的最基本的準則之一。

五行與方位、季節、色彩、四獸的關係：一般來講，五行據其性質的不同與天地自然有如下幾種關係。木居左、金居右、火居前、水居後、土居中央。這是與方位的關係。而與季節的關係則為：木主春，火主夏，金主秋，水主冬。與四獸的關係為：左青龍（木）、右白虎（金）、前朱雀（火）、後玄武（水），中央為土。與色彩的關係為：金白、火紅、木青、水黑、中央土黃。參見圖2-6。

圖2-6　五行與方位、季節、色彩、四獸的關係

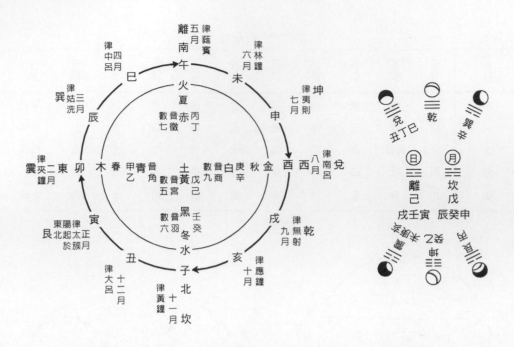

圖2-7　陰陽、五行、八卦、天干、地支、月律、五音關係圖

　　陰陽、五行、八卦、天干、地支、月律、五音關係圖：上面這張圖總匯了陰陽曆律五方位的諸多內容，是風水理論最基本的格式之一（圖2-7）。

　　納甲：是風水理論中的重要概念，它以震兌乾巽艮坤六卦表示一月中陰陽之消長，以甲乙丙丁戊己庚辛壬癸表示一月中日月之地位，就是納甲。風水對此加以具體運用，配出乾納甲、坎納癸申辰、艮納酉、震納庚亥未、巽納辛、離納壬寅戌、坤納乙、兌納丁巳丑。納甲法有非常豐富的內容，《羅法會要》中對此有詳盡的說明。其基本原理可用納甲圖表示（圖2-7右）。

〔注釋與參考文獻〕

註一　《漢書‧嚴安傳》引鄒衍曰：「守一而不變者，未睹治之至也。」

第九節　鄒衍的五行循環論與風水觀

　　據李約瑟研究，「陰陽」在自然界中，當是呈現在一種較基層的，而且它們也是古代中國人所能想到的「至理」。但是我們對於「五行」學說的歷史淵源所具有的知識，較之「陰陽」，實在超過很多，所以為了方便起見，就先來談論「五行」。

　　在此得先行追溯一位名叫鄒衍的思想家。雖然他可算得是中國古代科學思想的真正創始者，但我們在前文還未及多述。鄒衍的生卒年代，我們已經無法確知。不過根據估計，他在世的時間，約當西元前三百五十年至二百七十年。如果他不是「五行」學說的唯一創始者，至少也是他把這類有關的思想加以系統化與確立起來的。這類思想原先特別流行在東方濱海的燕、齊兩地，時代最多不會早過鄒衍一個世紀。以上所述說的年代問題，當然與傳統的看法不符。傳統上，都奉《尚書‧洪範》為圭臬，以為「五行」學說肇始於斯，時間則在周初。不過由現代的研究顯示，還是以我們所擬定的時代較為正確。

鄒衍是科學史家所尊敬的,所以我們應貫注於鄒衍一生每一步有關的現存資料。我在此就把司馬遷《史記·孟子荀卿列傳》引用出來。司馬遷雖然把這個列傳題為孟子荀卿,但是大部分是述說鄒衍的事跡。《史記》卷七十四孟子荀卿列傳云:

齊有三鄒子。其前鄒忌,以鼓琴干威王(前377－前331),因及國政,封為成侯,受相印。先孟子。

其次鄒衍,後孟子。鄒衍睹有國者益淫侈,不能尚德若大雅,整之於身,施及黎庶矣。乃深觀陰陽消息,而作怪迂之變,始終大聖之篇,十萬餘言。其語宏大不經,必先驗小物,推而大之,至於無垠。先序今,以上至黃帝,學者所共術。大並世盛衰,因載其禨祥度制,推而遠之,至天地未生,窈冥不可考原也。

先列中國名山、大川、通谷;禽獸;水土所殖,物類所珍,因而推之,及海外人之所不能睹。

稱引分天地以來,五德轉移,治各有宜,而符應若茲。

以為儒者所謂中國者,於天下乃八十一分居其一分耳。中國,名曰赤縣神州……。

其術皆此類也。然要其歸,必止乎仁、義、節、儉。君臣上下,六親之施,始也濫耳。

王、侯、大人,初見其術,懼然顧化,其後不能行之。是以鄒子重於齊。適梁,惠王郊迎,執賓主之禮。適趙,平原君側行襒席。如燕,昭王擁彗先驅,請列弟子之座而受業。

築碣石官,身親往師之,作主運。其游諸侯見尊禮如此。

豈與仲尼菜色陳、蔡,孟軻困於齊,梁同乎哉!故武王以仁義伐紂而王,伯夷餓不食周粟。衛靈公問陳,而孔子不答,梁惠王謀欲攻趙,孟軻稱大王去邠。此豈有意阿世俗苟合而已哉。持方枘欲內圜鑿,其能入手;或曰伊尹負鼎,而勉湯以王,百里奚飯牛車下,而繆公用霸。作先合,然後引之大道,鄒衍其言雖不軌,儻亦有牛鼎之意乎。自鄒衍與齊之稷下先生,如:淳于髡、慎到、環淵、接子、田駢,鄒奭之徒,各著書,言治亂之攻,以干世主,豈可勝道哉。

鄒奭者,齊諸鄒子。亦頗採鄒衍之術以紀文。於是齊王嘉之,自如淳于髡以下,皆命曰列大夫。為開第康莊之衢,高門大屋,尊寵之。覽天下諸侯賓客,言齊能致天下賢士也。

荀卿,趙人。年五十,始來游學於齊。鄒衍之術,迂大而宏辯。奭也,文具難施。淳于髡久與處,有得善言。故齊人頌曰:「談天衍,雕龍奭;炙轂過髡。」

以上所引的這段《史記》,具有極大的啟發性。我們從《史記》文中可以看出,陰陽家——鄒衍的徒眾後來被人這樣稱呼——雖然最近乎道家,但是具有一種特性,與上文已經研討過的任何學派迥然有別。與道家不同的是:陰陽家——自然主義者,並不規避宮廷與國君的生活方式,相反地,他們似乎很自信地覺得自己掌握了有關宇宙的某些事實,國君們如有忽略這些事實之處,便會遭逢大咎。即使鄒衍當時知道了原子彈的製法,他也不會以更堅定的眼光來注視那些諸侯國君們。所以有一段短暫的時期,這種原始科學的知識,在當時所能獲有的重要地位跟聲望,與現今科學家們的情形,似乎相去並不太遠。因為自然主義者(陰陽家)們的「術」,大概絕不是徒托空言的。

司馬遷對於鄒衍的看法,多少有些苛刻;不過有一點是值得注意的,就是司馬遷是站在儒家的立場,打算恢復鄒衍的地位。所以《史記》才表示,不論鄒衍對於自然界的學術理論是如何的怪誕,畢竟還是「要其歸,必止乎仁、義……。」等等。而在稍後的一段話裡,他說鄒衍的

自然科學理論，不過只是標新立異的說法，用以引起諸侯國君的興趣，獲取他們對他的信心而已，鄒衍的最終目的，仍然是想把那些國君們納入儒家的善行正道。這種看法，暗示了在司馬遷的當代，陰陽家（自然主義者）這一派，已經失去了他們本來的獨立性。所有這一派實質上的學術，都轉移給了道家，而他們的五行理論也成為各個學派所共有之物，儒家也是其中之一。由《史記》的敘述上看，好像陰陽家對於自然界所具有的興趣，司馬遷並不了解，所以他那些辯解之辭，實則是毫無需要的。當然，司馬遷也不得不說鄒衍在處世的技巧上，遠較孔子為成功。總之，他是要表示出鄒衍的學說，在某些方面，實際上是屬於儒家的。

那麼，陰陽家認為自己所發現的那種重要得使他們能夠藉以說服諸侯國君的「政治劫運」究竟是什麼呢？我想最好還是看看鄒衍自己的說解。清人馬國翰的《玉函山房輯佚書》裡，輯有鄒衍（或是他的門人）著作的佚文（見《玉函山房輯佚書》卷七十七），而且這些著作也都是漢代的書目編者所知道的，如《鄒子》以及《鄒子終始》等。到現在這些記載還沒有出現在西方文字中，所以我們就把這些材料全部引在下面，並加評註。

(1)儒者所謂中國者，天下乃八十一分居其一分耳。中國名曰赤縣神州。赤縣神州內自有九州，禹（傳說中的帝王及治平洪水的水利工程師）之序九州是也。不得為州數。中國外，如赤縣神州者九。乃所謂九州也。於是有裨海環之，人民禽獸莫能相通者。如一區中者，乃為一州。如此者九。乃有大瀛海環其外，天地之際焉。

以上所引出那種「世界觀」（在公元前第四世紀時確是很大膽的）有些人以為是受了外來思想的直接影響所致，特別是印度的。但是，鄒衍的理論也可能只是一種根據吾人所不曾知道的文化接觸，所作的判斷，以為中國並不是世界的中心，而中國以外，另有其他的文化存在著。所謂「九州」之說，在後來的文獻中經常出現，如《淮南子》（見該書卷三）。

(2)春取榆柳之火，夏取棗杏之火，秋取柞楢之火，冬取槐檀之火。

以上的這些訓誡之詞，可能意思著重各種樹木的性質，以及它們的吸濕性等等。

(3)政教文質者，所以云救也。當時則用，過則舍之。有易，則易也。故守一不變者，未睹治之至也。

我們在此地可以清楚地看出道家的善於適應與對於長期社會變遷的理解，與他們相反的是儒家，儒家拒絕改變傳統，而且以一種強烈的保守態度，固執於古代的禮俗。

(4)齊使鄒衍過趙平原君，見公孫龍及其徒綦母子之屬，論白馬非馬之辯以問鄒子。鄒子不可（曰）：彼天下之辯，有五勝，三至。而辭正為下。辯者，別殊類使不相害，序異端使不相亂，抒意通指，明其所謂，使人與知。辭以相悖，巧譬以相移，引人聲使不得及其意，如此害大道。夫繳紛爭言而竟復息，不能無害君子。

以上這一段引文，如果屬實，則對我們是頗有價值的。因為它可以證實對於自然界有研究興趣的各學派，並沒有意願去跟墨、名者流來合作，為科學建立一種邏輯。鄒衍看不出究竟邏輯對道家與陰陽家（自然主義者）的學者們有多大的益處。

(5)余登緡城，以望宋都。

這句話的意義不很明顯；也許與戰略有些關係？

(6)四隈不靜。

這句話似乎是指政治危機而言，但是，也同樣地可能是有關地球運行的說法，與所謂的「四遊」之論不無關係。

(7)五行相次，轉用事，隨方面為服。

(8)五德從所不勝。虞土、夏木、殷金、周火。

(9)凡帝王之將興也，天必先見詳乎下民。黃帝之時，天先見大螾大螻。黃帝曰：「土氣勝。土氣勝，故其色尚黃，其事則土。」及禹之時，天先見草木，秋冬不殺。禹曰：「木氣勝。木氣勝，故其色尚青，其事則木。」及湯之時，天先見金，刃生於水。湯曰：「金氣勝。金氣勝，故其色尚白，其事則金。」及文王之時，天先見火，赤鳥銜丹書集於周社。文王曰：「火氣勝。火氣勝，故其色尚赤，其事則火。代火者必將水；天先見水氣勝。水氣勝，故其色尚黑，其事則水。水氣至而不知，數備，將徙於土。」

以上最後這三段引文，就是陰陽家（自然主義者）們半科學、半政治論調的本質，他們藉此就恐嚇住了那些諸侯國君們。「五行」觀念，就其本身看，是自然家性的與科學性的，我們即將以這種觀點對「五行」作進一步的觀察，以探討它確切的涵義，但是鄒衍顯然是把這種理論推展到朝代的興替上面去了。他認為每一位國君或是他的宗室只以「五行」中之一德，依其次序統有其國。事實上，這是一種宗室統治權興衰的理論，把人事與歷史和非人類性的大自然現象，並列於同樣的「法則」之下。人事與大自然兩者都是遵守不變的法則的，這就是所謂「相勝」，木勝土，金勝木，火勝金，水勝火，土勝水；自此以下周而復始。如此，一切人類歷史上的變更，都被認作是這種「相勝」變更的表徵。這些變更可由較為基層的無機物質上觀察得之，其實五行的觀念也無非導源於對這些無機物質的觀察。我們或可推測得知，諸侯國君們之所以發覺鄒衍的學說難以付諸實行的原因，就是諸侯們雖則對於鄒衍及其學派以那種堅決的信心所講的理論，可能確信，然而他們對於那藉以統治國家的五行之德，仍然很難知其究竟，足使他們作必要謹慎的防範措施。而且，自然的輪迴轉化，自有其本身的方式，如是則不管諸侯們怎樣去從事避免那難逃的劫數，也於事無補，決沒有哪一王室能有希望來永保他們的國君地位。我們可以看出，鄒衍的「發現」，雖只是原始科學，而其廣泛深刻地為人所相信，卻顯出了它的社會學意義。從陰陽家（自然主義者）理論的奏功與後來承用陰陽家理論的漢代儒家學術的成立，這些事實，再令我們想到現代自然科學界在政治上所成就的重要力量，與之頗有同工之處。無論以為蘇格拉底以前及亞里士多德學派、亞歷山大學派學者們的成就，對現代科學基礎如何重要，如想在古代的希臘找任何與中國這些自然主義者相當的人物，實在是件不易的事。

大約在西元前第三世紀末，鄒衍的理論已經具體化，見諸《五帝德》（這是一段簡短的論著）。這篇文章，司馬遷也曾引用過。不過他所用的與後來《大戴禮記》與《孔子家語》所收的《五帝德》篇，可能不是同一材料，雖然它也蘊含了同類的觀念。我們還知道有位大臣叫做張蒼（張死在西元前 142 年）；在漢初的幾位皇帝在位時期，陰陽家的理論得以傳衍，張蒼是其中主要人物。

雖然，多半由於我們的猜想，很可能鄒衍以及他的學派藉以影響後世的，尚不只以上所說的，

而我們有相當的理由懷疑他們的「術」，也包括了天文與曆算的學問。司馬遷《史記》卷二十六曆書云：

> 其後戰國並爭，在於疆國禽敵，救急解紛而已，豈遑念斯哉？是時獨有鄒衍，明於五德之傳，而散消息之分，以顯諸侯。

此外，還有許多證據顯示，陰陽家與煉金術的起源也頗有關係。我們已經說過，鄒衍曾經列舉自然產物，其中可能包括了礦物、化學物質與植物等。關於陰陽家在煉金術方面，《史記》載有兩段重要的文字（見《史記》卷二十八封禪書）：

> 自齊威、宣之時。鄒子之徒，論著終始五德之運，乃秦帝，而齊人奏之。故始皇採用之。而宋毋忌，正伯僑、充尚、羨門高，最後皆燕人。為方仙道，形解銷化，依於鬼神之事。鄒衍以陰陽主運顯於諸侯，而燕、齊海上之方士，傳其術不能通。然則怪迂阿諛苟合之徒。自此興，不可勝數也。
>
> 自（齊）威、宣，之昭，使人入海求蓬萊、方丈、瀛洲。此三神山者，其傳在渤海中。去人不遠，患且至，則船風引而去。蓋嘗有至者。諸仙人及不死之藥皆在焉。其物禽獸盡白，而黃金銀為宮闕。未至，望之如雲。及到，三神山反居水下。臨之，風輒引去，終莫能至去，世主莫不甘心焉。

我們從「史記」的這一段真實而又引人入勝的文字上，似乎可以斷言，鄒衍這派自然主義者，不但是漢代談論五行的「半儒家」一派的開導者，而且，與那些濱海國家中的方士們，也有很密切的關係（如果陰陽家非即是方士的話）。這些方士們後來成為漢武帝朝廷裡一股重大的勢力。我們以後在論及許多學術史方面問題時（如化學及磁力等），將會多次談到。

另一段文字，於鄒衍在給予後世學派的啟迪作用，極為重要，見《前漢書》（卷三十六），其中述說的是一些時代較晚的事情。我將在討論有關問題的篇幅中，多加引述。因為那段話是關於漢儒劉向在年少時（西元前60年）試圖用人工方法造金的事。不過，從《漢書》的那段記載中，也頗顯露出，陰陽家的奧秘書籍（或者即是所謂的「口碑」）已傳達到了淮南王劉安（淮南子）的那個圈子裡去了。《漢書》卷三十六劉向傳云：

> （劉向）上復興神仙方術之事。而淮南有《枕中鴻寶苑秘書》。書言神仙使鬼物為金之術，及鄒衍重道延命方。世人莫見。而更生父——德——武帝時，治淮南獄，得其書……

按照歷代煉金術者的一般公認，當然可以說在西元前第二世紀的煉金術著作，都導源於鄒衍。但是這一說，也並不就是定案。中國的煉金術（我們可以說，它的發生，比世界上任何地區的此道都要早），極可能是西元前第四世紀的陽陰家（自然主義者）們所倡導而來 （註一）。

依照陰陽五行說，世間萬物皆陰陽化生，天地、日月、山川、四時以及君臣、男女、夫婦都是陰陽相生，而世間萬物則又都是由水、火、木、金、土五種元素構成，陰陽五行相生相剋，形成了自然、社會、人事的變化。五行相生，是指木生火、火生土、土生金、金生水、水生木。木生火取鑽木取火、木能燃火之意；火生土取火能焚毀萬物使之成土為意；土生金取金屬取於土石之意；金生水取金屬器皿可盛水之意（一種解釋是金屬遇熱可以成為水樣的液體）；水生木取草木得水而生長茂盛之意。五行既相生，又相剋，火遇水而滅，故水剋火；金遇火而變，故火剋金；木遇刀斧而被砍伐，故金剋木；木能阻土肥流失，故木剋土；土能阻水流動，故土

剋水。五行相生相剋，還能相互制用轉化，明郎瑛有一段論五行生剋制化的話頗為透闢：

生剋制化，古今所言。然生、剋、化皆易見，獨制字則難明。蓋制者，緣生中有剋，剋中有
用也。凡生中有剋者，謂如木生火，火盛則木為灰燼；火生土，土盛則火被遏滅；土生金，
金盛則草木不生；金生水，水盛則（金）必沉溺；水生木，木盛則水為阻滯。蓋雖生而反
忌，此所謂生中有剋。凡剋中有生者，謂如木剋土，土厚則喜木剋，是為秀聳山林；土剋
水，水盛則喜土剋，是為摶節堤防；水剋火，火盛則喜水剋，是為既濟成功；火剋金，金盛
則喜火剋，是為鍛鍊全材；金剋木，木盛則喜金剋，是為斧斤斫削。蓋因剋以為美，此所謂
剋中有用，故稱之曰制者，乃不拘於生剋之中也（《七修類稿・天地類》）。

《呂氏春秋》用五德終始說解釋秦以前各代，並以五行配五色：

凡帝王之將興也，天必先見祥乎下民。黃帝之時，天先見大螾大螻，黃帝曰：「土氣勝！」
土氣勝，故其色尚黃，其事則土。及禹之時，天先見草木秋冬不殺，禹曰：「木氣勝！」木
氣勝，故其色尚青，其事則木。及湯之時，天先見金刃生於水，湯曰：「金氣勝！」金氣
勝，故其色尚白，其事則金。及文王之時，天先見火，赤鳥銜丹書集於周社，文王曰：「火
氣勝！」火氣勝，故其色尚赤，其事則火。代火者必將水，天且先見水氣勝，水氣勝，故其
色尚黑，其事則水。（《呂氏春秋・應同》）

很顯然，這是把歷史的演進歸結於五行相剋，黃帝符土德，尚黃色；而禹之興則以木剋之；
湯符金，商湯代夏禹，是金剋木；周以火興，火剋金；按照五行相剋的原理，水當剋火，故其
文稱「代火者必將水」。據說秦始皇正是受了這種理論的影響，施行了一套符合「水德」的制
度教令，明李贄《史綱評要》論及此說：「初，齊鄒衍論著終始五德之運，始皇採其說，以為
周得火德，秦代周，從所不勝，為水德，始改年，朝賀皆自十月朔，衣服、旌旄皆尚黑。」古
以五行分主四時，春木、夏火、秋金、冬水，土則兼配四時。十月為冬季，屬水，秦改元，以
十月建亥為歲首，朝賀皆自十月朔，都有應「水德」之意；五色之中，黑色配水，故地秦人衣
服、旌旄皆用黑色。此後朝代更替，莫不用五行循環之理來解釋。

用五德終始解釋歷代王朝的命運，也運用陰陽五行解釋某朝代的重大歷史、政治變動，這就
是所謂的「五際」說。五際說源出《詩內傳》，孟康云：「《詩內傳》曰：五際，卯、酉、午、
戌、亥也。陰陽終始際會之歲，於此則有變故亡政也。」（《漢書》七十五《翼奉傳》「詩有五際」
注）卯、酉、午、戌、亥屬地支，地為陰，和五行相配，卯為木、酉為金、午為火、戌為土、
亥為水，到了這些年頭（即按干支紀年，逢卯、酉、午、戌、亥且又與所配五行相符），就是
陰陽終始際會之時，國家就要出現大的政治變動。

在民間，在世俗社會裡，古人大都相信天、地、人三者之間存在著一種深奧莫測的因果關係，
因此在選擇陽宅和陰宅時，都希望找到一塊順天應人，得地脈之吉利的風水寶地。如果宅地已
定而居者福壽不永，人丁不旺，災禍不斷，遂懷疑宅地不吉利，沒有風水，就一定會請風水先
生修禳，協調天地人三者的關係。

人的性格、形體、生理，與人類所處的生態環境有很大關係，但生態環境和人的命運，和人
們的福禍、吉凶、貧賤、富貴、窮達有很大關係。因為人的主動性和創造力可以改變環境，讓
環境適宜人類，為人類服務。

秦漢時期，出現了以相宅看風水為業的堪輿家，《史記・日者傳》記漢武帝請諸術士擇日事

時，堪輿家已廁身術士之列。西漢還出現了專門性的堪輿術著作《堪輿金匱》，班固《漢書・藝文志》將其列入五行家。

中國古代的風水術五花八門，派別林立，正如明郎瑛所說：「世上之術士，得陶書者為陶，得郭書者崇郭，得楊、曾之書與各書者，紛紛藉藉，真偽純駁。世乏聖賢，卒難以辨，是以淫巫瞽瞍，遍滿天下，蒙昧倉遑之際，托之以貽禍害，往往見之。蓋以不唯其理而唯其術，唯其術而又不精也。」

朱國楨對風水說發表了這樣一番高論：

> 風水可遇不可求，尚矣！看來天壤間大地，自正結都會外，如郡邑，如村落，其大家世族皆一一占定，占得者累代相傳，即中衰必復興。間有不盡然者，又當別論，非地之故也。余嘗謂帝王之封建雖廢，天之封建未嘗廢，要在修德以承之，所謂祈天永命者是也。如何是祈？絕非禱禳之類，其有求而得者，亦是天意，乃善祈之驗。祈字含蓄，求字淺露，先聖所以陋執鞭者。余求之三十餘年，陋已甚矣，急急味祈字已晚，噫！誰非天乎！不若息心之為得也。

應該承認，古代的風水理論有其合理的部分。它注重協調人類生存與生態環境的關係，通過對天地人三者之間的關係的協調，選擇一種適宜人類生存與繁衍的生態環境。尤其是選擇陽宅和修造房屋的理論，合理的成分更大，它格外看重地形、地勢、地理、地貌，看重山、水、路、地質、丘陵、林木等自然環境的和諧統一，追求建築物與周圍環境的和諧融洽，渾然一體，自然天成。這與中國古代的建築理論不謀而合。中國古代的建築理論不僅注重建築物設計、布局的審美特徵，注重結構、材料，而且更注重建築物與環境的聯繫，力求建築物與所處環境的和諧或協調。所以，就此而言，古代的風水理論與建築理論是相通的。

〔注釋與參考文獻〕

註一　以上據李約瑟（英）著、陳立夫譯：《中國古代科學思想史》，283-323頁，有重大修改。

第十節　風水與中和觀

致中和，天地位焉，萬物育焉是風水的重要觀念。「尚中正」是《周易》的觀點之一。《周易》的一條重要原則為「時中」，即認為一卦六爻，二五爻居於上下卦之中位，一般情況下，中爻往往為吉，故以「中」或「中正」為事物的最佳狀態。如其釋需卦（☰）說：「位乎天位，以正中也。」釋訟卦（☰）說：「利見大人，尚中正也。」釋同人卦（☰）說：「文明以健，中正而應，君子正也。」中庸之道。儒家以中和為萬物存在和發展的理想狀態。

《中庸》說：

> 喜怒哀樂未發謂之中，發而皆中節謂之和。中也者，天下之大本也；和也者，天下之達道。致中和，天地位焉，萬物育焉。

據程建軍研究，「中和」被認為是處理政事的哲學指導思想和有效的方法，因而受到歷代統治階級的莫大重視。但怎樣才能「尚中」而達到「中和」的狀態呢？那就是要做到「不偏不倚，

中國風水與建築選址

無過不及」(《中庸》)。宋代理學家程氏論釋中庸說:「不偏之謂中,不易之謂庸;中者,天下之正道;庸者,天下之定理。」並認為,《中庸》「乃孔門傳授心法」,是儒家哲學思想的精華之一。

「中」是位置、空間方位,處事的度。僅有中還不行,還要有「時」,有時間和時機相配合才行。關於時,《彖》認為重卦六爻的吉凶因所處的條件而不同,因時而變,所以把因時而行視為美德。如其釋大有卦(☰)說:「應乎天而時行,是以元亨。」釋損卦(☶)說:「損剛益柔有時,損益勇虛,與時偕行。」其釋艮卦(☶)說:「時止則止,時行則行,動靜不失其時,其道光明。」

儒家也注重「時」;孟子便推崇「時」。他讚揚孔子說:「孔子,聖之時者也。」(《孟子·萬章》)意謂孔子因時而行,所以為聖人。孟子謂:「執中無權,猶執一也。」朱熹更認為,「兩端不專是中間」,執兩用中是「將兩端來量取一個恰好處。」這種中庸之道,承認客觀正反兩者的存在,主張採取「致中和」的辦法,使之達到平衡與協調,和諧進而求得統一,以避免鬥爭的激化,防止矛盾的轉化。《彖》認為,「中」同「時」是相關聯的,從而把「時中」——因時而行中道作為人們行為的準則。其釋蒙卦(☶)說:「蒙亨,以亨行時中也。」其意指做事只要行動切合時機,而且把握不偏激的中庸原則,就能夠暢行無阻,一切順利。時中說乃儒家之學說,所以《彖》提出中位說,以此來解釋卦象的吉凶。

中庸之道是中國文化的重要美德。據陳立夫研究,因其中則不偏私,不偏私則無事不平、無人不和。人類知識的增進,有賴於對於事物兩端觀察得清楚,始能了解事物時時變動中的本來面目。走極端易於造成「物極必反」的錯誤。

近年,美國大西洋大學歷史系寶宗儀教授,以《中國的陰陽中和觀與現代科學思想》為題發表其研究結果:

往年覺得儒家道家的太極陰陽概念和辯證唯物論很接近,後來看到馬克思在《紐約論壇報》和《神聖家族》書中提及黑格爾哲學和西歐社會主義思想受中國影響,以及寫《中國科學技術史》而聞名於世的李約瑟有辯證唯物淵源中土經馬克思等科學化後回歸故土之說,私自詫異。近日發現電子計算機所依據的二元數系和邵雍所排列的陰陽卦系只有文字不同。二元數學創始者德人萊布尼茲曾經耶穌會士得邵雍圖表。一九四七年量子學創始者玻爾用周敦頤的太極圖作他的勛章圖誌,又為驚奇。一九八〇年後日本成為科技生產重心凌駕歐美,反以儒家倫理為其致富根源,於陰陽觀念並不以古尊孔等閒視之。有人甚至以陰陽關係重新說明神道價值,斯提斯肯的書就是例子。在近代思潮中儒家哲理和辯證唯物最接近而且為國人所接受。

量子理論現已成立,不僅對流行的辯證唯物論有所補益,蘇聯奧本理揚諾夫斯基的《辯證法與現代物理》一書大有發揚,而且對陰陽太極概念似乎更有充實。核理論物理家弗芮茲奇在其《物質創造》一書中亦有此暗示,不過量子學說亦否定了唯物和唯心的認識觀,似乎對儒家「子在執中,執中無權,猶執一也」的執中認識以新的支持。唯心的困難早已為唯物者指出。唯物由量子學的進展亦難以成立。今天科學家可以算出一個一百六十五磅重的人是由7.0×10^{28}上夸克、6.5×10^{28}下夸克和2.5×10^{28}電子所構成。可是把這些粒子放在一起,絕造不出人。人的心靈理智到底怎樣?不知道。唯物論者說認識是客觀事物在頭腦中的反映,如同鏡子。但鏡子的像是反面,照相機的底片是倒置的,況且幻覺像差是常事。最近諾

馬查得完發現連續的個別影片由電影機放射而成的電影是人腦或者人心的綜合作用而得，不是物質的影片成一個活動的影子。量子學指出，人的感官和所用的工具對客觀事物由眼傳到腦子有影響。人對原子的認識不是直接觀察分析，而是先設想，再在巨大的實驗室求證實的。因為人是宇宙的一部，沒有法子找單獨粒子作實驗的。所以認識是心物交互的作用，既不唯心，亦不唯物。

量子學的進展，不僅對儒家心物交互的執中認識觀給與以新評價，而且因為新發現和陰陽太極概念比較接近，使陰陽相反而成的原理能修正辯證唯物「質突變」的破綻而保持辯證唯物的基本作用。今日人類的智識以科學智囊為最可靠，而科學智識是有歷史性的。牛頓物理為愛因斯坦相對論所修正。愛因斯坦相對論又為量子論所補充。量子論並沒有推翻相對論和牛頓定律，但對經典物理不能解說、不能涉及的粒子現象和對宇宙實質有更深入的認識。量子論指出因果律的限度和科學定律的不必然性和差不多性，糾正了分析派支離破碎坐井觀天的不完整性。宇宙實質到底怎樣？人們除了對地球的某些現象所知較為正確外，其他都在推測之中。科學家都說有萬有引力，可是萬有引力究竟是什麼？又說不上。物理學家想從牛頓和愛因斯坦的學說中尋找一個統一理論來解說一切自然現象，找來找去，發現宇宙的歷史和命運仍然寫在一個原子內，構成原子的物質，既相反又相成。質子有反質子，電子有反電子，中子有反中子，夸克有反夸克，甚至於物質有反物質，這是為什麼？今天不知道。物理學家知道粒子與粒子因正負電荷相反而不同，但知其然而不知其所以然。粒子由強力合為原子，成為萬事萬物；由弱力分散成為萬事萬物。萬有引力使萬事萬物有其形態位置而存在。因之萬事萬物生生不已，變化無窮。但萬變又不離其本極，即夸克和粒子而已。玻爾早年就體會到相反而相成的磁性關係為一切事物存在發展的基本原理，呼號人們承認微觀粒子所發現的光的波粒雙重性或象性。不再去把波化做粒，或者以波化代粒，只擇一個現象解答問題。這個相反相成原理以陰陽概念最能顯示其交互對待關係。玻爾原理中譯為互補或並協原理有些拘謹、狹義。就字義說，並協不充分反映相反的原意，因為同性質的事物才能並協，波粒在邏輯上是相反的，正負電荷在實質上亦是相反的。

有人說陰陽概念太簡單了，沒有說的必要；太哲學化了，減低了科學價值。這種批評難於成立。牛頓和愛因斯坦的定律不是都很簡單麼？愛因斯坦不是說，至理人人能體會麼？玻爾等不是說量子學有哲學性，可以應用於心理、生理、社會經濟等學科麼？唯其如此，所以陰陽交互作用或者陰陽辯證一元論不僅能修正辯證唯物論「質突變」的破綻，而且比較合理，更能符合科學的新發現，亦不致完全否定辯證唯物的基本價值。儒家不是說天人合一麼？那就是說自然和人事同受一個規律的支配，這與辯證唯物論的前提相同。辯證唯物論的四大原則和儒家哲理大體相近。(1)一切事物在變，矛盾為變易之根。易經是講變的，陰陽是矛盾的；(2)列寧說對立統一，董仲舒說相反而相成；(3)辯證唯物講「質突變」，陰陽重交互作用；(4)辯證唯物主實踐，儒家主力行。孔子在《禮記》有不吃不知味說。恩格斯說不吃布丁，不知道布丁。辯證唯物論的「質突變」律，久為人詬病。儒家陰陽交互作用亦與之不同，如何由陰陽關係去糾正「質突變」呢？下面再作說明：

(1)量子學證明相反相成關係是磁極性的，非質量關係。陰陽互為消長，質量不能；(2)質存於量，不能並存，陰陽如南北極兩極可以互存。以陽象男，以陰象女。可是以男為質，以女為量是不可以的；(3)「質突變」或質量互變是化學作用，必須以溫度或壓力催變，或由酶導致，而不是自發的。陰陽互致變易是自發的。原子核不生化學變化，所以質量變在量子現象

以外陰陽作用能概括原子核的變易；(4)生物現象指出量變不一定引起質變。食物熱能（卡）既令驟變致死，難說是質變。「質突變」為漸進過程的中斷之說不僅和界限作用相混，而且是不會有的。事物的變是不能中斷的；(5)由質變所生的新事物，固然仍有質與量，但新事物的質量與它所從變的舊事物的質量不同，否則沒有新舊之分。一對夸克和反夸克經介子光子衰變又生一對夸克反夸克。這個雙重性於量子現象中在新舊之間是持續的。唯其如此，所以生生不已，有同孔穎達所說：「易者簡易，不易。」

不過這個陰陽交互作用並不推翻或者代替質量概念，只是把質量概念推進到南宋朱熹等所討論的理氣範疇的階段，質即理，量即氣。質為事物之所以為事物，非形而上；量以定事物的形體，亦非形而下。這樣太極陰陽而理（質）氣（量）成一統系，可以叫陰陽辯證一元論，它可以指出歷史進展的規律是事物於存在和發展的矛盾中企求和諧均衡以孕育新生的過程。因為如此，傳統的太極陰陽觀念亦需要修正。下面再從新的科學發現來檢討陰陽辯證一元論的真實性及其規律與修正處：

第一、一切事物存在發展的雙重性及磁性關係

由於量子學在粒子領域的進展，發現「一切物質的最基本結構是對偶的，每一粒子就有反粒子，兩者體積相似但電荷正負相反。」「一切物質只由兩類粒子所構成。」這是萬事萬物存在發展的普遍現象。陰陽交互作用最能象徵這個多層次、多樣式、極簡單而又極複雜、最基本而又最無窮的關係。宇宙物理學家依光譜測驗的三維天體圖顯示天體如星河和預測的黑洞有雙重性的存在發展趨勢。近三十年生物界發現脫氧核糖核酸DNA在一切生物中大體相同，是一個長和一個短成對由螺旋形進展組成脫氧核糖核酸的核苷酸，亦是由一對而成雙重性。男女交接男的二十三染色體和女的二十三染色體，組成四十六對染色體。這四十六對染色體又分裂為兩個細胞，再分為四，四再分為八。三天後分裂為三十二而六十四。遺傳孕育新生的過程是這樣。可是這個過程竟和邵雍與萊布尼茲排列的二元系不謀而合。

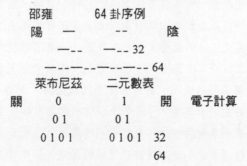

為什麼？現在說不出。人步行時，右手和左腳前進，左手和右腳前進；人的左腦支配右手臂右半身；右腦支配左手臂左半身，相反而相成。人的器官兩眼、兩耳、兩鼻孔、嘴和肛門都相互對偶。一九七〇年後Michad S. 加贊尼加提出維持生命的基本功能上，「一腦似乎有兩心」。一個有問題時，另一個接代。但在高級理智活動上不這樣。一腦是否有兩心？還不敢定奪。可是這個現象說明在維持生存的功能上雙重性比單一有效。馬克思說：「雙重性是永恒的，沒有雙重性就沒有生命。」恩格斯說馬克思的最大貢獻在於用雙重性觀點去研究分析社會經濟的發展過程。他發現生產方式的生產關係和生產力的雙重性，價值的交換價值和使用價值的二重性，勞資對立的雙重性等等，不一而足。數學的零與一、邏輯的真與假何嘗不是雙重性的作用。

第二、陰陽交互對待作用的三規律

事物雙重性間如何作用，大體上有下述幾種情況：

(1)陰陽互補而依存。今天人們知道正負電荷為一切物質存在的根本，沒有電荷世界就立刻毀滅。正負電荷既不能創造亦不能消除。它們之間同則相斥，異則相引，相反相成而生電磁場。從量子學觀點來說：這個電荷關係互補而依存，包含互惠、互濟、互助、互感。這和邵雍陰陽有點相近。他說：「陽不能獨立，必待陰而立，故陽以陰為基；陰不能自見，必待陽而後見，故陰以陽為倡。」邵不免有重男輕女的偏見，但陰陽互補而依存於此可見。以簡單數字來說，陰為陽之補數，反之亦然。包令開關代數指出一個數的補餘數是這數和它的補數之間的數學關係。二進制數系中1的補數為0，反之亦然。所以10110的補數是01001，反之亦然。如果以陽爻為1，陰爻為0，那麼下列關係可對照：

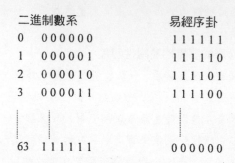

二進制數系		易經序卦
0	000000	111111
1	000001	111110
2	000010	111101
3	000011	111100
	⋮	⋮
63	111111	000000

但數學關係1與0是靜態的，而陰與陽是動態的。

量子學指出，每一粒子都是靠它粒子的作用而出生，亦即此粒子幫助它粒子出生，同時由之而自己出生。原子核反應堆內鏈式反應是由原子核裂變所生的光子能補償而出現。膠子的功用是放射一光子必吸收一光子。萬有引力是互惠的。地球靠自己的引力和其他天體的引力互相制衡而在大氣中懸掛運動，它不僅有繞太陽的公轉和自轉，而且有大氣對流水圈、生物圈。匯聚太陽能輻射的外力作用和地內磁場的內力緊密配合生態系統，相互補償感應交代以支持生命。沒有南北極南北半球的互感，便沒有寒暑。人要工作就得有分工，分工的終極為合作，合作的實現在分工。這與生活方式、社會體制、階級關係、私有共有財產無關。分工合作等相反相成，是補償原則的顯現，為過組織生活所必需。南希福說：「用古老的陰陽原理描述現代經濟規律或許更符合事實。」因果律和排中律為求知所必需。表面上兩者似無互補關係。嚴格分析，因果指事物的始終，始終是不連續的。但有此因必有彼果，由已知以預測未知又是連續的。所以因果律是連續性與不連續的互補。排中律是肯定與否定的互補。事實上沒有單獨存在的事物，亦沒有變化的中斷的可能。因果排中都是人認識的方式。前者反映縱的關係，後者反映橫的關係。量子學講認識要把縱橫全體概括在內，才能有真知。老子早提出有真必有假、有是必有非的問題。老子亦說我之失就是你之得，你美麗因為我醜，我病我愚你才健康聰明。做生意時人體會到這個雙重性。今日生物學說明一個人的智、愚、美、醜、康健、疾病主要決定於遺傳，環境其次，遺傳受基因支配，非父母所能左右。二十三對染色對中只一對有奇偶便決定為男為女。億萬基因中總有一個基因有缺陷。運氣不好，就一生受苦受罪。天下的父母心都一樣，可是基因不理會父母的意向，只有從總的方向看。我分得了那個缺陷的基因，你就能避免。這不是我的失來補償你的幸運麼？由此類推，生與死相反是個人哀樂愛惡的根源。但就全體而言，生與死互補。如果一個人永遠不死，永遠生

長，那麼世界要成什麼樣子？孔子不說無恨無愛的佛家涅槃境界，因為這是離世想法。孔子只盼人們愛仁而恨不仁。馬克思的偉大貢獻在運用雙重性的觀點和方法分析歷史進展的規律而發揮為歷史唯物主義。但他和十九世紀的經典物理學家們一樣，把解決矛盾的方式認為是一事物代替另一事物而忽視了雙重性的連續性，沒想到事物相反相成而存在發展的過程中陰陽的持續存在，只以為社會主義要代替資本主義而忽視社會主義和資本主義體系有互補的可能。所以他料想馬克思主義會先在西歐北美出現為中俄作模式，事實上卻相反。原因固然多而複雜。黑格爾的機械式正反互替辯證方式和辯證唯物主義靜態分析事物不無影響。馬克思在《資本論》中以固定資本和流動資本，絕對價值和相對價值的雙重性觀點分析資本生產過程這是個優點；可是他對分工必然產生交換，交換和分配聯繫的整體關係缺乏注意，終致對各盡所能各取所需目標怎樣去實施少有討論。因此要人們實事求是，看事做事。他或許對此感到奇怪。今天資本主義體系中有社會主義成分，反之亦然。今日資本主義體系和社會主義體系互競並立，似乎證實陰陽對立依存互補的成分多，正反相代有你無我的成分少。史實太多，一一難舉。

(2)陰陽互為界限而來復返轉。夜以繼日，寒來暑往，是人人皆知的，可是有心人常問，為什麼？儒道先民用陰象徵夜和冬，陽象徵光和熱以解說其中關係。是以於陰陽互補互濟和互感的規律外，又提出陰陽互為界限互為制衡來往返轉的規律去看一切事物的存在與發展。不過日之中即日之漸，寒極而暑來的返轉持續有循環繞圈子的意向。晝、夜、寒、暑，各有其特殊現象。令人不能自己的是近二十年來，量子學被廣泛運用於研討宇宙實質中，發現構成「物質最基本的粒子是分做兩大類：費粒子和玻粒子。前者功能主在衰離裂變；後者主在聚結合變。剛力象徵後者，弱力象徵前者。那麼陽剛陰柔的象徵性、數學性（代數）毫無意義麼？問題在求知者從哪個觀點上出發。就個別現象而言，晝、夜、寒、暑，是直線的存在發展；就全體而言，晝、夜、寒、暑，有同磁性兩極或者陰陽兩儀關係。一切事物的存在發展是物質與反物質、能與量、正與負、對稱與不對稱的起伏消長，為螺旋形的交互進展，有窮而無窮。這個來復返轉關係有三個模式：（一）萬事萬物存在發展的雙重性遵循螺旋形曲線交叉起伏循環而前進；（二）每一事物的存在發展有其頂點和界限，到達這個境界後與原始相反的情況反而出現否極而泰來，陰陽互為界限而制衡；（三）一切事物的存在發展的雙重性使每一事物的圓滿過程中總有例外，反給予它一事物孕育滋長的可能，既濟而未濟，所以生生不已。茲再作簡略說明：量子學的進展發現宇宙事物的直線發展是有局限的，是在某種條件下才能成立的，不是永遠按直線進展的。今日天體物理學家們從粒子現象推測宇宙存在發展的過程，以目前所知，大體上傾向轟爆理論。如果這個進化說能成立，那宇宙會有始終。有始終就沒有直線無極的進展了。如果宇宙體系有始終，那構成宇宙體系的每一部分和單位當然有始終，只是多層次而已。儒家體會到事有本末，物有終始，知所先後，則近道矣。這個道既非神道，亦非魔道，而為自然和人事的規律，乃可斷言。今日天體物理學推測太陽熱能的終始就是承認太陽有終始所以在推測。大家都知道地球是圓的，不過是天體之一。原子核的電子是雲狀球形和原子核結合為原子是圓的，因為球形不是平面，所以人從二維地面上任何點出發不改方向，不超出地心引力範圍終久要發現回歸到原出發點。從某一點到某一點之間是直線。從整個旅程而言，是有終始的曲線。這是任何人坐飛機作環球旅行可以體會到的。這個現象又說明了反者道之動的科學性和循環性。今日科學界對空間返轉似乎無大爭論。對時間「倒議」還議論未定，大體上傾向肯定。但這個循環並不是男變為女，或

者返老還童，權力金錢的「復辟」之類。科學界發現這個循環前進的軌跡是雙重性的兩儀經螺旋狀形交叉起伏而旋進。交叉點是一個線的終點亦就是另一個線的起點。生物界脫氧核糖核酸(DNA)的結構似乎最清楚。如此圖：〜〜〜〜〜〜〜〜〜〜，兩股核苷酸的交叉循環形成難以數計的億萬生物的基因。科學實驗證明沒有兩個生物完全相同的。指紋之所以為鑒別人與人的分別，原因在此。氣象學、天體物理學都說明今年的暑天和去年的暑天，今日和昨天不是絕對一樣的。天體物理學已提出宇宙系統中的天體運動為螺旋狀，銀河就是好例子。今日地球物理學發現南北磁極對換。太陽亦如此。同是太陽的輻射，但在北半球為地吸收，在南半球是反射。自然界如此，人事何嘗不然。個人生壯老死，一代又一代的循環。不要說構成人體的呼吸、動靜脈、消化、排瀉，循環不息，就是人的喜怒情緒，今日心理學家發現以圖表顯示時其螺旋曲線也和脫氧核糖核酸曲線相接近。人類的生活方式和價值觀念所形成的文化及其發展沒有不經過孕育生長成熟過程的，其間程度或有不同，時間或有長短，範圍或有大小，影響或有深淺，但絕無直線一往而前的發展史實。

一切事物的存在發展不僅是雙重性的螺旋形交叉起伏而進展，而且是各有其存在發展的極限、界限或轉折點。到達這個限度就出現和原來存在發展的方向、目的、功用和預期結果等相反的過程。存在著高者下之，前進者遲退，向心者離心，欲益者反損之，本有利者反生弊，愛之反以害之，壯健者反衰老，反之亦然的等等過猶不及的情況。這個情況有些對事物個體單位先發生，再影響別的事物；有些對其他有關的事物先發生，再影響個體單位。其間程度、幅度、次位、種類或許千差萬別，而反的規律則一致。就全體而言，是漸進，就個體而言，是突然，老子天道好還，曲則全。易經盛極則衰否極泰來的復卦象，用意即在此。用陰陽概念來象徵就是陰陽互為界限制衡，所以生生不已，儒道常用生命現象作見證。一個人生長到某種程度，即不再生長，反而衰老，就是例子。樂極生悲。失敗有時為成功之母，科學領域中有沒有這樣的發現呢？一個數的負數就是反數。反數相當於把這數沿一圓周線順時針旋轉一百八十度。數學關係只能表明單一的靜態現象，很難反映多層次多幅度的價值觀念。如果用陰陽來表示，哪能包含不同等級或者多幅度的數值，如邵雍所提示的少陽、太陽、少陰、太陰等範疇。從整體分析，少陰之反數為少陽、太陰之反數為太陽，反之亦然。宇宙間萬事萬物單位不一，所以臨界狀態亦不一。科學界發現大至天體的運行，伸張與收縮互為進退有周而復始之象；小至粒子發現，兩質子距離在1厘米時，因為都帶同電荷相斥，愈近相斥愈甚。但距離到10^{-12}厘米時，兩者不相斥反而相引。至10^{-13}厘米相引更強。粒子學叫強力與弱力兩者相反。關鍵在距離和各種力場的交互作用。那麼10^{-12}厘米，能不能說是轉折點呢？細胞分裂為細胞生長的過程，一個有生物到其形體已成，或大量生成時，合成生長過程中的第一個酶就結合細胞起作用暫時抑制合成程序而停止發展。這個酶又通過結構基因的改變——即新生物而保存其功能到必要時再發生作用。例如三羧酸循環。新陳代謝為維持生命的基本之一，不外同化或組成作用和異化或分解作用兩範疇。這兩者是相反的，但其主要功能為互相制衡，協調合作以實現轉化維生過程，吸取對人身有用的營養，排出對人身無用的廢物，不使失協調生病，或喪生。這個過程不是有營養就沒有廢物，廢物便全有害。所以說是陰陽制衡比矛盾鬥爭（有你無我）要科學化些。人類的社會活動亦跟著這個途徑。任何體系、任何制度總是利弊兼有，是雙重性的。開始或許利多弊少，實用日久，積弊叢生，利少弊多，終致與原始相反。在經濟活動中，自由競爭的終極成為獨占，獨占的終極或許為社會化的競爭。因為自由競爭的最有效方式為物美價廉，人人爭先使用，別的不能與之比

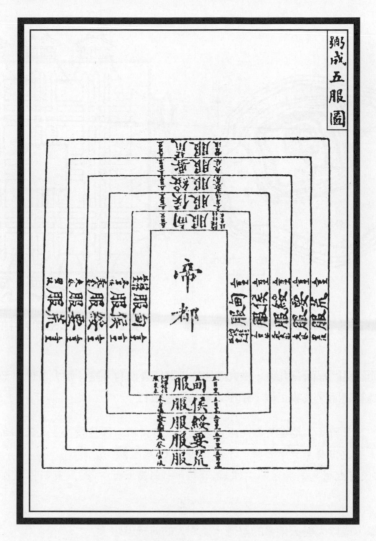

圖 2-8　《書經圖說》〈禹貢〉五服圖

賽。真能做到物美價廉者，自然的成為獨占。獨占以後如果沒有用別的方式把這個獨占所集中的財富分散給消費大眾，使之有購買力再買用，那生產過剩，經濟恐慌隨之發生，自由競爭體系就得崩潰。如果以政治力量去社會化集中經營就成換形獨占，過度計劃便生產停滯，消費者無產品使用，而民怨沸騰，社會不安。所以消費者和生產者互為界限，沒有一個事物不有其極限的。

　　在中國古代的民居中，四合院的四方形，使主廳居中。城市，特別是國都城市的選址規劃、布局中，以王城、皇宮居中都是這一「致中和」思想的體現（圖2-8、2-9）。

《周禮·考工記》記載了周朝王城（圖2-10）的規劃制度，《考工記·匠人》說：

　　匠人營國，方九里，旁三門，國中九經九緯，經涂九軌，左祖右社，面朝後市，市朝一夫。……內有九室，九嬪居之；外有九室，九卿朝焉。九分其國，以為九分，九卿治之。

　　在這個規劃布局中，王城為邊長九里的正方形，每面開三個城門，城內有南北和東西道路各九條，路寬九軌（軌寬8尺）。城牆周長為三十六里，面積達到八十一平方公里。王朝宮寢居

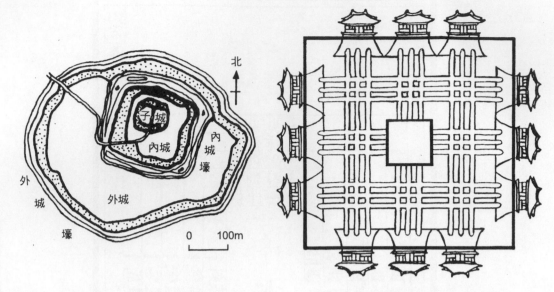

圖2-9　江蘇武進春秋時代淹城遺址平面圖　　圖2-10　《三禮圖》中的王城圖

地方百步。朝廷路門裡面有九室，供九嬪居住；路門外面有九室，供九卿處理政務。這樣以周人尚中思想為基礎而又吸收了稷下學派之類的陰陽五行：

> 天道尚左，日月西移；地道尚右，水道東流；人道尚中，耳目役心。心有四佐，不和曰廢；地有五行，不通曰惡；天有四時，不時曰凶。（《武順》）
> 三極：(1)天有九列，別時陰陽；(2)地有九州，別處五行；(3)人有四佐，佐官維明。（《成開》）

天地人並舉，或以人與天地參的思想，是周人的傳統思想。

古人把視覺的中心與觀念上的中心結合在一起，加強了尚中的涵義，認為位中就意味著公正，中正不倚。

古代明堂中，帝王隨季節和方位的變化而有規律地變換行政、居住的時間和場所，這便是《易傳》「時中」的反映。然而，這樣經常變換行政中心畢竟是不切合實際的，而帝王在方位上只有居東南西北之中才能「中立不倚」；而中立不倚才能動靜不失其時，以不變應萬變，達到悠久無疆的境界。所以古代「王者必居土中」的觀念和實踐都是十分強烈的。天子居中心至尊之位，意喻著其替天行道，權威的至高無上和行事光明正大、無過不及。這除了深受《易傳》「時中」，儒家的中庸之道和道家陰陽平和思想的影響外，天子居中還在於方便國家的治理。

《呂氏春秋·慎勢》說：

> 古之王者，擇天下之中而立國，擇國之中而立宮，擇宮之中而立廟。天下之地，方千里以為國，所以極治任也。

這裡「國」指千里京畿。這段話的意思是：古代稱王的人，選擇天下的正中來建立京畿，選擇京畿的正中來建立宮廷；選擇宮廷的正中來建立祖廟。從安徽鳳陽明中都城的原設計（圖2-11）和修改後平面圖（圖2-12）中，可以明顯地體現這種正中思想。

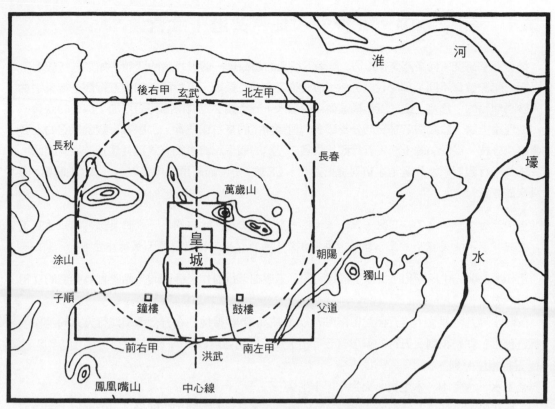

圖2-11　中都城原設計復原圖

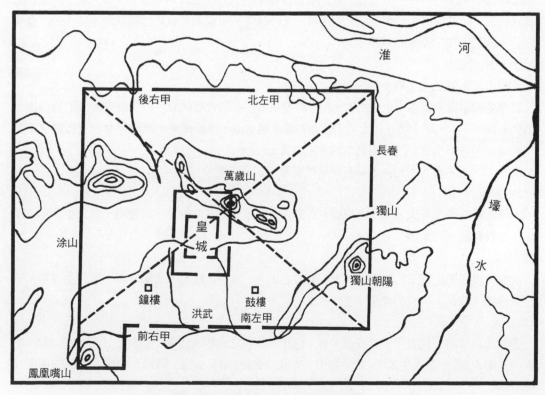

圖2-12　修改後的中都城平面圖

第十一節　陰陽、五行、八卦、黃道十二宮

據尹弘基研究（何海燕譯）認為：陰陽五行觀的起源是一個很複雜的問題，如果五行觀與陰陽觀的起源確實不同，那麼我們仍然不清楚陰陽觀何時採納了五行觀。如果五行觀是後來被納入陰陽理論的，那麼，由於五行輪迴概念的融入，五行觀必定為陰陽理論增加了深刻的涵義。

從理論上講，陰陽觀若是一門分支眾多的理論體系的基石或主幹，那麼五行觀就是它的上層建築或分枝。從認識論上講，五行觀比陰陽二元論的觀察認識事物方式更具體更詳細。因此，我認為五行觀對風水和其他宇宙理論更重要。《書經》是中國最早的史書之一。其〈洪範篇〉曾這樣描述五行：

> ……五行：一曰水，二曰火，三曰木，四曰金，五曰土。水曰潤下，火曰炎上，木曰曲直，金曰從革，土爰稼穡。潤下作鹹，炎上作苦，曲直作酸，從革作辛，稼穡作甘。

正如馮友蘭先生所指出，從以上描述可知，不應把五行看作是靜態的，而應視為動態的互相作用的力量。

按照陰陽五行理論，這五種互相作用的力量（或元素）根據他們在五行環中運行方式的差異，不是相生，就是相剋。五行的循環有五行相生及五行相剋兩種原則（排序）：

1. 五行相生原則

金生水，水生木，木生火，火生土，土生金

這種次序或序列是怎樣被公式化的？為什麼該次序表示五行間相生關係？目前對以上問題還無法作出明確回答。但不管怎樣，我們發現該原則自有其存在的合理基礎：水（或呈流體狀的營養物質）能滋養樹木，木是取火的燃料，火的餘燼是灰或土，金則埋藏於地下。至於「金生水」，則很難作出合理的解釋。

2. 五行相剋原則

金剋木，木剋土，土剋水，水剋火，火剋金

該序列的來龍去脈也不十分明瞭。但不難發現其內在的合理成分。因金（一柄斧頭）能伐樹，植物的種子（木）破土發芽，土能淤塞水井或改變水道，水能滅火，火能熔金。五行的排序對一個地區內各風水要素間的協調組成非常重要。

木、火、土、金、水五氣各具有與其相聯繫的固定特性。

(1)木氣

木氣代表四季之春天，天干之甲乙，五方之東方，五色之青色。木氣屬陽，是人生少年、出生、生長和統一的象徵。

(2)火氣

火氣代表四季之夏天，天干之丙丁，五方之南方，五色之紅色。火氣屬陽，是人生青年、爭鬥、分散、成長、興旺的象徵。

(3)土氣

土氣代表季節，代表天干之戊己，五方之中，五色之黃色。土氣不屬於陰或陽，是一種「絕對中立的力量」，是人生成熟（青年和中年中間過渡段）期，中性、圓滑、中庸及豐滿的象徵。

(4)金氣

金氣代表四季之秋天，天干之庚辛，五方之西方，五色之白色。金氣屬陰，是果實、收穫、

堅硬、鋒利或隔絕及人生中年的象徵。

(5)水氣

水氣代表四季之冬天，天干之壬癸，五方之北方，五色之黑色。水氣屬陰，是人生老年、凝固、智慧、聰明和種子（果實）的象徵。

以上簡單描述了五行的一些重要特性。既然萬事萬物都可以歸屬於五行之中，那麼金、木、水、火、土每種物質都會有無數多種屬性被合成。

因為五行是進行風水特徵（包括方向和地形的調查）分析的理論基礎，所以現在來深入考察一下五行與風水所採用的方向之間的關係。

(1)五行配五向

在風水中，土代表「中」，這一點是固定不變的。因此，在分析風水方向時，可將其忽略不計。由五行所代表的主要方向如下：

北為水，南為火，東為木，西為金。

(2)按《易經》八卦，可將東、西、南、北四向分為八方。據《易經》，八方有兩種排列方式，即先天方位和後天方位。按先天方位，八卦的特徵和方向如下所述：

坤：象地，北方　　乾：象天，南方

震：象雷，東北方　巽：象風，西南方

離：象火，東方　　坎：象水，西方

兌：象澤，東南方　艮：象山，西北方

後天方位和先天方位的八卦名稱完全相同，只不過每卦代表的方向略有不同。表2-3為二者各自所代表的不同方位。

表2-3　　　　　　　　　　後天方位和先天方位八卦名稱方位

名稱	方位	
	先天方位	後天方位
坤	北	西南
震	東北	東
離	東	南
兌	東南	西
乾	南	西北
巽	西南	東南
坎	西	北
艮	西北	東北

目前尚不知曉為何及何時先天方位為後天方位所取代。但不管怎樣，風水多遵循後天方位系統，其對陽宅風水來說尤其重要。先天方位和後天方位的關係如下：

外圈－後天方位

內圈－先天方位

(3)按黃道十二宮，四向還可劃分為十二個方向，這些符號叫十二支或地支。

李約瑟將其古代用途簡述如下：

…在遠古時代，人們用十二支表示一個太陽年的十二個太陰月。當然它還可派作別的用場，特別是可用其表示地平經度方位點（羅經點），以及一恒星日內十二個時辰的名稱。某些人認為十二宮周期來源於配合每個太陰月的儀式。

這十二個動物符號在東亞特別重要，它們為中國原始的紀年、日方法即六十花甲干支紀年體系提供了名稱。十二支與十干輪流相配組成六十花甲。十干又叫天干，正如所說，可能原為一旬之內每天的名稱，中國把每月分成上、中、下三旬，一旬為十天。

在東亞，這十二個動物符號仍在繼續使用，可用來表示方向、時辰及年代。十二支配十二向如下：

子（鼠）：北	午（馬）：南
丑（牛）：北北東3/4東	未（羊）：南南西3/4西
寅（虎）：東北東3/4北	申（猴）：西南西3/4西
卯（兔）：東	酉（雞）：西
辰（龍）：東南東3/4南	戌（狗）：西北西3/4北
巳（蛇）：南南東3/4東	亥（豬）：北北西3/4西

據楊文衡等研究，五行：水、火、木、金、土，乃是五種能為人利用的物質。戰國時代，出現了鄒衍的五德終始說，至《呂氏春秋》才將五行說組織成系統的思想體系。又經過西漢董仲舒的改造，五行學說才最後完善，成為一種理想的世界模式。他把五行與四方、四季配合（圖2-13），土居中央兼四時，木居東為春，火居南為夏，金居西為秋，水居北為冬。五行隨時隨地而不同，故代表時間的干支和季節所含五行也不同，代表方位的東、西、南、北、中的五行也不同。五行與干支、方位、四季相配合如表2-4所示。

把這些內容都納入羅盤中，成為推斷吉凶的因素。在表2-4中，天干的五行有區別，如甲木代表陽性，指森林大樹，乙木代表陰性，指小樹花草。同樣，丙火是太陽，丁火是燈火；戊土是大地，己土是田園；庚金是斧鉞，辛金是首飾；壬水是大

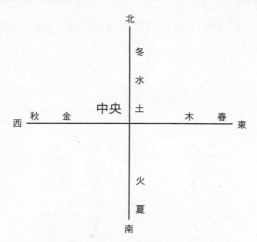

圖2-13　董仲舒五行示意圖

表2-4　　　　　　　　　　　　五行與干支、方位、四季配合表

五行 ＼ 天干地支	天　干	地　支	方　位	季　節
木	甲　乙	寅卯辰	東	春
火	丙　丁	巳午未	南	夏
金	庚　辛	申酉戌	西	秋
水	壬　癸	亥子丑	北	冬
土	戊　己	辰戌丑未	中	四季

海，癸水是雨露。地支的五行也有區別，如寅指初生木，卯是極盛木，辰是漸衰木。同樣，巳是初生火，午是極盛火，未是漸衰火。申是初生金，酉是極盛金，戌是漸衰金。亥是初生水，子是極盛水，丑是漸衰水。而辰、戌、丑、未雖然同屬土，又有四庫的說法。如丑為金庫，生亥子而剋寅卯；辰為水庫，生寅卯而剋巳午；未為木庫，生巳午而受金剋；戌為火庫，剋申金而受水制（《三命通會》）。

五行和五方、四季為什麼是表2-4的這種安排次序呢？因為木的本性是向陽而生，它在春季陽氣始生時開始生長。東方正是太陽初升的地方，所以木放在東方。火的本性是炎熱，夏季炎熱，我國南方氣候也是炎熱，是陽氣最盛的季節和方位，所以火放在南方。金的本性是清涼肅殺，秋季樹木落葉不再生長，西方是太陽落山的方位，太陽落山前後陽氣衰落，氣候清涼，所以金放在西方。水的本性是澄澈寒冷，冬季氣候寒冷，我國北方氣候也是寒冷，所以把水放在北方。土的本性厚實適中，有利於萬物生長，中央地處四方之中，所以土放在中央。五行體現陰陽，推斷衰旺生死。在風水術中，「不同坐山與來水，但逢死氣皆無取」（《地理述》），就是一種實用的結果。

漢代人們根據五行相生而間相勝（或相剋）的原理，提出五行休王論，即王、相、休、囚、廢五氣。王又稱旺稱壯，相又稱老，休又稱生，廢又稱死。因此，王、相、休、囚、廢又可以寫作旺、相、休、囚、死或壯、老、生、囚、死。王相氣主吉壽，休廢囚氣主凶死。如《淮南子‧地形訓》說，木壯、水老、火生、金囚、土死；火壯、木老、土生、水囚、金死；土壯、火老、金生、木囚、水死；金壯、土老、水生、火囚、木死；水壯、金老、木生、土囚、火死。

五行休王論與四季結合，顯示出每個季節都有一個五行處王，一個五行處相，一個五行處休，一個五行處囚，一個五行處廢。它們的具體含義是：

王，處於旺盛狀態。

相，處於次旺狀態。

休，退休，休息，不管事。

囚，衰落，被禁錮。

廢，被克制而廢，無用，無生氣，死亡。

為什麼要有五行休王論呢？因為風水術中要給人推算吉凶，陽宅、陰宅是否吉利，也是根據主人的八字推算，實際上就是給人算命，在這一點上，風水術從理論到方法都是從算命術引進來的。

我們將五行、四季和旺相的關係列成表2-5。

表 2-5　　　　　　　　　　　五行、四季和旺相相關係表

五行 ＼ 旺相 四季	春	夏	秋	冬	四季
木	旺	休	死	相	囚
火	相	旺	囚	死	休
金	囚	死	旺	休	相
水	休	囚	相	旺	死
土	死	相	休	囚	旺

從表2-5中可以看出，當令的為旺，我生的為相，生我的為休，剋我的為囚，我剋的為死。比如木，春天木當令為旺，木生火，火為相，水生木，水為休，金克木，金為囚，木剋土，土為死。如果給人推算陽宅、陰宅吉凶，某人春天生，八字中以木為主，就是當令得時。如果八字中以金為主，就是被囚不得時。如果八字中以土為主，那更糟，死了，大凶。其他的查表2-5就明白了。

五音：與五行有關的還有五音。五音本來是古樂中五聲音階的階名，即宮、商、角、徵、羽。後來五行家把五音與五行配合，即土為宮，金為商，木為角，火為徵，水為羽，使五音與五行對應。

五姓：與五行有關的還有五姓，即把人的姓按五音分配。分配的原則是以五音為標準，發音相似某音即歸入某音。如將鞏、龔、孔、宋、董等姓歸入宮音，向、楊、王、汪、莊、蔣、江等歸入商音，趙、饒、曹、毛、廖等歸入角音，畢、皮、李、狄、席等歸入徵音，郁、蘇、劉、余、徐等歸入羽音。對此，《大漢音陵秘葬經》講得很清楚，說：「欲得商，舌梁張。欲得徵，舌主齒。欲得角，舌縮殼。欲得宮，舌隆中。以切韻定五音，喉音宮，齒音商，牙音角，舌音徵，唇音羽。」這就是定五姓的方法。

五姓與五音、五行、五方結合，用來推斷吉凶福禍。如《圖宅術》曰：「商家門不宜南向，徵家門不宜北向。」意思是說凡是姓歸入商音的人家，家門不宜向南。姓歸入徵音的人家家門不宜向北。為什麼？因商音在五行屬金，南方在五行屬火，按五行生剋理論，火剋金，不吉利，所以商姓的人家家門不宜南向，而宜東、北向。徵音在五行屬火，北方在五行屬水，按五行生剋理論，水剋火，所以徵姓人家不宜北向，而宜東、西向。這種做法毫無道理，完全是人為的機械遊戲，沒有絲毫自然規律可言。

五姓在風水中的應用，最明顯的例子是宋代皇陵。宋代國音（即皇室趙姓所歸的音）為角，角音在五行屬木，按五行相生相克理論，水生木，木生水，而金克木。因此，墓地最吉利的朝向是坐丙（165°）向壬（345°），即坐南朝北，不能坐東朝西。在這種思想影響下，宋代鞏縣八陵都是坐南朝北，正北偏西約6度。對此，朱熹曾提出嚴厲的批評，認為自古以來墓葬都是負陰抱陽，豈有坐南向北，背陽朝陰之理？「今人偏信庸妄之說，全以五音盡類群姓，乃不經之甚者。洛、越諸陵無不坐南而向北，固已合於國音矣，又何吉之少而凶之多邪？」（《朱子大全》）

納音：納音是把六十甲子按照六甲（甲子、甲戌、甲申、甲午、甲辰、甲寅）的次序，配合十二律、五音而成。納音起源很早，先秦就有了，秦簡《禹須臾》所談納音，是先秦多種納音理論與方法中的一種。漢以後，各家推衍的納音更多。沈括在《夢溪筆談》中說：「六十甲子有納音，蓋六十律旋相為宮法也。一律含五音，十二律納六十音也。凡氣始於東方而右行，音起於西方而左行，陰陽相錯而生變化。所謂氣始於東方者，四時始於木，右行傳於火，火傳於土，土傳於金，金傳於火。所謂音始於西方者，五音始於金，左旋傳於火，火傳於木，木傳於水，水傳於土。納音之法，同類娶妻，隔八生子，此律呂相生之法也。」

納甲：納甲是漢京房、三國虞翻以納甲說《易》，用八卦、十干、五行、五方相配合。乾坤納兩頭，乾納甲與壬，坤納乙與癸。風水家認為，納甲可以揭示天地生育的道理。引入納音、納甲的目的，主要用於推算五姓的吉凶和陽宅、陰宅地點是否合時，是否生旺。如果推算的結果是衰死，那麼這個地點暫時不能用，要麼換人，要麼改時間。

八卦：中國古代的五行思想與陰陽八卦思想，原是各自獨立的兩個不同的系統，它們初期都

是素樸的唯物思想。戰國時期開始合流，成為一種循環變化觀點而被安置在栻盤（後來稱羅盤）中，演變成一種宇宙模式。風水學家利用這種宇宙模式來推演自然和社會的變化，判斷吉凶禍福。如《漢書‧五行志》已將八卦中的四卦與四季、四方、五行配合，震在東方為春為木，兌在西方為秋為金，離在南方為夏為火，坎在北方為冬為水。這種排法已是後天八卦。還有先天八卦，其排法是乾南、坤北、離東、坎西、震東北、兌東南、巽西南、艮西北。按風水家的說法，先天八卦主對待說，用以明理。後天八卦主流行說，用以推氣。雖然先天八卦與後天八卦有此分別，但目的是相同的，都是想探究自然規律。風水家借八卦來推斷不同方位的氣是生旺氣還是衰死氣。《地理臆解》說，氣有吉有凶，不以理推之不可得而知。故聖人設卦以明理，用卦以推氣，這就叫理氣。《筆塵》說，陽宅第一吉星曰生氣，人命合得此吉方吉向，又逢貪狼生旺之神，修造定生五子，這裡的人命就是算命。算命的方法是以日的天干為主，月為天干為提綱，年的天干為基本，時的天干為結果，排下八字，看主人的命與什麼格局相合，合則用之，不合則不用或另選別的格局。木取木為主，火取火為主，土取土為主，金取金為主，水取水為主。四柱相合，才是中和吉星（《堪輿完孝錄》）。所謂「四柱」，就是以出生年份的天干地支為第一柱，月份的天干地支為第二柱，日期的天干地支為第三柱，時辰的天干地支為第四柱。每柱天干一字，地支一字，四柱加起來就是八字。算八字即指這八個字。凡定向，只論家長年命，如長者歿，以長子年命定之。若只有主母當家，則以母命定宅（《陽宅撮要》）。

以上楊文衡等研究的內容，是流傳在民間的風水習俗，其中難免有神秘成分，應慎加分析。據程建軍研究，地理事物五行屬性和五行生剋方位見表2-6和圖2-14。

表2-6　　　　　　　　地理事物五行屬性

五行	五方	五季	五色	五音	五氣	五化	五味	天體	行星	數字	情志	五臟	五常
木	東	春	青	角	風	生	酸	星	木	八	怒	肝	仁
火	南	夏	赤	徵	暑	長	苦	日	火	七	喜	心	禮
土	中	長夏	黃	宮	濕	化	甘	地	土	五	思	脾	智
金	西	秋	白	商	燥	收	辛	辰	金	九	悲	肺	義
水	北	冬	黑	羽	寒	藏	鹹	月	水	六	恐	腎	信

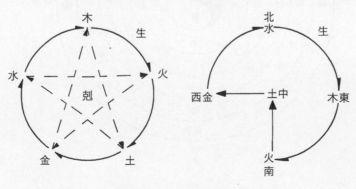

圖2-14　五行生剋方位

中國古代的易經地理及風水是將世上萬事萬物按季節、方位、時序循環協調變化的一種宇宙圖式或稱世界圖式，它是古代中國人的一種思維模式。

五行學說同樣經過戰國時期的陰陽五行家的總結與發揮。如記載它的是秦相呂不韋編纂的《呂氏春秋》，是呂氏為相的治國綱領。書中有以十二月份分成的「十二紀」，每一紀第一篇專講某個月的天象、氣候及相關的其他方面的情況，包括帝王衣食住行的位置、顏色等。如《呂氏春秋‧孟春紀第一》說：

> 孟春之月，日在營室，昏參中，旦尾中。其日甲乙，其帝太皞，其神句芒，其蟲鱗，其音角，律中太蔟，其數八，其味酸，其臭膻，其祀戶，祭先脾。東風解凍，蟄蟲始振，魚上冰，獺祭魚，候雁北。天子居青陽左個，乘鸞輅，駕蒼龍，載青旗，衣青衣，服青太，食麥與羊，其器疏以達。

這是明顯地繼承了萌發於夏代的《夏小正》而來。所以《易經》和風水的思想與中國傳統文化的其他部分一樣都源自三代。

古人云：「古往今來謂之宙，四方上下謂之宇」（《淮南子‧齊俗訓》）。宙是時間，宇是空間，在時間方面有一年春夏秋冬四季、十二月份和十二時辰；在空間方面有東南西北四面八方，天地上下前後左右六合。以春季配東方，夏季配南方，秋季配西方，冬季配北方，即把時間的四季和空間的四方配合起來，成為時空合一、宇宙一體的圖式。後來，又將許多事物類比於四時四方，形成了一個普遍的萬物時空合一的圖式，一個普遍的宇宙體系的理論（圖2-15）。

到了漢代，這一圖式經過淮南王劉安《淮南子》的記述和漢儒董仲舒的發揮闡釋而廣為流傳。漢代人把《呂氏春秋》的「十二紀」的開篇月曆內容編入《禮記》，稱為「月令」，從而正式成為儒家的經典。《管子》中的「四時」、「幼宮」篇中均有與月令相同的內容。《呂氏春秋》、

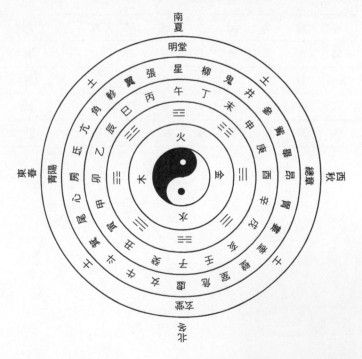

圖2-15 陰陽、五行、八卦及時空對應關係（據程建軍）

《禮記》、《管子》等均是戰國秦漢時期十分重要的著作，它們充滿中國哲學的精髓思想，對歷代治國方略均有重大影響。因此，它在中國政治文化及思維方式上始終居於支配地位。

這一圖式的時空一體化的模式是對自然界規律的總結，而人們建立這個圖式的目的在於人們的社會生活指出一條正確的道路。一條什麼樣的道路呢？那就是要和自然規律相協調。怎樣協調呢？《易傳‧文言傳》明確地回答了這個問題：

> 夫大人者，與天地合其德，與日月合其明，與四時合其序，與鬼神合其吉凶。先天而天不違，後天而奉天時，天且不違，而況乎人乎。

這裡的「先天」，指在自然變化之前加以引導；「後天」，指遵循自然的變化。「先天而天不違，後天而奉天時」，即指天人協調一致。這是《周易》所反映的天人合一的世界觀，是月令圖式的基調。

「天人合一」是中國古代人地關係及風水理論的一個根本觀點，它含有兩層意思：一是人與自然環境相協調；二是認為人的德性與「天的德性」是相通的。後經過董仲舒發揮確立「天人感應」、「人副天數」之說，也不乏把人納入自然時空的秩序中，表達天地人三才合一的主題，實現人的社會發展規律與天地自然變化規律相吻合的理想。

作為一種思維方式和理想，在很大程度上規範和指導著中國古代建築的規劃設計構思，進而成為一種設計理論和構圖依據而貫穿於中國古代建築發展的時空中。對此，英國著名漢學家李約瑟先生深有感觸地說：

> 再也沒有其他地方表現得像中國人那樣熱心於體現他們偉大的設想：人不能離開大自然的原則。這個人並不是可以從社會中分割出來的人，皇宮、廟宇等重大建築自然不在話下，城鄉中不論集中的或者散布於田莊中的住宅，也都經常地出現一種對宇宙的圖案的感覺，以及作為方向、節令、風向和星宿的象徵主義（轉引自《華夏意匠》）。

這段話的本意就是說中國古代建築是依照宇宙理論、「宇宙的圖案」去規劃、設計、營造而成的。當反映到建築設計中時，便轉變成中國古代建築的各種類型。

風水思想以此為據，也認為「天人之際，合而為一」，「學不際天人，不足以謂學」。天人是相通的，不僅生物界有循環、有新陳代謝，而且大自然、地球表層也有循環和新陳代謝。人體內的小循環是自然界大循環的縮影。大自然的地理環境是「若陰、陽之氣，則循環無方，聚散相求，絪縕相揉，蓋相兼相制……屈伸無方，則運行不息。」大自然的地理環境也是有生命的。這一基本的自然觀與導源於西方科學的地理觀有所不同。西方的地理學認為僅僅生物圈有生命，水圈、大氣圈、岩石圈都是無機界。但風水觀把天、地、人、生各大系統統一起來，認為它們整體上也是生命的。既然天人是合一的，也就演化出以下風水性質：(1)統一性。風水思想認為，天、地、人、生四大系統是一個有機的統一體。人類社會融匯在自然界裡，作為自然界的一個有機部分。在人地關係上，風水思想既不同於「人定勝天」，「人是自然界的主人」的觀點；也不同於「天定勝人」、「地理環境決定論」的觀點。風水觀認為一方面人作用於自然界，同時自然也會反作用於人類社會。人類社會和自然之間是通過複雜而奇妙的自然經濟社會規律來相互作用的。(2)和諧性。風水思想追求人與自然、人與社會、部分和整體的和諧共處。

認為和諧是達到幸運與富裕的必由之路。(3)對稱、均衡性。按照風水思想，有機體具有對稱、均衡性，四象（青龍、白虎、朱雀、玄武）是對稱的，兩儀（陰、陽、南北二極）是對稱的，其設計與布局的環境也因此要對稱、均衡。如有山有水，有高有下，中軸線，平面布局要四四方方對稱明朗。(4)多樣性和豐富性。地理環境是複雜多樣的，各種自然、經濟、人文等因素千差萬別，各有其個性。因此，具體對某地環境的選址、布局必須因地而異。

第十二節　徐蘇斌論風水中的心理場因素（註一）

徐蘇斌將新興的西方心理學與古老的東方風水學並置，比較它們的科學因素，意在從一個新的角度再研究風水學，同時，研究中國文化觀念的心理學因素，探索一條中國風水建築心理學的研究道路。

徐蘇斌研究認為：風水是集雜學之大成，但誰都不能否認其中蘊含的心理因素。風水說在許多方面極類似西方的心理場理論，只是它們分別產生於不同的民族，帶有本民族的文化色彩罷了，我們試比較一下這兩種理論。

一、心理場的概念

心理場理論是心理學的一個分支，在心理學史上，將之歸在完形心理學裡。研究「場」的鼻祖是德國人勒溫(Kurt Lewin 1890-1947)。

心理場用勒溫自己的話說就是「心理生活空間」(psychological life space)即「綜合可能事件的全體」。包括三個部分：準物理事實——心目中的自然環境；準社會事實——心目中的社會環境；準概念事實——思想概念與現實的差異。其中「準」並非真正實物，只是主觀感受，這就區別了現實和心理兩種不同概念。風水中許多概念就屬於「準」的範疇。

勒溫採用拓撲幾何的方法描繪了心理場的特徵，按拓撲學的概念，心理場為沒有大小尺寸、沒有固定形狀的無限柔軟的塑性體，「如此規定的空間名為形勢幾何學（拓撲幾何學）的空間，即為不用測量而加以規定的數學關係；在形勢幾何學的空間之內，沒有距離的規定，據形勢幾何學的觀點，一滴水完全和地球相等，一個立方體和一個球體也無可區別。」他用數學中的約旦曲線直觀地將心理場表現出來。風水中最關鍵的概念「氣」就是具有拓撲幾何特徵的場。

值得提出的是，當將心理場移植入建築學時，它的外延相應縮小，不包括某些社會學涵義。

1. 建築空間和心理空間的差別

兩者差別主要在於心理空間是不可見的，同時也是不可測的；建築空間是可量度的，也是可見的，具有歐氏幾何特徵。

但兩者之間也是有聯繫的，只要人存在於建築之中，就必定會有各種心理場存在。

2. 建築空間和心理空間的聯繫

場的圍合。通常在沒有任何實體圍蔽時，心理場處於一種自我緊張的狀態，在人的周圍通常生產一種「神秘的氣泡」，這就是為什麼陌生人靠得太近會有不舒服的感覺。

當有建築圍蔽時，通常隨著限定的增多，心理場的緊張會逐漸釋放一些，似乎有個互逆的趨勢。例如，風水中講究村落的大帳、左右砂山及前面朝山圍護，缺少一個便覺不妥，況朝山太低時還要以鎮峰塔增其高度，以彌補其不足。

點場。點起一個核心的作用，通常受歡迎的物體（勒溫稱之具有正價）便能在其周圍形成引力場。用風水觀念指導的中國古代建築，從意義單純的結構柱到具有豐富內涵的華表、圖騰都或多或少地起到了核的作用。

運動中的心理流（意識流）。如果說靜態場是靜態電荷引起的場，那麼心理流則是電流引起的電場了。

勒溫在研究類似問題的時候是研究被試完成一件事的過程中心態的變化，如著名的「齊加尼克效應」就是勒溫指導他的學生齊加尼克(Bluma Zeigarnik)於一九二七年完成的。內容為：當被試接到一項任務時，就呈現一種緊張，如果任務全部完成，緊張就會消失，否則就會持續，即在很長時間以後依然沒有忘記這個任務。這說明在一個過程中受阻或變異都會使緊張加強，至少不會使之消除。

在建築中，通常只研究運動中的序列，在序列中，建築或環境的變化或對人的阻礙，都會產生心理緊張程度的變化，例如造園中「欲現先藏」、「欲揚先抑」等，風水中的水口也起一個收緊的作用，使進村的人在此能有個心態變化。

不難看出心理場和物理場（環境空間）並處於一個大系統中，優美的環境空間應該是心理空間的物化體現，而這兩者的關係也正是以下將談到的風水中「氣」與「形」的關係。

二、風水說中的心理場因素

風水說的研究本不應停留在歷史學的意義上，也應從心理學的角度去發掘。中國早已在建築設計中注意到人的心理因素。

1. 心理場和風水說同源

在風水理論中，「氣」是其精髓。郭璞《葬經》曰：「氣乘風則散，界水則止，古人聚之使之不散，行之使之有止，故謂之風水。」此外古人有言：「風水以氣為主。」無論是陽宅還是陰宅的選址或營建都城都很重視對氣的疏導、纏護、會聚、回收，其目的都是為使有「升降變化」的「天地之氣」會聚於穴。有了這種主導思想，又選擇了八卦陰陽五行的研究方法，於是從內容到方法形成了完整的學說。應該說它和西方人對心理空間的感受有相似之處，只是所選擇的方法大相逕庭，後者運用現代物理學中的理論和現代數學中拓撲學的方法進行研究，但前者畢竟較後者早一千六百年。

那麼為什麼說「氣」和「場」同源呢？這個命題並非今天才提出來，前人包括譚嗣同、李約瑟及當代物理學家何祚庥等都有過論證。

「氣」始於哲學，哲學史家張岱年指出：西周末年的伯陽父就已提出「天地之氣」，以後又有許多哲人涉足「氣」河。

判定「氣」的自然科學涵義的工作最早的是德國科學家萊布尼茲(1646～1716)，他提出了「氣」即以太的見解。

中國人自己是如何說的呢？宋代張載說：「凡氣清則通，昏則壅，清極則神。敝聚而有間則風行，風行則聲聞具述，清之驗與！不行而至，通之極與！」(《正蒙·太利》)，他論證了聲音傳播的媒介是太虛之清通之氣，只不過他沒提出「場」這個詞罷了。

清代王夫之在張載的研究基礎上又向前發展了一步，認為太和之氣是萬物相互作用的媒介，而不局限於聲音。

明末清初揭暄和游藝在研究潮汐現象時用「氣」描述了萬有引力現象，他們合作繪製了《兩

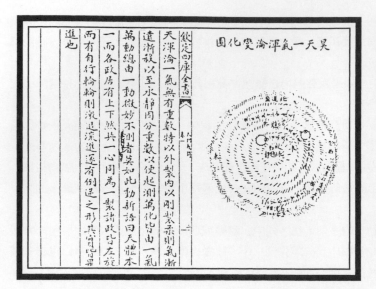 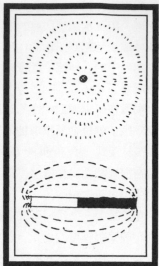

圖2-16　昊天一氣渾淪變化圖
用氣表示天體變化（左，引自清‧游藝《天經或問集》），
酷似物理中的磁場表示方法（右）

月對攝潮汐圖》（游藝《天經或問後集》），用虛線表示了氣在月水相互作用中所起的媒介作用，非常近似電磁場的表示方法。圖2-16為〈昊天一氣渾淪變化圖〉（游藝《天經或問集》）。

此外王廷相在磁學方面也有過同樣的論述：「氣以虛通，類同則感，譬之磁石引針，隔關潛達。」（《雅述》下）

西人也研究「氣」，李約瑟引證《呂氏春秋‧精通》後說：「在古代中國關於物理世界的構思中，連續性波和循環是占優勢地位的。在這裡，『精』有時差不多可以翻譯成為輻射能。」他在引證了北宋燕肅關於潮汐受日、月天體影響的論證後又提到了「精」：「這類話究竟同用『萬有引力』這類術語表達的說法接近到什麼程度，要看我們怎樣對名詞加以解釋。例如大致同時代的張載說，月的『精』是一種向四周放射的『精』，水的『相感』是水的感應。」

隨著科學的發展，人們正尋找更準確說明氣的方法。中國的物理學家何祚庥提出「氣」與量子場論中的「場」極為相似的觀點：氣「與其說接近『以太』，不如說更接近現代科學所說的場」。

灌耕編譯的《現代物理學與東方神秘主義》中提到：「在中國哲學中，道只是隱含著場的概念，而氣卻明確表達了場的思想。」

從上述論述中可見：「場」與「氣」確有著不解之緣。而「中國人在這方面是如此地領先於西方人，以致我們差不多可以冒險地猜測：如果社會條件有利於現代科學的發展，中國人可能首先通過磁學和電學的研究，先期轉到場物理，而不必經過撞球式的階段了。」

將「氣」、「場」外延擴大，「氣」被引入了風水說，賦予了主觀的涵義；同樣勒溫把物理場引入了心理學，創立了心理場。

2. 風水中的心理空間

風水的主要內容一是氣，二是形。「氣」實則為心理場，「形」則指圍繞「氣」的環境。古人也將這兩者看成不可分的兩個部分：「氣者形之微，形者氣之著，氣隱而難知，形顯而易見。」「隱而難知」正是心理場的拓撲特徵：沒有形狀，沒有大小，不可見，不可測；「顯而易

見」則是物理場的歐幾里德幾何特徵：既可見又可測。兩者共屬一個整體。

古代中國人早就認識到人與自然為一不可分割的整體，中國人「天人合一」的哲學觀念就是這種認識的概括和總結。「天人合一」是中國自然哲學最突出的特點，這裡「天」是無所不包的自然，是客體；「人」是與天地參的人，是主體。天人合一就是主體融入客體，堅持兩者的根本統一，泯除一切顯著差別，從而達到個人與宇宙不二的狀態。它所追求的最高目標是認識到事物相互聯繫的統一，使自己與終極的實在歸於統一。《老子》說：「人法地，地法天，天法道，道法自然。」中國古代自然哲學注意研究的就是整體的協調和合作，強調人與自然的關係，人與自然的不可分，「人不能離開自然」，這是我國古代人民所尊崇的根本原則之一。行為做事都盡力遵守自然的法則或規律，認為當人類遵守自然法則時，社會得享和平與安寧；而當人類違背自然法則時，就會遭自然報應，天災人禍接踵而來。在對待自然的問題上，中國人十分推崇老子「無為」的柔和思想，「無為」並不是什麼事也不做而保持沉靜，而是讓每一樣事物都按其本性去做，順應自然規律，利用自然的規律，從而借助自然之力，「制天命而用之」，最終達到「無為無不為」的爭取人類自由的目的。這便是我們中國古代人對於自然的特殊態度。

〔注釋與參考文獻〕

註一　見徐蘇斌：《風水說中的心理場因素》，載《天津大學學報》增刊。

第十三節　人（類）與地（理環境）關係的思想

人類社會是地理環境中重要的組成部分。人是地理環境中最積極、最活躍的因素。它又同時是地理環境的對立物。人每時每刻都不能脫離環境而生活；環境每日每時都在影響著、制約著人們的生存和發展，參與形成不同人群的各種特點。同時，人類的生產、生活活動又不斷地作用自然環境，使它發生巨大而深刻的變化。因此，人和地理環境的關係是極其錯綜複雜的。中國古代有著基本獨立的文化系統和風水地理理論。風水地理從萌芽時期開始就包涵著對人地關係的獨特認識。在中國古代和國際地理學界從不同的哲學觀出發，形成了不同學派的人地關係理論。各種人地關係的認識又千絲萬縷地深入與滲透到人們的生產與生活活動之中。

在中國古代對於人類社會與地理環境關係的認識，一直有以下三種傾向。

一、聽命於天，即「天定勝人」的思想

這種思想在西方的地理學史上，叫做「地理環境決定論」。它將人的地位和作用，作為自然環境的奴僕與附庸，強調環境是塑造人（類）生活的控制力量。人（類）並不是一個自由的因素，而是跟在自然所確定的方向後邊走。

這是自然順從論，是一種倒退論，認為今天人類活動給自然界造成的影響，已經超出了自然界自我調節功能所能同化的限度，生物圈中的物理、化學、生物學的參數開始變得不利於人類的生存，主張「退向自然」，「返樸歸真」。然而人類的進化，社會的進步是一個不可逆轉的歷史進程，一切順從自然的消極觀點也是違背歷史發展規律的。不過，這種重視自然價值和生態學的思想已提醒和迫使人們重新廣泛地檢驗人類的行為，是否符合自然的法則與人與自然共

生的法則。

二、「人定勝天」論

這種思想認為，人是自然的主宰者、統治者，人是自然的主人。自然環境可以由人的意志來支配、擺弄、擺布。人的意志可以決定一切。這種思想片面誇大了人的作用及人的主觀意志的力量，認為一切客觀的地理環境條件都可以由人來創造、由人來塑造、由人來安排。在這種思想的指導下，中國「大躍進」時期，曾走過彎路；其表現是流行於當時的口號「人有多大膽，地有多高產」，「喝令三山五岳開道……要把山河大地重安排」。它蔑視地理環境本身生命的機理和客觀世界內在的規律，釀下苦果，其危害程度是十分嚴重的，教訓是非常深刻的。

這是環境虛無論，也是一種人類中心論，認為隨著科學技術的進步，人類對自然的征服能力必將達到無所不及的程度。人最終一定能擺脫自然界的束縛，用技術圈、智慧圈代替生物圈，將建築視作可以獨立於環境以外的為人控制的一個場所，人類會靠自身的力量，在各種環境下，使自己得以生存。

這種征服大自然，視環境虛無的思想是相當危險的，我們應該時刻記住這樣一個最簡單的事實——人也是一種動物，其生自大自然，滋補成長於大自然，人類每一行為無不受自然的無所不在的規律所左右，自然環境將永遠是人類生存和發展的基礎。

三、人、地協調論

這是一種整體、有機循環的人地思想。它在中國古代是傳統的地理思想。遠在周代，由於農業的飛速發展，已經注意到發展生產與保護、協調環境之間的關係。相傳西周初年，周文王就提出如果不愛惜自然資源，終有一天將「力盡而斃之」。自然環境會惡化、資源會枯絕。於是他提出「能協天地之勝，是以長久」，發展生產要與地理環境相協調。基於這種保護動植物資源是保護人類生存、社會發展的基本認識，周文王在鎬京召見太子發（後為周武王）諄諄告誡說：「嗚乎！吾身老矣。吾語汝，我所保與我所守，傳之子孫……山林非時不升斤斧，以成草木之長；川澤非時不入網罟，以成魚鱉之長；不卵不躇，以成鳥獸之長。畋獵唯時，不殺童羊，不夭胎，童牛不服，童馬不馳不鶩；澤不行害，土不失其宜，萬物不失其性，天下不失其時。」這種謹慎保護生物再生產能力的思想，就是人地關係協調的思想。他的遺囑中包含了保護自然生物繁衍的遠見卓識。他反對掠奪式開發，反對開發性破壞，提出在利用自然資源時，要按照自然規律來辦事，他還提出要根據不同地區的自然地理條件，分別種植樹木、藤本、竹子、蘆葦、水草等。他要求對自然資源合理利用，以圖取之不盡、用之不竭，達到自然環境與人類社會的協調發展。這作為「先王之法」對後世產生了深遠的影響。此後。《齊民要術》一書也提出「順天時，量地利，用力少而成功多，任情反道，勞而無獲」。

對人類影響最大的莫過於居住的生活環境，居住環境的好壞，對人類的體質和智力發展均有重大影響。風水學顯然非常注重這一點，例如《陽宅十書》說：「卜其兆宅者，卜其地之美惡也，地之美者，則神靈安，子孫昌盛，若培植其根而枝葉茂。……擇之不精，地之不吉，則必有水泉、螻蟻、地風之屬，以賊其內，使其形神不安，而子孫亦有死類絕滅之憂。」氣候的好壞，水土的美惡的確對人類各方面影響甚巨，如在缺乏某種人體所需元素的地方，就往往流行地方性疾病。據流行病資料表明，地方性甲狀腺腫與病區缺碘有關，克山病與病區缺硒有關，氟斑牙病是由於飲用含氟量過高的水引起的；又如某些微生物、寄生蟲在某些特殊的環境條件

下易於繁殖和傳播疾病，故在某些地區可以流行某些疾病，如流行出血熱則大多分布於湖泊、河灣、沼澤和易受淹澇的豐墾區，血吸蟲病則流行於江南的濕熱地區；而居住在陡崖和低窪之處，則會有滑坡岩崩和洪澇之害的威脅。反之，自然條件好的地方，則會促進人的發育以及改善生活生產條件，「子孫昌盛」自合情理之中。

　　良好的居住環境不僅有利於人類的身體健康，而且還為人們的大腦智力發育提供了條件。現代科學研究表明，良好的環境可使腦效率提高15～35%。譬如明代時的江南地區，繼承和發展了宋代的經濟繁榮，山明水秀的自然景觀，豐厚濕潤的水土氣候條件等，孕育了眾多的文人志士。明代的二百多名狀元、榜眼、探花三鼎甲，江南竟占50%以上，出現了「東南財賦地，江浙人文藪」的繁榮景象。這除了政治、經濟和文化等社會因素外，不能不與江南清秀的自然環境有關，用確切的俗語來說，那就是「物華天寶，人傑地靈」了。

　　隨著現代文明的飛速發展，在人類得其極大利益的同時，也帶來了一些新的環境破壞和污染問題，使人類居住環境質量下降。對森林綠地開發過度導致了水土流失；對土地的不斷蠶食濫用以及人口的失控，使不少發展中國家面臨饑荒；大量的工廠夜以繼日地向河流與空氣中排放大量的化學性污染物，城市「公害」日益加劇等等，對人類素質的不良影響正在深化。所以我們不得不重視環境問題，不得不總結歷史的經驗和教訓，以借鑒和發展科學的環境工程學，同時也要糾正人與自然關係的非正確觀念，重提風水學，環境生態問題就是原因之一。

　　此外，淵源於中國的東方文化生態是有關人們對自然環境選擇與規劃布局的概念系統。它通過人們選擇和建立吉利而和諧的環境來調節人類生態。中國傳統的人地關係機理追求的目標是人（類）和自然環境的平衡與和諧。選擇、保護這種和諧、協調的關係，就會給人們帶來吉利、昌盛和鴻運。反之，就會給人們帶來災難。人作用於地理環境，要因勢利導，使後來的、人為加工於客觀環境的地物與原先的環境達到新的平衡，這樣才能產生吉利的後果。

　　當前西方世界廣泛地興起了對中國傳統科學與文化研究的熱潮。這一科學潮流反映了當代科學的突變性，長足進步，迫切需要在更高階段上向整體、綜合性回歸。因此，研究中國古代「究天人之際」的地理思想體系，深入發掘中國古代人與自然關係機理的科學思想，具有打開未來科學之門的重要價值。它對於建立開放、複雜的地理系統，是有其現實意義的。

　　人地關係的三種理論如圖2-17所示（據尹弘基，有重大改變）。

　　自然與人等價值論，是一種伙伴論，認為在人與環境的關係上，要拋棄以人為中心的價值觀念，主張承認人類以外的它物自然體的價值權利，和人類相比同等重要，各有尊嚴，即主體與客體有同等的價值和權利。該觀點有不少可取之處，但太絕對化了，人畢竟還是主體，人類應努力尋求使自身的價值和自然的價值相一致的道路。

　　我們認為人類生存離不開自然的環境，自然的法則從來沒有為了人的利益而順從人的意志而失效或暫停，它是不依人的意志為轉移的。人的天性和非人的天性是從來沒有被征服過，如生物的晝夜節律就是不能改變的。當然，人不僅是生物的人，而且還是文化的人，他並不像微生物、植物和一般動物那樣僅靠改變自己的生理性狀消極地適應環境，還主要靠改善體外生態環境以保其生存，促其發展。問題是在於人類改善環境的活動中是否適度，正確的觀點是既不能拋棄自然，又不能屈服於自然，在人與自然這個複雜的矛盾中，去把握一種動態的平衡，不去把世界分為人和自然兩個部分，而是融為一體，人對自然的態度不是巧取豪奪，而是要參考社會生物學中的「宜適」策略(Evolutionarily stable strategy，意為進化上的穩定策略，縮寫ESS，故音譯「宜適」)，盡可能地利用自然規律和現象，使人類的生理和心理，使人類社會

得以正常的發展。這樣，我們就會「找出並開拓一條與大自然大而錯綜的秩序體系相一致的一種秩序。那麼，我們的生活可能開啟這偉大的自然力，我們的文化才可能具有方向，我們的形式建築，形式組織與形式次序才可能具有意義。我們才會再度明白這與自然道路協調的生命的豐富和和諧。」（《景園建築學》）取得與大自然不變法則較相一致的生活方式。

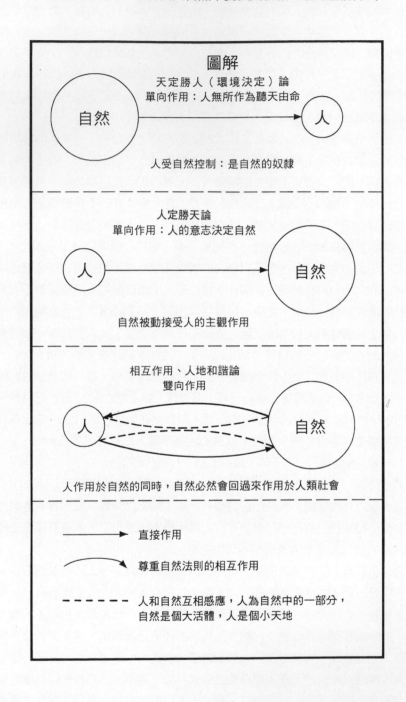

圖解

天定勝人（環境決定）論
單向作用：人無所作為聽天由命

自然 ⟶ 人

人受自然控制：是自然的奴隸

人定勝天論
單向作用：人的意志決定自然

人 ⟶ 自然

自然被動接受人的主觀作用

相互作用、人地和諧論
雙向作用

人 ⟷ 自然

人作用於自然的同時，自然必然會回過來作用於人類社會

⟶ 直接作用

⟶ 尊重自然法則的相互作用

- - - - - 人和自然互相感應，人為自然中的一部分，
自然是個大活體，人是個小天地

圖2-17　人地關係的三種理論

第三章　風水的基本原則

第一節　風水的前提

　　據尹弘基研究（何海燕譯），認為一部可能是最重要的風水書——《葬書》所載，風水的首要原則是得水，次為藏風。為什麼這些原則對風水如此重要？這些風水原則的意義究竟何在？為了解答這些問題，本章擬從哲學和風水實踐兩個不同角度對風水原則的性質問題作一探討。

一、風水思想的哲學基礎

　　風水思想以下列三個前提為立論基礎：

　　(1)某地比其他地方更適合營建城市、村落和房屋。

　　(2)只有按照風水原則詳細勘查本地的地形地物，才能找到吉祥寶地。

　　(3)風水寶地一旦據為己有，住在此地之人或後代就會因此得到吉氣的蔭護福佑。

　　如果從事風水行業的人不接受上述前提，那麼風水術將毫無意義可言。因此，幾乎所有風水書都有涉及到以上問題的專門討論。這些帶有玄學味道的討論通常是在闡發陰陽五行觀的基礎上展開的。

　　現在讓我們探詢一下風水先生是怎樣回答上述問題的（以下再討論實際風水原則）。討論內容主要以《葬書》及在世風水先生的言論為主。下文即為《葬書》及現代有關風水哲學基礎的論述。

　　(1)為什麼一個地方比其他地方更吉祥？

　　為什麼某些地方吉祥，而另外一些地方凶邪？這是因為某地得生氣。生氣意味什麼？它與某地吉祥與否有什麼關係？為了搜尋這些問題的答案，我們在《葬書》中發現下列論述：

　　夫陰陽之氣噫為風，升為雲，鬥為雷，降為雨，行乎地中而為生氣。

　　生氣是陰陽二氣輪迴周期中的一個環節，陰陽之氣運行不息，不斷變化成諸如風、雲、雷、雨及生氣等表象。

　　《葬書》將生氣的功能闡明為：「五氣（五氣即五行之氣）行乎地中，發而生乎萬物。」《葬書》的這條原則為運行地下的生氣滋養著萬千生物，人類可通過將吉祥的環境在生氣所聚止的地方或於此營宅居住來利用生氣。但不管怎樣，生氣在地下並非無處不在，它只聚集在那些符合風水要求的地方。

　　(2)一個人為什麼能以及怎樣才能獲取生氣？

風水先生對子孫後代能得到其吉地的蔭護這個問題會怎麼來解釋呢？《葬書》中有如下幾處涉及此類問題的論述：

> 葬者乘生氣也……蓋生者氣之聚，凝結者成骨，死而獨留。故葬者，反氣入骨，以蔭所生之法也。

因此，顯然地下生氣與生息於其間的人們的中介就是吉地。風水先生推論人生息於生氣聚止之處時，能福佑後代。《葬書》以一種玄學的方式對此解釋道：

> 人受體於父母，本骸得氣，遺體受蔭。經曰：氣感而應，鬼福及人。是以銅山西崩，靈鐘東應，木華於春，栗芽於室。

如上所述，可見父母是子女的根本（根），好比是一棵枝葉繁茂的大樹根或主幹。如果父母或祖先的環境為生氣所充溢，那麼餘枝（後代）就會得到生氣的蔭護。

上述說法卻解釋不了吉祥是以何種機制傳遞給子孫後代的這一問題。這種機制很難說得清楚。關於人怎樣吸取生氣也只有些神秘莫測的論斷。《葬書》解釋這種感應現象類似於銅礦山與靈鐘或春天開花的樹木與屋裡發芽的栗子之間的感應關係，《葬書》的哲學基點之一為「生氣由本而達枝」。因為風痹書中沒有有關生氣運行機制的討論內容。僅憑直覺的觀察，僅憑信仰而非可描述的原則就毫不懷疑地接受了這種吉祥可傳遞給後代的觀點。

二、風水先生的山水觀

山脈和水系的結構原理與植物的一致無二。植物有根、莖、枝、葉和花，山體也有這些可與之相比擬的組成部分。正如植物的所有組織結構都與果實的生長緊密相連那樣，山脈和水系的所有組成部分也類似地構建了一個能產生風水寶地的山水系統。風水先生的任務就是去尋找山裡的風水寶地。因此，一個優秀的風水先生在野外應該能分辨出山體的哪部分相當於植物的根、莖及花。為了更透徹地理解風水先生對山水的看法，茲轉載一段張龍得的《明堂論》。

> 我們把山脈和水系的形狀比作是一棵甜瓜藤。首先，讓我們來說一說山脈。山脈的主峰類似於甜瓜卷鬚的根。山脈的根（祖宗山），即從植物根上生發出來的主幹，就像是從側面屏衛主峰的主要山脈；主幹上的枝枝杈杈好似一條山脈主峰周圍大大小小的山峰；枝杈上繁茂的葉片又好比山峰間的盆地和小平原。

在上述引文中，作者把某種地形當作是脈管中流動著生氣的生物活體來看待。因此，我們可以得出結論，對風水先生來說，山脈外形反映了山脈的性質，就像植物外貌反映植物性質一樣不言而喻。

三、有關山的風水原則

風水三要素（山、水及方位）決定某地的吉凶性質，而山一直被認為是其中最重要的因素。儘管《葬書》及一些其他風水書一致認為水比山更為重要，但山比其他任何因素都更能吸引風水先生的注意力，因為水道的特徵總的說來還是視山的形狀而定。

下面討論一下山對風水先生如何重要以及他們是怎樣理解山的。風水中山的兩項重要功用為：

1. 向吉祥地傳遞生氣。2. 藏風（聚氣）。生氣的傳遞完全依賴於位於主山位置的山脈形狀。風水先生普遍把這種山稱為「龍」。至於是否藏風，得由環繞吉地的四座山峰的位置和形貌來定，這四座山人稱「四神砂」。

至於何時能得到一地的福佑這個問題，則是由風水景觀各要素的規模、美醜及諧調程度而非風水景觀類型本身所決定的，這是風水的一條基本概念，這麼說沒有錯。

單個的山峰、風水景觀的其他組成部分以及一個地區的整個地理環境也常被人格化。風水先生憑直覺給它們分別冠以生物或非生物名稱。例如，若某山形如毛筆，則稱其為「文筆峰」；若山形高大聳拔，則名之為「神仙體」。另舉幾例如下：

仙女峰；臥牛山；伏虎山；駱駝山；金帶山；玉軸山；金筒山；金箱山等等。

這些典型風水術語可用來描述擬人化風水景觀的單體或組成部分的形象，如主山、安山等。由這些單體山峰所顯示出的風水效應情況很大程度上要視其與周圍山脈水道的諧調關係而定，風水效應的種類還由一定類型的山脈特徵所決定，例如：「文筆峰」型的吉祥山脈主出學者文人。

總之，我們可以說把某地自然景觀作為生物或非生物功能體系來感知是風水對自然的一種基本態度。

四、風水景觀的類型

風水要素，如主山、青龍、白虎、朱雀、祖宗山等等，創造了很多種生物和非生物形象。例如，環繞風水穴的山脈、水系可構成行舟形或金雞抱卵形象。所有重要的風水景觀都被擬人化了。「風水景觀」一詞此處就是用來表示這種擬人化的景觀的。因此，可將其定義為由環繞風水穴的地形地物所構成的吉祥地的擬人景觀。

構成一種物象的景觀應與其環境相協調。例如，若有牛，就應有草料；若有位將軍，就應配有士卒。如果風水物中缺少什麼東西，人們就會想方設法去彌縫補缺，並常弄些人造物來完善風水景觀的協調性。另一方面，如果風水景觀極為協調，人們就會加倍小心不去破壞擾亂它。

風水師用一定的生物或非生物名稱為景觀命名，具體情況得看他們是怎麼來領悟當地景觀的。有無數多種可用於景觀的名稱。他列舉了幾例鳥、動物、植物及非生命人造物名稱。我在野外旅行中，採錄到一些頗為流行的擬人化風水景觀名稱：飛鶯顧羽形、臥牛形、金雞抱卵形、駕鶴登空形、黃龍到江形、雁陣形、玉女散髮形、梅花落地形、伏雉形、蜈蚣入地形、白鼇上天形、金鳥啄屍形、飛鳳抱卵形、仙人舞袖形、飛龍上天形、伏虎形、平沙落雁形、雲中初月形、老鼠下田形、將軍對座形、飛鳳歸巢形、玉女彈琴形、水中舟形、鼇頭形、行舟形、飛龍登天形、渴龍飲水形、蓮花浮水形、金盤玉杯形、飛龍弄珠形、青鶴抱卵形等。除以上較具代表性的名稱之外，還有相當多的風水景觀名。村山智順共列舉了一七九種。這些都是頗為流行的一些風水景觀類型。

正如《山家要覽》所述（上文所引用的一本風水手冊），有些人確信某種風水景觀能產生某種吉凶效應。某縣農村一位姓張的風水先生說風水景觀類型不太緊要，它們在風水效應方面或多或少都有共同之處。效應的種類及應驗的時間完全取決於風水景觀中所有要素的規模、美醜及協調程度。這句話意味一個地方的「臥牛形」風水景觀不一定必得和另一個地方的「臥牛形」風水景觀同時顯示出同種效應。由於風水要素的規模大小、美醜善惡不同，一種景觀可能比另外一種較早地顯示出更吉利的效驗。而且，甚至不同種類的風水景觀，如「臥牛形」和「飛鳳

形」，竟能差前差後產生相似的吉凶效應。顯然張先生的解釋是對的，我們細查一下所謂「各種風水景觀所預示的吉凶效驗」，就會發現它們多少都與家庭的繁榮興旺有關，特別是與財富和社會地位兩項有關。

第二節　尚廓等論風水格局與生態環境

一、風水格局

據尹弘基、尚廓等研究，風水是我國傳統的村鎮城市選址和規劃設計的理論，是東方傳統的環境科學。

負陰抱陽，背山面水是風水論中基地選址的基本格局。至於建築的空間構成，則採用封閉型，注意取得人和自然的諧和關係，使自然山川和建築、綠化的景觀取得優美的背景、烘襯、層次、輪廓以及借景、對景諸效果。風水理論受到了中國儒、道、釋諸家哲學和美學的影響，是我國傳統文化的產物。它的實質不外是在選址方面對地質、地文、水文、日照、風向、氣候、氣象、景觀等一系列自然地理環境因素，做出或優或劣的評價和選擇的準繩，以及所需要採取的相應的規劃設計措施，從而達到趨吉避凶納福的目的，創造適於長期居住的良好環境。一個居住地點的形成發展與興衰，是由地理、經濟、政治、文化、歷史等多種因素所影響、所決定，自有其客觀規律，自有其氣運循環變化的規律。此外，它還是中國傳統宇宙觀、自然觀、環境觀、審美觀的一種反映。所有這些，對傳統住宅、村鎮、城市的選址及規劃設計都產生了一定的影響並起到正面的作用。它將自然生態環境、人為環境及景觀的視覺環境等做了統一的考慮。可以認為，「風水」是中國古代即已產生的一種環境設計理論和東方的環境科學。

清人王褘《青岩叢錄》謂風水又稱地理，以「形勢宗」最盛，「大江南北，無不遵之」，「其為說，主於形勢，原其所起，即其所止，以定位向，專注龍、穴、砂、水之相配，其他拘忌，在所不論。」所謂形勢，即山川地理形勢。而龍砂水穴，分述詳後，蓋如《管氏地理指蒙》說，乃以「山川之情性不一，……位置各殊，因形立名，顧名思義，貴夫近理」，俾能「相江山而擇吉，曉人有法」，是致用於分析地理環境構成的實用方法，並由此衍生的專門術語。

負陰抱陽，背山面水，這是風水觀念中宅、村、城鎮基址選擇的基本原則和基本格局。

所謂負陰抱陽，即基址後面有主峰來龍山，左右有次峰或岡阜的左輔右弼山，山上要保持豐茂的植被；前面有月牙形的池塘（宅、村的情況下）或彎曲的水流（村鎮、城市）；水的對面還有一個對景山案山；軸線方向最好是坐北朝南。但只要符合這套格局，軸線是其他方向有時也是可以的。基址正好處於這個山水環抱的中央，地勢平坦而具有一定的坡度。像這樣，就形成了一個背山面水基址的基本格局。具體來說，理想的風水格局應具備以下的地形山勢，其各個山名及相應位置如圖 3-1 所示。

二、風水思想的山水結構形局

看來，風水選擇建築環境的方法，不外對於地形地貌、水源水質、氣候環境、土質情況、植被綠化和景觀氛圍進行綜合的考慮，再加上社會方面的政治、文化、經濟、軍事等因素而裁定，對於其中的讖諱之說，其中的道理，有的尚不可知，並不佔選址的主流。藏風聚氣的山水組合如圖 3-2 所示。

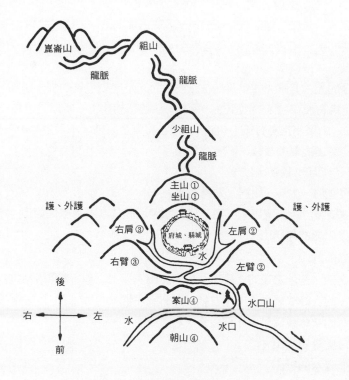

右 ←→ 左

前

圖 3-1　理想風水格局
①玄武，後山，後辰，背山，樂山，枕山　②青龍，左
翼，左輔　③白虎，右翼，右弼　④朱雀，賓山，前山

堪輿家選擇吉地的一般次序是「先看水口，次看野勢，次看山形，次看土色，次看水理，次看朝山朝水」六項。具體做法與各家理論略有不同，但在地理書中一般都提到察看地理的五個要素：龍、穴、砂、水、向。這便是風水形勢派所提倡的「地理五訣」，訣即竅門或方法，所以地理五訣中每一項都有一套選擇的方法，其分別稱為龍法、穴法、砂法、水法、向法，又稱為覓龍、察砂、觀水、點穴、擇向。我們結合風水的地理五訣和現代建築環境選址等，逐項進行科學分析，探討風水學的古為今用和今日的立場。

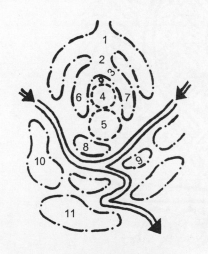

圖 3-2　藏風聚氣的山水組合
1.龍脈祖山　2.主山　3.穴　4.小明堂　5.大明堂　6.右白虎
7.左青龍　8.近案　9.砂　10.羅城　11.朝山

三、風水要素

先哲研究風水，曾提出「玄空造化場」的概念，其風水要素如下：氣、氣流、光、水、方位、人體場。

氣。這個氣不同於空氣之氣。近年來，射電天文學家研究結果提示，它屬於宇宙創生時宇宙背景微波輻射，也包括星體的電磁輻射。這是風水學中最基本而又最神秘的內容，以往是個空白，今天，是科學揭開了風水的神秘面紗。

氣流。空氣、氧氣、氣流。空氣流動而成風。「氣遇風則散」，這裡的風指強風、烈風、大風、冷風，中醫稱邪風。所謂「風為送氣之媒」，此處所指則為微風、和風、暖風。因而風水學強調要避開強風，求得微風。

光。主要是太陽的光。其實光的本質是電磁波，而光是肉眼可見的那一小部分電磁波（俗稱七色光）。由於光具有波和粒子的兩重性，所謂「波粒二相性」，所以光也是一顆顆的粒子。

水。風水定律：「山環水抱必有氣」，何以水抱必有氣？原來，水最容易吸收微波。「氣」遇水則界，水收攏了宇宙之氣的緣故。

方位。即易經八卦四正四隅八個方位。

人體場。因人的性別、生長、祖居、運勢而異。

據北京市旅遊建築設計所尚廓研究，宅、村、城選址的基本風水格局如下：

1. 祖山：基址背後山脈的起始山。
2. 少祖山：祖山之前的山。
3. 主山：少祖山之前、基址之後的主峰，又稱來龍山；以上三項，體現風水的「山主貴」。
4. 青龍：基址之左的次峰或岡阜，亦稱左輔、左肩或左臂。
5. 白虎：基址之右的次峰或岡阜，亦稱右弼、右肩或右臂。
6. 護山：青龍及白虎外側的山。
7. 案山：基址之前隔水的近山。

1.風水穴　　9.外水口
2.寶場　　10.主峰
3.斜坡　　11.靠山
4.內青龍　12.近龍
5.外青龍　13.向山
6.內白虎　14.塔
7.外白虎　15.八首
8.內水口

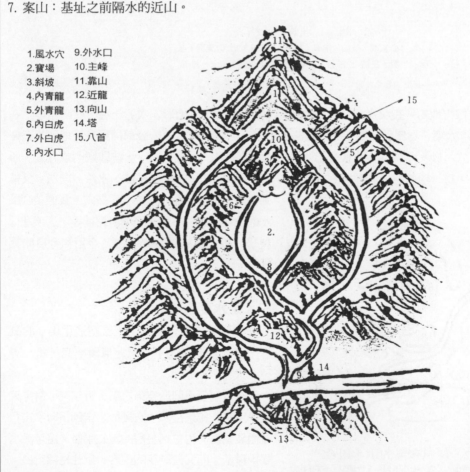

圖3-3 風水吉祥地的山水結構圖

8. 朝山：基址之前隔水及案山的遠山；山的左、右環抱，使其內聚氣、安全。

9. 水口山：水流去處的左右兩山，隔水成對峙狀，往往處於村鎮的入口，一般成對地稱為獅山、象山或龜山、蛇山；「水主財」，匯水聚氣之地，為佳局。

10. 龍脈：連接祖山、少祖山及主山的脈絡山。

11. 龍穴：即基址的最佳選點，在主山之前，山水環抱之中央，被認為是萬物精華的「氣」的凝結點，故為最適於居住的福地。

　　不難想像，具備這樣條件的一種自然環境和這種較為封閉的空間是很有利於形成良好的生態和良好的局部小氣候的（圖3-3）。我們都知道，背山可以屏擋冬日北來寒流；面水可以迎接夏日南來涼風；朝陽可以爭取良好日照；近水可以取得方便的水運交通及生活、灌溉用水，且可適於水中養殖；緩坡可以避免淹澇之穴；植被可以保持水土，調整小氣候，果林或經濟林還可取得經濟效益和部分的燃料能源。總之，好的基址容易在農、林、牧、副、漁的多種經營中形成良性的生態循環，自然也就變成一塊吉祥福地了。

四、風水格局的空間構成

　　中國人自古以來在選擇及組織居住環境方面就有採用封閉空間的傳統，為了加強封閉性，還往往採取多重封閉的辦法。如四合院宅就是一個圍合的封閉空間；多進庭院住宅又加強了封閉的層次。里坊又用圍牆把許多庭院住宅封閉起來。作為城市也是一樣，從城市中央的衙署院（或都城的宮城）到內城再到廓城，也是環環相套的多重封閉空間。而村鎮或城市的外圍，按照風水格局，基址後方是以主山為屏障，山勢向左右延伸到青龍白虎山，成左右肩臂環抱之勢，遂將後方及左右方圍合；基址前方有案山遮擋，連同左右餘脈，亦將前方封閉，剩下水流的缺口，又有水口山把守，這就形成了第一道封閉圈。如果在這道圈外還有主山後的少祖山及祖山，青龍、白虎山之側的護山，案山之外的朝山，這就形成了第二道封閉圈。可以說，風水格局是在封閉的人為建築環境之外的又一層天然的封閉環境。

五、風水與景觀

　　風水學說雖然是按照「氣」、「陰陽」、「四靈」、「五行」、「八卦」等風水學說來考慮的，但出於「天人合一」、「天人感應」的中國古代哲學思想，認為人與自然應取得一種和諧的關係。所以，追求一種優美的、賞心悅目的自然和人為環境的思想始終包含在風水的觀念之中。居住環境不僅要有良好的自然生態，也要有良好的自然景觀和人為景觀。按照上述理想的風水選址，常包含以下的景觀因素：

（1）以主山、少祖山、祖山為基址的背景和襯托，使山外有山，重巒疊嶂，形成多層次的立體輪廓線，增加了風景的深度感和距離感。

（2）以河流、水池為基址的前景，形成開闊平遠的視野。而隔水回望，有生動的波光水影，造成絢麗的畫面。

 三峰形：常名三尖山、三台山、筆架山、三峰山

 雙峰形：常名天馬山、馬鞍山

 單峰形：常名華蓋山、金星山、寶鼎山

 單尖形：常名文筆山、錫帽山、琅琊山、文峰

 扁平形：常名玉几山

圖3-4　對景山─朝山或案山的常見選擇

(3)以案山、朝山為基址的對景、借景，形成基址前方遠景的構圖中心，使視線有所歸宿。兩重山巒，亦起到豐富風景層次感和深度感的作用。

(4)以水口山為障景、為屏擋，使基址內外有所隔離，形成空間對比，使入基址後有豁然開朗、別有洞天的景觀效果。

(5)作為風水地形之補充的人工風水建築物如寶塔、樓閣、牌坊、橋樑等常以環境的標誌物、控制點、視線焦點、構圖中心、觀賞對象或觀賞點的姿態出現，均具有易識別性和觀賞性。如南

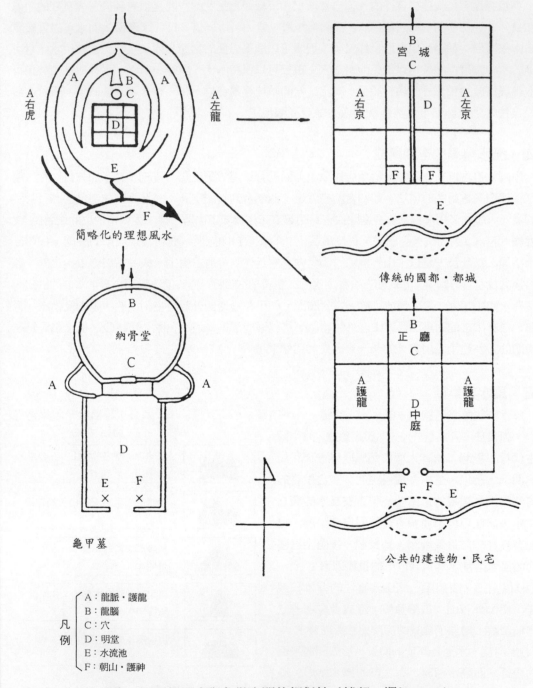

簡略化的理想風水

納骨堂

龜甲墓

傳統的國都‧都城

公共的建造物‧民宅

凡例
A：龍脈‧護龍
B：龍腦
C：穴
D：明堂
E：水流池
F：朝山‧護神

圖 3-5　理想風水與象徵空間的相似性（據郭‧崛込 1980）

昌的滕王閣選點在「襟三江而帶五湖」的臨江要害之地，武漢的黃鶴樓、杭州的六合塔等，也都是選點在「指點江山」的造景與賞景的最佳位置，均說明風水物的設置與景觀設計是統一考慮的。

(6)多植林木，多植花果樹，保護山上及平地上的風水林，保護村頭古樹大樹，形成鬱鬱蔥蔥的綠化地帶和植被，不僅可以保持水土，調節溫濕度，造成良好的小氣候，而且可以形成鳥語花香、優美動人、風景如畫的自然環境。

(7)當山形水勢有缺陷時，為了「化凶為吉」，通過修景、造景、添景等辦法來達到風景畫面的完整協調；有時用調整建築出入口的朝向、街道平面的軸線方向等辦法來避開不愉快的景觀或前景，以期獲得視覺及心理上的平衡，這是消極的辦法。積極的辦法，如改變溪水河流的局部走向；改造地形；山上建風水塔；水上建風水橋；水中建風水墩等一類的措施，名為鎮妖壓邪，實際上都與修補風景缺陷及造景有關。

依照風水觀念所構成的景觀，常具有以下的特點：

(1)圍合封閉的景觀：群山環繞，自有洞天，形成遠離人寰的世外桃源。這與中國道家的回歸自然，佛家的出世哲學，陶淵明式的桃花源社會理想和其美學觀點，以及安全、內聚的思想都有密切的聯繫。

(2)中軸對稱的景觀：以主山──基址──案山──朝山為縱軸；以左肩右臂的青龍、白虎山為兩翼；以河流為橫軸，形成左右對稱的風景格局或非絕對對稱的均衡格局。這又與中國儒家的中庸之道及對稱平衡觀念有一定的聯繫。

(3)富於層次感的景觀：主山後的少祖山及祖山；案山外之朝山；左肩右臂的青龍、白虎山之外的護山，均構成重巒疊嶂的風景層次，富有深度感。這種風水格局的追求，在景觀上正符合中國傳統繪畫理論在山水畫構圖技法上所提的「平遠、深遠、高遠」等風景意境和鳥瞰透視的畫面效果。

(4)富於曲線美、動態美的景觀：筆架式起伏的山，金帶式彎曲的水，均富有柔媚的曲折蜿蜒動態之美，打破了對稱構圖的嚴肅性，使風景畫面更加流暢、生動、活潑。

綜上所述，透過風水玄學的幃幕，我們可以看到，實質上作為一種環境設計的風水術，在創造美好的居住環境方面，不僅十分注意與居住生活有密切關係的生態環境質量問題，也同樣重視與視覺藝術有密切關係的景觀質量問題。在這種環境設計中，景觀設計，功能與審美是不可分離的統一體。我們還可以看到，中國的風水觀念實所受到中國傳統的儒、道、釋諸家哲學以及中國傳統美學思想的深刻影響，是綜合了中國文化的產物。

以上尚廓的研究與分析，深得中國古代風水術與環境美學的奧秘，是應當學習和推廣的。

六、山環水抱必有氣

張惠民等研究認為，「山環水抱必有氣」、「山環水抱必有大發者」就是重要的定律，而且是在優選住址時首當其衝的重要規律。這已被古今中外的都市鄉鎮選址和名人故居所證實，無可爭辯。

因為氣的特點是「遇風則散，界水則止」，所以山環水抱可以保存、收攬宇宙之氣。這樣的解釋和理解只是樸素的，如欲登科學大雅之堂，就得把氣昇華為微波的層次來理解。微波近似光波，在空間沿直線傳播，當照到物體或人體時，也具有光波的反射、透射和繞射等表現。像微波或雷達一樣，地球上的動植物要想較多地接收宇宙之氣，也得具備一個微波天線。什麼樣

的接收器較好呢？仿生學告訴我們，一個鐵鍋狀、喇叭狀的天線最好。當然，達不到大鐵鍋或喇叭那樣完美程度，但只要有一定弧度、一定環狀，也將就了。

人類選擇好的氣場——山環水抱，或許也是一種不自覺的「仿生」。如果我們仔細觀察一番生機盎然的大自然，就會發現形形色色的植物也都長有圓形、喇叭狀的接收微波的天線。

植物的葉片，大多數是勺形，往往還向上翹，而且它們與整個植株構成一個面向太空的環狀。蓮花之王——王蓮的葉子狀如大澡盆，是個完整無缺的綠色微波天線。

再看花朵，它們大多是由湯匙狀的花瓣拼成喇叭狀，有的甚至乾脆就是個完整的喇叭狀，牽牛花最典型，「喇叭花」由此而得名。

眾所周知，植物的葉子和花朵的功能是光合作用。但若站在中國傳統文化的大宇宙觀點來看，它們之所以不是扁平的而是勺狀的，則是為了接收更多的宇宙之氣——微波。風水寶地聚氣之地也以這種形狀為佳。山環水抱，以投身一個天然的較強氣場，或者以土石建築仿造一個山環。山環，是接收宇宙之氣——微波的介質天線，而「水抱」也大量收集微波。因為研究發現，水是一種易於吸收微波能量的「極性分子」。這就是對「山環水抱必有氣」的科學理解。

山環水抱是蓄氣場，必是環狀的。山環的方向，很有學問。《內經》中的「九宮八風」（圖3-6）則是理論依據，西面需要有山，擋住西面的「剛風」。同理，西北應有山擋住「折風」；北面應有山擋住「大剛風」；東北應有山擋住「凶風」。這樣一來，恰是風水學提倡的半圓形環山。

古代中國人認為，宇宙是山「氣」生成的。《管子·樞言》說：「道之在天者，日也；其在人者，心也。故曰：有氣則生，無氣則死，生者以其氣。」認為人活氣行，人死氣絕，世上萬物都是氣的生化結果，天上的星辰，地上的五穀和人的福壽夭禍均與氣有極大的關係。堪輿術的理論正是以闡釋「生氣」而架構的，所以古人安居必擇「生氣」旺盛的「藏風聚氣」之地。堪輿家認為，「氣乘風則散，界水則止」（郭璞《葬經》）；清人范宜賓進一步解釋說：「無水則風到氣散，有水則氣止而風無，故風水二字為地學之最重。而其中以得水之地為上等，以藏風之地為次等。」意思是近水且靠水背風，生機盎然的地方總是好的居處。堪輿家以相地中風與水這兩大要素概括這個理論，因而後世「風水」一詞便成了堪輿的代名詞。

風是古人最感興趣的現象，他們認為這是山林水泉之間精靈怪魅的活動，下面是莊子對於風聲的寫實：

子綦曰：「夫大塊噫氣，其名為風，是唯無作，作則萬竅怒號而獨不聞之翏翏乎？山林之畏佳，大木百圍之竅穴，似鼻，似口，似耳，似枅，似圈，似臼，似窪者，似污者，激者，謞者，叱者，吸者，叫者，宎者，咬者，前者唱于，而隨者唱喁，冷風則小和，飄風則大和，厲風則眾竅為虛，而獨不見之調調之刁刁乎！」

東南 巽 弱風 陰洛宮 立夏 四	南 離 大弱風 上天宮 夏至 九	西南 坤 謀風 玄委宮 立秋 二
震 嬰兒風 倉門宮 東 春分 三	中央 招搖宮 五	兌 剛風 倉果宮 西 秋分 七
八 艮 凶風 天留宮 立春 東北	一 坎 大剛風 葉蟄宮 冬至 北	六 乾 折風 新洛宮 立冬 西北

圖3-6 九宮八風

第三節　風水中「龍」的性質

　　在人們的心目中，想像的動物「龍」，天驕活潑，忽隱忽現，忽大忽小，下可潛藏深淵，上可飛騰雲間，興雲布雨，變化多端，成了人們崇拜的對象（圖3-7）。而山脈在形態上多方面與龍相似，故堪輿家將山脈比喻作龍，把山脈直呼作「龍脈」。如《管氏地理指蒙》所說：「指山為龍兮，象形勢之騰伏。」

一、龍的概念

　　風水中借龍的名稱來代表山脈的走向、起伏、轉折、變化。因為龍善變化。能大能小，能屈能伸，能隱能現，能飛能潛。山勢就像龍一樣變化多端，故以龍稱呼。

　　「龍」一詞普遍被風水術士用來指示山脈，它是風水的基本概念之一。為什麼把山指為「龍」呢？要想弄明白這個問題，首先得搞清楚龍的東方概念與西方不同。東、西方所謂的龍都是想像中的一種爬行類動物。東方龍比西方龍看起來更像一條蛇，渾身上下好像有一種神氣的威力。西方人認為龍是一種可怕的、討厭的想像中的動物。相反，東方人則把它視為一種有吸引力的、完美的、幻想中的生靈。簡單地說，西方人會想殺死一條龍，而東方人則會對之頂禮膜拜。人們對龍的這種心態可能就是為什麼風水術士總把吉祥的山脈理解為連綿起伏的龍體並且最終稱山為龍的原因。如果不是這樣，那麼風水術士至少曾試著將山脈的各種形態與盤折飛動的龍作一番比較。《人子須知》是一部非常流行的風水書，它告訴我們為什麼風水術士把山脈稱為「龍」：

　　地理家以山名龍何也，山之變態千形萬狀，或大或小，或起或伏，或逆或順，或隱或顯，支壠之體段不常，咫尺之轉移頓異，驗之於物，惟龍為然，故以名之。

　　很顯然不是所有的山脈都能稱作「龍」。《地理正宗》對此有明確說明，這本古舊的手抄風水書是在朝鮮一家舊書店裡找到的。

　　葬龍，不葬山，因為山是取水困難的地方，「山」有死氣。而「龍」是取水容易的地方。因此，在龍的某些地方能找到生氣。總之，葬龍，不葬山。

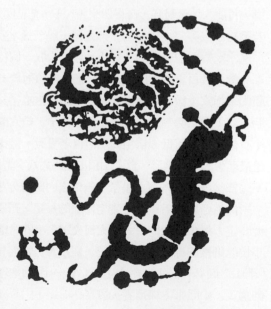

　　據楊文衡等研究，在我國，龍的傳說已有五六千年了。一九八七年十二月在河南濮陽市西水坡發現三組蚌塑龍，第一組為「龍虎墓」，龍在墓主人骨架右邊，長178厘米，左邊是虎。這條蚌塑龍是目前我國發現的最早的一條龍，距今六千多年。遼西牛河梁紅山文化遺址出土的玉雕豬龍，距今五千多年。山西襄汾淘寺墓地出土了四千五百年前的彩繪蟠龍紋陶盤。河南偃師二里頭夏文化遺址中出土了帶龍紋的陶片。古人對龍很崇拜，稱為神龍，又迷信龍會給人帶來吉祥，因

圖3-7　龍（漢代石刻）

此，風水家把它當作四靈之一。

風水家以中國的四條大河來劃分龍脈，叫做三大幹龍。長江以南為南龍，長江、黃河之間為中龍，黃河、鴨綠江之間為北龍。三大幹龍的起點為崑崙山。每條幹龍從起點到入海又按遠近大小分遠祖、老祖、少祖，越靠近起點越老，越靠近海邊越嫩。山老了無生氣，嫩山才有生氣，因此尋地當在少祖山尋，不要到遠祖、老祖山尋。風水家說：「搜嫩不搜老，葬飢不葬飽。乘嫩氣中和，葬老乘殺了。」(《地理考索》) 每條幹龍又分節，起一峰，過一峽，即為一節。為什麼要分節呢？因為節數的多少與吉福的長久有關。「節數多時富貴久，一代風光一節龍。」(《都天寶照經》) 這種說法顯然是風水迷信。

風水家又按山脈形態把龍分為進龍、退龍、福龍、病龍。進龍最好，「穴後相看節節高，猶如天馬下雲霄。子承於父孫承祖，世代居官掛紫袍。」(《堪輿漫興》) 退龍一般，「穴後一重低一重，此地須知是退龍，縱有穴情只一代，兒孫不久便貧窮」。福龍也不錯，「福龍賴有祖宗好，左右周圍輳集來，體勢縱非真正結，盤桓安靜亦堪裁。」病龍最差，「病龍慵懶不堪言，邊死邊生力欠完，鋤破崩殘同一斷，縱然成地亦孤寒」。這種說法當然也是迷信，不過從環境美惡會在人的心理上產生優劣影響來看，還是可以理解的，從人的心理來說，顯然希望環境優美，舒適悅目，因此不能籠統地否定它。

幹龍的祖山必是名山，地域大，跨州連郡，綿延千百里。幹龍脊脈，多為疆域界限，當它暫停過峽時，往往形成盆地。這些盆地是營建省會通衢的好地方。「千里為大郡，二三百里可為川，百里只堪為縣治，下此為鎮市。」(《地理簡明》) 這大體上合乎現代人的觀念。

幹龍之下又分支龍，地理術語稱作支脈，是從主脈延伸出去的。大幹龍以大江大河劃分，支龍則以小溪小澗劃分。得水處結穴，不及幹龍悠久，但仍是上等地。

平地也有龍脈，其標誌固然不如山地龍脈那麼明顯，但仍有蹤跡可尋。它的標誌是微地形和水流。「高一寸為山，低一寸為水，察其隱隱隆隆之脊，或直或曲，動輒數十里或數里，始有水分八字之峽，或有石骨徵露蹤跡，或有銀錠束氣之脈，若前面遇水界截，則審隨龍之水，及諸水聚處為明堂，以求穴向。其結穴處必然氣聚。」(《地學簡明》) 張子微云：「中原平地及湖鄉，行龍入地至難詳，尋得龍來無穴下，茫茫闊遠何相當。此名天平只看水，水繞彎環是穴中。若還捨水去尋穴，望望皆平無定蹤。龍若逢水穴方止，無水攔斷去不窮。」

風水家對與龍有關的各種小地形，均取一個特有名稱。如太祖山，指那些高大異常，跨州連郡，綿延數百里的大山或名山，最小亦須冠於一邑一方，高聳雲霄，天陰時有雲霧生山巔。少祖山，指穴後數節的大山，又叫主山，主星。父母山，指穴後一節的山。父母之下，落脈處為胎，其下束氣處為息。再起小山頭為孕，結穴處為育。這些名稱體現著地形上的尊卑有序，大小有倫。自高落低，自粗變細，自老變嫩。這樣的地形才有生氣融結，鍾靈毓秀，吉氣長存，是最理想的風水地形。自主山頂上分開大八字謂之開嶂或開面，大八字之內又分半大半小八字，不論條數多寡，均謂之護帶。護帶之內貼脈分小八字，謂之蟬翼。

對龍脈好壞的看法，是審定山脈的長遠，辨別山脈的大小興衰如何。其審辨的方法是「以水源為定，故大幹龍則以大江大河夾送，小幹龍則以大溪大澗夾送，大枝龍則以小溪小澗夾送，小枝龍則惟田源溝洫夾送而已。觀水源長短而枝幹大小見矣。」這是對《山經》、《禹貢》中「兩山之間必有一水，兩水之間必有一山」的地理現象規律總結的繼承而來。堪輿家認為，根深則葉茂。山脈來得綿遠者，發富亦綿遠，山脈來得短促者，發福亦短促。現代地質科學的研究成果告訴我們，一個山系的形成，要經過一個相當漫長的生長過程。山系越大，山脈越長，形

中
國
風
水
與
建
築
選
址

成的時間越長，其地質構造越穩定。宋代廖禹在《金精廖公秘授地學心法正傳》中說：「山系高聳宏大，由其根基盤踞，支持於下者厚重也。根腳之大，必是老硬石骨作體，非石不能勝其大。低小之山，必根枝（基）迫窄，土肉居多。」可見宋人已知高山由堅硬岩石所組成，低山多由土質所組成的地質現象。風水的「認宗」奧妙也大概如此吧，當然，古人很喜歡取象比類的直觀思維方法，「認宗」也許還反映了古人以婉轉長遠之「來龍」來類比子孫富貴之長遠的思想。

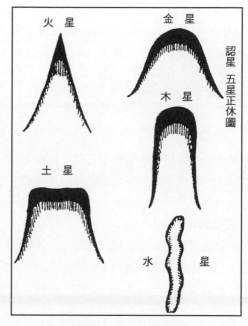

圖 3-8　五行山形

風水家還把山態按金、木、水、火、土五行，分為圓、直、曲、銳、方諸象，稱為「五星形體」，認為五種山形按五行相生排列而來便是「生龍」（圖3-8）。「生龍」也就是指山巒起伏，行止有致，生動美觀。五星咸備其實就是對變化豐富的山態的追求。此外，「生氣」還包含有「生態」良好的意思。認為「石為山之骨，土為山之肉，水為山之血脈，草木為山之皮毛」，充滿生氣的巒體應該是：「紫氣如蓋，蒼煙若浮，雲蒸靄靄，四時彌留；皮無崩蝕，色澤油油，草木繁茂，流泉甘冽，土香而膩，石潤而明。如是者，氣方鍾。」風水家總結歸納出了「台唇帳蓋」、「蘆鞭王字」、「飛龍入首」、「展翅飛蛾」、「金星寶蓋」等種種富貴格局。

風水術士可能是採用「龍」一詞來隱喻地描述山的形態及說明山裡神奇的生氣向風水穴的流動，以上推論為一位風水先生的「山形反映其中生氣特徵」的格言所證實。

在有關龍的分析中，《地理正宗》說道：「龍有支和壠兩個不同部分，葬在龍壠不如葬在龍支吉利；壠是龍身上（山）的骨頭，而支是龍身上的肉。因此，葬在龍骨頭（岩石）上不如葬在龍肉（土）裡吉利。」這段話意思為人骨能凝聚生氣而山骨（岩石）不能，因為生氣只能在土中運行，岩石不易將生氣傳給死者。

骨意為岩石或帶石的山。我們再來分析一下漢文「支」和「壠」的意思，可以這麼說，二者的差別就在於支是指從龍的主體上延伸下來的山脈或山丘上的一條連綿不斷的脊線，而壠不必是龍的支脈，可以是任何高出周圍地形的地方。因此，很明顯有土的山或者同時是龍肢的山丘是埋葬死者的吉穴。該觀點反映了《葬書》中的一條古老的風水原則，即「童山（寸草不生的石山）為凶山」。

二、龍的類型

按照風水標準龍可分為很多種類。分類是必要的工作，這樣可以使風水術士能從各個側面來描述基地的風水協調。為風水術士所論及的龍的種類如下：

1. 生龍和死龍

不是所有的龍都有資格提供墓地，只有生龍才行。生龍指那些奔騰翻滾、蜿蜒起伏、東遊西走、姿態萬千、形如矯龍的山脈。死龍則指那種僵直如尸、體態單調、形同死蛇的山脈。鑒別龍是死是活是風水術士的基本任務之一。

2. 主龍與支龍

　　根據它們的起源不同，所有的龍都可劃歸這兩種類型。主龍和支龍的主要區別為：前者是一個地區的最高山脈，它構成其他小山的支柱；而後者是主山的一條小支脈。據風水書所載：

> 崑崙山是天地的支柱。它位於世界寰宇之中，好像是人的脊柱或房屋的大梁。從此中心出發，四條支龍（四條山脈相當於動物的四肢）伸向世界四方，成為東西南北四部分。北支和西支就是高大的崆峒山，東支一直延伸到韓國，只有南支進入中國。

　　風水先生相信風水龍的中心就是崑崙山，由此起始四條主龍之一奔行至韓國，形成了韓國的祖宗山——白頭山。從白頭山起始，韓國的主龍一直向南延伸，產生了遍布韓國的大量次級支龍。

3. 陰龍和陽龍

　　如果龍（山脈）由起點向左運行，並按順時針方向盤旋（如始於主山的青龍山），則稱為陽龍。若與陽龍反方向運行（如始於主山的白虎山），即稱之為陰龍。陰陽二龍，不管怎樣，在運行時普遍微偏向左或右。因此，陰陽二龍中通常總有些細微的陰、陽因素。

4. 順逆龍

　　主龍某些部分或其支龍偶爾與主龍反方向運行，則稱其為逆龍。順龍自然是和主龍的運行方向一致。吉祥地通常位於順逆龍保持平衡狀態的地方，如果只有順龍，眾所周知山就無法把生氣聚到某一地方。

三、四神砂

　　如前面所言，龍（山）與植物類似。風水所說的龍是一種能把生氣傳送至風水穴的生物活體。風水穴通常位於支龍的尾部，就好像是樹枝上盛開的花朵。不管怎樣，只有在群山環抱，山給藏風穴旁有水，可貯生氣的地方才能找到風水穴。這些山通常是龍的一部分。風水術士相信他們是專為形成風水穴而生的。

　　在考察風水穴的特徵方面，環繞四周的群山極其重要；他們的形態和位置決定了風水中可利用的生氣數量，而且是吉祥地質量好壞的標誌。環繞風水穴的所有山體均聚結著生氣，風水上稱其為「砂」。砂（山峰）的不同部分名稱各異，例如，山頂為「砂頭」，半山腰為「砂體」，山麓為「砂肢」。

　　在所有環繞風水穴的山體中，所謂「四神砂」最為重要。它們分別為青龍、白虎、朱雀及玄武，並位於風水穴的四個不同方位。下文係《葬書》中有關「四神砂」的論述。

1. 玄武

　　玄武取象於盤結糾纏的龜蛇，指位於龍尾及風水穴結成處之山，又叫主山。據《葬書》所述，玄武應形如向風水穴垂頭，這才是吉玄武。……在其《葬書》注中寫到：垂頭意為山坡自主山峰漸漸而下，好像有接受死者安葬此處的意思。《葬書》認為如果玄武呈不向風水穴垂頭之狀，就是拒絕接受死者下葬。……將其解釋為：主山高昂，沒有伸向風水穴的平緩斜坡。這種主山被視為不肯容納死者屍體。因此，它不吉祥。

　　因為玄武是龍尾，所以生氣通過龍身到達風水穴所在的山。因此，山的形態與生氣的質量關係密切。風水術士建議山不僅要垂頭還要姿態端麗尊貴。這樣的一座山當之無愧為群山之首。

2. 朱雀

朱雀指位於穴前之山；取象於鳥。據《葬書》，朱雀山應形如翔舞才吉祥。翔舞意為穴前的山形俏麗秀拔，水勢和順宛轉。若山水形態如此，這種地形則被視為對穴有情。《葬書》曰朱雀不舞則為凶象。據說不舞之朱雀好像要飛騰出去。如書中所注，若朱雀無精打采地蹲坐穴前，水流順向流動，則凶。

因為這些山脈像是主山的賓客或臣屬，所以它們對風水穴應馴順朝揖。

朱雀位有兩座重要山峰，即安山和朝山。風水原則要求安山應小於朝山並更靠近風水穴。為了構築安山和朝山之間的風水協調，要求朝山比安山形態更為雍容尊貴，安山只不過是主山的日常需要。

3. 青龍

青龍指位於風水穴左側的山脈；取象於蜿蜒游動之龍。《葬書》曰吉青龍應山勢蜿蜒起伏，形欲抱穴。山勢形如環抱明堂，尾部彎向吉地。另外，青龍尾部應低於頭部，好像正欲潛入地下。蜿蜒前行，尾部內屈，回視風水穴。

反之，如果青龍尾部高昂，背穴外屈則凶。好像不願容納風水穴，懷有嫉妒主山之情。因此，有這種青龍山的地方不可能吉祥。

在某些實例中，幾條支龍自來龍或主山伸向青龍和白虎兩側，並環繞吉地好幾層。在這種情況下，從吉地向外的第一座青龍山叫內青龍，其他所有支龍則稱為外青龍。

青龍和白虎的主要任務是通過把吉地環繞起來以藏風（使外風不能吹進吉地）。因為藏風是衡量風水寶地的兩條重要原則之一，故青龍和白虎的形態深為風水術士所重視。在構築一塊風水寶地時，這兩種山與主山相比只起到附屬作用，主山是擔負著向風水穴輸送生氣任務的關鍵山脈。不管青龍或白虎的形態多麼優美吉祥，如果它們與主山毫無關聯，那麼因為缺乏生氣，這種地方也不會吉祥。

4. 白虎

白虎指位於穴右的山脈，取象於虎。據《葬書》，吉祥的白虎山一定要形如低頭馴順。《葬書》注將其釋為白虎應馴服得像一條受過良好訓練的狗，主人不必擔心挨咬。除此之外，白虎尾部應彎向地面，身體伏臥。意思是說白虎的尾部應低於虎體其他部位，而且其尾部還應像青龍的尾部那樣向內彎曲。如果白虎好像蹲在那準備隨時躍起來，這種地方不吉祥，因為這種虎好像要去銜取墓中的死屍。有關白虎的這條原則，風水先生內部對此意見分歧也很大。

四、山形的類型

因為在決定某地是否吉祥時，山的位置和形狀非常重要，所以相山術很發達。山脈分類系統對風水先生作好觀察山形工作可能是必不可少的。不管這種推測是否正確，風水中有些非常成熟的山脈分類系統。試舉例如下：

1. 按五行劃分的山脈分類法

山脈據其形態可劃分為五種類型（木、火、土、金、水）。有些人認為這五種類別可能是模仿木、金、土、火、水五星，而另外一些人則認為可能代表了五行的性質。《巒頭五星九星裁用訣》一書認為五行星也是五行。因此五行在天則為星象，於地即成山形。儘管這五種山形的原名不甚清楚，但無疑它們代表了木火土金水五行的性質。其形態如下：

(1)木山：山形圓滑聳拔，直刺天空。此形可能代表樹幹。

(2)火山：形如一團烈焰。因其酷似毛筆，通常稱這種山為文筆峰。

(3)土山：形如平坦的屋頂或中文「几」字。換一種說法，即為頂部平坦，山坡陡峭的突出體。

(4)金山：山形高大，頂部圓滑沒有尖棱銳角，形如地面上巨大的球體。

(5)水山：形如水波或活蛇。由很多起伏和緩的山丘連綴而成的山脈即屬於此類。

可見，從五行理論角度來理解山脈是進行風水評價的基本手段之一。這種分類法之所以重要，不僅因為某類山主某種吉兆，而且還因為一條山脈(龍)裡的山型組合必須遵循五行相生序列。例如，據說秀麗的火山即文筆峰主某地出學者文人，而木山主出高官顯貴。至於一條山脈裡的山峰類型組合，應據五行相生原則排列。不管一條龍裡的單個山峰多麼秀麗，如果其他部分排列紊亂，這種龍還是不吉利。按此原則，若龍始自南方火山，緊接其後應為土山、金山、水山及木山。這是按五行相生原則所排列的次序。如果龍脈照此序排列，人們會即刻得到福佑。不管怎樣，龍脈中排序適當的山峰仍必須姿態優美以便給人帶來好運。

按五行相生的反方向排序的山峰（如以木水金土火代替火土金水木）也是可以接受的，而且亦會給遠世後裔帶來好運。該序列不會即刻生效，只有居住幾代人之後才能現出吉兆。

如果龍（山脈）按五行相剋原則排列組織，則大凶而且會給人帶來各種災禍。例如，若金山後面緊接著火山、水山、土山及木山，這種山脈就是按五行相剋原則排列組合的。在這種情況下，不管單個山峰多麼聳拔端麗，整條山脈也不會被視為吉祥。即使山峰因其秀麗會給人們帶來一些好運，好運也不會長久。在鴻運相傳一兩代之前，它就會逐漸消失並最終背棄人們。因此，風水師特別強調按五行理論觀察山脈的重要性。

2. 把山脈劃分為九種的分類法

儘管山峰按五行理論可分成五種類型，但不是所有的山峰都是典型的五行類山。當風水師評估一座山的吉凶時，五分描述法可能顯得不太夠用。因此，我們用更具體的九分法來進一步對山峰形態分類，九分法專門處理五行類山的變形或變種的分類問題。據說通過並用九分和五分兩種山形分類法，對山脈的觀察就衡量其吉凶而言能進行得更充分。

這九種山如下所列：

(1)貪狼：木山的變形；

(2)巨門：土山的變形；

(3)祿存：土山的變形；

(4)廉貞：火山的變形；

(5)文曲：水山的變形；

(6)武曲：金山的變形；

(7)左輔：木山的變形；

(8)右弼：金山的變形（在某些圖中為水山）；

(9)破軍：金山的變形。

3. 按表現出的吉凶預兆來劃分的山脈分類法

漢城一位姓張的風水師將山峰劃分成兩組：吉山和凶山。照其說法，吉山即草木繁茂，禽獸出沒的山。草木稀疏、禽獸絕跡的山表示缺乏滋養萬物的生氣。據張先生所說，分辨山脈吉凶的簡便辦法是觀察其植被生長狀況。土壤肥沃，草深林密的山吉祥，而草木稀疏的石山則凶。張先生的分類法有其一定的合理因素：山上草木茂密表明此山土壤肥沃，水源充足，利於植物生長，而山上植被較差則正好相反。植被生長茂盛的地方自然比植被覆蓋較差的地方更有利於生物獲取生存必需品。毫無疑問，張先生的山脈分類法是以《葬書》為基礎的，《葬書》列出

如下五種不宜下葬的凶山：

(1)童山。童山指草木不生的禿山。《葬書》認為此種山不是安葬死者的吉地，因為五氣被中和了。

(2)斷山。因為生氣隨山脊而來，如果山脊斷續不相連，則生氣的運行就會受阻。因此，斷山不可葬。

(3)石山。因為生氣只能在土中運行，故石山不可葬。岩石是山的骨頭，而土壤是山的血肉。生氣因血肉而非骨頭運行。

(4)過山。吉地位於龍尾生氣聚止之處。如果山從墓地橫過竟去，那麼，因生氣穿過葬穴而不凝結聚止，故此地不吉。

(5)獨山。生氣聚結在眾龍交會之處（群山環繞的穴位），因此獨山不得生氣，不可葬。

以上為風水中劃分山脈類型的幾種主要方法。

簡而言之，在某地區的風水協調中山峰的性質是最重要的因素，這一點無可辯駁。山在風水中之所以重要不僅是因為它在通過藏風以貯聚吉祥方面起著主要作用，而且還因為山峰的形態反映了不同種類的預兆。據戚珩、范為研究，龍脈即山脈。如《管氏地理指蒙》：「指山為龍兮，像形勢之騰伏」；「借龍之全體，以喻夫山之形真」。山之綿延走向謂之脈，如《地理人子須知》：蓋取象「人身脈絡，氣血之所由運行」。今天衍義為窮究事物原委的成語「來龍去脈」，亦曾為風水家論說山脈起止形勢的專門術語。又有「尋龍捉脈」、「尋龍望勢」等語，則喻其相度地理形勢。論龍脈緣起，則以「祖宗父母」稱名。龍脈有分支，有大小長短，故謂「龍猶樹，有大幹，有小幹，有小幹，有小枝」。在意象上，「論及祖宗父母者，探本溯源之意也」，以「枝幹明而嫡庶分」，等等。

龍脈審辨之法，如《地理人子須知》：「以水源為定，故大幹龍則以大江大河夾送，小幹龍則以大溪大澗夾送，大枝龍則以小溪小澗夾送，小枝龍則惟田源溝洫夾送而已。觀水源長短而枝幹之大小見矣。」這實際上是續承《禹貢》、《山海經》、《考工記》等傳統觀念分析地理形勢，如《考工記》就指出：「凡天下之地勢，兩山之間，必有川焉，大川之上，必有塗焉」。惟因中國古代城市選址，「非於大山之下，必於廣川之上」，故風水家十分注重來龍去脈的研究。以長江、黃河兩大水系為界，風水家將中國的山系分為南、北、中三大幹龍，以論城市的地理分布。從中國古代三大經濟區的地理區劃，以及由此而形成的行政地理格局和城市格局看，風水理論這一看法是有一定道理的。以龍脈而論，閬中處於三大幹龍之中幹南麓，與中原一脈，而又近鄰南幹發脈處，這正是其歷來為巴蜀北部重要政治軍事中心的地理基礎。宋人唐庚《思政堂記》曾謂：「並嘉陵而南，至於大江，置守者七，而閬中最為名郡。……其山川形勢，郛廓道路，制度宏遠，隱然有大國之風。」綜觀閬中地理大勢，此說亦非虛語。

就各城市的山川格局而論，風水理論以龍脈的聚結，即山水的聚結來進行考察，有大中小三種「聚局」，「大聚為都會」，「中聚為大郡」，「小聚為鄉村、陽宅及富貴陰地」。以閬中而論，其為大郡、州邑，屬中聚局，為「千里山水大會」，正與其地處大巴山脈、劍門山脈與嘉陵江交會格局相合。前引莊學和《錦屏書院記》述此格局，正是風水理論這一意象的很好寫照。

龍脈的聚結處，為城市倚傍之山，從幹龍或支龍而來者，常稱「來龍」，或謂「主山」，亦稱「鎮山」，多聳兀城市北部或西北。來龍又以分枝布葉，橫向展開闊大，形成屏障之勢為佳，謂之「大帳」。來龍兩翼「分障包羅於外以成大局者」，謂之「羅城」。此外，論龍還講究山

峰或巒頭的形象，有「生龍」與「星峰」之說。星峰，實際是「山岳配天」、「山應天星」，以星辰譬喻分類，謂之「穴星」或「星體」。有「五星形體」之分，取五行說中金、木、水、火、土之圓、直、曲、銳、方諸象來模式化地評價山峰形象優劣。以五星說為正，又有變格之說，如「九星」等，乃守約該博，變通為用，以分析千態萬狀的峰巒形象。至於生龍，除指其山巒起伏，頓錯有致，生動美觀，並且峰巒形象夷演雍容，脫穎特達，端崇雄偉等等而外，尚注重其「生氣」即生態良好，有「石為山之骨，土為山之肉，水為山之血脈，草木為山之皮毛」的譬比，追求山或龍之體質「紫氣如蓋，蒼煙若浮，雲蒸靄靄，四時彌留；皮無崩蝕，色澤油油，草木繁茂，流泉甘列，土香而膩，石潤而明。如是者，氣方鍾而休。」

由上述風水之說，全可釋明古城閬中北依蟠龍山由大巴山系來脈聚結形成的環境意象。據縣志：「蟠龍山，為閬城之鎮山也，在縣治北三里，蜿蜒磅礴，橫闊十餘里，西至西岩，東至東岩，皆其旁支。」無疑，該山名為蟠龍，又稱鎮山，且地望上蟠龍左臂、右臂、盤龍爪諸名一應俱全，顯然出自傳統風水思想。以今日《閬中地理志》來考察，在閬中地理格局上，蟠龍山系對城市環境影響最大，它與同時來脈於大巴山脈的方山山系和龍山山系，共同形成了城市北部的層次深遠而高大雄偉的天然屏障，阻擋著北部的寒風，迎納著南部的陽光和暖濕氣流，形成了良好小氣候。而在景觀上，主山襯托著城市，以其秀峰層集，景象深遠，氣勢磅礴，端崇尊貴，林木蔥鬱，霞披雲錦，陽光返照，四時不同，光色變幻，多彩多姿，使城市北部天際遠景有悅目的收束，美不勝收。從「仁者樂山」的傳統審美理想來觀照，古人得以由此展開豐富想像，乃或賦其以靈性，象徵城市運命；乃或築以觀星台，與天地共吐納，窮究天地奧秘於其上，以祈達於「天人合一」的至善境界。凡此可見，風水意象在審美方面，其諸多講究，是頗有價值的，這在後面還會更多地看到。至於風水說中禁伐主山林木，禁鑿龍脈，倡導植樹以護「生氣」，等等，不必在此贅述，僅就閬中蟠龍山對城市環境在生態與景觀上的巨大價值而言，不能不說風水理論的這些主張是合情合理的。

地脈之行止起伏謂之龍。那麼，龍的具體表徵是什麼呢？古人認為龍即是山之走向，土是龍的肉，石是龍的骨，草是龍的毛，這幾條都是覓龍的關鍵。要尋得好「龍」，首先必須注意以下幾點：

1. 找到「祖宗父母」，審氣脈、別生氣、分陰陽

這裡「祖宗父母」是指山脈的出處，即群山的起源之處。父母山即是山脈的入口處。大致先

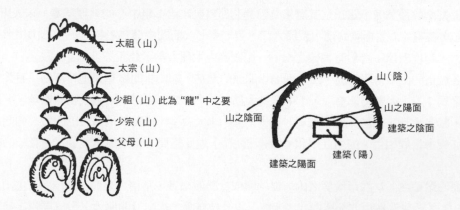

圖 3-9 山巒與建築的「負陰抱陽」關係示意圖

看看山脈是否曲屈起伏，再細觀山的分脊、合脊處是否有輪有暈，起伏有暈則脈有生氣，一般比較吉利，否則則顯凶象。分陰陽即是考察山脈的向背，一般來講，山之南為陽，山之北為陰。而作為住宅，以正面為陽，背面為陰，建築宜於以山之陽對宅之陰，這樣能夠復得陽氣，抗御邪氣。這便決定了中國古建築多半建於山南的基本模式。我們可以通過圖3-9來看看風水和山巒建築的基本選擇情況。

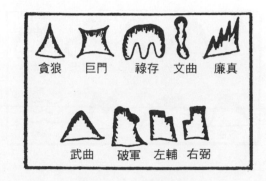

圖 3-10　　"形"與"勢"示意圖

2. 觀勢喝形，定吉凶衰旺

「形」與「勢」在中國古代有多種說法，一般地說，勢指一種總體景觀的寫意境頭，而形則指個體形狀的寫實景象（圖3-10）。在風水中，觀勢由如下方法而來，即「尋龍先分九勢說」：

回龍——形勢蟠迎朝宗顧祖，如舐尾之龍回頭之處；

出洋龍——形勢特達發跡蜿蜒，如出林之獸過海之船；

降龍——形勢聳秀峭峻高危，如入朝大將勒馬開旗；

生龍——形勢拱輔支節楞層，如娛蚣槎爪玉帶瓜藤；

飛龍——形勢翔集奮迅悠揚，如雁騰鷹舉兩翼開張鳳舞鸞翔雙翅拱抱；

臥龍——形勢蹲踞安穩停蓄，如虎屯象駐牛眠犀伏；

隱龍——形勢磅礡脈理淹延，如浮排仙掌展誥鋪氈；

騰龍——形勢高遠峻險特寬，如仰天壺井盛露金盤；

領群龍——形勢依隨稠眾環合，如走鹿驅羊游魚飛鴿；

此外，觀勢還有五勢說：

龍北發朝南來為正勢；龍西發北作穴南作朝為側勢；龍逆水上朝順水下此乃逆勢；龍順水下朝逆水上此乃順勢；身回顧祖山作朝此乃回勢。

無論九勢還是五勢都是希望山勢要奔馳遠赴，這樣才能夠成為藏氣之府地。

而所謂「喝形」就是憑人的直覺將山比作某種動物：獅、象、龜、蛇、鳳等，以期達到尋求庇護的目的。

3. 五星說，九星說，三台，華蓋說

五星即是金木水火土，也是依照山的形狀所作的聯想比喻。一般說來，金頭圓而足闊，木頭圓而身直，水頭平而生浪，火頭尖而足闊，土頭平而體秀。如若五星能依原初方位各得其所，自當是不可多得的風水寶地（圖3-11）。

九星指的是貪狼、巨門、祿存、文曲、廉貞、武曲、破軍、左輔、右弼。聯想一切都有生機、禍福

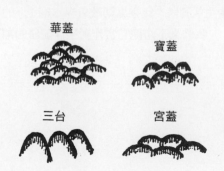

圖 3-11　山形聯想

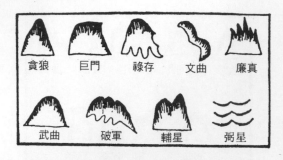

圖3-12 大自然靈化

傾向。這與「天人合一」、「以天地為廬」的宇宙觀是一致的。

三台華蓋說是依照山巒的疊起勢態而作的風水解釋。

無論風水觀測的說法有多少,在選擇房宅時大多不離以人作比喻的類型。所謂「相山如相人」即是將山體與人體作對比:「因龍首尾以辨肢足爪鬣,因臂腕以辨腰臍腋乳,因淺深以辨腹腸,因藏露以辨胃腑,因高下以辨額角……蓋有坐龍腕,鎮龍腳,避龍爪……」。

還把山的輪廓線與「三才」(天、地、人)對應:「額為天,欲闊而圓;鼻為人,欲旺而齊;頦為地,欲方而闊。」自然與人的尺度相類,於是大自然成為一種通人性的有靈機體,有首有尾,有耳有手,並且按人的比例組合,這種比擬極為天真幼稚(圖3-12)。

4. 察分合向背,分主客正從,主龍四周要有帷幕

這就是說要分清主次,哪裡是山的主脈,哪裡是山的支脈,支脈是環繞主脈,即所謂真龍要居中,這樣,龍神方主大貴,以祐及人。

結合形勢吉凶,《青囊海角經‧尋龍論理篇》中有關山的「山厚」、「山瘦」文字,又從另一角度,充實了入山尋龍有關吉凶的具體內容。文曰:「山厚人肥,山瘦人飢,山清人秀,山濁人迷,山寧人駐,山走人離,山雄人勇,山縮人痴,山順人孝,山逆人虧。」可謂一目了然,要言不繁。

說到平岡,古人有一種岡阜觀支之法,就好比群山之中的分龍之法一樣,郭璞《葬書》說:「地貴平夷,土貴有支。支之所起,氣隨而始,支之所鍾,氣隨以鍾。觀支之法,隱隱隆隆,敵妙元通,吉在其中,《經》曰:地有吉氣,土隨而起,支有止氣,水隨而止。勢順形動,回復終始。法葬其中,永吉元凶。夫重岡疊阜,群龍眾支,當擇其特大則特小,特小則特大。參形雜勢,主客同情,所不葬也。夫壟欲峙於地上,支欲伏於地中。支壟之止,平夷如掌,故《經》曰:支葬其巔,壟葬其麓。卜支如首,卜壟如足。形勢不經,氣脫如逐。夫人之葬,蓋亦難矣。支壟之辨,茲目惑心。」注曰:「龍言其老也,支言其嫩也。老忽變嫩,嫩忽變老,所以眩目惑心也。」於此可知,擇穴尋龍,不只崇山峻嶺之中,即使在平洋的岡阜之間,也有龍的存在。古人認為,「壟」亦即「龍」,彼此同音通假。

然而不管入山尋龍之也,平洋龍法也好,由於地中生氣有著「氣乘風則散,界水則止」的特點,因此對於《水龍經》卷四所載的《水龍尋脈歌》,我們又不妨把它當作對平洋龍法的補充來看:

地理真傳世罕逢,陰陽之妙最難窮。
尋龍捉脈觀山水,岡阜平洋總一同。

平洋之地水為龍,四野茫茫豈認蹤?
若使明師精妙理,追尋原脈辨雌雄。

水龍妙法少人知,慎勿輕傳與俗師。
達者悟之明地理,愚人不曉豈能為?

元武之水是龍身，定穴君須看得真。

水積必然龍有穴，水流氣散不堪陳。

大水索回是幹龍，小河支接幹親蹤。

……

第四節　有關「砂」的風水原則

一、「砂」的概念

　　據楊文衡等研究，穴前後左右的山叫做砂。砂與龍都是指山體，但有區別。其區別是：龍好像主人，砂好像奴僕。當龍挺身獨行時，砂則隨龍兩旁護送，面對面相向，好像奴僕保衛他的主子。龍大，則保衛它的砂也多；龍貴，則跟從它的砂也秀美；龍強，則隨龍的砂也遠（《地理或向敍》）。砂的作用是捍水擋風。它又分幾個部分，有專用名稱，如穴前面有朝山、案山；穴後面有樂山，祖山分嶂包羅於外，形成大局的形勢，好像城市周圍的城牆，故叫羅城。又如天上三垣星象，各有圍垣的星，保衛帝座，故又稱垣局。緊貼穴身左右的砂叫做龍山和虎山。穴前案外的山叫做前應，即第二、三、四……重案山。穴後玄武頂背的山叫做後照，即福儲峰。前應與後照相比較，後照更重要。因為穴後不可無屏障以遮蔽背後吹來的風。穴左右龍虎以外特起兩山對峙夾照，稱為左輔右弼，俗稱夾耳山，這兩座山要高低大小相等。穴的左右，水來的一邊叫做天門，水去的一邊叫做地戶，又叫下手、下臂、下關。水來的那邊要開闊寬暢，山明水秀。水去的一邊要高障緊密，閉塞重疊，看不見水去為佳。水流去處兩岸的山稱水口砂，假如水口曠闊無關鎖，則一方旺氣都隨流水飄散，龍神也與之俱往，那就談不上有富貴寶地。水口中間有奇峰卓立，或兩山對峙，水從中出，或橫闌高鎮，窒塞水中，高聳天表，稱作華表。水口間巉岩石山，聳身數仞，形狀怪異，從中流挺然朝向穴位稱為北辰，又稱尊星。水口關闌之中，有墩阜特盧，或石或土，於平中突然，當於門戶之間，四面水繞的地形稱北辰。構成北辰的物質以石最好，土次之。龍虎橫抱穴外，背後有山，拖向前去時稱作官星。穴後拖撐之山謂之鬼星。水口中的石頭稱為禽星，又叫落河火星。龍山虎山肘後生有尖石頭稱為曜星。總之，砂的構成抱陰負陽這一封閉型地理環境中起了決定性的作用，是風水的地理基礎之一。

二、「砂」的作用

　　據戚珩等研究，《地理人子須知》說：「沙者，古人授受，以沙堆撥山形，因名沙爾。」沙、砂相通。今人稱立體地圖為「沙盤」，以通盤而直觀表達和了解某區域地形地貌，其方式與稱名，正與古代風水家傳授其學之法相同。兩者間傳承關係，或可見風水家對我國古代地理學的又一貢獻。可順便指出，見載《朱子文集》，有一事即與風水此術相關，即喜好風水的大儒朱熹，曾擬作地形模型圖，為此而訪求其時著名學者黃裳。這位精於天文地理及風水的黃裳，正是前引莊學和《錦屏書院記》中提到的為巴郡士人引以自豪的諸巨卿之一。他曾繼承該地天文地理學優秀傳統，作出突出貢獻。如蘇州文廟現存著名石刻中國總輿圖《地理圖》，就是據他在紹熙元年(1190)前繪製的天文地理等八圖中的地理圖而刻石的。

　　風水中「砂」的由來，可知它反映著山之群體觀念。事實上，在風水格局中，砂乃統指前後左右環抱城市的群山，並與特達尊崇、城市後倚的來龍，或謂主山鎮山者，呈隸從關係。如《青

囊海角經》說龍與砂的關係及砂的環境景觀意象：「龍為君道，砂為臣道；君必位乎上，臣必伏乎下；垂頭伏行，行無乖戾之心；布秀呈奇，列列有呈祥之象；遠則為城為郭，近則為案為几；八風以之而衛，水口以之而關。」由於砂山在風水格局中的群體意義，風水論砂，有很多講究，統謂之「砂法」。除若論龍之「龍法」講究形象美觀、生氣發越等等而外，區別於龍山稱謂，砂山「喝形」，即寓象稱名，世俗色彩很濃，如玉台、華蓋、寶蓋、寶頂、寶椅、印斗、文峰、文筆、筆架、三台、玉斗、錦屏、錦帳、鳳凰，等等。另外，論其格局，重要的還有「青龍」、「白虎」等四獸或四靈砂山、「案山」、「朝山」以及「水口山」等概念。

依四至方位論砂山格局，風水家觀照中國傳統宇宙觀，以天上星象分區的東西南北四方宿名而名之，以徵其方位。例如《地理人子須知》：「《曲禮》注云：朱雀、玄武、青龍、白虎，四方宿名也。然則地理以前山為朱雀、後山為玄武、左山為青龍、右山為白虎，亦假借四方之宿以別四方之山，非謂山之形皆欲如其物也。」因風水追求南向為正，則東西南北與左右前後之分一致；但又因有非正向者而習以四獸稱之，則不論東西南北只言前後左右。其意象，除前所引論《青囊海角經》，尚如《葬經翼》：「以其護衛區穴，不使風吹，環抱有情，不逼不壓，不折不竄，故云青龍蜿蜒，白虎馴俯」，「玄武垂頭」、「朱雀翔舞」。言簡意賅，生動說明了砂山對於良好生態與景觀以及心理感受，即對於環境質量完美，作用是相當大的。

砂山居於來龍或主山之前，互成對景而照應者，其「近而小者，案山也；遠而高者，朝山也」，也是以格局而論。要求「近案貴於有情」，「但以端正圓巧，秀媚光彩，平正整齊，回抱有情為吉」；而「遠朝宜高」，「貴於秀麗」，有呈「遠峰列笋天涯青」之勢，等等。其意義，重在空間心理感受上：「穴前無山，則一望無際為前空」，「易野一望無際，有近案則易野之氣為之一收」，蓋朝案可使「穴前收拾周密，無元辰直長、明堂曠闊、氣不融聚之患」。這裡所謂「穴」或「明堂」，以今天的觀念解釋，實指內斂圍合的場所；而所謂「氣」、「情」，則為心理氛圍。不言而喻，風水對朝案的講究，以今日外部空間設計理論等觀照，其意匠實是相當高明的。

風水格局中位屬重要的概念還有所謂水口山，或水口砂。「水口砂者，水流去處兩岸之山也。切不可空缺，令水直出；必欲其山周密稱疊，交節關鎖。」實際上，水口砂所居地位不啻天然門戶，故風水稱之為「地戶」。而《周易》：「重門擊柝，以待暴客」；《釋名》「門，捫也。在外為捫，幕障衛也。」風水更喻門為「氣口」，若人之口鼻息道，實與運命攸關，故對水口砂極為重視，既須險要，又須至美，以壯觀瞻，有諸多講究。嘗倡「水口間有大橋、林木、佛祠」，「建台立塔本相宜」，以崇其勝，既成瞻仰之景觀，又利俯覽而觀景，料敵捍衛更不在話下。與此相類，「水來處為天門」者，也是風水格局重點所在之一。

由上述風水之說，全可說明圍合四面之群山（除蟠龍以外）的種種意象。就地望而言，這些山稱名有傘蓋，玉台，錦屏或曰寶鞍、馬鞍，印斗，金耳，黃華，飛鳳，塔，大象，鐘或曰賽錦屏，鼓樓，等等，皆應風水喝形而來，不必言喻。其不抱有情，玄武垂頭、朱雀翔舞、青龍蜿蜒、白虎馴俯諸種氣象，更不勝詳說。略以由劍門山脈而自西而東迤邐而來、隔江相望的山系而言，其形就風水格局中重重朝案與水口山諸多秀美壯麗觀瞻，亦可知風水格局中砂山之至善。

例如閬中勝境錦屏山，又曰馬鞍嶺。《名山志》：錦屏山「兩峰峻互，雜樹如錦，與郡城對峙若屏，故名。山多仙聖游集。」《蜀山考》：「錦屏有浙間山水之狀。」《閬中縣志》更述其詳：「錦屏山，在嘉陵江南岸，瀕江，石壁陡絕。其上蔓衍處橫豎一脊，左平右突，中段微凹，

端正峭茜，斫削不能及，蓋縣治之案山也。每當斜陽倒射，暮靄欲生，自山北望之，諸峰環繞其後，交輝互射，秀絕寰區。」對於精諳辨方正位，崇尚向明而治、南向為尊，並雅誌山水之樂的古代中國人來說，錦屏山及山後印斗山、金耳山、眉山、賽錦屏、西偓山、黑松山等等，形成重重朝案，氣象深遠，層次豐富，峰巒競秀，由城中南望，不可勝收。天造地設如此佳境，不惟為風水家驚訝，諸多文傑瞻巒噓晞，也非異事。如詩聖杜甫《閬水歌》：「閬中勝事可斷腸，閬州城南天下稀。」陸游《閬中作》：「邀樂無時冠巴蜀……著意城南看小春。」李獻卿《南樓詩》：「三面江光抱城廓，四面山勢鎖煙霞，馬鞍嶺上渾如錦，傘蓋門前半是花。」錦屏山作為閬中勝景，依風水格局建城，而以其為案山形成城市絕妙對景，人文美與自然美交相融會互為觀照更形動人。如陸游《錦屏山謁少陵祠》：「城中飛閣連危亭，處處軒窗對錦屏，涉江親到錦屏上，卻望城廓如丹青。」實為這一匠心的極佳寫照。

錦屏山成為閬中的文化標誌物，因而又稱「閬中山」。寄託著地方上人世間美好理想，古人賦錦屏山以靈性，袁天綱題錦屏曰：「此山磨滅，英靈乃絕。」仙聖游集，文人薈萃，百姓也以遊錦屏為俗，如《閬中縣志》：「上元後一日，錦屏山遊人如蟻，謂之遊百病。」吸飲山川靈氣、觀景陶冶情性而得增進健康，也非為盡屬迷信。作為兼有景觀和觀景之利的錦屏山，不僅留下許多歷史名人勝蹟，如呂祖殿、呂仙洞、少陵祠、丘祖殿、三賢祠等等，為吸飲天地靈氣、增勝天然錦上添花，錦屏山代有土木之功，亭、閣、書院等等，載述殊多，至今，錦屏山仍為閬中城風景絕勝處、天然園林，為人民鍾愛。

閬中砂山格局勝處，尚有其水口山，即雄踞城市東南，隔江相望、冠表城南群山而周圍諸山稠疊交節的塔山。據《閬中縣志》述，錦屏山右，有黃華山，舊據風水建奎星樓在焉。蓋黃花山與錦屏山間為南津關，古金牛道、米倉道必經此，為風水氣口，故建樓以鎮之並崇文風，實為崇觀瞻爾。黃華山右為敖峰，再右則塔山矣。塔山適當江水折處，高大峥嶸，形勢发業，兀立於嘉陵江上。山南延為南岩，即台星岩，宋時三陳兄弟讀書於此故名讀書岩。山右若與塔山合體，為大像山，唐時依山鑿大佛於山壁，建寺稱大像寺，故山得名，又稱之大像岩。登塔山而望，則大像崇岡，優搴對峙；若領若袖，四伏盤僻；西望錦屏，相為表裡。俯態而視之，大江回折、湯湯流去；而北岸郡城延袤數里，一片丹青，滅沒於遠煙高樹間，融合於蟠龍疊翠中，絢麗矚也。為鎮水口，塔山絕頂建有白塔寺。白塔外九層，磚構而通體白色，故名，又若筆立，亦名文筆塔。除白塔外，當此水口即地戶處，大佛寺，龍脊觀又名梓潼宮在焉，全契符水口間相宜建台立塔設佛祠之風水主張，成為極佳景觀建築。至於風水說倡言水口建大橋之事，也適有現代鋼筋混凝土嘉陵江大橋擇址建於塔山迆西，為水口增勝生色不少。或可見，精心相地則古今可通，足證風水之道有其科學性之一斑。

至於砂山格局中，居閬中城西北水來處即所謂天門處的玉台山，為蟠龍山左臂，亦一大勝處，與塔山相類又別有風光。杜甫《閬山歌》「閬州城北玉台碧」；《玉台觀》二首「中天積翠玉台遙，上帝高居絳節朝」；「人傳有笙鶴，時過此山頭」；諸詩皆詠此山。山臨江聳立，與西山隔江相望，對峙為城西北天然門戶，且景觀秀美。山上亦有玉台觀、滕王閣、望水寺等景觀建築，依風水擇址而建，為山水增色而崇觀瞻，從上游來閬中，必先睹之，也正如從下游溯江入閬，首見其地戶塔山諸景，皆兼有閬中城外部識別標誌的作用，這一意象，也正是風水中有關天門地戶諸說實旨所在。這是風水中「砂」的一個突出實例。

讓我們進一步分析：穴場或屋基四周的山巒叫砂，前後左右的砂用以藏風聚氣，有守護、發福、促進智慧和增加權勢的作用。

「砂」是指陽宅建築地基或陰宅結穴四周的山巒。

1. 玄武朱雀龍虎四砂的作用

不論方位穴場之前、後、左、右砂手，除了藏風聚氣的效應外，還有下列作用：

後台砂——建築地基或穴場後的叫後台砂，或稱靠山。為後助力，由層次數目決定這地方發福的程度、發富在何代、何人發富等都和後台砂有關，它簡稱「玄武」。

前朝砂——作用在於增強建築地基之權勢和地位，又稱「案山」及「朝山」。穴場前面的寬地稱「明堂」，近「明堂」之山稱「案山」。「案山」之外，遠方之山稱「朝山」，統稱「朱雀」。

文從砂——即建築地基左面「青龍砂」，如有尖峰，叫「文丞相」，又叫「上相砂」，有守護及促進智慧之作用。

武從砂——指建築地基右邊為「白虎砂」，又稱「武砂」，主武貴，如有尖峰，為「武丞相」，又名「上將砂」，主霸道權力。

2. 砂乃宅之護神，用以藏風聚氣

砂是龍穴之護神，地無砂則風不能避，氣不能聚，風吹則氣散，成敗地矣。

雖有環砂在四周，也要看其方位，對本身建築或墓穴的坐向是否有利，有利才作吉論，這種學問各派風水皆有獨特見解，其一是三合之劫煞。

3. 避開劫砂才發富貴

劫煞盤以坐山（地盤正針）論消納，只忌一山，如坐巽山，癸方有砂高聳，其形破碎歪斜，惡石嶙岩，則為「劫煞砂」，主凶。當然若砂之形體正峰圓，亦不忌。

據洪丕謨研究，《青囊海角經》中有這樣一段論砂文字 （註一）：

夫砂者，水之所會也，勢會則形聚，聚則形見，見則氣合，合則有穴矣。無砂則龍失應，無龍則砂無主。龍為君道，砂為臣道。君必位乎上，臣必伏乎下。垂頭俯行，行無乖戾之心；布秀呈奇，列列有呈祥之象。遠則為城為郭，近則為案為几。八風以之而衛，水口以之而關。就體分支，是謂同氣。其包裹也，貴乎周密，隔江渡水必同宗；其來也，貴乎遜順，就體怕斷，隔岸怕反，隔江拱揖為妙，就體不斷為奇。同氣貴乎朝仰，彼此皆要盤桓。在前要來，在後要堆。左順右歸，疊疊如端莊美女，貴賤從夫，前擁後隨，濟濟若精銳卒兵，出入從將。華表凌霄，捍門插漢，若要人丁千百口，面前疊疊起高峰。若如巨浪列門前，歷代產英賢。

砂，這是風水術中特殊術語，有著它的特殊解釋，就是城市、村落、宅地周圍諸山的走向和形態。由於《葬書》說，「葬者，乘生氣也，氣乘風則散，界水則止」，為了使居住地的生氣凝聚，不致散去，因此「砂環」以擋風，「水抱」以止氣，就成了尋龍以後確立居住區地的最為事關重要的內容。

龍為君道，砂為臣道。對於這個做臣道的，風水術中自有一套理論研究。《青烏先生葬經》說：「福厚之地，雍容不迫，四合周顧，辨其主客。」注解說：「明堂寬大，氣勢不局促，四山皆合，如賓主揖遜，尊卑定序也。」文章所說的「四合周顧」，就是後世「砂環」理論的前身。《葬書》又說：「山欲其凝，水欲其澄。山來水回，逼貴豐財。山止水流，虜王囚侯。」「山頓水曲，子孫千億。山走水直，從人寄食。」墓周山凝、山來，山形頓回，止水澄清，流水曲繞，因為留得了墓穴生氣，所以家富財豐，子孫世代門庭興旺；反之，墓周如果山止不環，山

形反走，水流徑去，直而不繞，墓穴生氣散失無遺，故而墓主家屬不是虜王囚侯，就是從人寄食，做人家的傭奴了。為此《葬經》托出：「氣乘風散，脈遇水止，藏隱蜿蜒，富貴之地。」注解分析：「知其所散，故官不出，就其所止，裁穴有定。回山藏隱，如蜿蜒然，乃富貴之地。」

三、風水中察砂

砂是主龍周圍的小山。砂通常被分為侍砂、衛砂、迎砂、朝砂等。可見砂與龍之間存在著一種主從關係。並且能為住宅，這種主從關係又恰與中國的宗族觀念相一致，更體現出「天人合一」的思想根子。

以砂山判斷吉凶，首先要分出砂的星屬，通常以尖圓方正者為貴為吉，歪斜破碎者為賤為凶。

不僅如此，砂的前後左右分布還有高低大小的比例關係。一般來講，上砂要長、高、大，下砂雖在一里之內不可全無，但要低、平、小，當然超出一里距離也就無所顧忌了。此所謂「青龍要高大，白虎不能抬頭。」此外，主龍之前的砂則根據距離的遠近分為朝向（遠）、案山（近）；對它們的形狀要求是三台、玉几、橫琴（圖3-13）。

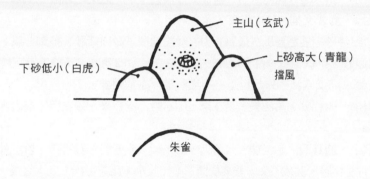

主山（玄武）

上砂高大（青龍）擋風

下砂低小（白虎）

朱雀

圖3-13　"砂"的分布示意圖

「東山起焰，西山起雲，穴吉而溫，富貴綿延，其或反是，子孫孤貧」，也是《葬經》有關砂情的一個重要論述。這一論述，在「砂環」理論之外，從「陰陽配合，水火交媾」角度著眼，由於這兩種氣郁蒸而成結穴，所以穴吉而溫，導致子孫富貴長久的良好結果。為此，注釋語氣肯定地說：「不能如是，不可謂穴。」自西周初年，就出現了四神砂，即：青龍、白虎、朱雀、玄武。

東晉郭璞《葬經》論山曾說：「上地之山，若伏若連，其原自天，若水之波，若馬之馳，其來若奔，其止若屍。」下有注曰：「伏連自天，水波馬馳，言勢來若奔龍，欲其來也。形止若屍，穴欲其止也。「其止若屍」一語，就是指墓周的砂情而說的。又說：「龍虎抱衛。」注解：「貼身龍虎抱衛，朝山與主山之穴情相向也。」總括龍砂宜忌，就是龍要勢奔，砂要形止，龍要綿亙起伏，砂要龍虎抱衛。

《葬經翼》是明朝繆希雍的風水專著，《四獸砂水篇七》是其中有關砂水的專篇。在郭璞的《葬經》中，早曾提出：「葬以左為青龍，右為白虎，前為朱雀，後為玄武。玄武垂頭，朱雀翔舞，青龍蜿蜒，白虎馴俯。形勢反此，法當破死。故虎蹲謂之銜屍，龍踞謂之嫉主，元武不垂者拒屍，朱雀不舞者騰去。」所說青龍、白虎、朱雀、玄武，《葬經翼》把它們稱之為「四獸」，並闡述道：「夫四獸者，言後有真龍來住，有情作穴，開面降勢，方名玄武垂頭，反是者為拒

屍。穴內及內堂水與外水相輳，縈回留戀於穴前方，名朱雀翔舞，反是者騰去。貼身左右二砂，名之曰龍虎者，以其護衛區穴，不使風吹，環抱有情，不逼不壓，不折不竄，故云青龍蜿蜒，白虎馴俯，反是者為銜屍，為嫉主。」「青龍蜿蜒，白虎馴俯」二砂之外，《葬經翼》捏合砂水的論述也很切要：

> 大要於穴有情，於主不欺，斯盡拱衛之道矣。至於砂之插回收水者，必須開面向裡，不拘遠近，俱各有情。遠朝及前後左右之砂，皆以真面相向，無破碎尖射凶頑為融結證佐，惟曜氣飛揚，穴中不見者不忌。大地多有此類。欲知砂之背面，當分厚薄頑秀。背厚面薄，背頑面秀，背挺面灣，面來必有情而長，背則無情而短，故砂之灣者水必灣，砂之秀者水必秀，砂之走竄者水必不收。砂水之形，實相比附者也。吉凶徵應，可不言而喻矣。

《黃妙應博山篇》中〈論砂〉韻文一節，則比較具體。比如單說砂名，就有侍砂、衛砂、迎砂、朝砂、益砂、照砂等等，又如對砂的富局、貴局、賤局和「四砂法」等，也都有著簡明的述及，現條陳如下，以清眉目：

(1)砂關水，水關砂。抱穴之砂關元辰水，龍虎之砂關懷中水，近案之砂關中堂水，外朝之砂關外龍水。周圍環抱，腳牙交插，砂之貴者，水之善者。

(2)兩邊鵠立，命曰侍砂，能遮惡風，最為有力。從龍抱擁，命曰衛砂。外御凹風，內增氣勢。繞抱穴前，命曰迎砂，平低似揖，拜參之職。面前特立，命曰朝砂，不論遠近，特來為貴。四砂惟朝，關係匪輕，高低穴法，只此可憑。本身橫案，亦是朝神。

(3)插水砂，進田筆。禍福緊，萬勿失。水左來，山右轉，水右來，砂左轉。抱內水，插外水，所以貴。

(4)虎與龍，吾掌中。隨身取，為至功。穴若真，必不順。穴若假，豈肯逆。若借外砂，名曰護從，環抱低平，右左相應。其或不交，藉案橫攔，亦能收水，此亦可扦。上水宜長，下水宜短。下水若長，下砂要轉。

(5)亦有偏龍，水自右來，左宮貴穴。亦有偏虎，水自左來，右宮貴穴。或正用，或斜裁，知正知變，順逆安排。

(6)又有龍虎，結成順局，須抱過腕，臂末起峰，橫攔穴前，亦多成地(或得近案，逆水而上，又不可概以順局言)。

(7)主短朝長，是朝逆主。主長朝短，是主逆朝。名為變勢，若道其常，主朝相若，是為正勢。兩山相會，水亦相交，朝山貴峰，或三或五，尖員端秀，是為上格。短縮之形，雖秀減神。時或橫過，突起對峰，對非特朝，亦有可取。身腳水路，不我相向，偏斜走竄，無所取裁。

主山之水，賴朝鎖紐；朝山之水，趨向主龍。何論尖圓，何拘本方，但要端正，真水到堂。

有等大地，主山固逆，朝山跡逆，三陽之水，乃無走池，發龍虎後，抱龍虎前，此名近案。或發龍腰，亦為案取，貴下生上，勿上生下。有案無朝，內水了收；有朝無案，亦賴前砂。朝案俱無，護砂前插。法若背此，窮龍之宅。朝不嫌遠，案固欲近。案秀尖圓，厥形為上。一字平過，得案正樣。中高中低，幾幾相合。高凌低脫，云胡可論。

(8)水口之砂，最關利害，交插緊密，龍神斯聚。走竄順飛，真龍必去。砂有三，富、貴、賤。肥圓正為富局，尖秀麗為貴局，斜臃腫為賤局。砂砂有殺汝知乎？有尖射、破透頂的，探出頭的，身反向的，順水走的，高壓穴的，皆凶相也。又有相鬥的、破碎的、直強的、狹逼的、低陷的、亂斜的、粗大的、瘦弱的、短縮的、昂頭的、背面的、斷腰的，皆砂中禍也。

中國風水與建築選址

(9)夾護之砂，須要審詳。左護的多，必為左穴，右護者多，必為右穴。迎托之砂，須認下落；後托之砂，有邊長的，有邊短的，穴在長邊，此亦可據。

(10)四砂法，若推磨。龍與虎，事若何？吉吉吉，凶亦多。後玄武，要垂頭，禍與福，誰之招？前朱雀，尤緊急，要翔舞，須軒轅。吉凶機，須早察。有蓋砂，高大蓋穴者是；有照砂，正照穴聲者是；有樂山，出穴星後者是。

(11)尖尾鬼，尖屬火，乃主鬼。齊尾鬼，齊屬土，只主富。橫龍穴，須認此。若正出，任有無。

　　曜氣何？插兩臂。龍虎外，按衣袖。

　　官星何？前砂外。官屬陰，曜屬陽。不見者見，見者不見，前後左右，氣之剩餘。尖圓直方，氣之秀發。向外則吉，反射則凶。參以龍穴，細細研窮。

(12)天有北辰，地有鎮星。生居水口，角幞分明。亦有獸星，與夫螺星。方圓尖石，馬象龜形。如鸞如鳳，平地高岡。論力之重，夷掌之中。印砂何取？魚砂何論？顧我為真，背我勿問。西亦為佳，妙在艮巽。巽、丙、丁，砂之秀，乾、坤、艮，亦吉曜。若羅列，可推究。

(13)木剋土，土剋水，水剋火，火剋金，金剋木。木生火，火生土，土生金，金生水，水生木。生中剋，剋中生。看何方，何星屬，何星旺，是的地。砂之形，穴之應，勿失真，認而認。

　　宜平堆，宜作坪。論生剋，討分明。宜開池，宜築壩。論制化，俱有驗。

　　化吉凶，隨龍神。妙中妙，心中明。喝砂形，隨時見。是何方，則何蔭。

　　以上十三條，就是《黃妙應博山篇・論砂》的有關內容。關於其中第十三條的砂分木、火、土、金、水五星。風水術的說法是：

　　　木砂直而麗，逢金則折，最要水木相扶；
　　　火砂尖而銳，遇水易滅，最要木火通明；
　　　土星方而厚，見木不良，最要火土相濟；
　　　金砂圓而秀，遭火便傷，最要土金相助；
　　　水砂動而和，得土失佳，最要金水相生。

　　其中木居東方必旺，火居南方多興，金居西方必發，水處北方必達，只有土居四方都宜。原因是各就本立，得令而旺。反之，如果木居西方，金來剋木；火居北方，水來剋水；金居南方，火來剋金；水居中央，土來剋水，就不是被折、易滅，便是被傷、失佳了。

　　由於地中生氣發於外，則生為草木。因此墓周諸砂，如果不生草木，便就不吉。同時，按照砂的居地和形狀，又有「四怕」的說法：

　　　一怕捶胸插腹，因為居地太逼近墓穴了；
　　　二怕削竹拖槍，因為砂狀太瘦削疲沓了；
　　　三怕反弓外走，原因是不能環抱而蘊含地中的生氣；
　　　四怕隨水直流，原因也是無法留住地中生氣；

　　「四怕」之外，按照《青囊海角經》的說法，不吉的砂情還有「岩岩大知，豈為良獸之星，焰焰尖砂，皆是凶危之煞。若走若竄，不用勞心；如反如飛，何須著眼。半順半逆，終為奸詐之徒；無序無倫，定出凶頑之輩。不似蜿蜒，有何好處；不生草木，有甚來由。」又有：「如角如凹，生人磊磊。如碎如破，起禍綿綿。鶴頂鶴頭，淫風飄蕩。牛臂馬腿，必不興家。長男外

窠，青龍擺首而行；小子離家，白虎反身而去。吉則隨朝有意，凶則險仄無情。」

劉基《堪輿漫興》所詠下關砂、水口砂的詩也堪玩味：

> 堪輿吃緊下關砂，發旺人財總是他。
> 若使下砂無氣力，諸山如畫亦虛花。
> 入山口訣有水口，水口有關地可尋。
> 忽見禽魚游水面，定知有穴在花心。
> 水口之山形不齊，龜蛇獅象總云齊。
> 捍門華表情還貴，更有羅星是福基。

〔註釋與參考文獻〕

註一　據洪丕謨：《中國風水研究》。

第五節　有關水的風水原則

一、水的風水概念

據尹弘基研究（何海燕譯），如《葬書》所言，得水比藏風更重要。但在風水中，不管怎樣，水系不如山脈受重視，因為水道特徵很大程度上依山勢而定。

吉地前必須要有水。從理想上講，一條寬緩舒展的河流應從吉祥地前一定距離處流過，左右兩邊還應有兩條小水流。這些水流在風水中非常關鍵，正如 J. J. M. Degroot 所留意到的那樣，以至於中國廈門地區的人們經常會在位置吉利的墓前挖一個水塘以彌補穴前無水的缺憾。陰宅風水中水為什麼這麼重要？在尋找答案時，我們在《葬書》中發現下面這段話：

> 經曰：氣乘風則散，界水則止。

因此，位於吉祥地之前的水有助於生氣在風水穴中聚止，風水穴即自主山上傳遞下來的生氣的聚結處。如果前面無水，身為幸福源泉的生氣就會從穴中蕩散出去。這就是穴前之所以要求有水以及廈門人之所以在穴前無水情況下要修築水塘的原因。

職業風水師採用下列關於水的風水原則。吉的水道流向不能與山脈走向平行，因為這樣的水道不能貯藏無法穿越水流的生氣。為了將生氣聚積在某地，水道必須橫跨山脈。因此，若水道和山脈走向一致，則不吉。理想的水道迂迴曲行好像正欲從與山脈走向垂直的角度來擁抱吉地。無論如何，水道不應筆直地流過一地區。若如此，則認為它們不肯接納此地的生氣。風水中所謂吉祥水道都流速平緩，蜿蜒屈曲。若水流湍激或水路轉變陡急則大凶。若水流逶迤前行，蕩蕩悠悠，好像滿懷留戀之情，一步三顧穴，不忍遽去，則吉。所有風水物（如山脈、水系）的理想特徵均是結構優美，形態秀麗。任何看上去對風水不敬的粗鄙刺目的形態或結構都表明該地不吉。若吉地附近的水流平緩優雅，則稱此水對該地有情，不忍離穴而去。

水流方向也極為重要。吉利的水道應從吉方流向凶方。若能如此，該地居民將永享富貴榮華。

這些是吉祥水應具備的一些重要條件。但它們對風水師為什麼很重要呢？對尋找問題的答案來說，下面這段引自中國宋代胡舜申《地理新法》的文字非常重要。

山是靜止的物體，屬陰。水為運動的物體，屬陽。陰的特徵是恒定不變，而陽性則變化不常。吉凶與相水密切相關。（如果我們取譬於人體）則山（風水中）可比作人體，水即為人體中的血管。人體的生長、衰老取決於血管的狀況。當血液繞周身循環，順流暢通，則人體健康強壯。反之，則身罹疾病或死亡。這是人生的自然法則，無一人可例外。這條法則要求水路流向正確、山脈位置得當以便構成吉祥地。五山各有自己的吉凶位置（方向）（按字面可譯為生、旺、死、囚）。總之，水路應自吉方流向凶方，如此則吉；若水路自凶方流向吉方，則凶，因為它沖破了該地的生旺方……

要風水師考察穴前的水道交會（水口）也很重要：自白虎和青龍而來的水道應交匯於明堂之中，明堂為風水穴前的平台。水口應閉合並與兩座抱山的距離相等。據說當水口距兩山遠近相當時，青龍和白虎二者平衡。可見，地形的平衡或對稱是風水的基本原則。

水意味著財富。因此，為了帶來財運，有流水的穴前聚集是必要的。黃日淳曾說過水道交會可使水流緩慢，平緩的流水正是風水所要求的條件。

觀察「得水」和「破水」的方向也很重要。如胡舜申《地理新法》所述，水道流向比流水的其他條件都重要。當從流水狀況來看某地的吉凶時，進水（得水）方向和去水（破水）方向都很關鍵。源自青龍或白虎的水道從風水穴前穿過，其流向應自生位（吉方）至衰位（凶方）。

1. 陰陽水

陽水指由穴左流向穴右的水道（即順時針運行），流自青龍的水即屬此類。從右向左（逆時針）流動的水道為陰水，即自白虎流出的水道。在幾種分類體系中，以陰陽法則為基礎的分類法最廣為流傳。

2. 內外水

按水道距風水穴的遠近，可將其劃分為兩種類別。內水指風水穴附近的水道；外水則指遠離風水穴的水道。源自玄武、青龍和白虎的水道都屬於內水，而源自朱雀（安山和朝山）的水道或那些由任一地方流進或流過風水穴附近特定的風水地形即局內的水道均屬於外水。

總之，我們可以這麼說，在找到一塊由吉山環繞的地點之後，水道的方向和形態就是下一步要考察的重要因素。

觀水在風水理論中與覓龍有同等重要的作用，所謂「水隨山而行，山界水而止」，足見山水不可分離。又因水主財，因而作為風水寶地，觀水應是一個極重要的方面。

據英國李約瑟研究（陳立夫譯）認為：

地者萬物之本原，諸生之根菀也；美麗賢不肖愚俊之所生也。水者，地之血氣，如筋脈之通流者也。故曰水具材也。

何以知其然也？

曰：夫水淖弱以清，而好灑人之惡，仁也；視之黑而白，精也；量之不可使概，至滿而止，正也；唯無不流，至平而止，義也。

人皆赴高，水獨赴下，卑也。卑也者，道之室，王者之器也，而水以為都居。

水是陰柔含容的象徵，是萬象眾生平等的代表。所以莊子又說：

準也者，五量之宗也，素也者，五色之質也，淡也者，五味之中也，是以水者萬物之準也，諸生之淡也，違非得失之質也，是以無不滿無不居也，集於天地，而藏於萬物，產於金石，

集於諸生，故曰水神。集於草木，根得其度，華得其數，實得其量。鳥獸得之，形體肥大，羽毛豐茂，文理明著。萬物莫不盡其幾。

水最偉大的傑作就是產生生命，沒有水就沒有人。它構成了萬物和人體之中最主要的成分。古人說：

人，水也。男女精氣合，而水流形。

三月如咀，咀者何，曰五味，五味者何，曰五臟。酸主脾、鹹主肺、辛主腎、苦主肝、甘主心。五臟已具，而後生肉、脾生隔、肺生骨、腎生腦、肝生革、心生肉。五肉已具，而後發為九竅、脾發為鼻、肝發為目、腎發為耳，肺發為竅。五月而成、十月而生、生而目視耳聽心慮。目之所以視，非特山陵之見也，察於荒忽；耳之所聽，非特雷鼓之聞也，察於淑湫；心之所慮，非特知於粗細也，察於微渺，故修要之精。

《道德經》說：

上善若水，水善利萬物而不爭，處眾人之所惡，故幾於道。

水性柔弱，隨器皿而成形，自不可見的縫隙滲透浸漬，無所不至，水面如鏡，物無不現。四十三章又說：

天下之至柔，馳騁天下之至堅，無有入無閑，吾是以知無為之有益。不言之教，無為之益，天下希及之。

水又流向山谷，容納各種污漬，但潔淨如初，永不受污染。他們強調陰柔的，寬恕的，忍讓的，曲成的，退守的，神秘的，接受的態度。

是以水集於玉，而九德出焉，欲大則藏於天下，欲尚則凌於雲氣，欲下則入於深泉，變化無窮，上下無時。……

萬物莫不以生，唯知其托者，能為之正具者，水是也。故曰：「水者何也？萬物之本原也，諸生之宗室也，美惡賢不肖、愚俊之所產也。」

下面一段話可闡明民性與居留地之間的相互關係。

何以知其然也？夫齊之水道躁而復，故其民貪粗而好勇；楚之水淖弱而清，故其民輕果而敢；越之水濁重而洟，故其民愚疾而垢；秦之水泔最而稽，淤滯而雜，故其民貪戾，罔而好事；齊晉之水枯旱而運，滯而雜，故其民諂諛葆詐，巧佞而好利；燕之水萃下而弱，沉滯而雜，故其民愚戇而好貞，輕疾而易死；宋之水輕勁而清，故其民間易而好正。

是以聖人之化世也，其解在水。故水一則人心正，水清則民心易。人心正則欲不污，民心易則行無邪。是以聖人之治於世也，不人告也，不戶說也，其樞在水（《管子水地》第三十九）。

風水中嘗水：風水認為地脈之類惡可以通過品嘗水味作出判斷。通常平川品嘗井水，山地品嘗潤水。水味以香為貴，酸苦則不吉。並且以水的色、溫來看，風水一般喜清忌濁，冬宜溫夏宜冷。

風水理論認為：「吉地不可無水」，「地理之道，山水而已」。甚至認為：「未看山時先看

水，有山無水休尋地。」從今日觀點來看，所以注重水法，首先因為水對生態環境即所謂「地氣」、「生氣」至關重要。風水認為：「山之血脈乃為水」，山之骨肉皮毛即石土草木，「皆血脈之貫通也」。俗稱山管人丁，水管財。這不過是對以農為本、水為農業命脈的認識。因凡耕漁、飲用、去惡、舟楫之利以及調節小氣候，莫不仰給於水。風水家重相土嘗水，鑒別水土質量的種種凶吉說，可以當代諸如克山病、大骨節病等地方病的地理地質調查中，得到證明。其次，風水家相地重水，是出於交通和設險，正如《平洋全書》所說：「依山者甚多，亦須有水可通舟楫，而後可建，不然只是堡塞去處。」第三，相土重水是考慮防水害。選址於河曲所謂宅居澳汭，且以水流三面環繞纏護為吉，謂之「金城環抱」，「金」是五行之金，取象其圓。「城」則寓「水之羅繞兮，故有水城之稱」。這種形勢又稱「冠帶」，歷來引為風水吉格，以至宅前人工河、渠，如故宮金水河、民宅前半月形風水池，都出於此。這一形式所以吉處，是出於基址安全。由現代水文地理可知，河流由於地球自轉形成的偏向力作用，往往向南形成河曲，北岸凸而南岸凹，水流挾帶泥沙在河曲凸岸堆積成灘。而在凹岸，則不斷淘蝕挖深，導致坍岸。顯然選址在河曲近岸一側即水環三面的岸上是極為有利的。

以風水的「水法」而論閬中，僅就選址的科學性，論述 二。長江 大支流嘉陵江迂曲於閬中而經其三面，正形成大聚結，「千水成垣」和「金城環抱」之勢。嘉陵江水滋潤著肥沃的土地，調節其氣候，形成良好的生態。古人稱有「絲鹽之利，舟楫之便，可以通四方商賈」，「隱然有大國之風」。另外閬中水質「味淡而甘」，「知味者尤稱焉」。這裡出產著中國名醋之一（閬中保寧醋）。

處於「金城環抱」中的閬中古城，現址是唐宋時格局，正與風水理論在此時期臻於成熟相合拍。漢時城址，按舊誌載，在城西北，為江水所嚙，所以東移南遷。至唐宋卜決現址，始為穩定。從水文地理河曲演變理論分析，風水中的科學成分顯而易見。也實應為現代防洪所借鑒。

在春秋末年，曾有人提出過水是萬物的根源的學說，這種學說促進了人們對水的重視。《管子・水地》言：

水者，地之血氣，如筋脈之通流者也。故曰：水，具材也。何以知其然也？曰：夫水淖弱以清，而好灑人之惡，仁也。視之黑而白，精也。量之不可使概，至滿而止，正也。唯無不流，至平而止，義也。人皆赴高，已獨赴下，卑也。卑也者，道之室，王者之器也，而水以為都居。

《水地》篇引申出有關水的結論說：「水者，何也？萬物之本原也，諸生之宗室也，美惡、賢不肖、愚俊之所產也。」草木得到了「水」就生長得更加茂盛，鳥獸得到了水，就會長得更加肥壯，文中特別指出：「水」的最精華部分凝聚起來就形成了人。人的「九竅五慮」都是從水中產生的。他們反覆強調人的體質、容貌、性情和道德品質也是由於水質不同所決定的：

何以知其然也？夫齊之水道躁而復，故其民貪粗而好勇。楚之水淖弱而清，故其民輕果而敢；越之水濁重而洓，故其民愚疾而垢；秦之水泔最而稽，淤滯而雜，故其民貪戾，罔而好事；齊晉之水枯旱而運，滯而雜，故其民諂諛葆詐，巧佞而好利。燕之水萃下而弱，沉滯而雜，故其民愚戇而好貞，輕疾而易死；宋之水輕勁而清，其民間易而好正。是以聖人之化世也，其解在水。故水一則人心正，水清則民心易。人心正則欲不污，民心易則行無邪。是以聖人之治於世也，不人告也，不戶說也，其樞在水。

二、水勢與安宅原則

一般地說，在山巒之中，水來之處謂之天門，若水來而看不見源流謂之天門開，天門開則財源茂盛。水去處謂之地戶，不見水去謂之地戶閉，戶閉則財用之不竭。這就是古人所說：「源宜朝抱有情，不宜直射關閉，去口宜關閉緊密，最怕直去無收。」

選擇好這樣的水勢，接下來便要求找安宅之地，一般要尋找「湾位」落基，所謂湾位就是水環抱的一面，通常水的水邊不能落基。這很符合河水的力學原理。河的彎曲一邊，由於水的慣性衝力，時間越久得到的地越多，若在相反的方向，則久而久之則宅基地都有可能被河水侵蝕。

1. 眾水所匯，氣聚

發源於萬山中的大江、彎彎曲曲流向北方，在北面匯合後入長江，入大湖。在風水名著《水龍經》中，這屬於難得的「聚水格」。

2. 山環擋風，氣不散。有水為界，氣止住

風水寶地的西北方有環形山擋住西北風，符合「山環水抱必有氣」、「山環水抱必大發者」的風水定律。北方有九嶺山、連雲山、幕阜山等層層環抱，形與方向都恰到好處。

「氣遇水則止」。風水寶地北面為大江中游，還有著名的大山，也有著名的湖泊，把本區域氣有效地止住，不使散去。

3. 南為氣口，生氣源源不斷

風水寶地較遠的南方、西南方有縱行的遠山、於山等形成山川，成為來氣之口。妙就妙在這個川上，若將山的走向改為橫向，生氣進不來，氣場也就變壞了。

「大蕩大江收氣厚，涓流點滴不關風，若得亂流如織錦，不分元運也亨通。」

古都和近代大城市的選址也證實了古人的論斷。翻開世界地圖一看便知，凡有大江大河的彎環處、入海處必有大都市，且往往作為首都或大商業中心。而不懂風水學的人只是看到其交通之便利，這是不全面的。

4. 挑選支流水，水流徐徐則氣聚

這個問題關鍵在於外氣流速是否與人體氣血流速相符合。猶如天公書符之速度應符合天之驕子氣血運行之快慢。

大江大河必然流速大。當然，有灣抱就是好氣場，即所謂「曲則有情」。但因流速較大，所以氣敗，或曰氣沖。正如古人在《水龍經》中說，「大江大河雖有灣抱，其氣曠渺。」所以古人說：「須於其旁另有支水，作元辰繞抱成胎，則七氣內生，並大水之氣脈皆收攬無餘。」意思是說在大河支流上可選好氣場，其奧秘在於支流水量小，流速慢，比較接近人之氣血流速。而不應在江河幹流旁選宅址。

當然，這是指選老百姓的住宅而言。如若建設一城鎮，大江大河附近還是難能可貴之處。由於城牆、院牆等遮擋及門的方位優選，也可將曠渺之氣收攬而納入，而致使氣流之速最終接近人體氣血之速了。

5 曲水收氣

「水抱」很重要，占了風水學的大半個內容。尤其到了沒有山的平原，「水抱」的道理不可不知。

《水龍經》說：「龍落平陽如展席，一片茫茫難捉摸，平陽只以水為龍，水繞便是龍身泊，故凡尋龍，須看水來迴繞處求之。」意思是說，風水學中稱為龍的山，到平原不見了，則應以水為準，但好氣場表現在彎彎曲曲的地方。

前面談過,氣遇水則界(或止),這點似乎不好理解,人們知道,獵犬嗅覺很靈,但如果逃犯過了河,則獵犬就感受不到。

三、吉地中水的作用

戚珩、范為研究風水理論認為,「吉地不可無水」,「地理之道,山水而已」。相度風水須觀山形,亦須觀水勢;甚至「未看山時先看水,有山無水休尋地」;「風水之法,得水為上」等等。講究水的功用利害與其形勢、質量之間的關係,諸多論說,概稱「水法」。所以注重「水法」,首先因為水與生態環境即所謂「地氣」、「氣」,息息相關。認為「山之血脈乃為水」,山之骨肉皮毛即石土草木,「皆血脈之貫通也」;「氣血調寧而榮衛敷暢,骨肉強壯而精神發越」。俗謂:「山管人丁水管財」,蓋以農為本,水不啻為農業之命脈,喻水為血脈財氣,最早出自《管子・水地》而為風水家引申,其云:「水者,地之血氣,如筋脈之流通也,故曰水具材也。」凡耕漁、飲用、去惡、舟楫之利,以及調節小氣候,莫不仰給於水。故風水理論認為:「水飛走則生氣散,水融注則內氣聚」;「水深處民多富,淺處民多貧;聚處民多稠,散處民多離」。至於「水是移人形體情性如此」,即水質與人疾病夭壽關係,種種事象,不惟風水家言,見載史籍也甚多,不必贅引。可以指出的是,風水「相土嘗水」,鑒別水土質量的種種吉凶之說,已從當代諸如克山病、大骨節病等地方病的地理地質調查中得到證明,同一地域之有病區、非病區及重病區,全在地貌與水土質量不同,分析結果,正與風水長期為古人倚重,是有其道理的。

水為風水所重還在於交通和設險之利。如論交通之利,《平洋全書》說:「依山者甚多,亦須有水可通舟楫,而後可建,不然只是堡塞去處。」《管子》及風水家喻水為血脈而流通大地,也兼指交通之利。在這方面,包括設險之利,風水論說諸多,如「水城」之說等,與前述先秦城市選址諸地理因素論說實旨相同,不再重複。

風水家相地重水,原因之三,還在備水害的考慮。不惟水淹之虞,而由水流沖刷、浸蝕、淘切等而引起諸多災害,也為風水家所注重,通過合理選址兼以城防、堤壩及人工河渠而避免之。最典型莫過河曲處的選址,即古時汭隩之宅,認為:「大江大河一二十里而來不見回頭環顧,中間雖有屈曲,絕不結穴。直至環轉回顧之處,方是龍脈止聚。」

水在風水中有重要的作用。首先,它跟龍的關係密切。水是龍的血脈,水大,龍來長。水小,龍來短。水來處是發龍,兩水相匯,水盡處龍亦盡。第二,它是構成風水景觀的基礎。水曲則財祿聚,水直則貧賤夭亡。前水不宜直射,後水不宜直流,全以屈曲為貴。第三,平洋地區水又代表龍脈。行到平洋莫問龍,只看水繞是真龍。第四,水與氣有密切關係,水飛走則生氣散,水融注則生氣聚。眾水停注之地,為沼為涉,為池為湖,乃真龍憩息之所。氣為水母,水為氣子,子母相隨,環聚斯美。(《相宅全書》)

據程建軍研究,水是自然界一種非常重要的物質,其對調節氣候、淨化環境具有重要作用,人類更是須臾離不開它。但選址不當或使用不善,它也可促成無情的洪水吞噬莊稼和房屋,或是引起污染,破壞生態系統。所以建築的選址中如何處理水的問題也就是至關重要的問題之一了。

風水學中,擇水具有極其重要的意義。風水理論認為「吉地不可無水」,所以「尋龍擇地須仔細,先須觀水勢」,「未看山,先看水,有山無水休尋地」,水受到了風水家的特別重視。他們認為水是山的血脈,凡尋龍至山環水聚,兩水交匯之處,水交則龍止。由於水流的彎曲緩

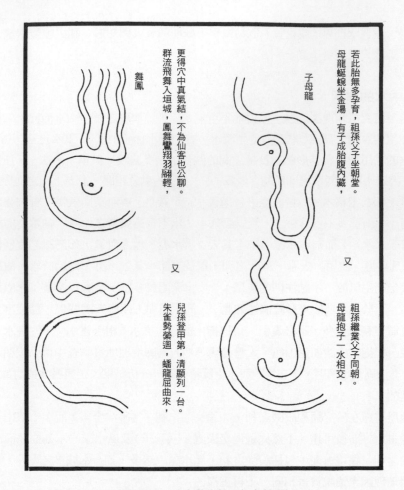

圖3-14 《水龍經》吉水格局

急千變萬化，風水家也將水比作龍，稱為「水龍」，堪輿書《水龍經》說是專門講水系形勢與擇地之關係的，其匯總了上百種關於陰宅和陽宅的吉凶水局，以供人參考（圖3-14）。在無山脈可依的平原地區，風水家擇地便是以水代山，「行到平原莫問縱（山脈），只看水繞是真龍。」《水龍經》便專門討論了水龍尋脈的要旨和法則。

「然水有大小，有遠近，有淺深，不可貿然見水便為吉。當審其形勢，察其性情，別其吉凶，以作取捨水之標準。」「水深處民多富，淺處民多貧，聚處民多稠，散處民多離。」認為來水要屈曲，橫向水流要有環抱之勢，流去之水要盤桓欲留，匯聚之水要清淨悠揚者為吉；而水有直沖斜撇，峻急激湍，反跳傾瀉之勢者為不吉（圖3-15）。

風水理論中對水的認識除了考慮了灌溉、漁鹽、飲用、去惡、舟楫、設險之利處，還很注重對水患的認識。「天下莫柔弱於水，而攻堅強者莫之能勝」（《老子》），古人早就認識到了水的剛柔兩面性，水淹、沖刷、浸蝕等水害使人們總結出了許多合理選址和建築防禦水患等措施。較典型的例子是在河流的彎曲成弓形的內側之處，其基地為水流三面環繞。這種形勢稱為「金城環抱」，按五行，金象圓，且金生水；水亦為險阻，環抱之水故有「金城」、「水城」之稱。風水學中又稱其為「冠帶水」、「眠弓水」，是風水水形中的大吉形勢，所從皇家如故宮中的金水河，頤和園萬壽山前的冠帶泊岸，到民宅前的半月形風水池和眾多汭位住宅均由此衍出。

這種水局之所以被認為是吉利的除了近水之利外，主要在於其基地的安全、不斷擴展和環顧

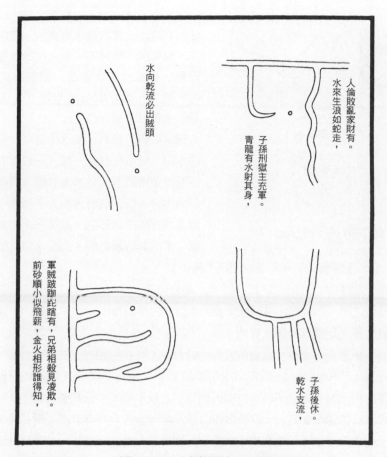

圖 3-15　《水龍經》凶水格局

有情。由現代水文地理學可知，河流在地形岩性的限定和地球自轉引起的偏向力，形成了彎曲婉轉的狀態，彎曲之處便有了許多河曲之處，由於水力慣性的作用，河水不斷衝擊河曲的凹岸，使其不斷淘蝕坍岸，而凸岸一側則水流緩慢，泥沙不斷淤積成陸，既無洪澇之災又可擴展基地，發展住宅。同時，冠帶狀的水流曲曲如活，給人以良好的視覺感受。而反弓水被認為會「退散田園守困窮」，十分不吉利。

　　古代風水學中關於水的認識，大多是符合科學道理，故可多為今日選址所借用。如可選擇河流凸岸的台地上，且要高於常年洪水水位之上，避免在水流湍急，河床不穩定，死水沼澤之處建房等等。除此之外，對水源水質也要詳加注意。就水源來說，不外有三種，其一是井水，井址的選擇應考慮到水量、水質、防止污染等因素。盡可能設在地下水污染源的上游，方便取水處。要求井位地勢乾燥，不易積水，周圍20～30米內無滲水廁所、糞坑、畜圈、垃圾堆場和工業廢水等污染源。其二為泉水，常見於山坡和山腳下，水質良好和水量充沛的泉水不僅是適宜的水源，而且還有淨化空氣和美化環境的作用，所以住宅周圍有山泉者，當為吉利之住宅。風水書也說：「有山泉融注於宅前者，凡味甘色瑩氣香，四時不涸不溢，夏涼冬暖者為嘉泉，主富貴長壽。」其三為地面水，如江河湖泊和蓄存雨水等，此類水污染情況較井水和泉水嚴重，所以水的飲用取水點盡量選在聚落點河流的上游，排污點設在下游。如有條件飲用的水最好在岸邊設砂濾井，淨化水質提高水的清潔衛生程度。

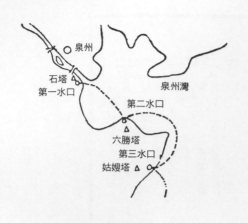

圖 3-16　泉州三大水口

就水質方面來說，以觀察品嘗的簡單易行的方法來判斷時，當掌握水應清澈、透明、無色、無臭、無異味、味甘等。有條件的應當作化學生物試驗，檢查水的軟硬度、礦物含量和細菌含量等。看來，對水環境的考慮不外注意水勢、水源、水質三方面而已。

何曉圻研究認為，風水中還有一個常見的因素謂水口。城市與村鎮一樣，一般都有水口，只因距城市距離較遠，常被人忽視。例如泉州市就有三大水口，以三塔層層引入，形成了城市的極為豐富的外部空間形態。其第一水口為溜江石塔，第二水口為石湖之塔，第三水口為姑嫂塔，又叫「關鎖塔」。這三座塔構成了泉州市的門戶（圖3-16）。

城市水口的位置與環境要求與鄉村大同小異，如泉州第一水口處的溜江石塔就與兩側的凌霄、寶蓋二山成鼎足之勢。而福建明溪縣城東面的水口，右岸為象山，左岸為獅山，兩山對峙，被形家稱為獅象交牙，足見其為風水寶地。

水口在村落中極重要的意義，它象徵財源、前程等，往往引起村民的極大注意。

水口一般分為天門和地戶，它要求天門開而地戶閉，這樣才能聚氣，從而使財源滾滾、家丁興旺。最典型的例子是安徽績溪縣馮村的天門地戶之設，顯得十分規整（圖3-17）。

水口的位置以具體情況而定，一般多選在山脈的轉折或兩山夾峙清流左環右繞之處。我國河流多自西北流向東南，故水口多在東或東南方，即所謂「巽位」吉方。水口距村落的距離一般

圖 3-17　天門地戶示意圖

在一里至六七十里之間，它根據地氣的大小而定。

水口處一般建造一些建築物，常見的是橋台樓塔等物，並輔以樹亭堤塘，以增加鎖鑰的氣勢，徹底扼住關口。而有較高文化素質的地方則建以文昌閣、奎星樓、文風塔、祠堂等物。《仕里明經胡氏宗譜》有這樣記載：「……水口兩山對峙，澗水匝村境，……築堤數十步，栽植卉木，屈曲束水如之字以去，堤起處出入孔道兩旁為石板橋度人行，一亭居中翼然，……有閣高倍

圖 3-18　水口處建築佈局

圖 3-19　水口閣廟

之……榜其楣曰：文昌閣。」（圖 3-18）

　　而徽州西遞水口有文昌閣、魁星樓、風水塔、觀音廟等建築，足見水口的重要性。

　　平原地區的水口常在去水中央立州或土墩，並在其上建閣或廟（圖 3-19），同樣能夠達到保留風水的目的。如浙江烏青鎮在分水墩上建閣，即所謂「今又於水墩之左建一傑閣則風水愈固，財源愈美。」像這樣在分水墩上建閣者，江浙一帶不勝枚舉，這裡就一一舉例了。

據洪丕謨研究，風水術中尋水，不但要求水要環，要澄，要源遠流長，要從生旺方來，並且還要求水要朝對山脈的來龍和至此止息不流。因此，關於「水口」的理論也很重要。所謂「水口」，就是一方眾水的總出之處，也就是聚會之處。原來山的貴賤，格局大小，都和水口有關，比如祖龍開展，形成羅城樣的格局，而羅城餘氣，又各自延伸回環成墓前的關闌。這種術名為砂的關闌，不管是纏護周密，或起捍門，相對特峙，還是或錦旗，或出禽曜，或如獅象蹲踞，都要有止水回護前面而留得生氣的，才能身價倍增。如果在群山之中，又必須有交互水口的，生氣才能力。如果尋找帝王落葬的山陵佳地，還必定要有北辰尊星坐鎮水口，高昂聳異，遠遠看去能夠驚懾住人的，方才能夠稱為「上格」。又有正局和偏局的不同。正局水口砂勢兩面合抱收回，偏局水口砂勢一面單卷，一面借輳。然而不管正局也好，偏局也好，那水口的砂勢，又要以「跌斷或星體」的為貴。以上這些，都是就總水口而說的。正水口也叫大水口。

如果大格局裡不只一龍，不只一穴的，則必定每龍每穴之身，又各有著自己的小水口。昔人有云：「大水之中尋小水。」就是指由大水口中派生出來的小水口。因為水口和砂勢有著極為密切的關係，所以對於兩者的巧妙結合，又有「專結」的說法。這種專結，就是說，不管小水口還是中洋、外洋，周圍最好都要有一重重的砂勢收結，這樣水澄砂環，以水口作為扼住咽喉的門戶，墓地的風水自然就趨吉了。這用一句古話來說，就是「關門若有千重鎖，必有王侯居此間」。

然而，以上這些風水術中的問水之法，都是就總體要求而說的。其實在自然界中，水的形態千差萬別，千姿萬態，因此，有關幹水、支水、順水、曲水、纏水、界水、湖蕩水等自然水法，以及所謂的「五星」分類和異形之法等等，也就引起風水家們的重視，並從而引申演變出種種荒誕不經的說法來。

自然水法的範圍包羅很廣，這裡僅就幹水、支水、順水、曲水等等，作一扼要的探討。

幹水。所謂「幹水」，就是大江大河的主幹之水，就好比樹木一樣，粗大的樹身是幹，分散的樹枝是支。自然界的幹水，就風水的看法來說，大致有兩種情況，一種是幹水成垣，另一種是幹水散氣。前者可用而後者不可用。

幹水成垣。垣就是牆，風水術家認為，迢遞而來的江河之水，也只有形成了環形的「牆」，才能圍住地中生氣而為葬者所用。在平原中看取墓地，水也是龍。如果水流一瀉而去，不見回頭環繞之處，那麼流過之處即使偶然有著一些屈曲的處所，也絕不可能結成生氣凝聚的吉穴。原來地中生氣，直至環繞回顧之處，才是龍脈止聚的地方，這就是古葬書中所說的「氣乘風則散，界水則止」，「界水所以止來龍」了。如果水流迢遞而來，十里二十里處還不見水流回環成牆，那就說明以往的屈曲之處，就是行龍之處。古詩有云：

龍落平洋如展席，一片茫茫難捉摸。
平洋只以水為龍，水纏便是龍身泊。

因此，在地勢平坦之處尋找龍穴，必定要在水城大纏大回之處去作仔細的探求，些許小的曲折回頭，只是真龍束氣結咽的地方，是形不成生氣凝聚的結穴的。

幹水散氣。幹水汪洋恣肆，斜行而來，中間看去雖有屈曲，然而卻又形不成環抱之勢，這時其間如果沒有支水回環以作內氣，那就結不成生氣凝聚之穴了。由於這種幹水未能回環成垣，聚得生氣，所以人們便管叫它「幹水散氣」。

支水。支水是幹水的分支，就好比樹有枝一樣。支水有種種情況，如果直流而去，不能交界

回抱的，就結不成穴。交界的支水，有各種各樣的狀態。

幾種交界的支水，不是前後重重交鎖，就是左右重重交鎖，幾分幾合，說明束氣結咽，龍脈到頭，加之看去圓淨端嚴，形勢秀逸，這時如果再見局內龍虎前後左右，護衛周密，就可在此立穴了。

曲水。水流曲曲回環，形成牆垣，往往有所結穴。其中又有兩種情況，一是「曲水單纏」。這種單纏，就是曲水一支，回環纏繞，形成種種不同形式的牆垣。這是曲水單纏中較為有名的。據說葬得這種吉地吉穴，家屬爵尊福厚，富貴悠久，美不可言。

另一種是「曲水朝堂」。曲水不只一支，或三曲五曲，回收周匝，各各包裹朝護著墓前生氣凝聚的明堂。曲水朝留有多種形式，除了「風擺柳條」稍遜一籌外，絕大多數都能鍾秀聚神。

順水。水流順勢而來，只要不逕直流去，到止息處有所回抱的，也能結穴而聚生氣。劉基《堪輿漫興》說：

> 順水之龍穴要低，有砂交鎖始堪為。
> 面前若見滔滔去，縱是龍真罹禍危。

能夠結穴的順水，有曲勾和界抱兩種形式。

第六節　有關風水穴的原則

一、穴位的概念

據李樹菁研究，穴位的概念起源甚早，首先來自地理。宋代地理名家賴文俊在其所著《披肝露膽經》中指出：「夫地理之術起自上古，其時惟有龍峽穴耳。後人增入砂水，以便斷驗禍福，究其至理。全以生氣為主，龍穴為本，砂水為末。」由這段論述可知：地理上的龍脈與穴位概念至少在西周以前（上古）就有了，而經絡學說的起源要晚於古代地學上的龍脈、穴位觀念的提出。由此可知，人體的經絡、穴位概念是從地學上來的。根據《黃帝・靈樞經》和楊繼洲《針灸大成》上的穴位名稱，亦可看出經絡穴位名稱多與山川丘陵河谷等地學上的名詞有關。其中有海（照海、小海等），河（四瀆），溪（太溪，後溪等），溝（支溝），地（地倉），井（天井），泉（湧泉、陰陵泉、陽陵泉等），池（陽池、曲池等），澤（尺澤、少澤），淵（太淵），渚（中渚），山（承山、崑崙），丘（商丘、丘墟等），陵（大陵、下陵等），谷（合谷、然谷等）等等地理和地貌名稱。

到了晉代，哲學家兼地理學家郭璞在其《葬經》中把經絡學說中的一些概念又借鑒到地學上，提出大地的「生氣」、「形」、「勢」等概念。晉陶侃《尋找捉脈賦》中提出了「穴占中央，……山若作穴，水自回環」的看法，論述了穴與地面水流方向的關係。南北朝前後成書的、托名古青鳥子撰的《青鳥經》中有「不蓄之穴、不及之穴、騰漏之穴、背凶之穴」的名稱。以上地理書中關於龍穴概念，由於吸收了當時經絡學說中相應的概念，要遠比宋賴文俊所說的上古的龍穴觀念細緻、深刻得多。

到了唐、宋時期，楊筠松、曾文迪、卜則巍、廖禹、賴文俊以及蔡牧堂等人在其地學著作中對龍穴的論述已形成體系。

唐卜則巍《雪心賦》中提出「穴總三停，山分八卦」之說，認為穴位之間距離是互成倍數或

相等的。這與斷層等間距的看法一致。級別相同的穴或斷裂呈等間距分布。級別不同者，間距互成倍數。

宋蔡牧堂的《穴情賦》發展了穴的概念，提出了「穴暈」。暈是穴的外圍不太清楚的輪廓，可以定穴。這有點像地球化學上講的分散暈。他並且把穴進行分類，分為蓋穴、檀穴、倚穴、撞穴、生穴、死穴等幾類。

明代學者在前人對大地穴位研究的基礎上，十分重視根據氣來定穴。明肖客提出「氣現則成穴」。明正統《道藏》封字號輯錄的明《堪輿完孝錄》（無名氏著）中羅列了穴場上空十種雲氣形態和色彩的表現：

(1)「觀氣之高低體態，可以卜知所結龍穴之長短。」

(2)「觀氣端然直上，定知正穴在平龍。」如果氣上升得很直，說明是平原上的穴位。

(3)「幹氣自然雄偉高大，支氣自然卑小清弱。」主於山脈附近的穴位的氣較高，分支山脈穴位的氣較低。

(4)「氣如重疊，色艷而濁。」氣比較濃，一層層疊置在一起，顏色顯艷而混濁不透明。

(5)「氣如張蓋，色清奇。初吐一線上結華蓋，蔥蔥鬱鬱，如雲如煙。」這種氣比較清，可能所含的暗色粉塵少，但初始噴射壓力比較高，故開始噴氣的軌跡像一條線，到空中形成蘑菇形（華蓋）。

(6)具有彩色，像龍活動的樣子。

(7)「紅光明燦，森森林林，如虹如月。」

(8)氣宇軒昂，輝映醒目。

(9)「初若雲煙鼎沸，中青外紅，如流星觸地。」

(10)「赤白一線，直衝貫日。」

以上對於穴場十種氣的形態和色彩的敘述，很像《周禮》上所說的十煇之法。煇是太陽周圍的光氣和色彩。當時訓練一些人專門觀測太陽周圍光煇的變化。這些人的視力經過專門訓練後，要比一般人的視覺靈敏得多。既然先秦對太陽的光煇可通過視覺的訓練而分辨出十種，那麼，經過類似訓練的人同樣可以分辨出若干種大地穴氣的形態和色彩，這是很易理解的。風水穴此處意為吉祥地，其周圍地區的力量能被人類所獲取。大家不要指望能在吉祥地找到一個真正的洞或穴，因為這不過是對能產生或表示區域景觀吉祥性的地點的一種隱喻說法。

經絡都聯繫一定的穴位，穴位可說是經絡氣血通達於體表的特殊部位，《內經》稱之為「氣穴」，又解釋作「脈氣所發」和「神氣之所遊行出入」之處。正常時通行營衛，異常時反應病痛（《素問·氣穴論》：「以溢奇邪，以通榮衛」），針灸等治法則通過穴位來調整氣血而解除病痛（《素問·五臟生成》：「此皆衛氣之所留止，邪氣之所客也，針石緣而去之。」）說明穴位與經絡是緊密結合的。

《內經》一書主要講述醫學基礎理論，沒有全面記載具體的穴位。在帛書所載十一脈中沒有穴名，在《靈樞·經脈》中有少數穴名（多數作為部位概念），《靈樞·本輸》才記有四肢部井、滎、輸、原、經、合各特定穴。其他，如《靈樞·背俞》、《素問·氣穴論》、《氣府論》等篇各有分散的記載。《氣穴論》還提出「氣穴三百六十五，以應一歲」的話，這是個約數。實際《內經》各篇所載的穴名大約是一百六十個，作為經絡穴位的專節《明堂孔穴》據《針灸甲乙經》轉載，全部穴名是三四九個。

穴位的發現應該是從少到多，其與經絡的關係，可能是先發現少數的基本的穴位，然後認識

到經絡的聯繫，在經絡知識的基礎上進一步又補充了不少穴位。《內經》所載的一些穴位當是屬於基本穴，對經絡學說的形成關係最大。《明堂孔穴》以後，宋代《銅人輸穴針灸圖經》增加五穴，計三五四個；後《針灸資生經》及《針灸大成》增加五穴，計三五九個；清代《醫宗金鑒》增加二穴，計三六一個。所補穴位，原先屬於經外奇穴，近人也有將一些常用的經外奇穴進一步進行歸經，使經穴數字又有所增加。

經絡穴位圖，古代稱「明堂孔穴圖」或「明堂圖」，晉代《抱朴子》就引用過〈明堂流注偃側圖〉。偃側指伏、側、仰的姿勢，後來又稱〈明堂三人圖〉。人體的穴位，是大地穴位的引申。其基礎二者同出一源。

二、風水穴類型

據尹弘基研究(何海燕譯)，有關山、水、風、向的重要風水原則為尋找風水穴提供了線索，通過生氣的影響人能從環境中得到福佑。儘管在尋找風水穴時，可借助於這麼多複雜的風水規範，但顯然找穴甚至對一位優秀的風水師來說也不是件容易事。風水師曾說要一位普通風水師指出哪個地方有風水穴不是很困難的，但若要他指出其確切位置就非常困難了，甚至對技術熟練的風水師也不例外，風水師又用了一句「看房子易，見屋裡女人難」的風水諺語對此加以進一步解釋。為了更好地理解這句諺語，我們必須先解釋一下，這是因為上層社會婦女通常住在深宅大院裡，極少為外人所窺見，故有此說法。在野外旅行過程中，常聽一些風水師說很多好建築儘管離穴很近，但並未正好落在風水穴上。顯然很多風水師通過觀察周圍的山水形勢，能夠接近風水穴所在的那片區域，但不能精確地定出風水穴的位置。據說處於這種情況下的建築不可能如它們應該的那樣來顯示吉兆，因此運行於地下的生氣只有通過穴才能為人所得、所用。如果找不到穴，觀察山脈、水道的所有努力都將是白費工夫。

現在讓我們看一下風水穴的形狀像什麼以及它們可能位於何處。按風水穴形狀可將其分為四種類型。這種分類法顯然為所有風水師所接受，而且甚至對一個沒有文化的鄉間風水先生來說也是一門必備的基本知識。這四種基本類型如下：

(1)窩型：形如張開的嘴巴。若穴形像擁抱物體的雙臂，則為吉形。這種穴可在高山或低丘找到。

(2)鉗型：形如分開的雙腿。

(3)乳型：形如乳房。

(4)突型：形如倒扣的平底鍋。

這四種類型可能暗示生殖器官（腹股溝、嘴和乳房）。據說風水穴位於土地的全部力量所聚集之處。這種觀點可能來源於人類生殖器官的位置和功能。此外，吉祥富貴從風水穴向外流溢可與婦女分娩相比擬。

吉地的理想條件十分重要。下面概括一下所討論過的風水原則。哪種地形對吉祥地較理想呢？它要求具備下列條件：

(1)來龍須源遠流長，形如生龍飛騰，蜿蜒起伏。並應綿延不斷、層層疊疊地奔向吉地。當然山脈形貌要秀麗可人。

(2)主山須莊重尊貴，看起來像能傳運生氣。

(3)青龍和白虎應環抱吉地以聚積生氣。

(4)案山和朝山須形如朝揖侍奉主山，為主山而存在，風水穴就在主山下面。

(5)吉地之內和周圍須有水道，水流應平緩，迂迴曲折。

(6)風水穴處（陰宅或陽宅地）應沒有地下水和地表水。

(7)應沒有任何風吹進風水穴一帶（有例外情況）。

(8)風水穴中須具備優質土壤，土應結構堅實，文理細膩，顏色絢爛美麗。

(9)上述地形應與吉利的方位相配合。

(10)這些原則適用於城市、聚落和陽宅。

尋找風水穴的步驟：

風水師按照風水原則，怎麼做才能一步步接近某地以便尋找吉祥寶地呢？儘管不是所有的風水師都遵循統一的程序，但仍存在為大多數風水師所贊同的標準步驟：

(1)登上某地區內相對較高的丘陵或山峰頂部，俯瞰整個區域，看是否有吉「龍」，如果有，則順龍一直追至其聚止處。

(2)觀看一下周圍山脈大勢，看它們是否環繞來龍的聚止地。

(3)若山峰環繞此地，從風水原則方面詳細察看「四神砂」和水道狀況。

(4)然後下山，到風水穴所在地（主山腳下），測量「入首」和「眉砂」的方向及確定墓地方位。

(5)檢查風水穴內的土質狀況。

張龍得風水師把整個程度比作順藤摸瓜：先從根開始檢查，然後到鬚，接著至枝，最後摘到甜瓜。

風水中點穴：

點穴即是確定陽基的範圍。陽基的理想特點是：地勢寬平，局面闊大，前不破碎，坐得方正，枕山襟水，或左山右水。一般的建築格式多喜扁矩形，而忌縱深方向的狹長形。點穴的總體上講，基本上都是依照中國人的生存需要和審美觀念所作的考慮，內容比較具體。當然也有人依照陽宅建築的基本模式加以倫理附會的。如「三綱五常」說等，即「一曰氣脈為富貴貧賤之綱；二曰明堂為砂水美惡之綱；三曰水口為生旺死絕之綱。」五常即「一曰龍，龍要真；二曰穴，穴要的；三曰砂，砂要秀；四曰水，水要抱；五曰向，向要吉。」

第七節　有關「風」與「氣」的風水原則

一、「風」與「氣」的概念

風水二字表明風和水一直是選擇吉地的兩條重要因素。《葬書》認為「藏風」是風水中的最重要條件之一。除了強調其重要性之外，大部分風水書對風論述不多。為什麼會這樣呢？《葬書》並未把山列為兩條最重的風水法則之一，但在大多數風水書中，對山脈比對任何其他風水要素論述得都要詳細全面。為什麼呢？要想解釋人們為什麼這麼重視山，得先了解為《葬書》所論及的氣這一風水概念。

《葬書》認為陰陽二氣運行地下則為生氣，噴發出去，則為風（圖3-20）。風和生氣是同種物質（陰陽二氣）的兩種不同存在狀態。因此，當生氣露出地面，升入空中，就變為風，如果風被吹散蕩盡，就會無法利用，故為了將生氣聚止於某地，有必要防止生氣蕩散。不管怎樣，只有環繞吉地的層層山巒才能遮擋住風。這就是吉地之所以通常是為群山所環抱的盆地的原因。所以，從理論上講，若有風很易吹進吉地，該地就不值得占用了，因為在這種地方甚至連源自

葬經內篇

晉郭璞撰

葬者乘生氣也大陰陽之氣噫而為風升而為雲降而為雨行

乎地中而為生氣行乎地中發而生乎萬物人受體於父

母本骸得氣遺體受蔭經曰氣感而應鬼福及人

故葬者反氣內骨以蔭所生之道也經曰氣感而應鬼福及人

是以銅山西崩靈鐘東應木華於春粟芽於室氣行乎地中其

行也因地之勢其聚也因勢之止古人聚之使不散行之使有止

故謂之風水風水之法得水為上藏風次之何以言之氣之盛

雖流行而其餘者猶有止雖散而其深者猶有聚故經曰外氣

隨經曰氣乘風則散界水則止古人聚之使不散行之使有止

行乎地中之為葬其餘者猶行止雖容散而其深者猶有聚經曰外氣

橫形內氣止生蓋言此也經曰淺深得乘風水自成上古氣之

葬經內篇

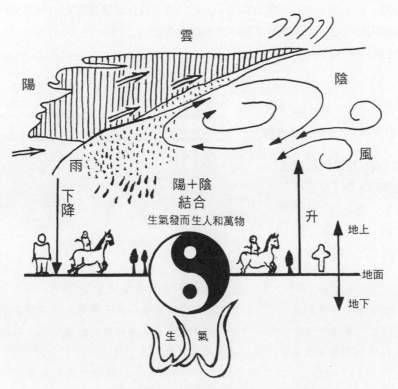

雲

陽　　　　　　　　　　陰

雨下降　　　　　　　　　風

陽＋陰
結合

生氣發而生人和萬物

升

地上

地面

地下

生氣

圖 3-20　《葬書》與陰陽二氣變化圖

137

吉龍（山脈）的生氣都不會為人所用。

《地理八十八向真訣》將風分為八種，並注釋如下：

(1)前有凹風是明堂傾斜的標誌，不是沒有案山就是案山凶，並且不能聚止生氣。因此，此風不吉，主貧窮潦倒，子嗣無繼。

(2)後有凹風表明無主山。此風不吉，主貧困，短命，人丁不旺。

(3)左有凹風是青龍軟弱（低矮）不振的標誌，凶，這樣就會喪夫寡居。

(4)右有凹風表明白虎斷續不連，凶，這樣就會子嗣無繼。

(5)兩眉凹風指從主山和青龍山以及主山與白虎山交匯處吹來之風。凶，這樣就會子嗣無繼。

(6)兩足凹風指來自青龍和白虎尾部之風（足指青龍、白虎兩抱山的尾部）。大凶，主傾家蕩產，滿門滅絕。如果這些風吹自艮方（東北方）則凶極無比。

如上所論，這八種風均不吉利。八方風簡稱八風。八方風指「來自八個方位之風」。風水中沒有凸風，只有凹風，之所以稱凹風是因為只有當山中有溝谷存在時，風才能由此吹進群山環抱的吉地。如果吉地為連線不斷的重山疊嶺所層層環繞，密如完城，那麼當風吹來時，就會越此而過，不會吹進吉地。因此，吉地中的風反映了環繞吉地的山巒的質量。現在可知儘管《葬書》並未將「山」定為最重要因素，但它為什麼仍然是風水中最重要的因素以及為什麼比風更受重視了。

至於吉地中風的性質，風水師確信風水穴處不應有任何方向的來風。但不管怎樣，在一些特別實例中，具有多方來風的地方也會很吉利。

按陰陽概念，風還可分為下述兩種類別。若風從山頂往下吹則稱之為陽風；反之若從山谷向上吹則稱之為陰風。這是一種很普通的分類法。

總之，可以這麼說，風水師並未忽視風的作用，但對它是通過為藏風必需的山來間接加以強調的，環繞吉祥地的山的重要性同時反映了風水中風的重要性。

「風」與「氣」是相互聯繫的。古人說：

> 必察天地之氣，原於陰陽，明於孤虛，審於存亡，乃可量敵……。

中國古代，認為「氣」是萬物內在的、流動的本質的體現。對「氣」的陰、陽表現作了分類（圖3-21）。另外物體還有金銀之氣、珠玉之氣、劍氣、唇氣……的不同。古人還認為：

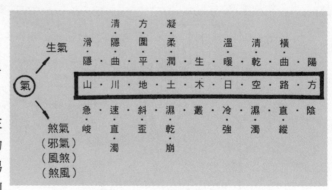

圖3-21 生煞的判斷規則

「天積氣耳，亡處亡氣，若屈伸呼吸，終日在天中行止，奈何憂崩墜乎？」其人曰：「天果積氣，日月星宿不當墜邪？」曉之者曰：「日月星宿，亦積氣中之有光耀者，只使墜亦不能有所中傷。」其人曰：「奈地壞何？」曉者曰：「地積塊耳，充塞四虛，亡處亡塊，若躇步跳蹈，終日在地上行，奈何憂其壞？」其人舍然大喜，曉之者亦舍然大喜。

長廬子聞而笑之，曰：「虹霓也，雲霧也，風雨也，四時也，此積氣之成乎天者也；山岳也，河海也，金石也，火木也，此積形之成乎地者也。」

「氣」和「形」的關係如何呢？中國古代認為：氣是無形的，形體是有實質的。形體是由氣形成的，氣則寄居於形體中；氣由天降臨大地，而大地的功德，就是接載著下臨的氣。

氣屬陽，地是陰，兩者互為依靠，互相沖激，有衝擊就要勢力平等，無人被克制，才能各得其所，永遠保持福壽康寧。如果陰陽互相克制，禍害休咎就會接踵而來。

星宿帶動天的氣，山川帶動地的氣，萬物依賴天地的氣才能生存。因此天地的氣，因形體而止，留而下去，與萬物合而為一。萬物變化生存皆因有氣可納，因而形氣合一。人死後之魂魄亦因和後天的氣脈有感應而合一，福德亦應之而來，故此人要和天地之氣混為一體，才可以得到福澤，這就是造化的機緣。

宇宙在混沌未開時，是無極（後化成太極）的世界，空無萬物。混沌初開時，太極生兩儀，兩儀化四象，四象變八卦，八卦而變成六十四卦，於是產生了萬事萬物。理氣是寄託在氣象之中，而形體的凝聚產生氣象。日月星辰的剛陽之氣向上騰升，山川草木的陰柔之氣向下凝集。陽氣因太極而昌旺，陰氣因太極而成就。太極在陽德中是形象，在陰德中是方位，地有四種形勢。氣從八方而流動，地因氣的流動而成形。氣在大地積聚造化萬物，因形止而氣蓄，萬物得以生生不息。

陽氣從風而行，乘勢四散；陰氣從水而行，因受到山的限制而停止。人用五行的形態定萬物的形象；用八卦的興旺斷方位的吉凶；用六十甲子的紀年批命運；以八個方位的氣之背合，審查氣數；以六十甲子的虛盈，推定歲運吉凶；用六氣的新陳代謝審查時令，人類依此順應大地五德，循環不息。聖人制禮作樂，定人倫法紀，建立人道。智者知道人道因大自然的陰陽變化而來，故卜地葬親，是為了慎終追遠，而後人因大自然而得到福蔭。因此人道以大自然為始為終的宏大道理，就是造化的成功。

春秋時期，思想界的一個重要任務就是探究物質世界的本源。至戰國時期，宋尹學派提出了一個嶄新的觀點，他們認為精氣是構成萬物的本源，世界上的形形色色，物質現象到精神現象，都由「氣」構成，一切事物都是「氣」變化的結果：「凡物之精，比則為生，下生五穀，上為列星，流於天地之間，謂之鬼神，藏於胸中，謂之聖人，是故此氣，杲乎如登於天，杳乎如入於淵，淖乎如在於海，座乎如在於己。」意思是說：世界上一切東西得到了精氣，它就存在，地上的五穀、天上的列星都是精氣產生的。精氣如流行在天地之間就有了鬼神，精氣深藏在人們的胸中就成為聖人。它的光耀像在天上，幽微像在深淵，濕潤如在海，峭拔如在山。但是「氣」本身在這些變化中保持不變。其自身能變化出各種各樣的東西。宋鈃、尹文不僅把「氣」看成是物質世界的本源，而且認為精神現象本身也是由「氣」構成的，這其中包括鬼神、靈魂。宋尹認為形神的關係是：「氣道（通）乃生，生乃思，思乃知，知乃止矣。」有了精氣才有生命，有生命然後才有人類的思想和智慧，人類的精神活動是由精氣派生出來的。後世的陰宅風水理論就是完全建築在精氣思想的基礎之上。

自晉代郭璞《葬書》之後，「氣」的理論便成為風水的中心問題，一切具體的風水活動都必須以得氣為主而展開。所謂乘氣、聚氣、順氣、界氣……「凡著地……總以氣為主。」它要求人的小宇宙之氣必須同周圍環境的大宇宙之氣相協調、相統一，秉承天地之氣而大有作為，這是中國風水觀的最基本的要點。因而，風水特別忌諱死氣、煞氣、泄氣、漏氣，認為這會帶來惡運，放跑財源，乃至導致疾病。

二、風水中「望氣」

風水認為太祖山之上，於夏秋之交，雨霽之後，丑寅之時，必有上升之氣，因而風水常以氣的形態辨吉凶。一般來說，如果氣發於山巔，直起沖上，下小上大如傘，就是真氣。如果氣橫於山腰，則是雲霧之氣，而不是真氣。以質而論，氣清者主貴，肥濁者主富。端正者出文，偏斜者出武。比較出眾的風水先生還能夠辨出氣的色彩，以赤黃色為上，青白黑次之。望氣似乎更多地同人的氣功狀態聯繫在一起。

在入山尋龍過程中，望氣尋龍也是其中的一個組成內容。大抵山川之氣，和太陽的出沒有著很大的關係，由於中午時太陽高懸空中，「其氣潛伏，無可覘驗」，所以一定要在太陽還沒升起，陽氣始興，或在太陽才一下山，陰氣漸萌之時，方是驗山川之氣的最佳時刻。古書有云：「黃富而青貧，赤衰而白絕，唯五色之氣氤氳，乃綿綿而後傑。尋龍至此，能事已畢。愛銀海之明，欲靈犀之活。」同時，又有福喜之氣，衰敗之氣的種種不同。學「福喜之氣，上黃下白，如牛頭之觸人，如羊群之相迫，如人持斧以騰身，如將舉首而向敵。或如堤坂（其氣橫亙），或如木植（其氣森列）」，關鍵是「其氣凝聚有力」。又如「衰敗之氣，下連上擎，聚而復興，澈而復赫，如卷石揚灰，如亂稿壞帛，如驚蛇飛鳥，如偃魚（氣不踴躍）巨舶（形體橫臥，沒有振興之象）」，問題在於「其氣零散不凝」。

對於望氣尋龍，《青囊海角經》也自有它的說法。詩云：

山勢成龍土亦溫，茂林修竹木盤根。
靈源怪石天然巧，吐氣興雲看曉昏。

詩末串解：「冬、夏二至，晨昏雨後，氣升如蓋，如禽主文，如獸主武，氣異極貴。或如石門，或隱隱如千石倉，或如山鎮，或如樓層在雲霧中，此異氣也。凡氣霧濃盛者，此吉地也。」

風水家將「天人感應」理論引進風水學說中，形成受蔭說，即所謂「氣感而應，鬼福及人」（《青烏經》）。環境何以能蔭生活在其中的人呢？原來天地之間都是氣，環境接地氣以納天氣，天地之氣，以轉授生人，讓生活在其中的人得到以後便大吉大福（《地理或問敘》）。這就是所謂以氣感氣，其吉凶禍福絲毫不差。有一種無知的人，只以富貴利達為心，損人而利己，這樣就破了和諧環境的基礎，是得不到大吉大福的風水寶地的。而心存公、義，也可以形成吉祥和順之氣，化不利的環境為吉利的環境。

在中國古代，對「望氣」有著典型的例子。

據譚吉人等研究，隋唐時代袁天綱善於望氣。一天早上，袁天綱特地來求見隋煬帝，他來到殿前，行了君臣之禮後，說道：「臣這幾日來，見天象有異，不敢不奏聞陛下。」

煬帝道：「天象有何變異？先生慢慢地奏上。」袁天綱道：「臣觀得西北方，不時有王氣隱隱吐出，直上衝於房心之間，或結成龍文，或散作鳳彩，此名為天子之氣。事關國家運數，臣不敢不奏聞。」

煬帝道：「朕聞山川皆能吐氣，況氣乃虛無縹緲之象，如何便得吉凶？」袁天綱道：「氣雖虛無縹緲，其實有凶有吉，種種不同。」

煬帝道：「你就說有哪幾種不同。」袁天綱道：「有一種似煙非煙，似雲非雲，鬱鬱紛紛，現紅黃二色。狀若龍形，這叫做瑞氣。瑞氣見則人君不有祥瑞之事。有一種白若練絮，晦昧不明，乍有乍無，其狀類狗，這叫做妖氣。妖氣見，則天下不有大喪，即有兵變。有一種中赤外黃，有絲有縷，若欲隨風飛舞之狀，這叫做喜氣。喜氣見，則朝廷有非常之喜。有一種狀若長

140

虹衝天直上，中吐赤光潤澤者，叫做勝氣。勝氣見，則天子威加四海。有一種狀若人形，而白色蓬蓬不動者，叫做屍氣。屍氣見，則其分野之下，民當有流離喪亡之災。有一種赤文飛舞，團團曲曲，有如冠纓之狀，或如筆鋒牙笏之狀，皆叫做宰相氣。所見之方，當出賢相。有一種如虎如豹，如熊如羆，精光四射若火者，叫做將軍氣。所見之方，當出名將。惟此團團若蓋，青、黃、赤、白、黑五色皆備，或現龍文，或結鳳彩，方叫做天子氣。其餘還有金銀之氣，珠玉之氣，劍氣，唇氣，種種不同。臣故敢冒死上奏。」

煬帝道：「這些氣，自古以來有人應驗過否？」袁天綱道：「歷歷皆驗，如何沒有？昔周昭王時有五色雲氣貫入紫微，其年昭王南狩，不意被楚人詐獻膠舟，遂溺死於漢陰，此一驗也。漢高祖未發時，隱於芒碭山澤中，常被呂后尋著，避到一處，又被呂后尋著。高祖驚問其故，呂后道：『但是到處，皆有五色雲氣罩在上面，故能尋著。』後范增勸項羽殺高祖，亦說道：『吾使人望其氣，皆成龍文五色，此天子氣也，急擊之勿失。』後高祖果然成了帝業，此又一驗也。梁永聖四年，庚季才對梁主說道：『去年八月太陰犯心中星，今年又有赤氣貫於北斗，恐有大兵入江陵。』不久後魏遣宇文護竟滅了魏國，殺了梁主，此又一驗也。還有張華豐城的劍氣，卞和荊山的玉氣，此皆載在史書，斑斑可考，非妄誕之言也。望陛下審察。」

煬帝道：「古業帝王稱賢稱聖，未有過於伏羲、神農、堯、舜、禹、湯、文、武者，何不聞有天子氣見？偏是後世這些中主，倒有許多祥異？」袁天綱道：「古來聖帝明王，皆有祥瑞，但不定是天子氣耳。故伏羲時，有龍馬負圖於河；大禹時，有神龜獻書於洛；堯舜時，蓂莢生於階下；文武時，鳳凰鳴於歧山。種種都是上天垂象，再沒個無祥瑞的聖君。」

煬帝道：「既是西北有天子氣，則西北地方當出天子，你既能望氣，必能識人，朕就差你到西北地方，去察訪察訪何如？」袁天綱道：「氣雖先見，其人尚未生也，叫臣何處去訪？」

煬帝說：「幾時方生？」袁天綱道：「自古明良之興，皆以五百為期。以此度之，五百年間，當有真人生於其地，願陛下早早修德禳之。」

煬帝聽了，忍不住大笑道：「你忒過慮了些。五百年後的事情，便這般著急。」袁天綱道：「人無遠慮，必有近憂。」

煬帝笑道：「袁先生但能觀天文，卻不料理人事。人生宇宙間，一歲之中，也不知多少變遷，況五百年間之事，如何預能期算？或者朕後世子孫徙都於此，也未可知。你且退去，安心受用，不要替古人擔憂，朕還有別事商量。」

袁天綱見多說已無益，心裡長嘆，暗道：「隋朝亡國，為期不遠了。這西北方向的天氣，正應在太原，不是李淵父子，還有誰呢？看來，真龍當興，天意難逆，我還是順天意行事吧。」

袁天綱打定主意，便離開揚州，北上了。

三、風水中對「氣」的深層認識

據徐蘇斌研究，擇基選址基本有幾個步驟：覓龍、觀砂、察水、點穴，把氣從山上引下來，聚之於穴，即「山氣茂盛，直走近水，近水聚氣，凝結為穴」。首先是覓龍，即尋找祖山。古人認為山是氣之源，在《望氣篇》中談到山的形勢與氣的關係：「凡山紫色如蓋，蒼煙若浮，雲蒸靄靄，四時彌留，皮無崩蝕，色澤油油，草木繁茂，流泉甘冽，土香而膩，石潤而明，如是者，氣方鍾未休。」反之，「凡山形勢崩傷，其氣散絕謂死」。可見環境和「氣」的關係多麼緊密。

當「氣」運行中，又必須有氣的連續性，郭璞《葬經》說：「氣因形來而斷不可葬也。然斷

有幾等：有為水沖者，有為路所截者；有為畬鍤所傷者，龍行至此，未有不遭其害者也。」這裡龍指「氣」，氣流實希望不要受阻。

「氣」被引下龍脈後，又有左右龍虎砂山夾緊：「若非龍虎夾緊直走近水旁，則水動堂而氣散。」這時彷彿氣流到達目的地了，需龍虎夾緊，否則就會漏掉，這裡說的左右龍虎砂山就是上面提到的「形」，即環境空間，它像一個容器一樣，容納了「隱而難知」的「氣」。

砂山之前還有朝山：「開面向裡，不拘遠近，俱名有情，遠朝（朝山）及前後左右之砂皆以真面相向，無破碎尖射凶頑為融結。」可見朝山、砂山這一「形」不得與「氣」衝突，應該「以其護衛區穴，不使風吹，環抱有情，不逼不壓，不折不竄」。

朝山再向兩旁是羅城，「羅城者祖山分障包羅於外以成大局者，即龍之餘氣也。」可見餘氣還以羅城再纏，以確保氣不外溢。

因此前有朝山，後有大而高的祖山，左有青龍，右有白虎，彷彿一個大四合院，全院的唯一出口就是水口，水口為「一方眾水所總出也」（《水口篇十》），真好像四合院的大門，既是進出村的關口，又可能是溢氣的通道，是個關鍵的地方。四合院總作有影壁，以防漏氣，村落也不例外：「祖山開障展作羅城，羅城餘氣去，作關闌重重，關鎖纏護周密」（《水口篇十》）。這裡關闌、關鎖都是指水口。

古人選「形」可謂「滴水不漏」，用「形」緊緊攏抱著「氣」。雖說「氣」「形」相輔相成，但是像這樣全封閉的「氣」「形」關係在西方並不多見，這正是中國傳統文化的特色。

住宅內部也強調有一個核心，正堂中，一張條几居中，正牆是祖容，或將祖宗的牌位供在條几上；下方，還常供有「地脈龍神」牌位，象徵著宅基的核心，即「穴」的所在。

所以說風水中意念的核心和場的點場多少有些殊途同歸。

綜上所述，中國人對心理空間即「氣」在建築上的運用可謂是先人之聲，但是在論述「氣」與「形」的關係時，往往用陰陽八卦、占卜五行的方法，夾雜著生活經驗、社會道德等多種因素。

這裡把中國傳統的以及西方的東西各看成是人類精神的互補體現，兩種科學、文化，都是理性的能力，都是直覺的能力，我們無法通過一個來推出另一個，也無法把一個強加給另一個，兩者都是需要的，它們處在一個動態的交光互影作用之中，好比人的一雙腳，跌撞著邁動，才能前進。

第八節　有關土質狀況的風水原則

據尹弘基研究（何海燕譯），土質是風水中另一重要因素。葬穴中的土質狀況特別重要，那是因為風水穴處的土質狀況直接與屍骨的保存有關。墳墓中屍骨的保存狀況在風水中極為關鍵，因為後代會受到穿過骸骨的生氣的影響。風水術士相信若骸骨變黃且保存狀態良好，則此土吉祥。不管怎樣，若骸骨變黑或迅速朽爛，則此土凶。風水術士稱堅實而膩的黃土吉。此觀點很明顯是根據《葬書》的下列論述：

夫土欲細而堅，潤而澤，裁肪切玉，備具五色。

……在其《葬書》注中解釋道：穴土之土應不太軟亦不太硬。細膩豐腴，堅實滋潤，表面的文理就像剛切開的脂肪，而且鮮亮、脆嫩，光滑得就像切開的美玉一樣光澤晶瑩。……在解釋

五色時說道:

> 五氣行乎地中,金氣凝則白,木氣凝則青,火赤土黃皆吉,唯水黑則凶,五行以黃為土色,
> 故亦以純色為吉,又紅黃相蕉,鮮明者尤美……

當我們查閱《葬書》及注中所述之吉土原則時方得知韓國風水師的吉祥土概念,即「堅實細膩如黃豆粉者」原來是從《葬書》中引申出來的。《葬書》亦提出了判斷凶土的標準:

> 夫乾如聚粟,濕如肉(腐肉),水泉砂礫,皆為凶宅。

自以上引文,我們可推知像一堆乾燥的粟粒或一塊腐肉的土不吉,因為其結構鬆軟不堅實。像岸邊砂礫一樣粗糙的土因其結構鬆散不細膩緊密,亦不吉。因此,風水中有關土質的原則如下:只有文理細密、結構堅實的自然土才能保存住吉祥的生氣,從而通過保護骸骨不受外界氣溫、水分的干擾以使其經久不爛,保存完好。如果穴土軟(不堅實)、粗或濕,則不可能藏聚生氣反而會讓生氣外溢流散。穴土潮濕,地下水豐富的墓地被公認為最差的墓地,因為按風水原則,生氣在水中既不能傳送,亦不能貯存。這種土只能使骸骨變黑或促使其迅速腐爛。《葬書》中有關穴土的這些風水原則已成為後輩風水師論述土質的基礎。據一本當代朝鮮風水書——黃日淳之《風水地理學概要》所論,風水中的土可劃分為兩組:吉祥的生土和不吉祥的死土。該書認為生土就是從未被挖過的原始土。意思是說甚至風成土或流水沉積土都不能稱作生土。此觀點仍根基於《葬書》中的吉祥土概念。據黃先生所說,死土為經外力作用沉積而成,或是曾經被挖過的土。生土在地面下一定深度可以保持恒濕,意味其不受地面溫度的影響。不管怎樣,據說死土(凶土)無論位於地面下多深都會受到地面溫度的影響,而且易於滲水。因此,這種地方雨季潮濕,夏季灼熱,旱季乾燥,冬季寒冷。這種土質條件很明顯會加速穴中屍骨的腐爛。正如上章所述,希望屍體上的血肉迅速腐爛潰散,而骸骨經久不朽。並就把它們保存完好以便保佑子孫後代興旺發達。因此,要求穴土細膩堅實(或生土),能避免外界氣溫和水分對葬穴的干擾從而使貯屍環境恒久不變。

據程建軍研究,這裡所說的土壤,是指風水學「龍穴」所處明堂的基地土壤,亦即建築的基地。在古代,擇地定穴後,為慎重起見,要開挖探井驗土,這個深井就稱為金井。驗土以「土細而不鬆,油潤而不燥,鮮明而不暗」為佳,深淺度數,隨地酌定,見浮土已盡,土色已變,或五色咸備,或紅黃滋潤,便認為是得到地氣,這是風水中的「辨土法」。《相宅經纂》卷三「陽基辨土法」曰:「於基址中掘地,周圍闊一尺二寸,深亦如之,將原土篩細,復還坑內以平滿為度,不可按實,過一夜,次早起看,若氣旺,則土拱起,氣衰,則凹而凶。」考慮到土壤結構建築的承載力,古人還總結出了稱土法,《相宅經纂》卷三「稱土法」曰:「取土一塊,四面方一寸稱之,重九兩以上為吉地,五、七兩為中吉,三四兩凶地。或用斗量土,土擊碎量平斗口,稱之,每斗以十斤為上等,八九斤中等,七八斤下等。」有的風水書也講到稱土法為「入土實一斗,稱之,六七斤為凶,八九斤吉,十斤以上大吉。」以此來推斷土壤的密實性和地基承載力。過去講到郭璞相地營建溫州城等的故事,就記述了稱土法辨土法用於實踐的情況。

我國幅員遼闊,地形多樣,氣候多變,土壤多種。按土壤的機械組成,土壤大致可分為砂土類、壤土類、黏土類三種,它們的含水量和耐壓性均有差異。要透徹土壤的性質,還要對土壤的形成和結構作一簡要介紹。我們常見的土壤是堅固的岩石在持續不斷的風化作用下形成的大小懸殊的顆粒,經過不同的搬運方式,在各種自然環境中生成的沉積物。它是由顆粒(固相)、

水（液相）和氣（氣相）所組成的三相體系，不同土壤的三相組成不一，因而在土的輕重、鬆密、乾濕、軟硬等一系列物理性質和狀態上有不同的反映，這些物理性質又在一定程度上決定了它的力學性質和工程特性。土的三相組成比例關係，決定了土粒比重、含水量、孔隙率等的大小，這些指標是判定地基工程特性的重要參數。一般說來，土壤比重（單位體積的重量）越大，孔隙率越小，就越密實，承載能力就越大，適宜做建築地基；對同一種土壤來說，含水率越高，承載力就越小。土粒的比重決定於土的礦物成分，它的數值一般為 2.6～2.8，砂土和黏土比重在其範圍之內；而有機質土為 2.4～2.5，這類土含有大量的動植物腐殖質，顏色暗黑，土質鬆軟；而泥炭土的比重就更低了，僅為 1.5～1.8。後兩類均不能作為建築的地基。風水中說的斗土六七斤的凶土大概就是有機質土了，而八九斤的吉土可相當於砂土或黏土，十斤以上的大吉土，相當於密實的碎石土了。古人辨土石主要用於陽基的選擇。風水認為，凡石要細膩可鑿，土要堅實難鋤。石剛燥，土鬆散則不吉。土石的顏色以紅黃白為上，青次之，黑為下。

古人以為，人和水土、五行存在著某種必然的聯繫。《呂氏春秋》以為水之五味應人之五種形狀；《孔子家語》把人的性格形象同土質聯繫在一起，認為「堅土之人剛，弱土之人柔，墟土之人大，沙土之人細，息土之人美」；有人還將人的性格與五行聯繫起來，以為「木氣人勇，金氣人剛，火氣人強而燥，土氣人智而寬，水氣人急而賊」（俱見明李詡《戒庵老人漫筆》「論堪輿」）。由於人們相信人與水土、五行之間存在著必然的聯繫，因此就試圖探究水土對人的命運的影響。水是五行之最微者，土是五行之最著者。土居五行之中，對水、火、木、金具有支配作用。人們探究水土對人的命運的影響，而獨獨看重土（即地），就是因為土在五行中的非常作用。了解了這點，就比較容易理解古人為什麼稱堪輿術為風水術了。

土的質地又決定了水的性狀。《易經》有巽、坎、渙三卦，巽為風、坎為水，巽上坎下合而為渙卦，渙卦的基本意義就是風行水上，故有風行水上謂之渙之說。所以，風行水上就有了趨吉避凶，消災解禍的意思。而傳統的風水術正是根據地理地貌的風與水的走向達到這一目的。晉代的郭璞對風水卻有另一種解釋，他說：「葬者乘生氣也，氣乘風敗散，界水則止。古人聚之使不散，行之使有止，故謂之風水」（《葬經》）。郭璞以為地有地脈地氣（即生氣），它乘風則散，遇水則止，所謂的風水術，就是依據「氣」與風、水的關係，使之聚而不散，行而能止。郭璞是中國古代的術數大師，他的觀點對後世的風水術影響甚大。

第九節　方向與風水羅盤

據史箴、徐蘇斌、楊文衡等研究，風水的第一大系統是「形法」，它注重住宅周圍的山水形勢和它的外形，論得失吉凶，不須要用「陰陽五行」的法則，人們比較容易明白。第二大系統是「理法」，它強調辨方正位，方位的鑒定必須綜合主人的八字，以「陰陽五行」之「生、剋、制、化」以及易經八卦之「爻」變而論得失吉凶。

風水地師取羅盤之包羅萬象、經緯天地之義，又尊稱羅盤曰羅經。認為羅盤具有「呼風喚雨」的神力。既能相天──「乘氣、立向、消砂、納水」，又能測地──「測山川生成之純爻，以辨其志之貴賤大小」。還能推時──何時凶何時吉，於是讚嘆曰：「凡天星、卦象、五行、六甲也，所稱淵微浩大之理莫不畢具其中也。」羅盤是將氣、理、形數系統結合在一起而製成的

一種時空合一的風水器具。中國漢代司南發明的羅盤，其發展經歷了漫長的歲月，其內容也越來越豐富。到了唐代，羅盤已相當複雜，所包含的內容也已相當豐富，成為風水地師的必用之物。

一、羅盤──風水對人類的第一貢獻

指南針是中國古代的四大發明之一。指南針的發明與應用，與中國古代精確的「辨方正位」的活動有關。中國古代不僅最早發明了磁化的鋼鐵，使之指示南北方向，也發明了磁偏角（地磁子午線與地理子午線之間的夾角）和磁傾角（地磁體和地平面之間的傾斜角）。這些都是世界的首創，具有劃時代的意義。

指南針的發明，是中國人對世界文明的最重要貢獻之一。傳說黃帝造指南針，但已不可考。史載周成王時，越裳氏來朝。因迷其歸路，周公做指南車以送之。現在已確知指南車係有一套能自動調整的齒輪系統（圖3-22），當車子移動轉向時，方向標仍指向原來的方向。這和磁極的方向無關。可見，指南車並非指南針。

據文獻記載，早在戰國時期就開始利用地磁（圖3-23）來測定方向了。《韓非子·有度篇》說：「先王立司南以端朝夕。」東漢初年王充在《論衡·是應篇》中說：「司南之杓，投之於地，其柢指南。」杓即以磁石仿北斗星磨製成匙狀的磁體；柢是匙柄；地是占卜盤的地盤，可見司南是一種磁性指南儀器（圖3-24）。這裡已有後世羅盤的兩個重要組成部分──指極磁體與方位盤，可以說這是磁羅盤的萌芽或早期形式。司南的形制與漢代式有相似之處。

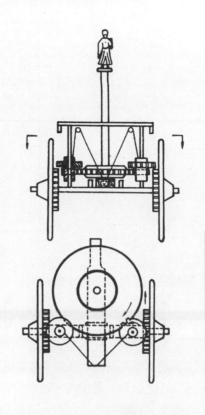

圖3-22 指南車機構復原圖

指南針與方位盤配合裝置，就產生了最初的羅盤。關於羅盤的記載，最早見於南宋曾三異所撰的《因話錄》中，書中談到「地螺」，即羅盤。羅盤方位盤的分度法源於漢代的地盤，八干，四維，十二支，以二十四向為基本方位。所不同的是，漢地盤為方形，而羅盤的盤體則發展為圓形。羅盤的發明，是風水師在傳統的辨方正位方法上的一次變革。

北宋慶曆元年(1041)堪輿家楊惟德著《塋原總錄》，已談到用磁針定向的事，他寫道：「客主的取，宜匡四正以無差，當取兩午針。於其正處中而格之，取方直之正也。」四十多年以後，北宋科學家沈括(1031-1095)在《夢溪筆談》中詳細地介紹了指南針的製造方法和磁偏角。他說：「方家以磁石磨針鋒，則能指南，然常微偏東，不全南也。」按此記述，我們可得到三條線索：一是指南針是借天然磁石和鋼針的摩擦來傳磁的，二是發現了

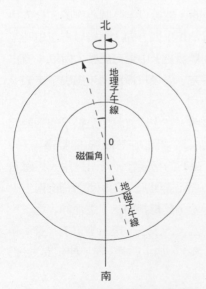

圖3-23 地理極與地磁極關係圖

145

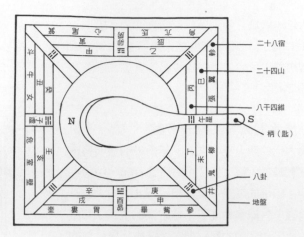

圖 3-24　漢司南與地盤

磁偏角，三是以上兩項成績均為「方家」所為。據現代許多學者考證認為「方家」就是古代的風水師。古代的風水師出於職業活動的需要，從「辨方正位」的長期探索中，直接引出了指南針的發明應用，引出了磁偏角的發現，在人類歷史上做出了重要貢獻。

人類出於對居住本能的需求，住屋營造自古就有了用日光測坐向的方法，使住屋在採光取暖方面符合向陽背陰的原則，在適應氣象方面多採取避風方向，在選擇地利方面，又多是靠山面水，山上也取向陽山坡。如六千年前的西安半坡遺址，坐落在渭河的一條支流滻河階地上，依山傍水，建築物門多向南。隨著人類實際的發展，辨方的方法有了改進。《詩·大雅·公劉》是一篇歌頌周文王第十二世祖先公劉功績的作品，詩中有「既景乃岡，相其陰陽」的詩句，意思是公劉在一個山岡上立物測影，以定方向，這就是說，大約在西元前十五世紀末周代已能立表定向。

立竿見影的定向方法，具體記載最早見於《周禮》中。《周禮·地官·大司徒》中有大司徒用土圭「測土深，正日景（影）」之說。《周禮·考工記·匠人篇》中有「匠人建國，水地以懸。置槷以懸，眡以景。為規，識日出之景與日入之景。晝參諸日中之景，夜考之極星，以正朝夕」。這段話的意思是，用繩懸重物，使木竿垂直於水平地面，然後以竿為圓心作圓，日入與日出時竿投於地面的日影與圓周相交成兩點，這兩點連線就為正東西方向，然後參考正午時竿的投影，或者夜晚北極星的方向用以校正。這方法，在《周髀算經》中也有記載。所以，自古到今，辨方之法不斷改進，從立竿見影到商周之時的土圭辨方，而後日漸精密，出現了圭表、日晷等儀器。這一系統的測向方法，簡便準確，古代一直沿用。

與日影辨方法幾乎平行發展的是地磁辨方法，指南針的發明，在中國傳說中是很早的。西元前三世紀戰國時代《呂氏春秋》上有「磁石召鐵」的話，可見當時中國人已知道磁能吸鐵。《韓非子》中記有「先王立司南以端朝夕」，說明當時已發現了磁石的指極性。司南是用天然磁石製成，樣子像一只勺，底圓，可以在平滑的盤體上自由旋轉，等它靜止時，勺柄就會指向南方。東漢的王充在他的《論衡》中也記載到「司南之杓，投之于地，其柢指南」，這裡的「地」，是指漢代占卜術士用的方形地盤，地盤四周刻有八干（甲、乙、丙、丁、庚、辛、壬、癸）和十二支（子、丑、寅、卯、辰、巳、午、未、申、酉、戌、亥），加上四維（乾、坤、巽、艮）共二十四向，以等分角羅列，用來配合司南定向。

由於司南是天然磁石琢磨而成的，磁性弱，和地盤接觸時摩擦力大，效果不好，所以沒有得

到廣泛的應用。到了宋代，人們利用磁石對鋼針進行人工磁化，發明了指南針，這是對利用天然磁石製造磁體的一次「革命」。人們從圭表或日晷的地理子午觀測比較指南針的南北極向，那麼磁偏角的發現，自然是情理之中的了。

作為堪輿目的而發明的指南針，很快就被用於海上導航。西元十二世紀初，朱彧的《萍州可談》和徐兢的《宣和奉使高麗圖經》中都談到航海用指南針，指南針成為我國古代航海家征服海洋，遠播中國古代文明的重要工具。約在十二世紀末或十三世紀初，這一偉大的發明開始西傳，成為「資產階級發展的必要前提」，打開了世界市場並建立了殖民地，從而深刻影響著人類社會發展的歷史進程。

二、有關方向的風水原則與羅盤的二十五層

風水理論認為，選擇宅方位的主要目標是氣的探求和陰陽平衡，方位的鑒定必須綜合人的出生年，以「陰陽五行」之「生、剋、制、化」以及「卦」之「爻」變而論得失吉凶，這其中的很多內容反映在羅盤上，另外也有一部分是羅盤所不能容納的。

的確，羅盤集陰陽二氣、八卦五行之理、河圖洛書之數、天星卦象之形的大成，然而說法繁多，單就「五行」而言就有老五行（又名正五行）、雙山五行、小玄空五行、洪範五行、宿度五行；其實就是金木水火土五種要素的不同關係排列。而八卦又有先天八卦、後天八卦。

觀察山水的方位同考察其形態同樣重要。人們可能會懷疑是否真有那種從地形、方位各方面按風水法則來看俱堪稱富貴吉祥的風水寶地。漢城一位風水師曾說形態優美的山水通常都位於吉方，因為物以類聚是宇宙間的普遍法則。可把這種解釋理解為如果起始山形欲產生吉地，它們就會位於吉方。按他的經驗之談，形態不美的山通常位於不吉利方位。

山水方位的重要性被概括成一句眾所周知的風水格言即「吉山自吉位，吉水向凶方」。「吉方」和「凶位」只有用羅盤才能檢測出來。因此，有必要討論一下風水羅盤的性質和用途。

風水羅盤有很多種類型，較簡單的只有幾圈，而結構複雜的會有好多圈（圖3-25）。圈層數目不等可能表示每圈都有其不同用途，並且只有某幾圈觀測某一地點很重要。這種差異還表明民間風水師要想確定陰、陽宅地並不總是需要精密定向。羅盤的類型亦是數不勝數，有的只有兩三圈，有的則多至四十幾圈。但一般來說，羅盤可分為兩大式，即沿海式與內地式。沿海式以福建之漳州、廣東之興寧為代表；內地式以江蘇之蘇州、安徽之休寧為代表。

第1層「天池」

天池內置指南針。由於指南針的裝置不同，有水羅盤和旱羅盤之分。水羅盤是一支磁針置入一條魚形木片的腹中，木片浮在一盤水上，便自然轉動指向南方，這盤水就是所謂的「天池」。這是中國傳統的羅盤針。風水理論認為，指南針定子午，天池中藏金水，動而陽，靜而陰，這樣「兩儀判，四象分，八卦定」，就能搜羅天地之蘊，上揆星辰之躔度，下察山水之時流（胡國楨《羅經解定》）。

第2層「先天八卦」

此層只有八個卦。根據卦列次序不同，有「先天」和「後天」之分。傳說「先天」是伏羲所創，「後天」為周文王所作。八卦用來表示八方的位置，每一方位相隔四十五度，先天八卦的方位是：乾南，坤北，離東，坎西，震東北，兌東南，巽西南，艮西北。

第3層「後天八卦」

後天八卦的方位是：離南，坎北，震東，兌西，巽東南，艮東北，坤西南，乾西北。

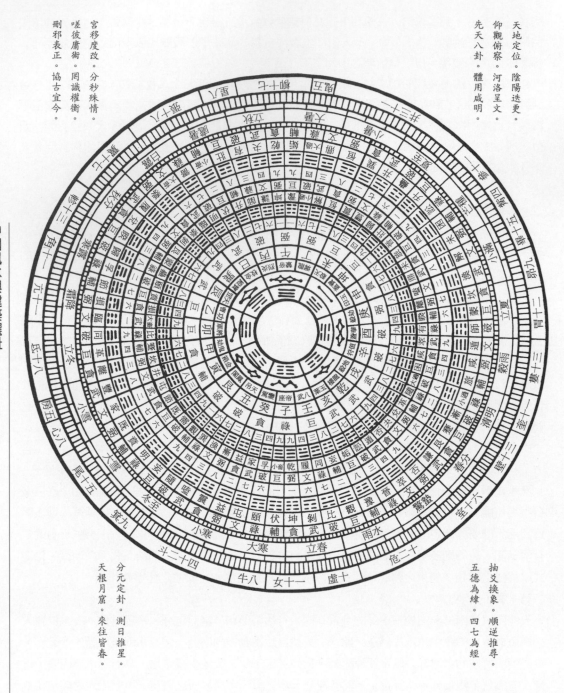

圖 3-25　三元羅經圖（蔣大鴻先生撰）

第4層「地支十二位」

此層用地支十二位，子丑寅卯，辰巳午未，申酉戌亥表示十二方位，每一方位隔三十度，午指南，子指北，卯指東，酉指西。

第5層「坐家九星」

坐家是方向、方位的意思。九星指貪狼，巨門，祿存，文曲，廉貞，武曲，破軍，左輔，右

弱，前七星指北斗七星，後兩星指旁邊兩顆移動時看不到的星，但當它們為肉眼所看到時，就很容易辨認出它們。風水理論認為，氣清上升而成星，氣濁下沉而成山川，所以在天成象，在地成形，下映二十四山。星有美惡，故地有吉凶。九星在天上移動，和它們統屬的地方互為感應。所謂「二十四山」，即四維，八干，十二支等二十四方位，九星配合五行，二十四位的秩序是「艮丙貪狼木，巽辛巨門土，乾甲祿存土，離壬寅戌文曲水，震庚亥未廉貞火，兌丁巳丑武曲金，坎癸申辰破軍金，坤乙輔弼土木」。

第6層「二十四星名」

這層是二十四天星和二十四位相配，闡釋「天星下應」的觀念，二十四天星和方位的組合是：天皇亥，天輔壬，天壘子，陰光癸，天廚丑，天市艮，天棓寅，陰璣甲，天命卯，天官乙，天罡辰，太乙巽，天屏巳，太微丙，陽權午，南極丁，天常未，天鏡坤，天關申，天漢庚，少微酉，天乙辛，天魁戌，天廐乾。天皇星在亥，上映紫微垣，艮映天市垣，丙應太微垣，酉應少微垣，這四垣是天星中最尊貴的，合稱「天星四貴」。艮，丙，酉合稱「三吉」。太乙映巽，天乙映辛，南極映丁，巽、辛、丁合艮、丙、酉稱為「六秀」。天屏映巳，為紫微垣的對宮，稱為帝座明堂。巳、亥合六秀，又稱「八貴」。在「三吉」、「四貴」、「六秀」、「八貴」之內，陽宅大旺，人丁富貴綿遠，陰宅無水蟻，發福悠久。

第7層「地盤正針」

羅盤中有三針三盤，即地盤正針，天盤縫針，人盤中針。三盤同分為二十四格，每格各占十五度，稱為「二十四山」。二十四方位是用十二支（子、丑、寅、卯、辰、巳、午、未、辛、酉、戌、亥），八干（甲、乙、丙、丁、庚、申、壬、癸），四維（乾卦、艮卦、巽卦、坤卦）的名稱合成。磁針所指，當子午的正中，稱為正針；當壬子、丙午之縫，稱為縫針；當子癸、午丁的中間，稱為中針。

三針三盤以地盤最早創立，其次是天盤，最後是人盤。地盤正針在什麼時候創立，無從稽考，但至晚不會超過唐代術數家丘延翰的時代。至於縫針、中針的創始，術士中常有流傳。清末劉公中的《堪輿避謬傳真》一書中說：「楊筠松依臬影之子午，設縫針二十四山，以測天十二宮……賴太素依北極之子午，設中針二十四山以測天星，其子癸、午丁之中，當磁針之位，故世人稱為中針二十四山。」所以又有楊公縫針，賴公中針之稱。

由於正、中、縫三針指向不一，因而產生了以何為準，如何應用以辨吉凶等問題，術士們對這些問題的不同解法，形成了不同的風水流派。這些爭論都是門戶之見，毫無科學根據而言。清乾隆時范宜賓《羅經精一解》中說道：「近公時師不知經盤始末，正針為何用，穿山透地為何用，就徽（安徽）羅所造，硬以正針立向，以中針格龍，或格以平分，又以縫針消水，或以中針立向，或以正針，中針，縫針一串並用，紛紛不一。」其中，三合法，即三盤合用應用最廣，「正針可辨方位陰陽，中針可察天星貴賤，縫針可占五行生死」（清曹昺《地理犀精附說》）。

現代著名的英國科學史家李約瑟(Joseph Needham)從磁偏角的角度，解釋了正針、縫針、中針指向不同的原因。他認為正針所指的是天文上的南北，最遲是在西元八世紀上半葉所定的。縫針是楊筠松在西元八八○年前後觀察到當時磁偏角東移，因而把正針的方向位作七又二分之一度西移，以為與此適應。到了十二世紀，磁偏角卻向西傾移，因此賴文俊按正針的方位向東移七又二分之一度，再度與此適應（圖3-26）。這三個圓是磁偏角在中國順序地向東和向西移時保留下來的，像化石般的痕跡體現在羅經盤上。

中國著名學者王振鐸先生認為，正針指磁極子午，縫針指臬影子午，中針指北極子午。按現代科學的理解，臬影子午與北極子午原則上應是一致的，那麼就不會有中針和縫針的偏差。所以，關於羅盤三針三盤的科學性研究，有待於進一步開展。

那麼正針、縫針、中針為什麼稱為地盤、天盤、人盤呢？風水理論認為，正針定南北，是納地之氣，而縫針把樹臬以測日影而定南北，是納天之光。至於把中針稱為人盤，則是附會合天地人三才之義。

第 8 層「四時節氣」

此層顯示一年中的二十四節氣，即立春、雨水、驚蟄、春分、清明、穀雨、立夏、小滿、芒種、夏至、小暑、大暑、立秋、處暑、白露、秋

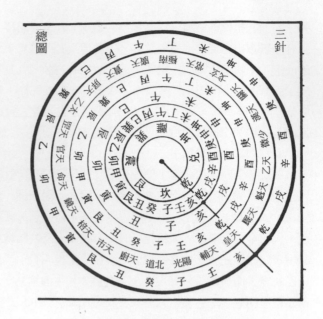

圖 3-26 羅盤三針總圖

一層天地，二層後天八卦，三層正針，四層十二地支，五層楊公縫針，六層天星，七層賴公中針

分、寒露、霜降、立冬、小雪、大雪、冬至、小寒、大寒等。風水理論認為，二十四山之下分布二十四節氣，立春始艮，大寒始丑，每氣分上、中、下三候，共七十二候，以詳明陰陽消長之理，順逆進退之數，推明五運六氣。

第 9 層「穿山七十二龍」

此層用六十甲子，加八干四維而組成七十二龍，起甲子於正針之壬未，七十二位分配在二十四山之下，一山統三龍，以應歲月七十二候。風水師多用此層格龍，與透地六十龍相為表裡，專論山崗來脈，推定其吉凶情況。

第 10 層「五家五行」

五家五行是正五行、雙山五行、八卦五行、玄空五行、洪範五行。風水師根據五行相生相剋的方法，配合五行對應的五方位、四季節來論陰陽的消長，判斷龍砂穴水的情況，從而確定宅的得失吉凶。一般多用八卦，玄空五行立向，消納砂水，洪範五行用於坐山起遁墓運，正五行、雙山五行和洪範五行三配合，用以行龍定穴。

五行相生：金生水，水生木，木生火，火生土，土生金。

五行相剋：金剋木，木剋土，土剋水，水剋火，火剋金。

第 11 層「透地六十龍吉凶」

這層是宋朝西山蔡氏所定。蔡氏指蔡元定，元定字季通，建陽人，是宋儒蔡發（字神與）的兒子，少受良好教育，長大後從宋大儒朱熹遊學，貫通經義，著述甚多，世稱西山先生。他認為空山七十二龍斷而不續，天紀盈縮六十龍雖無間斷，但間狹不均，故製盤，以六十甲子均勻分布在二十四山之下，以縫針為準，起甲子於縫針之壬初，用於定各龍的純雜。

第 12 層「平方六十分金吉凶」

六十四子均發盤內，其下各帶一卦，卦的排列順序，即邵子先天六十四卦圓圖，去乾坤坎離

中國風水與建築選址

四正卦。此卦作用，專論九六衝和，衝和者，上下二爻陰陽相配。風水理論認為，坐穴之卦，其外卦得震艮巽兌者曰衝和，乾坤坎離曰不衝和。

第 13 層「正針百二十分金」

此層是平分六十甲子倍而重之為一百二十分金，作在正針二十四山之下，其甲子起地盤壬子丙午之間。甲子每支布以十位，甲乙壬癸為孤虛，丙丁庚辛為旺相，戊己為龜甲空亡。

第 14 層「人盤賴公中針」

賴公即《催官篇》的作者賴文俊，是西元十二世紀時「中針」的始創者。中針居子癸午丁之中，以人為萬物之靈，與天地並成三才，故中針二十四山稱為人盤。

第 15 層「天紀盈縮龍」

盈縮六十龍，據說傳自唐初術數家丘延翰，上應天星的闊狹不等，有一甲子跨七八度以至十度者，也有跨五六度以至三度，故以盈縮命名。風水理論認為這是迎天之氣。

第 16 層「天盤楊公縫針」

這是唐朝楊筠松所創，因針以所指在壬子丙午界縫之中，故名縫針。風水師以此盤立向格龍。

第 17 層「縫針百二十分金」

這層與第十三層相似，但向東稍移。此盤作在縫針二十四山之下，自縫針壬半起，佐正針分金。

第 18 層「地元歸藏卦」

六十四卦內，坎離震兌四正卦分配四時，以二十四爻司二十四氣，如冬至在坎，故坎六爻居冬至以管六氣；春分在震，震六爻居春分以管六氣；夏至在離，離六爻居夏至以管六氣，秋分在兌，兌六爻居秋分以管六氣。每爻管十五日，每卦管九十日，四卦得三百六十日一周天。其餘六十卦分配十二日。四正卦分司四時二十四氣：

正北坎卦	初六戊寅立冬乾	九二戊辰小雪亥
	六三戊午大雪壬	六四戊申冬至子
	九五戊戌小寒癸	上六戊子大寒丑
正東震卦	初九庚子立春艮	六二庚寅雨水寅
	六三庚辰驚蟄甲	九四庚午春分卯
	六五庚申清明乙	上六庚戌穀雨辰
正南離卦	初九己卯立夏巽	六二己丑小滿巳
	九三己亥芒種丙	九四己酉夏至午
	六五己未小暑丁	上九己巳大暑未
正西兌卦	初九丁巳立秋坤	九二丁卯處暑申
	六三丁丑白露庚	九四丁亥秋分酉
	九五丁酉寒露辛	上六丁未霜降戌

每爻有其特定的抽象概念與簡略的自然過程，所以可從中推吉凶得失。

第 19 層「二十八宿界限」

此層表示二十八宿位置和赤度上所據的度數。胡國楨《羅經解定》中記載：角宿十二度，亢宿九度少，氐宿十六度少，房宿五度半，心宿六度半，尾宿十九度，箕宿十度半，斗宿二十五度少，牛宿七度少，女宿十一度少，虛宿九度，危宿十五度半，室宿十七度，壁宿八度太，奎宿十六度半，婁宿十一度太，胃宿十五度半，昴宿十一度少，畢宿十七度半，觜宿少度，參宿

十一度，井宿三十三度少，鬼宿二度少，柳宿十三度少，星宿六度少，張宿十七度少，翼宿十八度太，軫宿十七度少，一共三百六十五度四分度之一。上面提到「太」，「少」，「半」三個字，「半」作二分之一解，這很好理解，「太」是指四分之三，「少」指四分之一，這是中國傳統天文學上的名詞。

第20層「天元連山卦」

先天六十四卦，除乾坤坎離四正卦之外，餘六十卦分配六十甲子，推步周天三百六十五度，復卦起於虛，剝卦終於危陽。風水師根據三百六十爻推排爻象吉凶，審其有用之爻而坐之。吉者用白圈，凶者用黑點以便取捨。

第21層「人元周易卦」

後天六十四卦，以雷風火地澤天水山加於後天卦位之上，除乾坤坎離四卦外，以六十卦配六十甲子，推排爻象運於周天，以驗流神砂位之吉凶，主要為相墓而用。

第22層「渾天星度五行」

此層是二十八宿中每宿之內有五行之分，以配六十甲子，金十二，木十三，水十二，火十二，土十二，共六十一位，與盈縮納音相為體用。如甲子納音屬金，管室宿，五六七八九十共六度，亦屬金，謂之體用比和，則為旺吉。

第23層「渾天星度吉凶」

胡國楨《羅經解定》中說：「凡二十四山分界，干支縫中一線為小空之，八干四維當中一線為大空之，十二支辰當中一線為差錯，皆從正針而定。」

第24層「十二宮次並分野」

周天二十八宿分占十二宮，度數多寡不同分列。在天為十二次，在地為十二方，將中國各地配合天上各星座和區域，胡國楨《羅經解定》中說：「亥雙魚宮，衛分并州；戌白羊宮，魯分徐州；酉金牛宮，趙分冀州；申陰陽宮，晉分益州；未巨蟹宮，秦分雍州；午獅子宮，周分三河；巳雙女宮，楚分荊州；辰天秤宮，鄭分兗州；卯天蝎宮，宋分豫州；寅人馬宮，燕分幽州；丑磨蝎宮，吳分揚州；子寶瓶宮，齊分青州。」

第25層「禽星界位」

此層表示二十八星宿在天體上的位置，用五行及名禽與二十八宿相配以占吉凶，稱為禽星。

如上面所述，羅盤中有四層的主要作用是表示方位的。第二層用「先天」卦列表示八方的位置，第三層用「後天」卦列表示八方的位置。第四層用十二地支表示十二方位，第五層再將十二方位分為二十四方位，這是採用第四層的十二支和「八干」，「四維」。「八干」是天干中的甲、乙、丙、丁、庚、辛、壬、癸（戊、己兩干因為是代表中央，故不用），「四維」是用「後天」卦序的乾、坤、巽、艮四卦。

理法的發展最初是五音五姓法以確定宅舍方位朝向此法以五行生剋為依據，根據主人的「姓」，用「姓」的發音，究竟是屬「宮、商、角、徵、羽」五音中的哪一音，來配合屬於所住的房宅大門之方向論其吉凶。這就是說，宅的本身沒有吉與凶的先決定論，而是要看什麼人來住。也就是說，同樣的一所住宅，姓「王」的居住不吉，如果改為姓「李」的住此，就可能大吉。五音法在漢、魏、晉、隋之時較為盛行，及至唐初呂才痛斥五音術之後，迅速式微。到了宋初，易學、河圖洛書的影響及功用日益廣泛，到了明代開始，理法多以宅的八個方位，連接到「卦」的本身，結合五行生剋而定出四個吉方和四個凶方的「游年法」，這種方法一直沿用到近代。

中國風水與建築選址

表 3-1 　　　　　　　　　　　　　　五音五姓法

五音五姓	宮	商	角	徵	羽
五行所屬	土	金	木	火	水
適宜方位	中／南	西／中	東／北	南／東	北／西
不宜位向	東	南	西	北	中

　　古人認為人受宇宙的控制，人和宇宙合適就會興隆昌盛，若不適，便會死亡衰敗，這就是羅盤方位的重要性。宇宙有時間和空間，還包含萬事萬物，它們在發生著無窮無盡的變化。羅盤大而言之，象徵著一個宇宙。三百六十度的圓周，代表周天，二十四個方位排列。指南針所決定的方位，意味所包含的特定空間。由於地球繞太陽一周為一年，運行一度約為一日，於是把「天干」、「地支」配成年月日時，視季節的變化，利用太陽光線的角度而來測定時間。一個花甲六十天，六個花甲便是一年（為取整數，取一年為三百六十天），每年的冬至日便都是甲子日，這就是時間的表示。空間配合時間，循著一定的規律在運行不息。為表示地球上的萬事萬物，古人把羅盤上北方的壬癸水，代表雨露和雲霧；東方的甲乙木，代表了所有的植物；南方的丙丁火，代表了日月光電；西方的庚辛金，代表了所有的礦物；東北和西南，艮坤兩卦都是土，一個代表了山脈，一個代表了平原；東南方的巽卦，代表了風和空氣；西方的兌卦，代表了海洋和沼澤；東方的震卦，代表了雷。地球只是宇宙的一部分，地球之處還有無數的星球在運行不息，故古人又用許多星宿來代表無數的星球，然後用乾卦來統領整個天體。用五行相生相剋，相濟相成之根本原理，代表宇宙事物的無窮盡變化，如以五行生剋說明四時循環之理，木是東位主春，火是南位立夏，土是中央主四季，金是西方主秋，水是北方主冬。

　　由古到今，人類不斷要求對宇宙、社會和人生有所了解，由於這種求知的動機，人們常對自然現象的形成，天上星宿的運行，四時的變換，災難的發生，提出擬人式的解釋。這種解釋自然是迷信的和非科學的，帶有一定的神話色彩。但這種解釋也揉和進了人類長期生產生活的經驗，如二十四節的形成，用五行來解釋自然的構造等。風水中羅盤的應用，是否說明了人類感覺到磁場對人構成的心理和生理的影響？人本身就是磁場，甚至無生命的物體也具有磁場，而且不同間隔，就會造成不同的磁場。風水中雖沒有提過「磁場」二字，但風水講求方向、方位，間隔的配合，這與磁場是不謀而合的。另一方面，指地球表面是個大磁場，磁力的大小變化與「上邊和下邊」都有密切關係，「上邊」指日月星辰，「下邊」指地形，尤以山脈走向為基。據測量，平原地區的磁力較弱，較穩定，山區或地形複雜的地區，磁力較強，較不穩定。磁力過強，對人體健康和一切生物都不利，故選擇磁力適中的地方居住，對人類是至關重要的，風水是否反映了人們對地球表面磁場的認識？這些問題值得人們進一步去探討研究 （註一）。

〔注釋與參考文獻〕

註一　據楊文衡、張平：《中國的風水》。

第四章　風水與古都選址布局

第一節　中國古都的傳統文化透視

一、城市是文化的載體

城與文化如影之隨形，城是文化的集中體現。

城市是人類社會作用於地理環境的集中點，是人類社會作用於地球環境最強烈、最敏感的地區。從外觀上看，城市是高大建築集中、街道集中的文化景觀，是運轉不息的經濟、文化空間。城市一般來說較周圍農村集中了較多的科學、藝術、文化機構和人才；集中了較多的生產設施與生活設施；集聚著較多的公用設施，其中包括供排水、供電、供能、交通、消防、電信郵傳、教育、治安警衛、商業網點、文化娛樂等公共設施。城市和周圍郊野農村比較起來，其第二產業——手工業和工業，第三產業——服務性行業也較為集中。總之，城是人類作用於地理環境的相對集中的「點」，而它周圍的農村則是一個遼闊的「面」。這個點和面，也即城市和農村郊野是一對陰、陽互補的統一體。它們互相依存、互相制約，有聯繫也有區別。因此，每一個城市對它所在的那個地區，在一定的範圍內都會有著特殊的吸引力。現代化交通、電訊設施出現和普及之後，這種吸引力會達到較為遙遠的空間。城市向這些地區吸引人口、吸引技術、吸引文化知識和財富。同時，又不斷地向此城影響的地區，以至遙遠的範圍輸出深加工的更為有特色的物質、文化、技術和精神產品。

城市是個密度高、能量大、活動頻繁、成分構造複雜的物質體系。它是人們從事生產、生活活動的基本空間；是人們進行經濟、科學、文化、藝術、商業、金融活動的集中地。城市是一個有生命的機體。它的誕生和發展，一時一刻也不能脫離它周圍的環境，每天每時都在川流不息地與周圍環境進行著物質、能量與文化的交換。城，像人一樣，有大腦、神經系統、循環系統、消化系統……。城的指揮、決策、規劃中心是它的大腦系統；郵傳電訊系統是它的神經；交通運輸網絡是它的循環系統……。城和它周圍的環境不斷地進行著吐故納新的新陳代謝作用。

城市既然是一個有機的活體，它就會有自己的個性、有其靈魂。城的靈魂是它所體現出來的文化。

「文化」包括三個層次。其核心部分是精神的內容，即精神、宗教、文學、藝術和意識形態的層次。第二個層次是生活方式所表現出來的文化特色，如風俗、衣飾、飲食、節日、禮儀等的方式與形態。第三個層次即城市的外部形態，如城的平面布局、主體建築、街道的文化風貌等。城的這三個文化層次互相制約形成一個文化整體。

城是人類物質文明與精神文明的薈萃點。文化以城市為載體。一個城市的誕生與發展，往往與它所在地區的歷史地理和文化血肉相連。一個城市的興衰又往往是它所在地區文化歷史發展的縮影。國都城市往往是其國家、民族的時代文化風貌和最高水準的體現。

不同大小等級的城市之間，由於歷史和現實的許多原因，往往形成一定的城市體系。通過交通聯繫，形成城市網絡。在一個城市系統之中，總有那麼一個或幾個為首的大城市，它文化、藝術、科學、技術水平最高，信息最靈通，新消息、新花樣、新時尚往往首先在它那裡出現和流行，然後才向其他次一級的城市或農村流行開來。這樣為首的大城市也是一個地區、一個民族國家的社會習俗和方言中心。它的規劃建築形式，影響波及到其文化圈輻射範圍的圈層之內。

總之，各時代、各地區的文化潮流都有其代表的中心城市。社會文化的變革必然會引起城市的變革。城市的規模結構是社會文化發展階段最為集中的鑒證。

中國城市的發展，經歷了獨特而漫長的道路，形成東方文化及城市景觀獨異的特色，為世界所矚目。城的文化表現在各個階段上，城的歷史發展當中，除卻歷史無以談文化。一部城市的發展史，往往就是這個國家和民族的文化史。

二、城邑的萌芽

在甲骨文和金文中，已出現過許多有關城的象形字「⟷」。城的出現是與早期糧食富餘、國家誕生、等級劃分、金屬工具使用等分不開的。在傳世的古文獻中，「黃帝畫野，始分都邑」。漢代偉大歷史學家司馬遷《史記·五帝本紀》記載了軒轅黃帝時期已出現了城邑萌芽。軒轅黃帝約當距今六千多年前的仰韶文化時期。《史記》裡說：「黃帝者姓公孫，名軒轅」，那時「諸侯相侵伐，暴虐百姓」，「於是軒轅乃習用干戈，屢征不停，諸侯咸來賓服」。他們先與「炎帝戰於板泉（今河北涿鹿縣）之野，三戰然後得其志」。後「黃帝征師諸侯，與蚩尤戰於涿鹿之野，遂擒殺蚩尤」，「邑於涿鹿之阿」。這一最早的城邑萌芽，就在今河北省涿鹿縣。黃帝「以師兵為營衛，官名皆以云命為云師。置左、右太監，監於萬國」。

自黃帝被尊為天子之後，兵師、官制、太監、都邑等國家雛形的職能業已粗備。黃帝曾巡視天下，東至渤海登泰山；南至長江，西至甘肅省崆峒山；北逐葷粥（後來的匈奴）。在泰山舉行了象徵著承上天意志來統治人間國家的封禪大典。

中華民族自黃帝始建立多民族國家。這是幾千年來正統的上古史觀念。傳世的金文之中，每有「軒轅」的廟號出現。地下的出土文物也證實了此古史觀念必有堅實的依據。

糧食的大量富餘、人口的集中是城邑和國家出現的基礎。河北武安縣磁山文化遺址距今七千三百多年。這裡已發現「一個遺址中就有三百多個長方形的窖穴」，其中的八十個窖穴「有大量朽炭，經分析為粟，估計有十萬斤以上」。南方的河姆渡文化遺存，距今約六七千年間，也發現「至少在十萬斤以上」的稻穀遺存。

金屬的冶煉、金屬工具的使用也是城邑和國家出現的標誌。距今六七千年前陝西姜寨遺址、山西榆次遺址都發現銅器的冶鑄遺存。出土了單範鑄的銅刀，並有鐵金屬銹物。

當時已有階級出現，墓葬中有殉人。河南濮陽西水村仰韶遺址的最底一層，大約六千年前的45號大墓，男主人公左青龍、右白虎，已殉四人。這都是國家出現等級觀念的基礎。

仰韶文化時期居民區遺址的規模有的已非常之大，達幾萬平方米。大型公共建築物，如神廟、祭祀堂等是城誕生與萌芽的重要標誌。

在遼寧西部山區牛河梁、東山嘴發現了距今五千多年前的大型祭壇、女神廟和積石塚群。其

布局和性質與北京天壇、太廟和十三陵相似。祭壇遺址內有象徵「天圓地方」的圓形祭壇和方形祭壇。布局按南北軸線分布，注重對稱，有中心和兩翼主次之分。女神廟有主室和側室；有體魄碩大的主神和眾星捧月的諸神。墓葬的大小與布局反映出等級分化相當嚴格，已具「禮」的雛形。在神女廟附近有一座面積約四萬平方米的平台，其墓址是一道道的石牆，其間有堆滿筒形彩陶碎片的穴坑。考古學家還發現在近三十個山巔、高坡上有大型積石塚，最大面積達一千多平方米。塚內有數十人列「棺」而葬，覆蓋以打製巨石，規模宏偉、制度嚴明。積石塚立於山巔，象徵著墓主人至高無上的權力和對太陽的崇拜。這些都是中國古代城邑文化誕生與萌芽的佐證。

考古發現的種種實物證實了中國古史記載的傳統歷史觀念是有事實依據的。遠在五六千年前，中國已出現萌芽時期的國家和城邑。這帶來了東方文明的曙光。

三、城郭溝洫出現與父子相傳的王位繼承

城牆是「城」最直觀的標誌物，它也象徵著中國的「城」的傳統特徵。中國最早的城郭出現是與夏文化相關聯的。

中國古代文獻記錄說：「禹作城，強者攻，弱者守，敵者戰。城郭自禹始也。」禹是西元前廿一世紀之前的歷史人物。恰當此時中國最早的城牆被考古學家發現。

在山東歷城縣龍山鎮城子崖村首先發現一座周長約二公里用泥土夯築的城牆。它略呈矩形，城牆厚約9米，高約6米，長450米，寬390米。在考古學上它屬龍山文化時期。

此後在河南淮陽東南4公里平糧台發現一座邊弧形城方形的城牆。它長寬各185米，城址面積約5000平方米。城牆殘高3米多，頂寬約10米，底寬約17米。經碳十四測定距今4355±175年。城內有三組各長15米，寬5米的建築台基。城牆南北兩面的中段有城門，門道東、西兩側有門衛房。通過城門的道路之下鋪設陶質排水管道。

考古學家又發現在河南嵩山之南有一古城——陽城。這可能就是夏代的國都。《孟子·萬章》說：「有夏之興也，融降於崇山。」崇山就是嵩山。陽城所在之地北靠嵩山，南臨穎水，西有五渡河，東有石淙河。陽城古堡隔河與箕山相望，深得古城風水依山傍水選址之妙。王城崗城堡為東、西兩城並列，東城已殘斷，西城長92米，寬82.4米，經碳十四測定為4000±65年。平糧台與王城崗古城都是採用小板築牆法。夯窩規整而堅實。城內鋪設陶製的排水管道。王城崗古城內發現幾處大面積夯土區，這是宮殿墓址的殘存。城內沒有發現手工業區與商業區，反映此時的「城」僅有城堡性質。

「城郭溝洫以為固」是為了保護私有財產占有者的物質、生命安全，維護他們的利益與地位而建造的。建城郭、營都邑在古代是國之大事。在西元前廿一世紀之前夏朝初年城郭的出現反映了當時的文化，已由先前「大道之行也，天下為公。選賢與能，講信修睦。故人不獨親其親，不獨子其子」的狀態，急遽地進入到「大道既隱，天下為家。各親其親，各子其子。貨力為己」，王位繼承關係也由原先的「任賢舉能」變為父子相傳的私有制取代了。

在私有制為主體的文化觀念裡，用堅固的城郭溝洫來保護私產和財富；用「以正君臣」來維護王者尊嚴；用「以篤父子」將特權傳宗接代。這些關係反映在古城建設中「擇國之正壇，置以宗廟」。明堂之制起於遠古，夏代稱之為「世堂」。王城崗的古城中那夯土平台與此有關。與之同時代的遺址裡，考古學家又發現「二里頭宮殿基址」。它有正南北的方向和「前朝後寢」的布局格調。城內的高台建築層疊巍峨，處其上則可居高臨下便於俯視瞭望。高台又通風防

水，並體現王者的地位與身分。

總之，夏代城郭的出現，宮殿建築的高台化就是這一時代文化的結晶與夏文化的集中體現。

四、「商邑翼翼，四方之極」的都城規模

商朝存在於我國西元前十七世紀至西元前十一世紀中葉。這時的文化觀念以「尊天命，敬祖宗」為本。國家的都城建在黃河中游。它以都城為中心統治著東西南北的眾多方國，真是「邦畿千里，維民所止，肇域被四海」。這時的帝國是一個萬邦共主的鼎盛強國。商王朝的統治建立在當時彌漫於社會生活之中，已無孔不入又強而有力的神權信仰之文化基礎上。

商朝已奠定了中華民族融合統一的基礎。它以華夏族為骨幹，納入了周圍眾多的方國。國家的壯大，民族的融合，祭天、祭祖、車馬、禮樂、宗廟、社稷、城郭、宮室……都空前發展。它創造了極其輝煌的城邦歷史與文明。

商滅夏之後，都城曾多次遷移。商都經考古發現並初步發掘揭示其面貌的有以下三城。

湯都西亳即今河南偃師西南，今尸鄉溝一帶。在面積370多平方米的遺址裡，發現大型宮殿遺址兩座和幾十座中小型夯土平台。宮殿都由殿堂、庭院、廊廡、大門四部分組成。兩座進深達百米以上的殿堂，一是宮殿，另一是宗廟。距此不遠又有偃師商城。它的規模十分宏大，南北長1700多米，東西最寬處1215米，總面積約190萬平方米。城牆由夯土築成，牆厚16～25米。城門已挖掘出7座。城內有縱橫交錯的大道，其主幹道寬達8米。城內又有小城，共三座，它們從東北至西南排列。中間一座略大，是封閉的宮殿建築。南、北各有一座小城是軍隊的營房。這反映了貴族和奴隸之間的尖銳對立。

仲丁所遷的隞都是鄭州市東的鄭州商城。此城周長6960米，北城牆長1690米；東南兩面各長1700米；西城牆長1870米。有十一個城門，基本上是正南北方向的近似正方形的城。這反映了當時天圓地方的文化觀念及高超的測量技術。

這個古城比今天的鄭州城還大三分之一左右。城牆高10米，頂寬5米，夯土量達87至100萬立方米以上。這樣巨大的工程量，每天1萬人夯築，也得四至五年方能完工。城內斷斷續續分布著許多作坊、房基、地窖、水井、濠溝、墓室等。在城的東北部有幾十座夯土基址，最大的東長65米，南北寬13.6米。宮殿是多間式、兩重屋檐，四周有回廊。經碳十四測定為3570±130年。

以上兩座商城，規模都十分宏大，反映了當時已具備宏偉的帝都氣象。城內出土產於熱帶的象牙、產於中國西北的綠松石。冶煉青銅的錫出產於華南或西南。銅礦石、玉石、金、海貝、海蚌、鱘魚甲等也都來自中國各地及國外極其遙遠的地區。

另一惹人注目的商代城市群在河南安陽。史載盤庚遷殷（西元前1401）開始在此建都，共歷二七三年。考古學家曾對此城進行過大規模發掘，發現沿洹河南岸十餘公里的寬度內，斷斷續續地分布著宮室、廟宇、房屋、窖穴和地牢等。《史記‧殷本紀》載：「紂時稍大其邑，南距朝歌、北距邯鄲及沙丘皆離宮別館。」此範圍長達100多公里，見當年這一宮殿群的規模極其宏大。

殷這個都城，通過洹水進入黃河，形成中國當時內河航運網絡的中心。經陸轉又連長江、淮河諸水系，可以通達全國。殷墟發掘出鯨魚骨、鹹水貝和多達1.7萬塊的龜甲片，都來自海邊及熱帶地方。「司母戊」大銅鼎，重875公斤，四周飾有夔龍紋和饕餮紋，高1.33米，它象徵著商都的青銅文化藝術達到了相當高的水準。

以上商都的考古發現與世傳古文獻相印證，都證實了商代都城規模宏大、結構複雜。它們都以宮室殿宇為主體，極其富麗奢華。都城的輻射力、影響力相當遙遠，真是「商邑翼翼，四方之極」。商朝國都鼎盛的氣勢是文化繁榮的象徵。

用宏麗可怖的繁華國都來壯皇權之威是中國城文化的傳統。至周代天子接受諸侯朝覲，都城「區宇博大，洪威遠暢」。元、明、清的北京城，使「斯人歸之，如眾星之拱北，百川之匯東海」，就是對這一城文化傳統的繼承和發展。

五、「惟王建國，辨方正位」的都城模式

周繼商之後，城市有了很大的發展。夏代國都遷徙有十次以上，商代的國都遷徙也「前八後五」，起碼有十三次之多。自周代建國起，國都從先前的遷徙不定到基本穩定下來，並確立了東、西兩京制度。

這時城市的發展，反映了社會歷史進入到了一個新的階段。文化進行了一次大的變革。

孔子說：「周鑒於二代，鬱鬱乎文哉！」西周自文、武、周公以來即以文立國，致力於學術和文化的進步，把周王禮制作為皇權的典範。在人際關係上，君臣父子宗法制度的確立，反映在都城規劃建築上則是與之相應的一系列原則、法規的確立。《周禮》開篇說：「惟王建國、辨方正位、國體經緯、設官分職、為民立級」。這一宗旨是西周宗法制度與都城建設思想精神的集中體現。由此，明文確立了天子隆重的威儀，以及「君權神授」、「唯我獨尊」、「面南而王」的禮儀和官制。都城、宮殿和房屋的座向就與人的尊卑等級、主客關係聯繫起來了。幾千年來，中國都城之內正南北方向的一條中軸線，是這一精神的體現。

明、清北京城是東方古老文明的一個偉大象徵。如果到北京中心地段的城區觀光，其間不時點綴著紅牆黃瓦或紅牆藍瓦的舊時府第。到天安門前，那莊嚴、雄偉的城樓映入眼簾。在藍天白雲裡，那裡畫棟雕梁、檐牙飛舞，巍巍峨峨，氣派非常。登上景山最高處的「萬春亭」遠眺，會發現城的正中，即中軸線上矗立著一系列高大的建築物。正南由遠及近有永定門、箭樓、前門、天安門、端門、午門和故宮的太和殿、中和殿、保和殿、乾清宮、交泰殿和坤寧宮。景山之後的正北方向還有鐘樓和鼓樓。

這條中軸線全長約八公里。舊城之中象徵皇權威儀的主體建築大多集中於此軸之上；或以此軸為對稱中心，分布於其東、西兩側。中軸線使得中國的古都莊嚴肅穆，充滿了禮儀的規範和神聖的氣氛。

《周禮・考工記》明文規定了古都規劃布局的理論與模式：

> 匠人營國，方九里，旁三門，國中九經九緯，經塗九軌。左祖右社，面朝後市。

國都城市為正方形，長寬各九里，每邊三座城門。經緯各九條街道。左邊建祖廟，右邊有社稷壇，前面是朝廷和政府辦公的地方，後面是交易的市場。這樣一個堂堂正正、四四方方，縱橫如棋盤的城市，正是中國古都王權禮制的標準模式。其形態和格調一直沿用到明清。

體現《周禮・考工記》的國都建設實例，經發掘證實了東周時期的王城，是一個四方形的城。每邊各三門，共有十二個城門。東西方向與南北方向各有三條大道，縱橫交錯。皇城在中央。皇宮的前面南側為宗廟與社稷壇。天子居國都之中，突出了皇權的中心地位。

在今北京故宮的前面，有左、右對稱的中山公園和勞動人民文化宮。這就是明、清兩代的宗

廟和社稷壇。它的配置和形制完全遵循《周禮》的模式。可見我國於西元前十一世紀已形成了世界最早、影響時間最長的城市規劃體系。

六、觀其泉流、相其陰陽與古都城址選擇

中國古代城址的選擇是一件十分隆重的事，它關係到未來的事業是否興旺發達，關係到族人與國家未來的前途與命運，因此必須認真對待。古都選址也充滿了禮儀規範和天人相應的文化與意識。

記錄城址選擇過程和原理的文獻起源甚早，直可追溯到《詩經》裡所記述的先周時期。《大雅·公劉》篇就記述了周文王之前的十二世祖先——公劉，他約在西元前十五世紀帶領周人遷居邠(bin)地（今陝西旬邑縣西南）活動。其選擇城址的經過如下。

原詩的大意為：溫良忠厚的公劉先登上巘山察看地形，只見山崗之南有百泉流過，廣原可居。於是他進一步設立圭表、景尺進行測量、察看日影。「相其陰陽，觀其泉流」。之後他又下到平地選擇水源豐富、地形寬敞的地方。這裡「逝彼百泉，瞻彼溥原」，百泉在此湧出，小河彎曲流淌。北有高大的巘山阻擋北風的侵襲，南面遠處朝山、向山分明。東、西兩側耳山嶙峋起伏。這裡山環水繞南面開闊，兩側泉流瀠繞。此地可以避水災、御乾旱、防戰亂。內可開墾種植，外可憑險扼守，是營立都邑的良好地方。於是公劉進一步作了規劃，何處以作為居民區，何處闢為良田，何處建立碼頭，用以渡涉渭河運取礦石，鑄製工具。良好的地址選擇和環境布局，源源不絕地吸引居民，不久在皇溪兩岸，在過溪之源遷居歸附的百姓越來越多，為子孫的繁榮和進一步發展，打下了良好的基礎。

此後，西周初西元前一一二五年政治家姬旦選擇洛邑城址時，先由召公到現場作初步地理勘察，隨後又由周公選定城址。周公先卜黃河黎水之上，今河南浚縣東北，沒有結果。又卜澗水以東瀍水以西的地方，結果城址應在洛河邊上，由使臣將此占卜的結果和地圖一起獻給成王。於是築了兩個城，居於瀍水之東的叫做城周，位於澗水之東、瀍水之西的叫做王城。

此洛陽最初城址的選擇，北依邙山，即以邙山為鎮山；前方有嵩山為案山；左成皋、右澠池為青龍、白虎的耳山；後界大河。這時以關中平原為根據地的周王朝，以渭水和黃河為交通要道，進一步向黃河下游、華北平原發展。

洛邑在黃河支流洛河之畔。這裡位於「天下之中」。伊、洛、瀍、澗四水繞流其間，是山河拱載的形勝之地。建東都洛邑、王城，是黃河文化東遷的關鍵步驟。此後，洛陽作為「九朝古都」，建都前後達 1295 年。

春秋戰國之時，迎來了周代城市發展的第二次大高潮。此時改變了「先王之制」中關於築城的規定。城的興起，在中國大地上已成為十分普遍的現象。即「古者，四海之內，分為萬國。城雖大，無過於二三百丈者；人雖眾無過於千餘家者。……今千丈之城，萬家之邑相望也。」這時，城址的選擇、城市的規劃布局理論也更加完善、充實了起來。

《管子》一書中的若干篇記錄了春秋時期國都選址、建築的一些原理、方法。

昔者，桓公問管仲曰：「寡人請問度地形而為國者，其何如而可？」管仲對曰：「夷吾之所聞，能為霸王者，蓋聖人也。故聖人處國者，必於不傾之地，而擇地之肥饒者。向山，左右經水若澤，內為落渠之瀉，因大川而注焉。乃以其天材、地之所生，利養其人，以育六畜。天下之人，皆歸其德而惠其義。……此所謂因天之固，歸地之利。內為之城，城外為之郭。

廓外為之土閬。地高則溝之，下則堤之，命之曰金城」。

國都選址，要在平坦而肥沃的土地之上。背有大山，左右有河流、泉水或湖泊。城內有通暢的排水系統。選擇城址應充分利用自然資源和農產品來保障城內人口的衣食所需和繁殖六畜、發展經濟吸引更多的人口集中。選擇這些地利，內築城，外立廓，廓外挖城壕；低地築堤防，高地挖溝渠，這樣的城命名它為金城。

《管子・乘馬篇》也說：「凡立國都，非於大山之下，必於廣川之上。高毋近旱而用水足，下毋近水而溝防省。因天材，就地利，故城郭不必中規矩，道路不必中準繩。」

城址選擇藏風得水。城內布局也不必有中軸線，只要因地制宜就可以了。城內的居民，也不必按照《周禮》制度，而「仕者近公，不仕與耕者近門，工賈近市」，以職業劃分居住區。這一城市發展的趨向，是反映了春秋戰國時期，「禮崩樂壞」宗法分封的文化體制逐漸沒落的狀況。但其城都選擇的地理形局要求，城與經濟、人口的關係，其中的科學道理更加明確了。

七、「法天象地」的都城規劃布局

在中國古代傳統的文化觀念裡，自然與人是相互感應並相通的。天、地、人這三大系統叫做「三才」，共同組成一個統一的機體。都城與國家是這個機體的反映。所以城市的選址與規劃布局與天文、氣象相互聯繫，組成一個有機的景觀生態系統，就是中國古代文化的最高原則。

明堂是古都不可缺少的建築。與此一脈相承，漢代《白虎通》也記載說：「明堂上圓下方，八窗四達。布政之宮在國之陽。上圓法天，下方法地。八窗象八風，四達法四時，九室法九洲，十二坐法十二月，三十六戶法三十六旬；七十二牖法七十二候。」這反映了中國古代認為天地自然是個大宇宙，城與明堂是個小宇宙的觀念。

北魏著名的地理學家酈道元在《水經注》裡記錄當時都城中的明堂說：「明堂上圓下方，四周十二戶九堂，而不為重隅也。室外柱內綺井之下，施機輪、飾縹，仰象天狀，畫北辰列宿象，蓋天也。每月隨斗所建之辰，轉應天道。」這一「法天象地」的古都規劃思想形成東方文化的城的特徵。

程建軍研究又說，始皇自以為功過三皇五帝，德高齊天，於是在原咸陽城的基礎上大興土木。秦帝都的設計指導思想便取法於天象。《史記・天官書》說：「眾星列布，體生於地，精成於天，列居錯峙，各有所屬，在野象物，在朝象官，在人象事。」這種天人相應的觀念在秦都設計中被體現得淋漓盡致。

《史記・秦始皇本紀》記載：

三十五年，……於是始皇以為咸陽人多，先王之宮廷小，……乃營作朝宮渭南上林苑中，先作前殿，……為復道，自阿房渡渭，屬之咸陽，以象天極閣道絕漢抵營室也。

《三輔黃圖》記載：

(始皇)二十七年作信宮渭南，已而更命信宮為極廟，象天極，自極廟道驪山。作甘泉前殿，築甬道，自咸陽屬之。始皇窮極奢侈，築咸陽宮，因北陵營殿，端門四達，以則紫宮，象帝居。渭水貫都，以象天漢；橫橋南渡，以法牽牛。

書中的天極、閣道、營室、端門、紫宮、天漢、牽牛均是天象星宿的名稱。於是秦都咸陽的

布局呈現出一副壯麗而浪漫的景色：沿著北原高亢的地勢，營造殿宇，宮門四達，以咸陽城為中心，建造象徵「天帝常居」的「紫微宮」；渭水自西向東橫穿都城，恰似銀河亙空而過；而橫橋與「閣道」相映，把渭水南北宮闕林苑連為一體，像「鵲橋」使牛郎織女得以團聚，建阿房以像「離宮」，天下分三十六郡又似群星燦燦，拱衛北極咸陽的平面布局和空間結構確實成了天體運行的縮影。每年十月，天象恰與咸陽城的布局完全吻合。此時天上的「銀河」與地下的渭水相互重疊，「離宮」與阿房宮同經呼應，「閣道」與經由橫橋通達阿房前殿的復道交相輝映，使人置身於一個天地人間一體化的神奇世界。秦朝就是以十月這個天地吻合的吉兆作為歲首的。

代信宮而起象徵天極的阿房宮，是一座巍峨宏大的朝宮，帝王朝會、慶典、決事都在這裡舉行。「前殿阿房，東西五百步，南北五十丈，上可坐萬人，下可以建五丈旗。周馳為閣道，自殿下直抵南山。」(《史記‧秦始皇本紀》)前殿遺址在今西安市西三橋鎮南，夯土迤邐不絕，東西長1300米，南北寬500米，建築基址至今仍高出地面10米以上，可以想見當年宮殿的宏偉。不僅宮苑如此，陵墓亦不例外，據文獻記載，始皇陵「以水銀為百川江河大海，機相灌輸，上具天文，下具地理」，「天為穹窿，上設星宿，以像天漢銀河；下百物皐就，以像地上萬物。」這又是一個完整的宇宙縮影。

秦都這與天同構的宏圖，充分顯示了秦帝國與日月同輝的政治氣魄和博大胸懷，是王權集中的思想在都城建設上的具體反映。當年劉邦入咸陽看到秦都的壯麗情景時，不禁讚嘆道：「大丈夫當如此！」

據程建軍研究：明堂就是這樣按時序季節和空間方位進行祭祀的場所，後來，明堂又成為天子布政施教的地方。因其主要功能是「明政教」、「明諸侯尊卑」、「向明而治」，故有「明堂」之稱。帝王對明堂的設置和設計莫不十分重視。

明堂的歷史十分悠久，早在夏代就有「世室」的記載，世室即是夏主的明堂。殷人的明堂稱為「重屋」。明堂是周代以後的稱謂。三代時明堂的形式「有益而無四方」、「茅茨土階」，大概十分簡陋。戰國以後，明堂形式在月令圖式的指導下，極盡法天象地之能事，愈加複雜而講究；至兩漢時，已達登峰造極的程度。

《大戴禮記》載：

明堂九室而有八牖，宮室之飾，圓者像天，方者則地也。明堂者，上圓下方。

東漢蔡邕《明堂論》云：

堂方一百四十四尺，屋楣圓徑二百一十六尺，通天屋徑九丈，太室方六丈，八達，九室，十二宮，三十六戶，七十二牖，戶皆外設。通天屋高八十一尺，二十八柱布四方，堂高三尺，外廣二十四丈，四周以水。

《後漢書‧祭祀志》說：明堂的形式是上為圓形以象法天圓，下面平面為方形象法地方。八個窗子通八風，四面通達師法四季，九個堂室象天下九州，十二坐室仿十二個月份……。

北魏時的賈思論明堂制度時講得更清楚：明堂平面方一百四十四尺，象坤卦的策數；屋的圓徑為二百一十六尺，與乾卦的策數相同。太廟太室平面方六丈，取老陰數，室經九丈，取老陽數。九個堂室象九州大地，屋高八十一尺，取自古黃鐘呂的九九之數，周邊二十八根柱子象法二十八星宿，外圍周長二十四丈模仿一年的二十四節氣。

從上述記載中可以看出，明堂首先是向明設置於王城的南郊；其次，明堂的平面布置、立面形式、外觀體型和空間劃分等均循著「宇宙的圖案」而為之。

一九五六年，我國考古工作者發掘出漢代長安城南郊王莽禮制建築群遺址，其中一處為明堂遺址（圖4-1）。明堂遺址一層平面有青陽、明堂、總章、玄堂和太室等金木水火土五室，其中太室土室居中。東南西北四堂均有左右個，即「十二坐法十二月」。

從天空的紫微垣到都城的紫禁城都是宇宙象徵主義的傑作。在中國古代傳統的文化觀念裡，

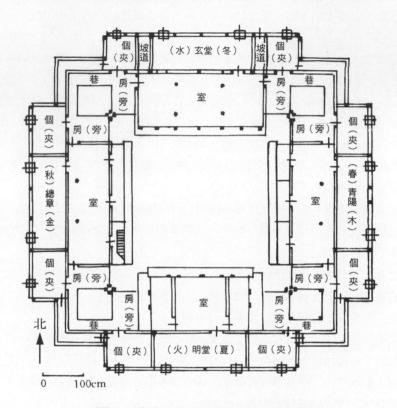

圖4-1 漢長安明堂辟雍復原一層平面圖

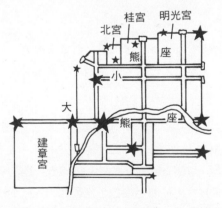

圖4-2 漢長安城一星座投影概念圖
（仿效大熊星座和小熊星座）

天上的星空主宰著世間的人們的命運，天空也形成等級森嚴的王國。北極星、北斗星所處的拱極一帶是天球眾星環繞的中心（圖4-2）。司馬遷在《史記・天官書》中把它叫做「中宮」。其他則分屬東、西、南、北四宮。整個天空被劃分成為「三垣」和「二十八宿」。其中心區為北斗星座，它象徵著人間的中樞地區及都城。「斗為帝車」（圖4-3），「運於中央，臨制四鄉，分陰陽，建四時，均五行，移節度，定諸紀」。主宰著大自然以及人間的一切事物。

世傳文獻中將「斗為帝車」的思想應用到古

圖 4-3 斗為帝車圖

斗為帝車，運於中央，臨制四鄉，分陰陽，
建四時，皆係於斗。

都建設首推《三輔黃圖》。其中記錄了秦始皇築咸陽城時的經過，說：「二十七年（前220）作信宮，已而更命信宮為極廟，象天極。」當時信宮的形制是象徵北極星的。「始皇窮極奢侈，築咸陽宮，因北陵營殿，端門四達，以制紫宮，象帝居。」

「紫宮」之稱，帝王所居，秦漢及唐代皆有之。漢唐並有「紫耀門」的皇宮門名。詩人王維曾有「芙蓉闕下令千官，紫禁朱櫻出上闌」的詩句。

第二節　風水與北京城的選址、規劃、布局

以北京為都城始於西周燕國，距今已有三千零三十五年，以後前燕、金、元、明、清各朝都定都北京。北京，是中國的首都，是世界著名的歷史文化名城，代表著世界東方的文化風貌。古都北京是風水在建城史上的傑出典範。

北京，是舉世聞名的歷史文化名城。它悠久的歷史源自距今七十多萬年前的周口店北京猿人，琉璃河商周遺址把這座城市的建城史上溯到三千多年前的西周初年。歷史上的北京城，從西周的薊丘，到西周末燕滅薊成為燕都，到唐代幽州城、遼代南京城、金代中都城，二千多年裡城址都在今北京城西南廣安門一帶。今日北京城，是元大都奠定的基礎。使北京城享有盛譽的，是它那規劃嚴整的城市，輝煌壯麗的宮闕，無處不深深地打上了風水的印記。

一、北京城的風水外局

北京的風水被歷代堪輿家稱頌。分析北京風水條件的文字始於唐代著名風水師楊益，他說：「燕山最高，象天市，蓋北幹之正結。其龍發崑崙之中脈，綿亙數千里……以入中國為燕雲，復東行數百里起天壽山，乃落平洋，方廣千餘里。遼東遼西兩支，黃河前繞，鴨綠後纏，而陰山、恒山、太行山諸山與海中諸島相應，近則灤河、潮河、桑乾河、易水並諸無名小水，夾身數源，界限分明。以地理之法論之，其龍勢之長，垣局之美，乾龍大盡，山水大會，帶黃河，天壽，鴨綠纏其後，碣石鑰其門，最是合風水法度。以形勝論，燕薊內跨中原，外控朔漠，真天下都會。形勝甲天下，山帶海，有金湯之固。」（《人子須知》）宋代朱熹也說過：「冀都是正天地中間，好個大風水。山脈從雲中發來，雲中正高脊處，自脊以西之水則西流入於龍門西河，自脊

163

以東之水則東流入於海。前面黃河環繞，右畔是華山聳立為虎。自華來至中原為嵩山，是為前案。遂過去為泰山，聳於左，是為龍。淮南諸山是第二重案，江南諸山及五嶺又為第三、四重案，正謂此也。」（《人子須知》）《金史‧梁襄傳》對北京形勢的分析是：「燕都地處雄要，北依山險，南壓區夏，若坐堂隍，俯視庭宇。」蒙古貴族巴圖魯曾勸元世祖忽必烈定都北京，說幽燕之地，龍蟠虎踞，形勢雄偉，南控江淮，北連朔漠，且天子必居中以受四方朝覲。大王果欲營天下，定都非燕不可（《元史‧木華黎傳附巴圖魯傳》）。郝經也勸忽必烈都燕，說燕東控遼東，西連三晉，背負關嶺，瞰臨河朔，南面以蒞天下。一二六四年忽必烈遷都燕京。

明代朱棣遷都北京，群臣對北京的形勢又作了一番論證。有的說，北京河山鞏固，水甘土厚，民俗淳樸，物產豐富，誠天府之國，帝王之都也。有的說北京北枕居庸，西峙太行，東連山海，南俯中原，沃野千里，山川形勝，誠帝王萬世之都（《太宗實錄》）。《讀史方輿紀要》說北京是「視中原，居高負險，有建瓴之勢。」

若是從北京城附近來看風水，清人吳長元說：

北京青龍水為白河，出密雲，南流至通州城。白虎水為玉河，出玉泉山，經大內，出都城，注通惠河，與白河合。朱雀水為蘆溝河，出大同桑乾，入宛平界。玄武水為濕餘，高梁、黃花、鎮川、榆河，俱統京師之北，而東與白河合。

若從北京灣和北京小平原的形勢來看風水，前人說：

「幽燕自昔稱雄，左環滄海，右擁太行，南襟河濟，北枕居庸。……燕薊內跨中原，外控朔漠，真天下都會。」「繩直砥平，形騰爽塏。」「虎踞龍盤，形勢雄偉。」

京師前挹九河，後拱萬山，正中表宅，水隨龍下，自辛而庚，環注皇城，繞巽而出，天造地設。

這是從北京所處的山水位置來討論北京的風水地理。另外，明代大學士李時勉的《北京賦》也稱讚了北京的風水，說：

仿成周之卜洛……右挾太行，左據碣石，背送險兮重關，面平原兮廣澤；宗恒岳其巍巍，鎮醫閭而奕奕，冠九洲之形勢，實為天府之國。……於是仰瞻析木，俯測地靈。龜筮兆吉，天人協應。……識景表營，方位既正，高下既平。群力畢舉，百工並興。……其東則潞河通漕，控引江淮。肥如瀠洓，灌注縈回……而蠻商番舶，帆牆隱天，上下不絕而往來。……其西則崇山鬱翠，高挹泰岱。北接居庸，南首河內，奇峰擁關，龍門阻隘。玉泉垂虹，青煙浮黛。

金幼孜《皇都大一統賦》說：

北京實當天下之中，陰陽所和，寒暑弗爽。四方貢賦，道里適均。且沃壤千里，水有九河滄溟之雄，山有太行居庸之固。……維此北京，太祖所屬。天造地設，靈鍾秀毓。總交匯於陰陽，盡灌輸於海陸。南臨鉅野，東瞰滄溟。西有太行之巖嶬，北有居庸之崢嶸。瀉玉泉之透迤，貫金河而回縈。

古人類似的關於北京的風水分析很多，不一一列舉了。

總之，上述引文分析了北京位於華北平原的北端，平原與山地交匯的要衝（圖4-4）。這裡

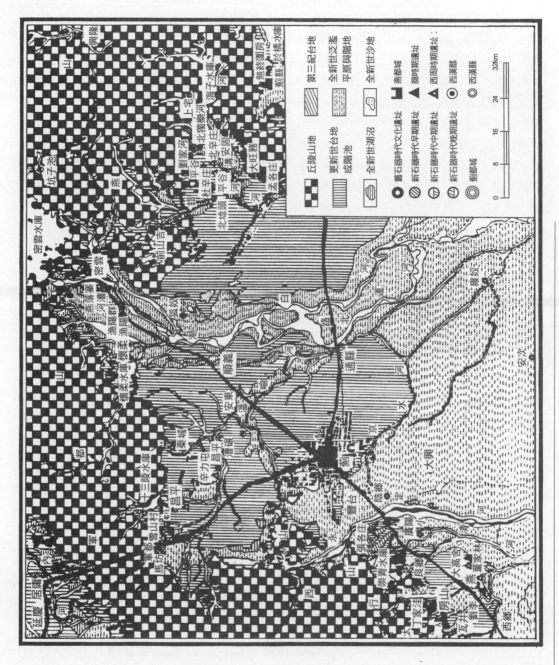

圖4-4　北京城風水外局

風水與古都選址布局

也在東面滄海與西面太行山地的山麓丘陵頂端。在永定河與潮白河之間,又在玉泉、高粱、濕餘等小河附近。北面太行山、軍都山形成半圓形山彎,南面有大河,古代還有湖泊、沼澤。這樣的地方,用風水術語來說,是「堪輿家所謂藏風聚氣者茲地實有之。」

巍巍太行山山脈蜿蜒逶迤,由南向北奔騰而來,城北,浩浩燕山山脈羅列簇擁,拱衛著京師,兩股山脈交會、聚結,形成風水上所謂「龍脈」。森林覆蓋著山巒,山色蒼茫,雲氣鬱積。就在這青山之中,來自黃土高原的桑乾河與來自蒙古高原的洋河會合為永定河。永定河洶湧澎湃,穿行於深山老林之間,到京西三家店,陡然衝出山谷,在北京小平原的西綠伸展流淌,造就了北京小平原形同蛛網的河水溪流,星羅棋布的湖海,淀泊。山川襟帶之間,北京城溫潤豐饒,土肥人美,遂成天府,這符合風水上要求的「藏風聚氣」,利於生態的最佳風水格局(圖4-5)。這是北京城和紫禁城的宏觀環境,即風水上所稱「外局」。

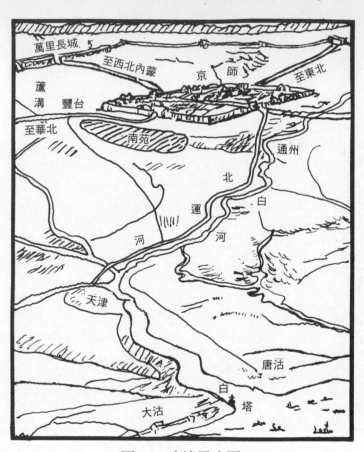

圖4-5 京津風水圖

二、北京城是中國古代文化、藝術和建築巧妙結合的實體

當走出北京火車站,沿著東長安街往西走,不多久,那莊嚴、雄偉的天安門城樓就會映入眼簾。在藍天白雲下,它畫棟雕梁,檐牙飛舞,巍巍峨峨,氣派非常。如果登上景山最高處的「萬春亭」遠眺,會發現處於城市正中的軸心線上,有一系列高大的古建築,正南有前門、天安門、午門、故宮的太和殿、中和殿、保和殿等,正北有鼓樓、鐘樓,它們依正南北方向,一線排開。如果沿著那布局規整如棋盤的街道觀光,其間不時點綴著紅牆黃瓦或紅牆藍瓦的舊時府第。如果到郊野散步,不時還會發現地下殘留的各式溝紋、繩紋或線紋的古代磚瓦。這一切給

人什麼印象呢？整座北京城，是中國古代建築、精神意識和藝術巧妙結合的一個文化實體。它是我們祖先千百年來經過長期生活、奮鬥而積累形成的知識、信仰、道德、習俗、法律、觀念等等的綜合體現。所以，美麗的北京城，是中國古代文化的縮影和典型，是中國古老文明的藝術寶庫。這深藏著歷史奧妙的北京城，是如何起源？又是怎樣發展，逐漸形成今天的面貌呢？以下依階段來談談它的發展歷史。

三、聚落和城市的起源

北京城是怎樣起源的呢？

追溯北京城市和聚落的起源歷史，那漫長的歲月，已不能以百年來計算。早在西元前廿一世紀至前十一世紀之間，北京地區的聚落就已經出現，並逐漸發展起來了。居民點的密集出現，又為城市的誕生奠定了基礎。至公元前十一世紀末周初，武王滅商，「封帝堯之後於薊」。「薊」在哪裡呢？「薊城」的舊址，在今北京城區廣安門一帶的白雲觀附近。這裡是北京城最早的前身。

「薊」這個城，在周初八百諸侯國的都城中是極其普通的一個。當時與薊城地位相當的許多小城，在後來歷史發展的長河中，有的發展了，有的湮滅了。在三千多年的歷程中，薊城雖經歷了多次戰禍、天災、劫難與痛苦，但它的規模仍逐漸擴大，終於發展成為數百年來中國的首都。

究竟它為什麼會有這樣強大的生命力？原來，北京城位於華北平原北端與山地交匯的地方。它的位置是維繫我國三大地理單元（東北大平原、華北大平原與蒙古高原）的紐帶。歷史上，蒙古高原以游牧業為主的經濟文化區，華北大平原以種植業為主的中原經濟文化區和東北大平原北方型的經濟文化區，有著明顯的不同。北京就處於中國歷史發展中有著舉足輕重地位的三大經濟文化區的交匯處。這裡就成為三大地理單元的民族、經濟、文化融合交匯的樞紐和橋梁。當這三大地理單元的經濟文化發展實力，足以與關中區、關東區相抗衡時，中國歷史上的首都，就從關中的長安、咸陽，關東的洛陽遷到了北京。

北京城又位於永定河沖積扇的頂端，古代永定河的渡口之上。要與東北平原、蒙古高原進行經濟、文化聯繫必須經過北京城位置所在的這個古渡口。然後穿越環抱小平原的西山山地和燕山山地。在重疊的山嶺之間，峽谷是捷便可行的通道。這些峽谷中，最重要的是今北京西北的南口、居庸關峽谷。通過這一線可以和山西、內蒙古等地相聯繫。通過其北的古北口和其東的山海關，可以與東北大平原相聯繫。北京城所在位置的這個古渡口，也即古代大道的交匯點，是人員、物資往來的集散地，為城市的成長提供了一個良好的條件。

另外，永定河沖積扇的頂端附近，有著古代農業發展的優良環境。這裡正當潛水的溢出地帶，有清澈的小溪與明淨的湖泊可以作為城市發展的水源。以上條件使得北京城長期發展、歷久不衰。

四、早期發展與城市沿革

那末，薊城誕生之後，它是怎麼成長的呢？其發展的沿革如何呢？

在秦始皇統一中國之前長達八九百年的時間裡，它一直作為薊國和燕國的政治中心。其間經歷了「薊微燕盛、燕乃并薊而居之」的重大變遷。又經歷了西元前三一四年燕太子平和將軍市為首的內亂，使薊城軍民死傷數萬。但是，一旦這裡稍有休養生息的機會，發揮交通便利的優勢，經濟很快就繁榮起來了。司馬遷在《貨殖列傳》中說：「夫燕亦勃、碣之間一都會也，南

通齊、趙，東北邊胡……有魚、鹽、棗、栗之饒。北鄰烏桓、夫餘、東縮、穢貊、朝鮮、真番之利。」當時薊城是東北各民族間互通有無的貿易中心，是全國有數的商業都市之一。

秦始皇滅燕之後，曾從咸陽修築寬敞的「馳道」至薊城。此後，自西元三世紀中葉到西元六世紀末，在薊城附近曾多次大興水利，導高粱河、造戾陵遏、開車箱渠，灌田百餘萬畝。築壩引灌可以廣泛開墾荒地，增加單位面積產量。農業的發展帶來經濟繁榮，又可以促進城市規模的擴大和城市地位的提高。

在秦統一中國之後，薊城作為我國東北方的重鎮，前後大約一千年的時間。在這一千年當中，薊城的歷史，就是漢族和各兄弟民族之間鬥爭與融合的歷史。歷代沿革表見表 4-1。

五、遼南京與金中都

下面介紹北京向全國政治中心過渡這一歷史過程。

向全國政治中心過渡開始於遼朝，那時契丹人在此建立陪都——南京。

後唐河東節度使石敬塘為了篡奪政權，不惜把「燕雲十六州」割獻契丹，並稱臣、納貢，以父禮事之。契丹得到了具有重要戰略意義的今北京等地後，於西元九八六年在今北京建立陪都南京。

遼南京沿用唐代幽州城址，僅在城內西南部築了一個小宮城，稱為「大內」。「大內」的宮殿也多半沿用前代建築。大內正門為「宣教門」（後改稱元和門），內有元和殿、昭慶殿、嘉寧殿、臨水殿、長春殿以及供帝王遊幸的球場和泛舟的湖泊。

大內之外，街道布局有如棋盤。城內共有二十六坊，每坊有門樓，坊名書於其上。城北是商業區，城內東部有永平館，是接待外國使臣的賓館。城牆高三丈，寬一丈五尺，有八座城門。

南京水甘土厚，物產豐富，有著較高的文化技藝。

南京還是北方佛教的中心，僧居佛寺眾多。大房山雲居寺每年四月八日慶祝佛的生日，盛況空前。當時的南京，實已成為祖國北方政治、經濟、文化、宗教的中心了。

此後，城市發展較快的是金代。

西元一一二三年金滅遼。西元一一五一年在南京舊城的基礎上進行大規模的改建和擴建工程。改建後的新城凡三重。最外面的大城向東、西、南三面大大擴展，位置相當於今宣武區西部的大半，周長三十七里有餘，略呈方形。每邊各有三座城門樓。每一座城門樓之下，闢三個門洞。大城中部以南為皇城。故址在今廣安門以南，是一長方形的小城。內有宮城，周長九里三十步。宮城的正南門名叫「應天門」，它與皇城的正南門「宜陽門」，大城的正南門「豐宜門」正好相對，中間有御道，貫通三門而過。這條御道也即大城的中軸線。應天門、宜陽門和豐宜門前各有護城河，御道旁有溝，溝上植柳。

大城之外，又築四個小城，其城牆各長三里，前後各一城門。樓、櫓、塹悉如邊城。每小城內又有倉庫，貯以甲、仗等兵器，並有地道和內城相通。

擴建中都工程浩大，使用了工匠民夫八十萬，兵工四十萬。宮殿極其奢華、壯麗輝煌，用黃金和五彩加以修飾。南宋使臣到中都見到這些宮殿都為其「宏麗可怖」而震驚。

此外，金人也大力發展中都城的對外交通，曾開渠引高粱河水到通州，用閘壩調節水位落差，取名閘河。

舉世聞名的盧溝橋建於金大定二十九年(1189)，到現在已有八百多年歷史。盧溝橋全長 266 米，橋的中心跨孔長 21.6 米，近岸橋孔跨 16 米，橋面寬 7.5 米，共一四〇根石柱，上雕有四

表 4-1　　　　　　　　　　　歷代沿革表

時期	年代	所屬行政單位	歷史名稱	所在地
春秋	公元前 11 世紀至前 476 年	前期屬薊，後期屬燕	薊	今北京市西南廣安門一帶
戰國	公元前 475 年至前 222 年	燕	薊	同上
秦	公元前 221 年至前 206 年	燕	薊	同上
西漢	公元前 205 年至公元 25 年	燕國、幽州、廣陽郡（國）	薊	同上
東漢	公元 25 年至 220 年	幽州、廣陽郡	薊	同上
三國	公元 220 年至 265 年	幽州、燕國	薊	同上
晉	公元 265 年至 386 年	幽州、燕國	薊	同上
後魏、北齊、後周	公元 386 年至 581 年	幽州、燕郡	薊	同上
隋	公元 581 年至 618 年	涿郡	薊	同上
唐	公元 618 年至 907 年	幽州、范陽郡	薊	廣安門外
五代（後梁、後唐）	公元 907 年至 936 年	同上	薊	同上
遼	公元 936 年至 1122 年	南京道、幽都府、燕京道、析津府	南京或燕京城內附：幽都縣（後改析津縣）宛平縣	廣安門外
宋	公元 1122 年至 1125 年	燕山府	燕山府附析津縣宛平縣	同上
金	公元 1125 年至 1215 年	中都大興府	中都城內附：大興縣宛平縣	同上
元	公元 1215 年至 1368 年	前期稱燕京，1264 年改為中都大興府，1271 年改為大都	大都（前稱為燕京、大興府或中都大興府），城內附大興縣、宛平縣	健德門至正陽門間
明	公元 1368 年至 1644 年	1368 年至 1462 年北平府，1463 年至 1644 年北京順天府，城內附有宛平縣和大興縣	北平府或北京順天府，城內附有宛平縣和大興縣	公元 1371 年將元城北牆內縮 5 里，公元 1553 年在南城外增築外城達永定門
清	公元 1644 年至 1911 年	京師順天府	京師、順天府，城內附大興縣宛平縣	同上
民國	公元 1911 年至 1949 年	京兆（1911-1927）北平（1928-1949）	京兆或北平，城內附：宛平縣、大興縣	

八五個形態各異的石獅子。這座雄偉的白石橋作為文物瑰寶，一直保留至今，它反映了金代卓越的建築藝術和創造魄力。

六、歷史上最壯麗的都城──元大都

西元一二一五年，中都被蒙古騎兵攻破，可憐一代豪華宮闕，竟被鐵蹄蹂躪之後而付之一炬。大火斷斷續續蔓延了一個多月。昔日雄偉壯麗的建築，變成瓦礫之區。

西元一二六〇年，元世祖忽必烈懷著消滅南宋、統一中國的雄心來到燕京。後來，他聽從大臣劉秉忠的建議，決定在此建都。

由於舊城已成一片廢墟，供水及漕運用水也大為不敷，而東北郊的大寧宮、瓊華島一帶，原金代中都的郊外離宮還保存完好，這裡的湖泊和美麗的自然風景可以作為新的宮城的裝飾。於是就將新城址從原來的蓮花池水系遷移到高梁河水系來了。

據故宮博物院姜舜源研究，元世祖忽必烈建造大都城，命劉秉忠和他的弟子郭守敬、趙秉溫等負責城市和宮殿的規劃設計。為解決大都城水源和防範永定河水患，捨棄了金中都城，改用高梁河水系，將城址移至中都城東北郊外，元代史書《析津志》記載道：

大都「內外城制與宮室、公府，並系聖（指元世祖忽必烈）載，與劉秉忠率按地理經緯（即風水理論），以王氣為主，……先取地理之形勢，生王脈絡，以成大業。」

記述趙秉溫生平事跡的《趙文昭公行狀》也記載道：

公「與太保劉公（即劉秉忠）同相宅，公因圖上山川形勢、城郭經緯，與夫祖、社、朝、市之位，經營制作之方。帝命有司稽圖赴功。」

這說的是元大都城營建時，由劉秉忠一班人士進行風水堪輿。劉秉忠所取「地理形勢」，從「大勢」來說，是燕山山脈的聚結，具體而言，是西山玉泉山方面。當時是經地上、地下兩條「脈絡」引入京城和皇宮的。

地上，將玉泉山的泉水用人工開鑿的河道引進京城，經今太平橋大街南行、東轉，再經今西四南大街的甘水橋、太液池南岸（今中、南海之間），流到大內正門崇天門前的國橋「周橋」，然後東流並入今南、北河沿即當時的通惠河。這條河流按五行中西方「金」的方位，稱為「金水河」。金水河的水是十分神聖的，不准洗濯，不准飲馬，不准民間飲用。元朝海子（包括今什剎海、積水潭及附近地域）自京北曰浮泉引木，經瓮山泊（今昆明湖）下注高梁河入城。海子水由海子橋流出，經今南、北河沿，出文明門水關，一直通向通州張家灣，連通大運河，接通通州到大都城的漕運，所以稱「通惠河」。這條河流較金水河更為重要，但卻沒有「生王脈」的重任，所以不如金水河神聖。

大都宮殿地下脈絡的引用更是匠心獨運。

位於紫禁城東南部傳心殿院內的大庖井，是宮中數十口水井中年代最久遠的。與其他水井不同的是，在北京地下水水位嚴重下降的今天，這口井仍泉水充足，不升不降。明清兩朝宮中祭祀「龍泉井神」就在這裡。乾隆皇帝是位有心人，他檢測了京師諸泉，證明大庖井水質之純，僅次於玉泉山泉水，在京城居第二。可以推論，這口井的泉脈來源於玉泉山，與玉泉山水一脈相通。它們都是永定河地下岩層滲濾，一部分在玉泉山湧出，一部分伏流進入京城。劉秉忠既將玉泉水引入皇城，又探清了這股伏流的來龍去脈，從而把宮殿建於其上。大庖井很可能是最

初劉秉忠堪輿時，調查此處地質水文情況時開鑿使用的。元代這裡處於大內南門東側御膳亭內，供皇帝飲食使用。明代改建紫禁城時，在這條水脈上由元大內稍向東南移動，大庖井被包在宮內，明弘治《明會典》中已載明在此祭井神，以後相沿不替。近年故宮博物院因實施地下工程，在文華殿西側開挖時，地下很淺便水出不止，說明這在大庖井泉脈上。

王脈生成，大業底定，劉秉忠才著手確定城市規劃。《析津志》記載：

> 世皇（指元世祖忽必烈）經都之初，問於劉太保秉忠，定大內方向。秉忠以麗正門外第三橋南一樹為方以對。上（指忽必烈）制：可。

麗正門外第三橋南一樹至麗正門正中的直線，就是大都城的中央子午線，是皇帝的御道和主座宮殿所在位置，它們都在龍脈上。古代中國人像其他文明發育較早的民族一樣，有以自己為天下中心的傳統，早在秦漢時代，人們就把經過京城的子午線作為中央子午線。把天文地理學上的中央子午線與京城規劃上的中線合而為一，是元大都城的一大特點。在這條中央子午線上，劉秉忠、郭守敬這兩位天文、地理、水利專家設計安置了大內正殿大明殿，大明殿內安設了郭守敬設計製造的當時最先進的計時器——七寶燈漏。在大內正北、中央子午線在城內的中點，建造了「以齊七政」的鐘、鼓樓，報告著標準的「大都時間」。明清兩朝繼承這一科學設計，中央子午線的前朝太和殿、後寢乾清宮兩座主座宮殿，都安置了日晷。機械鐘表傳入中國後，又在「聯繫天地」的交泰殿裡放置了大自鳴鐘，並陳設古老的銅壺滴漏。清代規定，欽天監宮員嚴核交泰殿大自鳴鐘時間，交泰殿報時，神武門鳴鐘鼓，鐘鼓樓也接著鳴鐘鼓，向全城報告標準的「北京時間」。

元大都城流經麗正門裡、崇天門外的金水河，是風水上要求的以河流為橫軸的橫向規劃線，元代著名石雕藝術家楊瓊設計建造的周橋橫跨金水橋上，現存故宮太和門西廡後的斷虹橋，就是當年周橋「三虹」中的一虹。

西元一二六四年決定建都。西元一二六七年開玉泉水通漕運，同時鑿金口河導北京西山木石。西元一二六八年開工築新宮城。宮城以大寧宮和湖泊為中心。湖東岸建大內宮殿，為皇帝所居；湖泊的西岸南面建太后、太子居住的隆福宮；北面建皇族居住的興聖宮。三宮鼎立於太液池（今北海、中海的前身）周圍。池中有瓊華島（今北海團城的前身）。宮城的中心恰在大都城的中軸線上，這就十分有力地突出了宮城在全城的中心地位。大都城的南城牆在今東西長安街的南側，北牆在今德勝門與安定門北五里，東城牆與西城牆分別在今東直門與西直門一線。大都城共十一門。每座城門內都有一條筆直的幹道，連同順城街在內，共有南北、東西幹道九條，縱橫交錯。次一級的街道稱胡同，基本上是沿著南北幹道而在東西排列的。幹道寬約25米，胡同寬約6至7米。幹道、胡同之間幾乎為等距平行線。城內共有五十坊，每坊有門，門上有坊名，它是城內的行政管理單位。五十坊又分轄於左右警巡院之下。城內不建坊牆，而以街道為界。市場分布於全城，而以日中市（今積水潭東岸鼓樓附近）、斜街市（積水潭北岸）、羊角市（今西四一帶）、樞密院角市（今東四附近）最為熱鬧。此外，又引玉泉山水和開金水河入皇城，把太液池、積水潭作為城市的中心，這對美化環境和改善城市小氣候都起了很好的作用。它把自然景物的優美和宮殿群的雄偉，巧妙地結合起來了。

為了解決元大都的運輸問題，從護城河開挖了一六四里的水運渠道達通州高麗莊入北運河。這條新挖的水運渠道，就是歷史上著名的通惠河。

元大都城的內部共有五十坊。這又是為什麼呢？宋代的理學家朱熹說：「大衍之數五十，蓋以『河圖』、『中宮』天五乘地十而得之。大衍之數，其天生地成。或南或北，為水為火，能方能圓，有平有變，按之可為形，指之可為象。」因此，大衍圖又名天地生成圖。基於這樣的設想，元大都取五十坊之數。

其中的坊名，也往往來自《周易》。如玉鉉坊，按《周易》鼎玉鉉大吉，以坊近中書省取義以名。明時坊，地近太史院，取《周易》革卦：君子治曆明時之義以名。乾守坊，地在西北乾位，取《周易》乾卦萬國咸寧之義以名。泰亨坊，地近東北寅方，取泰卦吉亨之義以名。嘉會坊，坊在南方，取《周易》嘉會之義以名。寅賓坊，在正東，取尚書寅賓出日之義以名。豫順坊，按《周易》豫卦豫順以動，利建侯行師，取義以名。總之，元大都城的大半坊名，都源於《周易》。

元大都城是我國十三世紀精心設計、布局嚴謹、工程浩大的都城。在城市的總體規劃上繼承了我國自古以來帝都建築的「前朝、後市、左祖、右社」的傳統規制，並結合北京城內的地形、地物和自然環境，作了一些發揮。宮城和皇城在大都的中軸線上，占了最為突出和重要的位置。體現了帝王至高無上和主宰一切的權威。大都城的南半部又被分割成往來極不方便的東城區與西城區。宮城和皇城恰當地利用了大都的地形、水系、湖泊、水源，使自然美與雄偉建築，交相輝映。

七、輝煌的明清北京城

西元一三六七年，明太祖朱元璋派大將徐達、常遇春北伐，一三六八年九月占領了大都城。明初把大都改名北平。經元末戰亂和饑疫，大都人口死亡了幾十萬，加上人口逃散，城內居民空疏，為了便於防守，便將北城牆向內收縮五里至今德勝門、安定門一帶。又為了消滅「王氣」，將元代宮殿全部拆除鏟平。西元一三九九年燕王朱棣手握重兵，發動「靖難之役」，於西元一四〇三年奪得政權，改年號為永樂。為了控制東北和防禦蒙古南侵，改北平為北京，起先實行兩京制度，繼而遷都北京。西元一四〇四年開始了北京城的改建工程，投入了二十三萬工匠和上百萬民夫和士兵。巨大而珍貴的木料來自四川、湖廣、江西、浙江、山西等省。城磚來自山東的臨清。桐油浸泡的「金磚」來自蘇州。明北京城全部由磚砌而成，這是有史以來的第一次。

到了明代中葉，由於資本主義經濟萌芽，民間商業貿易迅速發展，前門外的市場繁榮起來。這時蒙古騎兵多次南下，逼近京郊。遂屢有加築外城廓的朝議，由於經費困難無力環繞京城築垣，只好把永樂時建成的天壇和先農壇以及其間的鬧市區——前門市場包在其內，就使北京城成了凸形。明初內城居民區共三十三坊，加築外城後又增加居民區三十六坊，分屬東、西、南、北、中五城區管轄。

宮城又稱紫禁城，沿用元代大內舊址而稍南移，周圍加磚砌護城河，即今筒子河。南面正門稱「午門」即元代皇城靈星門舊址。萬歲山，明代又稱煤山或鎮山（清代改稱景山），是元代延春閣舊址，明代堆土築成。此山五峰聳峙，中峰在全城中軸線上，又當南北兩城牆的正中，形成全城的制高點。它使得全城堂堂正正，莊嚴而勻稱大方。帝王居住的主體大殿也在它巍峨實體的依托之中。它們是：外朝三大殿，即皇極殿（清改稱太和殿）、中極殿（清改稱中和殿）和建極殿（清改稱保和殿）和內庭後三殿，即乾清宮、交泰殿和坤寧宮。它們在全城的中軸線上，佔據了最重要的位置。

國都一般選擇在當時認為風水最好的地方。宮闕主殿又建在城市內的風水穴上。這裡被認為是「生氣」聚集的地方。例如，北京的紫禁城是典型的宇宙象徵主義的代表作。它位於城市東西、南北交叉軸的中心。宮城用「紫微」顏色裝飾，使它象徵著世界的中心——北極星的光輝。整座城市的中心是皇城；皇城的中心是宮城；宮城的中心是太和殿；太和殿的中心又有著象徵宇宙中心的須彌山，其上有須彌座，它的九層台階，象徵著九重天。這一人間、天上的中心，也稱「太極」。《周易》說這裡：「大哉！乾元，萬物資始，乃統天……乘六龍以御天，乾道變化，各正性。」《周易‧繫辭》說：「易有太極，是生兩儀。」「兩儀」指的是「天、地」，也指的是「陰、陽」。這裡又成為陰、陽協調，藏風得水、生化萬物的地方。為了把這一地方渲染上神聖的光輝，古代的建築設計師們用盡了一切可能的方法，把它象徵成為宇宙的中心。

古北京城是《周易》象數與古都形制的傑出代表。《周易》對中國文化的發展有廣泛而深遠的影響。易道深刻而又廣泛，奧秘而又精湛，曾經歷了伏羲、文王、孔子三聖三古。它揭示了自然世界及社會生活的一些基本規律，形成一個重要的哲學典籍。它作為一種文化思想體系對中國古都的選址、布局和形制都有著深刻的影響。因此，揭示《周易》象數與古都形制的關係，是了解中國城的文化不可缺少的方面。

事實上古都宮殿的設置和命名，階、台、亭、門、樓、堂的布局，甚至連宮門銅釘的數目都與《周易》象數有關。

古都的中心，布政決策的殿堂往往稱為「太極殿」。為什麼會叫「太極」呢？《周易‧繫辭》裡說：「易有太極，是生兩儀。」「兩儀」指「陰、陽」和「天、地」。天地相交、陰陽相配於是生化出萬物。所以，太極是天地未分的整體、是天地萬物的本原，用它做主殿的名稱，意味著天子無限的權力。

今北京故宮有太和、中和、保和三大殿。為什麼叫「和」呢？陰、陽和合滋生萬物是為「和」。《周易‧乾‧象》說：「保和大和，乃貞利」。每當陰陽和諧、平衡，天地萬物就能依其自然欣欣然地吉利發展。至中和，天地位焉，萬物育焉。和諧、協調則萬事吉祥。

乾清宮、坤寧宮、交泰殿的命名也都取自《周易》。「乾，天也」，「坤，地也」。乾清與坤寧是天地清寧、江山永固、國泰民安的意思。《周易‧泰‧象》說：「天地交泰。」意為陰陽交合、萬物滋榮、子孫昌盛的意思。

故都宮殿常以「九」為數。《周禮‧考工記》說：「國中九經九緯，經塗九軌」，「內有九室，九嬪居之；外有九室，九卿朝焉。」故宮的房間是九千九百九十九間。九龍壁的圖案是用九的倍數二百七十個雕塑塊組成。北京天壇三層牆面、台階、欄板等所用的石板、石塊，其數目都是九和九的倍數。甚至午門、神武門等許多宮門（東華門除外）是上、下各九排、共八十一個門釘。這些，都來自《周易》。《周易》說「陽卦奇、陰卦偶」，因此，一、三、五、七、九是奇數，也叫「天數」。二、四、六、八、十是偶數，也叫「地數」。九是最大的陽數，是「極陽數」，它象徵「天」。「聖人作九、九之數，以合天道而天下化之」，用它來象徵天子必須合天道。

太和殿面闊九間進深五間（不含側廊），此外天安門、端門、午門的城樓，保和殿、乾清宮等都是面闊九間而進深五間，含有九、五之數，象徵著天子「九五之尊」。這也來自《周易》。此後「九五之尊」成了天子的代名詞。可見，故都的設計者在幾何圖案上的構思精巧也有著深刻的文化背景和哲理，其象徵意義出自《周易》。

中國古都城門的設計，其文化上的象徵意義也往往出自《周易》。元大都的城門為什麼有十

一個？這是近幾百年來國內外學者所關心的問題。美國有的華人學者說這是劉秉忠太保設計的哪吒神，哪吒有三頭、六臂、兩足。其實，設計者是取象於《周易》「天地之數，陽奇陰偶」。取天數一、三、五、七、九和地數二、四、六、八、十，取「天地之中和」，即將天數的中位數「五」和地數的中位數「六」合而為「十一」。這引申為天地和合，自然萬物變化之道盡在其中。

中軸線從永定門起，正南北方向穿越紫禁城中央各殿及今景山，止於清初重建的鼓樓與鐘樓，全長八公里。沿著這條中軸線，修築了出入紫禁城的南北禦道。當時從永定門御道北上，朝見天子，依次要見到兩旁是天壇和先農壇的空闊而神奇的遠景，走四公里到前門，之後很快進入正陽門，不久即到大明門（清改「大清門」、民國改「中華門」，在今毛主席紀念堂的位置），隨即進入T字形宮廷廣場，名曰天街。廣場的南部收縮在單調的「千步長廊」間，形成一條狹長的通道。廣場的北部突然張開左、右兩翼，使人豁然開朗。太廟和社稷壇（現在的中山公園和勞動人民文化宮）這兩組高大的建築群對稱於「T」字形廣場的東西兩側。迎面聳立著雄偉的承天門（清改「天安門」）城樓，樓前有精美潔白的漢白玉石橋，橋下流著清澈如碧玉的河水，兩旁聳立著玲瓏剔透的華表。入此，只見藍天白雲與金碧輝煌交相輝映，使人有步入天上宮闕之感，這是第一個高潮。步入承天門後迎面是端門，中間相距較近。兩旁是一個近似方形的院落，此時氣氛頓然凝重。過了端門又展開了一個狹長的、深遠的空間。左、右兩旁排列著眾多的朝房，一直引向第二個高潮——午門。它宏偉壯觀，令人讚嘆！從午門到太和門之間，在寬廣的正方形庭院兩側，有崇樓高閣對峙左右。巍峨的太和殿闊64米，進深37米，高27米。它造形雄偉，氣勢凝重，布局森嚴。四周是一排排亭亭玉立的漢白玉欄杆，滿布著精緻的白雲、龍、鳳浮雕，把大殿裝點得雍容華貴和富麗堂皇。

據《周易——中國古代的世界圖示》一書研究，《周易》一書不僅在春秋戰國時期，或秦漢之際，在社會生活中起著支配作用，對於社會生活的方方面面發生著廣泛而深刻的影響，就是在宋明時期及其以後，在社會生活中仍然起著支配的作用，對於社會生活的各個方面仍然發揮著廣泛而深刻的影響。譬如，明代的北京城的城市規劃的設計和布局，就是以《周易》的陰陽八卦思想為基礎進行的（圖4-6）。首先，就外城和內城的格局來說，外城在南，為乾，為天，為陽；內城在北，為坤，為地，為

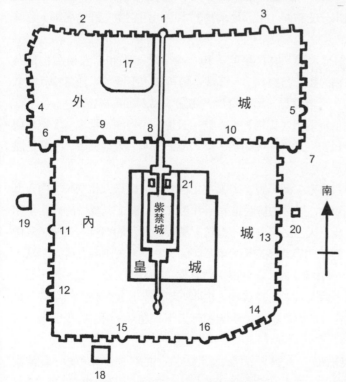

圖4-6　明代北京城示意圖
1.永定門　2.左安門　3.右安門　4.廣渠門　5.廣安門　6.東便門
7.西便門　8.正陽門　9.崇文門　10.宣武門　11.朝陽門
12.東直門　13.阜成門　14.西直門　15.安定門　16.德勝門
17.天壇　18.地壇　19.日壇　20.月壇　21.社稷壇

陰。外城呈扁圓形，略寬；內城呈正方形，略窄；外城是內城的屏障。這正是天圓地方，乾坤照應，陰陽合德的象徵。外城東南角呈曲折突起狀；內城西北角呈凹陷狀；東南為兌卦的方位，兌為澤；西北為艮卦的方位，艮為山，這正是「天地定位，山澤通氣」的象徵。其次，就城門的配置來說，外城七門，即：永定、左安、右安、廣渠、廣安、東便、西便門。七為少陽之數。內城九門：南三門為正陽（俗稱「前門」），左崇文，右宣武；北二門為東安定、西德勝；東二門為南朝陽，北東直；西二門為南阜成，北西直。九為老陽之數。在城門的配置上，為什麼內城用九，外城用七？這是因為城門是人們日常生活的必經之地；在人們的社會生活裡，天子居「九五」之尊位，所以內主外從，內用九，外用七。內城的城門配置，南設三門，南為奇數，為陽；北設二門，北為偶數，為陰。另外，內城的主門——正陽門的門高為九尺九寸，正是老陽之數的體現。這些情況說明，在城門的配置和設計上，都是以《周易》的陰陽、八卦思想為基礎的。第三，北京城的主軸線是以《洛書》的戴九履一的觀念為基礎設計的。北京城的主軸線是一條南起永定門，北至鼓樓的南北垂直線，縱貫北京城的中心，將北京城分為東、西兩部分。

中國古代都市規劃建設是以整體平面布局、建築群的巧妙的聯接、組合為特徵著稱於世的。這些連接組合的重要原則之一，就是明朗、對稱，其指導思想就是風水地理的陰、陽協調與對稱平衡。從《周禮·考工記》所提出的原則：「九經、九緯」就是以中心軸為對稱軸。「左祖右社，前朝後市」的布局也是陰陽對稱觀念的反映。對稱就意味著調和。以北京為例，南有天壇，北有地壇；東有月壇，西有日壇；左有太廟，右有社稷壇。太廟為陰，祭祀祖先，社稷壇為陽，祭祀土地、穀物稷神。對稱的中心點，就是風水穴。在風水觀念看來，陰、陽兩極是互相對立的一個事物的兩極，它們互相依存，不可缺少，陰、陽調合在城市的平面布局上所反映出來的，就是對稱、明朗。

直到明、清北京的天壇真正祭天的地方是圜丘壇，這是祭天的地方，圓形、高三層的石壇，共5.33米。每層四面出階各九級。上層壇面直徑30米，中層50米，下層70米。壇面周圍有石欄板環繞。三層壇面欄板總數為三六〇塊，總計環壇的壇面、台階、欄板等所用石板、石塊數目都是九和九的倍數。《周易》謂「陽卦奇、陰卦偶」，因此以奇數為陽數，偶數為陰數。奇數也叫天數，偶數也叫地數。九是最大的「天數」，也叫極陽數，用它來表示天體的無限高大。所以祭天只用「天數」、不雜「地數」。壇面之上鋪的是艾葉青石。上層壇面直徑為23.6米，壇正中央的一塊圓石叫「中心石」，又叫「天心石」或「太極石」。從此向外每圈依次遞增九塊，到第九圈則為八一塊。中層則從第十八圈鋪到第二七圈。下層則從第二七圈鋪到第八一圈。每層都以漢白玉石雕為護欄。望柱、欄板的數目也各取天數。由此可見設計者在幾何圖案上的構思精巧，其象徵意義出自《周易》。

丹陛橋北端為矗立在祈穀壇中心的祈年殿。它是天壇建築群中最為宏偉的建築。祈穀壇狀如環丘壇，同為三層圓形石台。上層直經68.2米，中層直徑79.6米，下層直徑89.6米。三層總高5.56米。三層壇面都有漢白玉石雕的護欄環立於須彌座式的壇座周圍，如珠花玉環。壇座之上高聳的「祈年殿」是體現這種天人相通的典型建築。中間最大的四根，叫「龍井柱」，象徵一年有四季；中層十二根柱子叫「金柱」，代表十二個月；外層十二根柱子表示子、丑、寅、卯、辰、巳、午、未、申、酉、戌、亥十二個時辰。三十六個大窗代表三十六旬；七十二個小窗代表七十二候。殿為圓形，頂為藍色代表天。地為方形代表地。第三重殿檐有二十八根巨大的楠木柱，代表二十八宿。整個天壇的環境沉靜在柏樹密林之間，充滿了上天的感應。

總之，「法天象地」是中國傳統的城文化的一大特色。

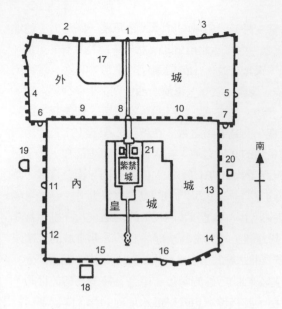

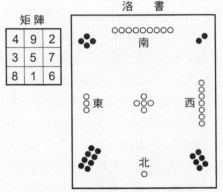

圖4-7　明代建北京城示意圖

矩陣即洛書所示之自然數內1～9之宮位，
每三宮橫、豎、斜相加，其數之和均為15。
方，奇，隅，偶。（圖中數字所示建築與前圖同）

從五壇的配置和設計來看，就更清楚了。所謂五壇，就是天壇、地壇、日壇、月壇和社稷壇。天壇是天子祭天的地方。它的位置在北京城的南端，在外城的裡側；它的建築形狀是圓形的。它的位置和形狀，體現了南為天、為乾、為陽的思想。地壇是天子祭地的地方。它的位置在北方，在內城的外側。它的建築形狀是方形的。地壇的位置和建築形狀，體現了北為地、為坤、為陰的思想。日壇在東方，月壇在西方，它們都在城之外；社稷壇在內城的中央；日壇、月壇和社稷壇一樣，都是方形的。五壇的配置和設計，也是以《周易》的乾、坤、陰陽觀念為基礎的。

何俊壽也作了研究指出，當時建造京都城池的規劃布局，是有一定數理依據的。這一依據就是中國古老的科學文化遺產，我國古代勞動人民智慧文明的結晶——八卦學說。

展開近代測繪的「北京城區地圖」，可明顯地看到原都城為四面用城牆圍起來，呈一個品字形的清晰輪廓。按《易》及八卦圖所示，上為南，下為北，與近代通繪地形圖的方位標誌相反。因此原規劃設計是一個倒過來的品字形。外城在上，為南，內城在下，為北，符合九宮（即《洛書》演繹而成的矩陣）八卦之說：上南為乾，為天，為陽，下北為坤，為地，為陰，乾天包坤地。從總平面上看，城牆又不是完全筆直的輪廓。外城南城南牆是略為向內（向下）呈緩弧形，符合《易》南為天、天圓之說。東近南交角凸出一段，按八卦（先天）東南係便門，西北面為西便門。七為「奇」數，屬陽。內城原應是「地」位，為坤，屬陰。但都城是「人」生息居住之地，純屬陽，故在規劃布局上使其轉陰為陽，所以設置了九個城門（按《易》，九乃老陽之數）。南三門，正陽門居中（即俗稱之前門，它建造時的高度為九丈九尺，九九更體現了老陽之數），左崇文右宣武（又寓意為文東、武西），東二門南朝陽北東直，西二門南阜成北西直，北二門東安定西德勝。內城南設三門為奇，為陽，北設二門為偶，為陰。這些體現了很多八卦的內容。又都城南自永定門經正陽門、皇宮達鼓鐘二樓，呈一條通長筆直的十五里的中軸線，是按九宮而設。九宮矩陣的南位九宮，中央為五宮和北位的一宮，三數之和為十五。而帝王之宮禁處於中央，象徵著統馭四方、四隅之權威，即所謂「九五之尊」，是顯而易見的（圖4-7）。

都城除皇城、紫禁之外，占地最大、建築占較顯著地位的尚有五壇（天、地、日、月、社

稷）。在布置上，天壇在南方（上）呈圓形，建於外城之內，地壇在北方（下），呈方形，建於內城之外，日壇在東方（左），呈圓形，月壇在西方（右），均建於內城之外，社稷壇居中，建於內城之中，也是按九宮八卦的內容而設。

明代建北京的布局，雖係人為，其寓意及規劃指導思想，以及建成後的藝術和功能效果，在五百多年以前世界上為數不多，甚至可以說是僅有的完美的都城建築，是一項使人驚服之佳作。

八、紫禁城——風水建築的傑出典範

宮城又稱紫禁城，沿用元代大內舊址而稍南移，周圍加磚砌護城河，即今筒子河。南面正門稱「午門」即元代皇城靈星門舊址。萬歲山，明代又稱煤山或鎮山（清代改稱景山），是元代延春閣舊址，明代堆土築成。此山五峰聳峙，中峰在全城中軸線上，又當南北兩城牆的正中，形成全城的制高點。它使得全城堂堂正正，莊嚴而勻稱大方。帝王居住的主體大殿也在它巍峨實體的依托之中。它們是：外朝三大殿，即皇極殿（清改稱太和殿）、中極殿（清改稱中和殿）和建極殿（清改稱保和殿）和內庭後三殿，即乾清宮、交泰殿和坤寧宮。它們在全城的中軸線上，占據了最重要的位置。

故宮博物院鄭志海撰文說，元朝忽必烈帝以太液池瓊華島為中心，構築了大都城。明初攻占元大都，平毀了元宮殿，縮減了大都北城五里，並把元大內舊址向南移至北京城中心位置建造皇宮，以南京宮殿為藍本，進行規模宏偉的修建，占地七十二萬平方米，宮殿達九千餘間，這就是有名的北京紫禁城，又名大內，現稱故宮博物院。

紫禁城名稱的由來，一方面，因為古人將天帝所居住的天宮稱作紫宮（見《廣雅·釋地》），故皇宮也有紫宮見稱；另一方面，明清皇宮戒備森嚴，是不許人進入和靠近的禁地，所以明清皇宮又名紫禁城。

紫禁城是明清兩代的皇宮，曾有二十四個封建皇帝盤居於此。明朝永樂四年(1406)開始修建，永樂十八年(1420)基本建成，至今已有五六〇多年的歷史。

紫禁城是一座長方形城池，南北長960餘米，東西寬750餘米，周長3428米。城牆高10米，城牆下寬8.62米，上寬6.66米，城四隅各有一座結構精巧的角樓（通高27.5米），俗稱九梁十八柱七十二條脊，成為我國古代建築中特有的形式，城外有一條寬52米，長3800米的護城河環繞。

紫禁城四面各有一門，正南是午門，再向南通過端門可達天安門，西面有西華門，東面有東華門，北面有玄武門（清朝改名神武門），對面是萬歲山（清朝改稱景山）。

紫禁城分為前朝與內廷兩大部分組成，前朝以太和殿、中和殿、保和殿三大殿為中心，文華殿、武英殿為兩翼，是皇帝發號施令、舉行大典禮的地方。三大殿以北為內廷，有乾清宮、交泰殿、坤寧宮、御花園以及東、西六宮，是皇帝處理政務和后妃、皇子、公主居住的宮殿。東宮之東有皇極殿、寧壽宮、樂壽堂；西宮之西有慈寧宮、壽康宮，亦屬內廷範圍。

紫禁城的正門是午門，門上崇樓五座，俗稱五鳳樓，正樓是重檐廡殿頂，高35.60米，東西四座重檐四角尖式方形亭樓以廊廡聯接，輔翼著正樓，形如雁翅，氣勢巍峨，體現了紫禁城的尊嚴。明清兩朝正樓設有寶座，左右設有鐘鼓，皇帝大典時，鐘鼓齊鳴。戰爭凱旋，則在午門舉行受俘禮。午門共有五個門，中門是皇帝出入的，皇后大婚時由此門入，「傳臚」時狀元由此門出，東西兩門是王公大臣走的，左右掖門是文武大臣走的。進午門以後便是空間開闊的太和門庭院，一條玉帶形的金水河，逶迤蜿轉，自西向東流過，橫跨五座雕欄玉砌石橋，與天安

門外的金水橋互相呼應。金水橋正北是前朝的正門——太和門（明朝稱奉天門、皇極門），明朝皇帝常在此「御門聽政」；清朝皇帝曾在此受朝賜宴，順治元年十月朔（初一）福臨皇帝在太和門頒詔稱帝。

太和門以內是廣闊開朗的太和殿廣場，占地3萬餘平方米，兩側有崇樓高閣，屹立左右，金碧輝煌的太和殿然屹立在中央，坐落在8.13米高的「工字」形台基上，台基分三層，每層都繞以亭亭玉立的白石欄杆，在龍鳳紋飾的望柱下面伸出排水用的浮雕白石螭首1142個，千龍吐水，蔚為奇觀。

太和殿，俗稱「金鑾殿」（明稱奉天殿、皇極殿），面闊十一間（63.96米），進深五間（37.17米），共有七十二根楠木柱的大宮殿，重檐四阿廡殿頂，彩畫為雙龍合璽大點金，是封建社會最尊貴的形式。大殿通高37.44米，比正陽門城樓還高1米多，是我國現存的最大木結構建築物。

太和殿內有六根蟠龍金漆大柱，中間設有楠木金漆雕龍寶座，明清兩朝曾有二十四個皇帝在此登極，宣布即位詔書、元旦、冬至、萬壽節、冊立皇后、大婚、派將出征，皇帝都要在這裡舉行儀式接受文武百官朝賀。大典時設中和韶樂和丹陛大樂，從露台上擺設鹵薄儀仗，南出午門直排列至天安門外。殿外爐鼎、仙鶴、銅龜都吐出裊裊香煙，繚繞宮殿，氣象森嚴，以顯示「真龍天子」的權威。

中和殿（明朝稱華蓋殿、中極殿），深廣各五間（每面均長24.15米），是座單檐四角攢尖鎏金寶頂的方形殿宇。皇帝舉行大典前，先在這裡小憩，而後去太和殿，皇帝祭祀天壇、地壇、先農壇、社稷壇之前在此殿閱視祝文。

保和殿（明朝稱謹身殿、建極殿），平面廣九間（49.68米）、深五間（24.97米），重檐九脊歇山頂。皇帝賜文武群臣宴、公主下嫁納采賜額駙宴、正月賜蒙古、新疆王公宴都在此舉行。清乾隆年間「殿式」，由太和殿改在保和殿舉行。

三大殿之後有東西橫向的廣場是為前朝與內廷的分界地帶，正北有座華麗的乾清門是內廷大門，左右有琉璃照壁、門前金虹、金獅相對排列，清朝皇帝有時在此「御門聽政」。乾清門內一條白石雕欄的高台甬道直達後三宮，其格局與前朝相似。乾清宮是皇帝的寢宮和日常活動的場所，清朝雍正皇帝移居西宮養心殿，以後這裡便成了舉行內廷典禮、賜皇族家宴的地方。乾清宮兩側還有象徵著政權的江山、社稷亭。

交泰殿：每年元旦、冬至、千秋三大節日皇后在此殿受賀。清朝乾隆皇帝取《周易》「天數二十有五」之說，造定二十五方寶璽存放在交泰殿。

坤寧宮：明朝皇后居住的正宮，清朝順治二年按照滿族的習俗重新加以改建，成為祭神的地方，坤寧宮東暖閣是皇帝結婚時的洞房。過坤寧門是御花園，園中有蒼松翠柏，奇花異石，樓閣亭樹，情意盎然。後三宮兩側還有東西六宮。這些就是人們所稱的「三宮六院」。

紫禁城的前朝內廷六座大殿坐落在北京全城的中軸線上，宮殿布局東西對稱，左右襯托，重重殿宇，樓閣巍峨，千門萬戶，集中體現了我國古代建築的優秀傳統和獨特風格，充分反映了我國古代勞動人民的高度智慧和創造才能。明清兩代五百餘年間雖幾經修建，但仍保持著明朝初建時的布局，為我國現存最大最完整的古建築群。

紫禁城不但占據京城中心地位，而且還是全城風景優美的地區，在西北部有太液池、瓊華島，這是遼、金時代的離宮，元代又利用這個自然景區修建了宮殿，成為宮苑。西面有水粼粼的中南海。北倚萬歲山，俗稱煤山，明初曾堆過煤而得名，永樂年用挖護城河的泥土堆積成

山，主峰高88.7米，周圍二里餘，成為紫禁城的一座天然屏障，形成風水靠山與禁城前面的金水河互相呼應，有山有水，陰陽交匯，體現並構成中國建築前面有水，後面有山的傳統格局。

程建軍研究認為，紫禁城周長6里，占地面積達72萬平方米，建築面積近16萬平方米，有房屋9999間，其規模之巨，占盡了最大的天數，體現了「天子」的權威。氣魄之大，風格之美，建築之堂皇，裝飾之豪華，都是世界上少有的。從建築規劃布局上說，故宮分為外朝和內廷兩區，外面以高大的宮牆環繞，牆外又有寬闊的護城河圍抱。

外朝部分以太和殿、中和殿、保和殿三大殿為主，前面有太和門，左右兩側分列文華、武英兩組宮殿。外朝是皇帝舉行重大典禮和發布命令的地方。內廷以乾清宮、交泰殿、坤寧宮為主體，後面有御花園。內廷東西兩側翼有東六宮和西六宮。內廷是皇帝后妃們居住的地方。在太和門的南面是紫禁城的正門——午門，戰爭勝利後的凱旋獻俘儀式和皇帝頒布詔令儀式都在這裡舉行。午門至天安門之間是皇城的一部分，在御路兩側建有朝房。朝房外，東為太廟，西為社稷壇。

故宮的主要建築基本上是附會《禮記》、《考工記》及封建傳統的禮制來規劃的。為體現帝王至高無上的權力，顯示莊重威嚴的氣概，採用了突出中軸線，主要建築沿軸線南北縱深發展，次要建築則嚴格對稱地布置在中軸線兩側的手法（圖4-8）。

內庭宮寢為陰區，進中路乾清門，便是後三宮了。後三宮中，乾清宮和坤寧宮均為面寬九間，重檐廡殿頂，為內廷的正殿正寢，是皇帝、帝后的正式起居場所。在《周易》八卦中，乾即天，坤即地，乾清、坤寧兩宮法天象地，於是「天地定位」，前者為「陰中之陽（厥陰）」，後者為「陰中之陰（太陰）」。兩宮之間的交泰殿則意指天地交泰，陰陽和平，是「中陰（少陰）」。這樣命名的用意何在呢？原來皆與《周易》卦名卦義有關：

乾清宮出自乾卦（☰），《彖傳》說：「大哉乾元，萬物資始，乃統天。」《象傳》說：「天行健，君子以自強不息。」

坤寧宮出自坤卦（☷），

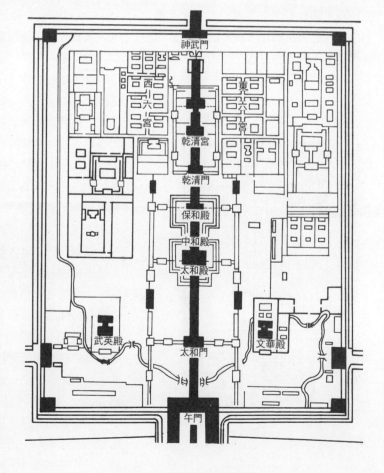

圖4-8　北京故宮平面圖

《彖傳》說：「至哉坤元，萬物資生，乃順承天。」《象傳》說：「地勢坤，君子以厚德載物。」

交泰殿出自泰卦(☰☷)，泰卦是由乾卦和坤卦合成，乾下坤上，乾內坤外。《彖傳》曰：「泰，小往大來吉亨，則是天地交而萬物通也，上下交而其志同也，內陽而外陰，內健而外順。《象傳》曰：「天地交泰，後以財成天地之道，輔相天地之宜，以左右民。」

天為陽，地為陰，天地之道即陰陽之道，天地交泰，陰陽和合，萬物有序寓意其中。明代趙獻可在《醫貫・玄元膚論》中論及人體陰陽平衡時，竟也舉紫禁城規劃為例，他說：「……盍不觀之朝廷乎，皇極殿（清太和殿），是王者向陽出治所也；乾清宮，是王者向晦晏息之所也。」

過午門、神武門一條南北中軸線又將宮城分為東西陰陽二區。東方是太陽升起的地方，為陽，五行中屬木、為春，在「生長化收藏」中屬生，所以宮城的東部布置了與「陽」有關的建築內容。如東部的某些宮殿為皇太子所居；文華殿原為太子講學之處；乾隆年間所建的南三所，係皇太子的宮室。西方為陰、為金、為秋，在「生長化收藏」中屬收，所以宮城的西部布置了與「陰」有關的建築內容。如皇后、宮妃居住的壽安宮、壽康宮、慈寧宮等，都布置在西部。

如是東居太子，西樓宮妃，男左女右，陽左陰右。皇城東有太廟法陽象天，西設社稷壇法陰象地。「君子居則貴左，用兵則貴右」（《老子》），宮廷朝事大典百官排列，文臣列於左，武將立於右；與此相應文華殿位左，武英殿位右。太和殿丹陛上左陳日晷以司天，右置嘉量以司地；前者定天文曆法，後者制度量衡，皆左主天道屬陽，右主地道屬陰，陰陽相合而成一體。古代建築大師就是這樣把陰陽宇宙觀與宗法禮制巧妙地結合起來，規劃設計了這座氣勢磅礴的建築群，為我們留下了一份十分寶貴的文化遺產（圖4-9）。

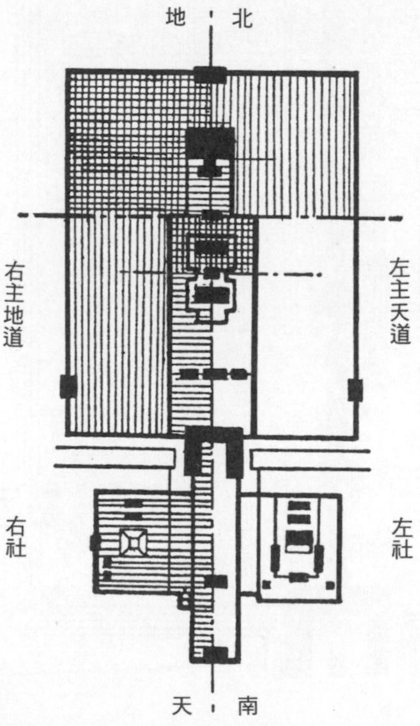

明、清北京的紫禁城是皇權至高無上的表現，也是近五百餘年來封建王朝最為壯觀的皇權統治中心。為什麼紫禁城用紫紅顏色的牆？這是紫微星的顏色。天上的紫微星是北極星，天空中億萬顆星星都在圍繞著它旋轉，它是宇宙的中心。明、清北京城的中心是皇城，皇城的中心是宮城，宮城的中心是太和殿。太和殿的中心又是象徵著宇宙中心的須彌山，其上有九層台階的須彌座，上面坐著一個真命「天子」。他所在的宮殿托浮在一團團白雲似的漢白玉基石之上。上朝之時，在肅穆、凝重、莊嚴的氣氛之中，金鼓齊鳴、樂聲回蕩，使朝臣腦海中增添了「天上仙境」的虛幻之感！上坐一個珠光寶氣滿身、珠玉玲瓏滿頭的「天子」。他位於一切設計、想像的中心。用物體的光彩、用聲響的神秘使他塑造成整座城市乃至整個宇宙的主宰者。這就是「君權神授」、「唯我獨尊」的天子。

図示標註：
地 北
右主地道
左主天道
右社
左社
天 南

圖4-9　故宮天地陰陽之道規劃示意圖

中國風水與建築選址

第三節　風水在蘇州、咸陽、長安、洛陽、南京等都城選址布局中的運用

據楊文衡等研究，關於都城選址，歷代皇帝或國王選擇洛陽、奄城、咸陽、長安、金陵、北京作國都時，無不以風水理論及所體現的地理知識作為理論與方法。

風水家選擇都城、聚落和陽宅地址時，有一個總的原則，就是要具備封閉式的環境單元。這種環境單元被風水家稱為太極，它跟地理學上的地貌單元相對應。風水家對太極的解釋是：「既有天地，天一太極，地亦一太極，所生萬物又各一太極。故地理太祖，一龍之終始，所占之疆域，所收之山水，合成一圈，此一太極也。少祖一龍之終始，所開之城垣，合成一圈，此又一太極也。祖宗一龍之終始，所開之堂局，合成一圈，此又一太極也。父母、主星所開之龍虎，合成一圈，此又一太極也。」(《地理知止》)這是按地貌單元的大小來劃分太極等級。太祖為一級，少祖為二級，祖宗為三級，父母、主星為四級。在同級太極中，又按地形結構分三層：外太極、中太極、內太極。這點在清人的風水書《地理》中講得很清楚。他說：「物物有太極，於風水言太極尤肖焉。太極有三層，風水有外羅城，為外太極，龍虎砂為中太極，護穴砂為內太極。其穴坪處，為太極中間一點。」風水家根據太極大小來安排都城、城市、鄉聚、民宅。一級太極可建都，二級三級太極可建城鎮鄉聚，四級太極宜建民宅。各級太極有一定的地域面積要求，如帝都要求大局，也就是垣局，垣局必落平原(《地理知止》)。平原面積要求四周在一百里以上；府詔要求四周有數十里的平原；郡縣要求四周有十數里至二三十里的平原；鄉村市井所在地的平原，四周亦不下數里。平原越大，鋪展愈闊，則力量愈大。這個力量指生產力，如資源豐富，人口眾多，經濟發達等因素。各極太極有的風水家稱作大、中、小聚，大聚相當於一級太極，宜建帝都；中聚相當於二、三級太極，宜建城市；小聚相當於四級太極，宜建民宅或墳墓(《俯察本源歌》)。有的說：「小小縣鎮，依山者甚多，亦須有水可通舟楫，而後可建，不然只是堡寨去處。至於督藩大府，京都畿甸，皆平野曠闊，水為繞纏，不見山峰。蓋不如此則氣象不寬，堂局不展。如頭面窄，規模狹，止可作小小縣鎮，亦不可作大縣也。蓋龍到大盡處，必是被大江大河攔截無去處，方得他住。及到此田地，必皆是平原曠野，非常人之所能收拾。」(《玉髓真經》)

風水家為什麼要選這種封閉式的地理環境作都城聚落呢？其理由是「山水翕集，四勢團近有情，而真穴必居包裹擁從之中，所謂藏風聚氣者也。」(《人子須知》)按照風水學說這個總的要求，古代風水先生選擇都城、城鎮、鄉聚、民宅的方式很有講究。

1. 以水為主的選擇

風水學說認為：山隨水行，水界山住，水隨山轉，山防水去(《堪輿完孝錄》)。風水裡面水占一半，因此，凡入一局之中，未看山，先看水，先看以水尋龍。水是龍的血脈，兩水之中必有山，故水會即龍盡，水交則龍止。水飛走即生氣散，水融注則內氣聚。水深處民多富，水淺處民多貧。水聚處民多稠，水散處民多離。流來的水要屈曲繞抱，流去的水要盤桓。匯聚的水要悠揚，澄疑。具體要求有八項：一曰眷，去而回顧；二曰戀，深聚留戀；三曰回，回環曲引；四曰環，繞抱有情；五曰交，兩水交會；六曰鎖，灣曲緊密；七曰織，雲意如織；八曰結，眾水會瀦(《山洋指迷》)。用風水的觀點選擇城址，以得水為上，故北京萬水朝宗，南京則長江環繞。三吳甲天下而有太湖；東魯大海外抱；楚有江漢夾會，洞庭融注；江西有鄱陽湖；浙江的紹、寧、杭、台、嘉湖；福建的福州、興化(今莆田)、泉州、漳州；廣東的廣州、惠州、

潮汕、南海等處，都是因得水而人才濟濟（《人子須知》）。

所謂得水，也有好幾種情況：

(1)城鎮民宅位於兩條江河相匯處。如揚州、梧州、成都、武漢、重慶、桂林等，這是風水先生最欣賞的地址。

(2)城鎮民宅位於河的一岸或兩岸。如天津、上海、南京、南昌、長沙、西安、太原、杭州、廣州、福州、哈爾濱、蘭州等。還有的城鎮位於河曲中，如閬中、柳州、道縣、壺關等。

(3)城鎮民宅位於海濱，可闢為海港。如廣州、泉州、明州（今寧波市）、大連、青島、連雲港、秦皇島等。

(4)注重水質。風水先生在選地時，往往要親自嘗水。假如某地的水顏色碧，水味甘，水氣香，那麼這個地方主上貴，也就是最好的地點。假如某地水的顏色是白色，水味清，水溫暖，那麼這個地方主中貴。假如某地水的顏色很淡，水味辛辣，氣味很濃烈，那麼這個地方主下貴。假如某地水的氣味酸澀，發餿，那麼這個地方是劣地（《博山篇》）。五百多年前，北京的鬧市王府井，最初因在此鑿出一口甘水井而得名，可謂顯例。

上述四項選地原則，都是古代地理學的具體內容。不論是兩河相匯處還是河流的一岸或兩岸，都是為了利用河流發展交通運輸，或是作為軍事防禦的天然障礙，或是農業上灌溉方便。海港城市是海上交通發展的必然結果。中國的城鎮設置當然不全是風水先生選擇的，而是當地經濟、政治、軍事、交通發展的必然產物。但不可否認，確有一些城鎮是風水先生或統治階級經過選擇而興建的。特別是歷代的都城，更是人們有意選擇的後果。這樣，就使中國的古都充滿了禮儀規範和宗教意識，使城市平面的布局莊嚴、勻稱而又明朗。都城從位置選定、宮闕配置、交通幹線、中軸線確立、城市形狀、輪廓、城門的規劃，都是風水思想支配之下完成。從長安、洛陽到北京等，一代代古都都成為一代代歷史的卓越紀念物，象徵著一代又一代偉大文明的頂峰。

2. 城市位置的選擇

(1)城市選址的基本法則，總體上說也是以氣為主，觀察測量四方之山川水勢，看其能否聚氣，如能聚氣，且氣韻暢達，則為吉地，否則為凶地。由於城市是比較集中的社會場所，它的較特別的要求往往與「量」有關，也就是說它的「環境容量」要大。即所謂「氣」要大，「龍」要旺，「脈」要遠，「穴」要闊。這些都是與城市的需要息息相關的。

城市的內部空間主陽，陽與天相關，故城市內部的中軸線要求與天體星辰相一致，多指向北極星座。內部道路格局也要符合陰陽理論，多為奇隅交錯，城市的中心即「正穴」，一般都要建在較高的地勢上，這樣方吉，否則主凶。通常一城之正穴都是衙門的所在地。

文筆塔需建於城市的甲、巽、丙、丁四個方位。

文武廟、文昌閣、奎樓的建築，一般尊從文東武西的格局，因而文昌閣、奎樓也都應在甲、巽、丙、丁四個方位建。

中國東南地區的風水理論還多忌諱東北鬼門的煞氣，故東北方向的城牆多整齊、完整，以抵擋此煞氣，福州市的城牆即如此修建。也有摹擬鯉魚的形狀來建城的，其目的是想求得文風昌盛。福建汀州和泉州都有鯉城之名。

3. 城市的住宅布局

城市住宅的布局一般以道路和鄰里關係為主，一般地，城市街道可比作「水」，可依照街道的走向和特點來選擇自己的住宅，其方法亦如觀水之法。而對於自己住宅周圍的住宅和街道，

又可比之以「龍」、「穴」、「砂」、「水」等關係，一條街為一條水，一層牆為一層砂，門前街道即為明堂，對面屋宇即是案山。

因而城市住宅選址和建築的基本原則是：立門前不宜見街口，顧宅後不宜有直脊，地氣順下，高處來而低處去，宜避低而就高，天氣從空缺處入而從障處回，乘入以收回。這樣方吉。

4. 風水與蘇州選址

世傳文獻中，最早記載天人相通這一基本思想，將之應用於城市規劃布局是春秋時期。西元前五一四年，吳國的閭閻接受伍子胥的建議：「凡欲安軍治民，興霸成王，從近制遠者，必先立城郭、設守備、實倉庫。」他們把營建國都作為興國的第一件大事。

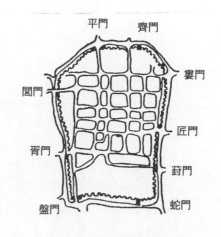

圖 4-10 以龜形建城

伍子胥主持閭闔城（今蘇州）的選址和規劃布局。他提出「相土嘗水、法天象地」的原則。用「其尊卑以天地為法象，其交媾以陰陽相配合」的思想進行實地調查，觀察土壤的性狀與肥沃程度，考究河泉水源與流域分合，由此選定城址。將城的結構、位置座向與天象相呼應配合，「陰陽調和、四序順理、兩陽以時、寒暑應氣」，設「陸門八，以象天之八風；水門八，以法地之八卦」。「八風」就是八方之風，它們隨季節不同而風向差異。將城牆四周，每邊各開二門。四面八方都照顧到很符合交通原則。東面為婁、匠二門，西為閭、胥二門，南為盤一蛇二門，北為齊、平二門（圖4-10）。《史記·律書》中說：「閭、闔風居西方。」向西建此二門以象天門，引入閭風以通天上。吳欲併越，用十二生肖的方位在越國方位正處於蛇上，所以將東南門命名為蛇門。吳的主位正處於龍位，其方向在辰，以龍剋蛇吳必勝越，龍以盤為穩，西南因名盤門。北面的「齊」、「平」二門也有掃平齊國的意思。楚在西北也將閭門名為破楚門。因此，新建都城的目的意欲振興自強，以稱霸中原，其主題思想是非常明確的。

吳國在伍子胥的謀劃之下，終於滅越、破楚、平齊而稱霸海內。但這卻違背了中國古代選址布局追求的目標協調與平衡人與環境的關係，也即使人與自然環境、人與周圍的社會環境力圖達到和諧共處，互補互助的關係。而是選用「鬥爭」的手段壓奪鄰邦，最終四面受敵而國亡。但其城市選址布局，深得天時地利，用「法天象地、嘗水相土」的辦法，使城址與城市環境優越、位置良好，真是一塊風水寶地，幾千年來一直相沿不變。到宋代，這裡叫做平江城，留下了著名的石刻古地圖（圖4-11）。城內城外互相溝通的河道水網，並通達太湖，形成舉世聞名的城內運河體系。河網與街道相交，又形成眾多的橋梁，直到清代還留下三百多座城內古橋。蘇州城也成為一個非常有特色的「東方威尼斯」。此城「智者創於前，能者踵於後」，對中國古都文化，留下了極為寶貴的遺產。

5. 風水與咸陽選址

秦都咸陽城的規劃設計體現宇宙象徵主義思想，天子居住的地方以星象為依託。《三輔黃圖》說，秦始皇築咸陽城，北面依山修宮殿，四面有門，仿效天上的紫微宮，象徵皇帝居住，渭水橫貫都城，象徵天上的銀河。橫橋南渡，象徵銀河邊上的鵲橋。這種地法天的思想意景，是風水學說的內容之一。從地理學的角度看，咸陽形勢很好，北依高原，南臨渭水，是關中東西大道的分界線，控制關中平原的樞紐。渭水與黃河相連，水上交通方便，關中平原是農業基地，

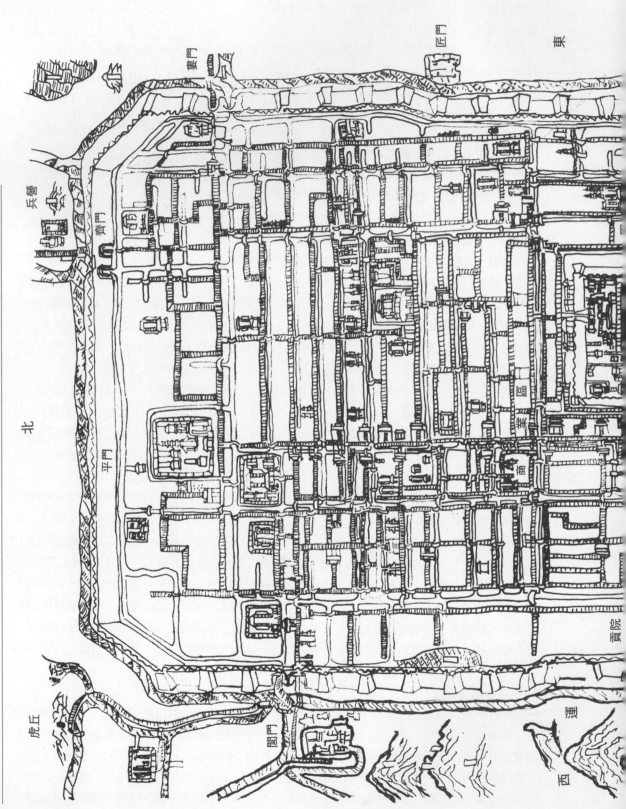

北

東

西

虎丘

閶門

兵營

齊門

平門

婁門

匠門

運

貫院

商

業

區

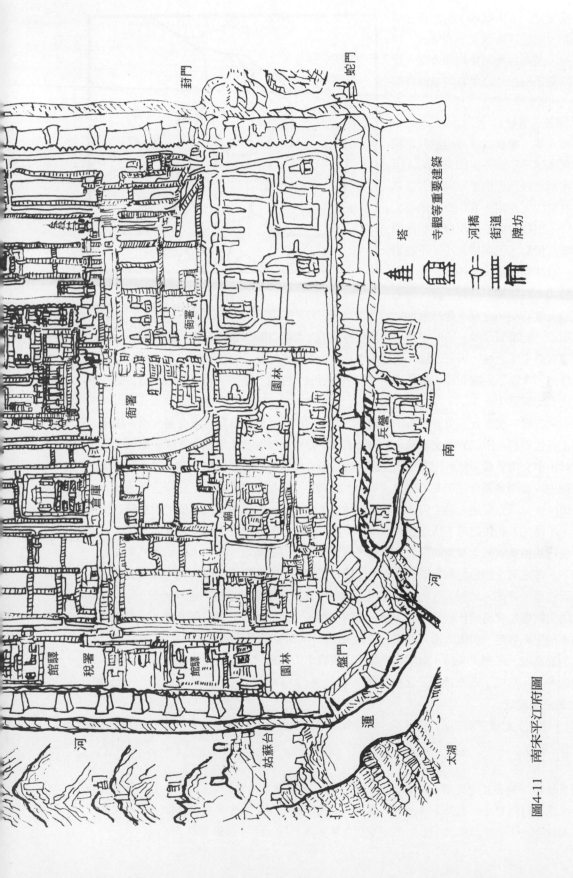

圖4-11 南宋平江府圖

糧食給養充足。天道循環，而渭水在平原上擺動，此後咸陽城受水的侵蝕。兩千多年中，渭河逐漸北移約四公里，把秦咸陽城南部約四百公里寬的城區沖掉了。

6. 風水與長安選址

漢都長安城，婁敬勸漢高祖劉邦都關中，劉邦舉棋不定。不少山東籍的大臣力勸劉邦都洛陽，理由是洛陽東有成皋關，西有殽山，背河，向伊洛，地形上險要易守。婁敬對此予以反駁，說洛陽固然有這些優點，但面積太小，不過數百里，一旦四面受敵，非用武之地。而關中左殽函，右隴蜀，沃野千里，南有巴蜀之饒，北有胡苑之利，阻三面而守

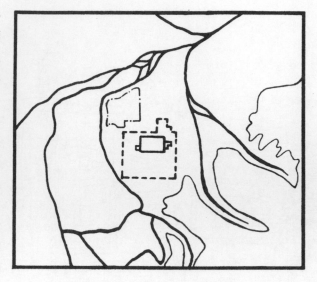

圖4-12　八水繞長安之局

一面，獨以一面東制諸侯。諸侯安定，河漕輓轉天下，西給京師，諸侯有變，順流而下，足以委輸。這真是千里金城，天府之國。他還比喻說，像兩個人打架，要想取勝，必須掐住咽喉，從後背打他，今陛下入關而都，就是掐住了天下的咽喉，控制了後方。聽了婁敬的這番話，劉邦才下決心定都關中。

從地理角度看，漢長安城位於龍首山北麓，近渭水南岸，地勢較低窪，水含鹽分高，鹹鹵，從軍事上看也不利。所以到隋文帝時，去舊圖新，決定遷都至龍首山南麓，興建大興城。具體規劃設計由宇文愷負責，他利用龍首山南麓大興地區六條岡阜的地形特點，結合風水理論進行設計。他把六條岡阜看作是乾卦的六爻（☰），最高的一條九二置宮闕，是皇帝居住的地方；稍低的第二條九三立百司，為中央各部辦公的地方。九五這一條雖然比九三低，但在乾卦中九五位貴，不是凡人居住之地，所以在此蓋廟宇，修玄都觀、興善寺等，讓神仙菩薩去住。這種設計，使統治機構處於全城制高點上，宮室、百官衙署都占據高地，顯示出統治者高高在上，主宰天下，傳之萬世的思想和氣派。從安全上說是可靠的，處於監視下層百姓的位置。從地理環境來說也是最好的，地勢高，乾燥，不易生病。可見宇文愷深通風水的道理。

隋代的大興城也就是唐代的長安城，沒有大的改動。它北臨渭水，東有灞、滻，南對終南。唐高宗李治患風痹症，討厭太極宮潮濕，於是龍朔三年(663)搬到更高的大明宮。大明宮位於龍首原的最高處，每到天晴時，南望長安城，下視終南山如指掌。從地理條件上看，比漢代長安城優越多了，形成了八水繞長安之勢（圖4-12）。

7. 風水與洛陽選址

《尚書·洛誥》記錄了周初（約西元前十一世紀）成王在豐京，欲宅洛邑，使召公相宅（見圖4-13）作誥誥：

召公既相宅，周公往營成周，使來告卜，作洛誥，周公拜手稽首曰：……予惟乙卯朝至於洛師。我卜河朔黎水，我乃卜澗水東，瀍水西，惟洛食。我又卜瀍水東，亦惟洛食，伻來以圖，及獻卜。王拜手稽首曰，公不敢不敬天之休，來相宅，伻來以圖及獻卜。

圖4-13　太保相宅圖
晚清時的一幅選擇宅址的圖畫，畫中堪輿家正在察看磁羅盤。
採自《欽定書經圖說・召誥》。使用磁羅盤的事被繪入周代文字的插圖中，
當然是一種年代學上的錯誤。

《召誥》又說：

> 惟二月既望，越六日乙未，王朝步自周，則至於豐。惟太保先周公相宅，越若來三月，惟丙午朏。越三日戊申，太保朝至於洛，卜宅。厥既得卜，則經營。越三日庚戌，太保乃以庶殷攻位於洛汭；越五日甲寅，位成。若翼日乙卯，周公朝至於洛，則達觀於新邑營。

這裡的「王」是指成王。二月乙未即二十一日，成王為了營建洛邑，由鎬京（在今陝西省西安市西）來到豐京（在西安市西南）向宗廟告祭，接著便派太保召公先去洛邑察看築城的地點。三月戊申即初五日，召公到達洛邑，就指使殷民在洛水北岸規度城郭、郊廟、朝市的位置，到甲寅即十一日規劃成功。次日乙卯，周公也到達洛邑，普遍巡視了新邑的規劃，並且進行了占卜。占卜的結果表明，在澗水東、瀍水西和瀍水東洛水之濱營建新邑都卜兆大吉。於是周公便把營建洛邑的地圖和卜兆呈送成王，得到成王的批准後即正式動工營建，當年年底洛邑建成。

以這樣的規模營建的新邑，在文獻記載中有的稱為「洛邑」，如《尚書·多方》：「爾乃自時洛邑，尚永力畋爾田。」有的稱為「新邑」或「新邑洛」，如《洛誥》：「王肇稱殷禮，祀於新邑」；又說：「如予惟以在周工，往新邑」。《多士》：「周公初於新邑洛，用告商王士。」《康誥》：「周公初基，作新大邑於東國洛。」

「成周」這個名稱不僅當時就有，而且使用的時間也較長，有相對穩定性。據《汲冢周書·作雒解》記載：「周公……及將致政，乃作大邑成周於土中，城方千七百二十丈，郭方七百里，南繫於洛水。北因於郟山（即北邙山），以為天下之大湊。」所謂「郭」，即城郭的「郭」，也就是外城。當時的成周城方一千七百多丈，外郭方七百里，可見規模是很大的。晉孔晁注：「湊，會也。」「大湊」，用今天的話來說，也可以說是「大都會」吧。

人們或許要問：成周即王城的方位究竟在哪裡？在先秦古籍《國語·周語》中有這樣一條記載：「靈王二十二年，谷洛斗，將毀王宮。」按谷水曾與澗水會合，此處所謂谷水實即澗水，王城的位置應靠近澗水入洛水一帶。1949年後，考古工作者根據這個線索，終於找到了東周時期的王城舊址。這座城的西北角在東幹溝北的土塚處。城牆由土塚向南，進入東幹溝一帶，沿澗河東岸在王城公園處跨過澗河向西，在七里河村北轉南，延至七里河村南又西折然後向南，至興隆寨西北，為城的西牆；南牆由興隆寨西北向東拐，在興隆寨北跨澗河，經瞿家屯村北向東延伸，東段因地勢低下，不見城牆；城的北牆從東幹溝村北的土塚處沿幹渠一直向東，至距唐城西牆約200米處止，全長2890米，保存最為完整；由北牆轉變處向南行，為城的東牆。因為南牆的東段已湮沒不見，因而城的東南角沒有尋到。從現在測知的城垣，估計全城面積約四十平方里。從城內試掘的情況來看，在城址偏南的中部，發現有大片夯土遺跡，並有大量的板瓦、筒瓦和饕餮紋、卷雲紋瓦當等的堆積。考古工作者推測東周的王宮、祖廟、社稷壇有可能就在這裡（圖4-14）。資料遠自《考古學報》一九五六年第二期所載郭寶鈞等《一九五四年春洛陽西郊發掘報告》及一九五九年第二期所載考古研究所洛陽發掘隊《洛陽澗濱東周城址發掘報告》，並參見《商周考古》一書的「河南洛陽東周城」部分。

從早期文獻有關相地營邑的記載中，雖然也流露出古人對鬼神上帝的畏懼，但在實際選擇時，卻往往偏重於勘察地理資源，並非完全以占卜吉凶而定。

《尚書·洛誥》記載：周公「卜澗水東，瀍水西，惟洛食」、「又卜瀍水東，亦惟洛食。」即周召公來洛陽於洛水之濱卜兆大吉，看到這裡山川秀麗，土肥水美，遂選擇了澗水東、瀍水西，

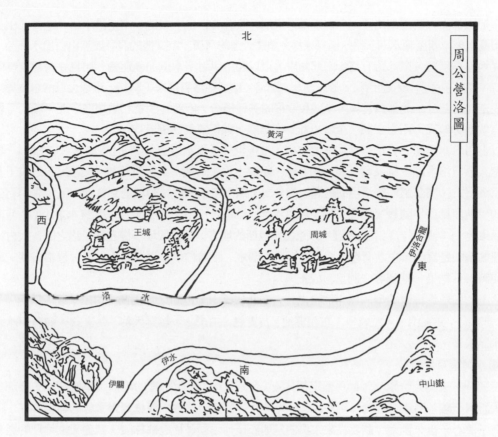

圖4-14 周公營洛圖

濱臨洛水一帶建城。周成王又親臨洛陽確定了建城方案，至西元前七七〇年，周平王將王城自陝西渭水流域的鎬京遷來洛陽，史稱東周。

漢代著名科學家張衡在《東京賦》中說：「土圭測景，不縮不盈，總風雨之所交，然後以建王城。」漢東京即洛陽。洛陽是我國六大古都之一，從東周起，先後有東周、東漢、曹魏、西晉、北魏、隋、唐、後梁、後唐等九個朝代建都於此，故洛陽以「九朝名都」而聞名天下。如再加上後晉石敬唐曾建都洛陽的一段時間，洛陽就十朝名都了。總之，洛陽是中國歷史上建都最多的地方之一。

從洛陽的地理環境分析，其位置確是十分重要的。它不僅為東南西北的水陸交通樞紐，是「天下之中，四方入貢道里均」（《史記·周本紀》），而且地理形勢十分險要。

東漢光武帝選擇洛陽作都城的理由是：第一，與周朝選洛陽建王城的理由一致，認為洛陽是天下之中，地處中原，距四方的道里大致相等，便於控制全國。第二，洛陽附近有伊、洛、瀍、澗諸水，自古水利方便，農業發達，給養充足。第三，伊洛地區西有殽山、函谷關，東有成皋關，南有嵩山，北依黃河，為戰略要地，軍事上防守比較容易，比較安全。東漢洛陽城呈南北長方形，南臨洛水，北抵邙山，東西六里，南北九里，又叫九六城。為什麼要選九、六這兩個數字呢？在《易·繫辭》中，九代表天，六代表地，九六城就是一個小天地。九又代表皇帝，六代表皇后，因此九六城意味著皇宮。這是城市設計者按風水理論有意這麼規劃的。

隋煬帝也看上了洛陽，認為洛陽這個地方為天地之中，天地陰陽合和，內有江河，外有山關，水陸交通便利，形勢險要。把洛陽作為國都，更有利於控制東部局勢。大業元年(605)，隋

煬帝把國都從大興遷到洛陽，名曰東都。東都的設計者也是宇文愷，南至洛水口，北倚邙山，東出瀍水東，西至澗水西，洛水橫貫東都，象徵天上的河漢。宇文愷的設計雖然出自風水理論，但從地理角度看，東都跨有洛水南北兩岸，可以利用伊、洛水道加強運輸，而且在營建東都的同時，開鑿了永濟渠和通濟渠，形成南北大運河，給東都洛陽帶來了繁榮。東都也以洛水為界，分成南北兩部分，北部為宮城、皇城和政權的其他機構；南部為商業和居民區。北半城的皇城和宮城地勢較高，南對伊闕，全城以此為中軸線，顯得氣勢磅礡宏偉。

以上用風水思想、方法選擇城址的事例，被後世許多風水書引敘。如《青囊水法歌》說：「是以聖人卜河洛，瀍、澗交華、嵩。相其陰、陽流水位，卜洲、卜邑辨雌雄。」它說的是成王在豐京令召公、周公選址築洛邑的經過。周公為了選擇王城和周城的城址到實地相宅。先由召公作初步地理勘察，隨後又由周公到現場依風水原則進行占卜。先卜黃河以北黎水之上（今河南浚縣東北），結果不吉利；又卜澗水以東瀍水以西的地方，結果城址選擇在河、洛之間為大吉。這裡的鎮山是嵩山，左右有瀍水與澗水，背山環水，陰陽和中。再卜瀍水以東，也很吉利。即遣使將所卜結果、地圖等一同呈報成王。

洛陽的城址選擇是典型的風水例證之一。它北依邙山，也即以邙山為「鎮山」或「靠山」。「前響嵩高」為案山。「左成皋、右祖繩池」為青龍、白虎。「後界大河」為玄武。前有伊水、洛水為朱雀。

8. 風水與南京選址

三國時，東吳大臣張紘曾勸孫權定都秣陵（今南京市），說那裡的地形岡阜連石頭，秦朝曾有人說過金陵地形適合建都，現在沒有什麼變化，很適合建都。孫權覺得張紘的建議很好，但沒有下決心，後來劉備、諸葛亮來東吳看過地形後，也勸孫權建都秣陵。精通天文地理的諸葛亮說：鍾山龍蟠，石頭虎踞，此乃帝王之宅。孫權非常高興，於是決定在秣陵建都，改秣陵為建業。從地理角度看，南京位於長江下游，北瀕長江，號稱天塹；東依鍾山，天然屏障；南控秦淮河，北臨玄武湖。其他小山如聚寶山、覆舟山、雞籠山、清涼山等，分布在江河、湖泊、丘陵、平原之間，地形複雜，山川險固，氣象雄偉。加上物產豐富，水陸交通方便，是個建都的好地方。風水家認為，金陵地脈是從東南溯長江而西，數百里而止，西邊是雞籠、覆舟諸山，又西為石頭城，而鍾山峙立東面，大江回抱，秦淮、玄武湖左右映帶，兩淮諸山合沓內向，若委玉帛而朝，符合紫微垣局。所以自孫權之後，東晉，南朝宋、齊、梁、陳，南唐，明朝初期，民國都在此建都（圖4-15）。

據《松窗夢語》載：朱元璋太祖高皇帝定鼎金陵，將築宮室於鍾山之陽，召劉誠意定址。誠意度地置樁，太祖歸語太后。太后曰：「天下由汝自定，營建殿廷何取決於劉也！」乃夜往置樁所，皆更置之。明旦復召劉觀，劉已知非故處，乃云：「如此固好，但後世不免遷都耳。」後往鍾山卜葬地，登覽久之。太祖少憩僧人塚上，詢劉曰：「汝觀穴在何所？」劉曰：「龍蟠處即龍穴也。」太祖驚起曰：「曾奈此何！」劉曰：「以禮遣之。」太祖謂：「普天吾土，何以禮為！」即命開僧人塚，中以兩瓮上下覆之，啟上一瓮，見僧人面如生，鼻柱下垂至膝，指爪旋繞周身，結跏趺坐於中。眾皆驚愕，不敢前發。太祖始拜告，遂輕舉移葬於五里外。向塚前有八功德水，以一清、二冷、三香、四柔、五甘、六淨、七不噎、八除病也。後徙僧塚，水亦移繞其前，亦異甚矣。今之孝陵，即其故處。數之前定如此。

南京城的風水歷來被堪輿家所稱道，說：「金陵是都，虎踞龍蟠，興王之居。」南京城周圍有馬蹄形山體環繞，開敞的一面比較平坦，並有長江及其支流縈回其間。明南京城的選址，據

《明實錄》記載，是一三六六年朱元璋令當時最著名的風水先生「劉基卜地，定新宮於神山陽。」

明代著名文人楊榮寫《皇都大一統賦》稱讚南京風水說：

> 既渡江左，乃都金陵。金陵之都，王氣所鍾。石城虎踞之險，鍾山龍蟠之雄。偉長江之天塹，勢百折而與流。炯後湖之環繞，湛寶鏡之涵空。狀江南之佳麗，匯萬國之朝宗。此其大略也。

總之，南京城的風水以石頭城為白虎，以鍾山為青龍，朱雀、玄武既全，又有長江天塹環繞，形局較好。

由陰、陽協調的觀念發展而來，城市平面布局普遍採用中國古代風水思想的四分世界觀，四方守護神，即用青龍、白虎、朱雀、玄武代表東、西、南、北四個方位。它們與中心結合起來，就形成了五個方位。在建築物的任何圖形上，往往反映出「天圓、地方」的形狀。如漢代的宮

圖4-15　南京風水局

廷瓦當，紋飾多種多樣，鳥獸紋多出現「四神」紋，即青龍、白虎、朱雀、玄武。青龍曲身利爪，飛舞飄搖；白虎凶猛靈活；朱雀鳳頭鷹喙、姿態勇捷；玄武龜蛇交形，渾然一體。在地名上，國都的南北大道，洛陽城的銅駝街，長安城的朱雀街，南京城的朱雀門、玄武門等都是風水地理思想在地名上的遺存。按照風水地理的思想，朱雀、玄武是南北對應的形勢。「陽來陰受，陰來陽受」。四方的形局加上中央的穴位，又表示天上的五星座。中央的穴位，代表土星；北面的玄武，代表水星；南面的朱雀，代表火星；東面的青龍代表木星；西面的白虎代表金星。五方用五種顏色來象徵。在城市內部，也分成五部，稱為「五部兵馬司」，依照方位用白、朱、多色、黃、黑來表示。一些主體建築，也用「五星座」的形式來布局，中央是主體建築，東西南北各有通道，又各連有一個建築物。

第四節　于希賢對莫斯科城風水的研究

城市是人們從事生產、生活活動的基本空間；是人們進行經濟、文化、科學、技術、商業、金融、藝術活動的集中點。城市像一個活體，無論白天黑夜、一年四季都在不間斷地進行著川流不息的新陳代謝。每個城市，特別是國都城市從其誕生、發育、成長、壯大，都有其曲折艱辛而又光輝壯麗的歷程。這一歷程像一條滔滔不絕的江河，寫就了這座城市的偉大史詩。

國都城市的史詩，由創造這一城市的國家與民族的文化鑄造而成。莫斯科城體現了俄羅斯民

族的精神與其發展的歷程。

莫斯科是原稱雄於世界的超級大國蘇聯和俄羅斯的首都，為當今世界上最壯麗、最雄偉的大城市之一。其悠久的城市發展歷史；其東、西方經濟文化交融的風格；其深沉而又神秘的從東正教而又過渡到馬克思列寧主義的文化背景；那碩大無比的建築群實體；那宏敞的街道和曲折的街區布局；那一組又一組巧妙的街心花園與街邊長廊；那隨處可見的藝術雕塑紀念物與展覽館，把整座城市塑造成了一個宏大無比的博物館。置身其中，會使每一個親歷其境的人都感受到：這座城市充滿了儀典規範與「十月革命」的色彩。它，神秘而又深遠。

一、象徵「宇宙中心」的克里姆林宮

莫斯科位於中國的西北方向。在中國的傳統觀念中，北方的守護神是玄武。它由龜蛇相互環繞而形成。莫斯科城的平面外形恰呈微橢圓環形，再加上像四隻腳與一個頭的凸出部分，酷似中國古代神話中的玄武圖象。

如果仔細研究莫斯科城的平面布局，可以看到它從外到內分為莫斯科環城公路圈、大環形鐵路圈、園林路環圈、街道環圈、有軌電車圈、卡麥爾土城圈、中國城圈和克里姆林宮城圈等（圖4-16）。全城呈同心圓圈環狀，有九～十六層之多。其建城期的歷史，基本上是越位於中心區，越古老。隨著時間的推移，城市一層又一層地向外發展。

遠郊區的外圍環帶是由廿九個衛星城組成的。建城面積達1.4萬平方公里。近郊森林公園帶，距環城公路10～15公里。這裡有廿一個衛星城和十二個森林公園，建城面積達1800多平方公里。小環形鐵路圈是「十月革命」以後發展起來的城區，其面積達170平方公里。在一九一七年以前，俄羅斯資本主義工商業發展時期，建城區面積為79平方公里。卡麥爾土城是西元一七四二至一八六〇年間莫斯科的城牆。其中心部分的「中國城」位於克里姆林宮的東面。按照古代占星術的理論：「天市垣，東府市垣天帝泉貨府之司地。帝座一星。」即按照上天的天文星座位置，在皇宮之東是泉貨之府，因而建成工商業的中心。建城時間為西元一五三五至一五三八年間。命名為「中國城」，表明當時來自中國的移民和中國的工商業在莫斯科城市發展中的巨大作用。現在這裡是莫斯科最大的購物中心，國家百貨大樓、莫斯科購物中心都在這裡。

整座城市放射狀的中心點是克里姆林宮。它始建於一一四七年的尤里·達勒哥魯斯大公時代，至今已有八百多年的歷史了。這是一座俄羅斯中世紀的中心城堡。直至十八世紀，它都是帝俄的皇宮。十月革命後為蘇聯政府首腦駐地。城牆的上端有鋸齒形的堆堞。宮城四周共有十七個大小不同、形狀各異的角樓。它們全用紫紅顏色彩繪而成。紅牆的東門外是紅場。紅場的北面入口處有革命歷史博物館，也是紫紅顏色。為什麼這裡要用紫紅的顏色來裝飾？克里姆林宮也稱為紫宮。這是用它來象徵天上的紫微星座，其中心是宇宙天球的不動點——北極星。它是整個宇宙的中心，天上眾多的星星都在永遠地環繞著它旋轉。

克里姆林宮主樓上有一高高深入雲霄的尖塔，其上有一個五角星。它們都用黃金裝飾而成。這是全城向四周放射的中心點。據說，莫斯科市及其郊區大小有幾百座教堂，其上都有高聳的十字架，它們從四面八方都正對克里姆林宮上空的五角星。這全城中心主教堂上空五角星所放的光芒，象徵著一種精神意識、一個主義、一種思想向周圍的傳播。這種精神意識在十月革命之前是東正教的精神。它有集神權、政權和軍權為一身的主教大公；也有歌頌為了真理、教義的事業而獻身的精神；歌頌世間最偉大的母愛等等內容。

克里姆林宮選址建在莫斯科河與亞烏楚河及其支流的交匯處。克里姆林是一片高崗，宮牆沿

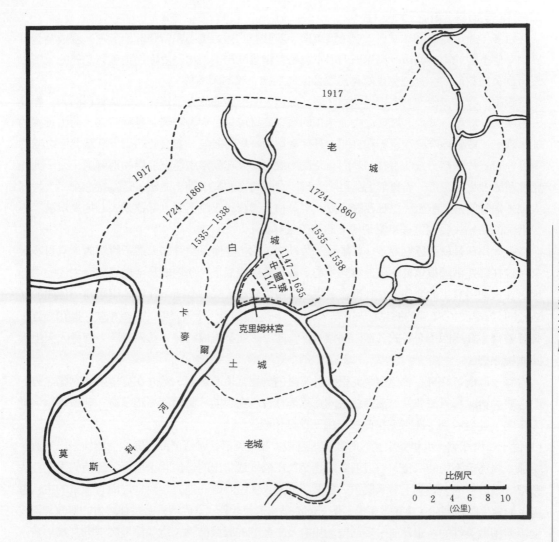

圖4-16 莫斯科城市發展圖（1147～1917）

河而起，高屋建瓴地俯瞰著河西的一大片開闊地。東面的中國城和北面的高爾基大街一帶是另一片起伏微緩的山崗。古代以水運為交通主動脈，通過莫斯科河及其支流，這座城市可以和整個廣闊的俄羅斯平原相連。這一位置的確定，深得東方城址選擇「依山傍水」原則之妙。加上別出心裁、巧奪天工的規劃布局，使此城此境「如眾星之拱北極，百川之朝東海」，突出了它希望成為世界中心的主題思想。

　從克里姆林宮放射出來若干大道，也就是軸線。主軸僅鐵路幹線就有十二條之多。它們構成了莫斯科城市的骨架（圖4-16）。每當夜晚，萬點繁星撒滿了全市及郊區各地，形成了一個億萬星空的人間宇宙，其中心就是天空的紫微星及北極星，地上的克里姆林宮所居之地。

　把這一強烈而又神秘的意識形態感情融匯入城市規劃布局之中。近半個多世紀以來，整個蘇聯以此為國策和精神的導向。於是乎，莫斯科成了社會主義國家結成的陣營和共產黨、工人黨億萬人們嚮往的革命中心和聖地。

二、克里姆林宮的三大支柱

八百多年來，克里姆林城堡一直是俄羅斯和前蘇聯的權力核心和首腦駐地。它一度成為全世界的一個重要的中心城市。馬克思列寧主義是以辯證唯物主義和歷史唯物主義為基礎的。所以沒有到莫斯科的人，都把克里姆林宮想像成為唯物主義的大本營。

當我第一次健步走進列寧廣場，那莊嚴、肅穆、氣勢磅礡的克里姆林宮紅牆奪目而入。在高大的城堡、城壕、城垛、城樓之內，金頂的教堂高聳可見。穿著鮮艷、身材英武、荷槍實彈的紅軍戰士，威嚴地守護在宮牆和宮門之外。凝重而神秘的氣氛，彌漫於四周。紅牆北面之處的街邊，有一片錯落有致的森林，其內有花園玲瓏可愛。在列寧廣場到紅場的拐腳處，有一熊熊燃燒著的烈火。走近一看是無名英雄紀念碑。青銅鑄造的紅軍戰士頭像，是為紀念第二次世界大戰中犧牲的蘇軍戰士。這裡無論冬夏，無論白天黑夜、天陰下雨，都躍動人心地燃燒著。不少俄國的新婚夫妻到這裡奉獻婚禮上的第一束鮮花。

從這裡拐彎後就到達紅場了。紅場是一片高崗，由古老而又整齊的天然石塊鋪成。八百多年來，這裡都是俄國很重要的政治活動中心。蘇聯政府成立後，此地成為全世界共產主義的中心地，在這裡所發生的事件，往往影響著世界許多國家和人民的命運。紅場的南端有一個建於一五五四至一五六〇年間的波克羅夫斯基大教堂。它色彩鮮艷，金玉為飾，紅綠相映，圓頂高聳，修葺整齊。紅場四周有各式各樣的高樓、博物館等，建築雄偉壯麗。進入此間，有步入天上人間仙境之感。

當每一個懷著好奇心希望窺視克里姆林宮之內神秘之境的遊客，站立在克里姆林宮牆之外，已心曠神怡。那氣派非常、戒備森嚴的克里姆林宮就在眼前。其環境高雅華麗、莊嚴肅穆。進入其內，就會看到，原來克里姆林宮由三部分組成。

(1)從十二世紀到十九世紀東正教的教堂、宮殿。其建築形式融合了拜占庭、俄羅斯、巴洛克、希臘、羅馬等不同的風格，但以俄羅斯建築為主體。最突出的是仿君士坦丁堡建造的索非亞大教堂。長方形的主教堂上有大圓頂，象徵天國及天使所降臨的地方。教堂之內有大量的古代壁畫，形象生動地展示了東正教聖母、聖子的活動和宗教教義。室內陳列著各種珍貴的傳教神器，俄羅斯精緻美妙的金銀器皿、瑪瑙琥珀用具及主教們的服裝飾物。這些都是輝煌的文物珍寶。

(2)富麗堂皇的傳教大廳之內，陳列停放著一代又一代主教大公的銅鑄棺廓，其內有他們的遺體。每一個棺廓上鑄刻著大公主教的姓名、生卒年月及主要業績。

(3)在教堂外面及克里姆林宮牆的四周陳列著各個時代、各種口徑、各種大小的大砲武器。於是乎人們又稱克里姆林宮為武器陳列館。它象徵著武器是向外傳播宗教思想、征服人心、擴大領地，必須具備的實力基礎。

物質是精神的基礎，也是精神的體現。克里姆林宮的政權是用宗教的理想主義，用大砲武器的威力和用造神運動而拔高執政者領袖的個人威望，這三者支撐起來的。其中又以神化領袖個人威望來統帥其他兩大支柱。所以。當年史達林個人崇拜的形成，他集大元帥軍權、黨政大權和意識形態理論的絕對天才，這三者於一身，成為克里姆林宮政權最典型的產物。

三、華盛頓與莫斯科的規劃布局比較

為了便於理解國都城市的規劃布局與政治、歷史、民族文化之間的關係，可以再用華盛頓為例來簡單比較說明之。

華盛頓和莫斯科有著一些共同的特點，兩座城市都是超級大國的首都。兩座城市在各自的國

家裡都具有特殊的、象徵性的重要地位。兩座城市都經過了嚴格的規劃而建造出來。

所不同的是，莫斯科城始建於中世紀俄羅斯民族興盛的時代，而華盛頓城則一七九○年選定為首都建立的地點，這時正處於西方民主革命的興盛時期。城址選擇也和莫斯科一樣處於兩條河的交匯處，這裡是波托馬克河航段頂端，在波托馬克河與其支流阿納卡斯蒂亞河交匯處。城市中心也有一系列起伏微緩的小山崗。其「依山傍水」之勝與莫斯科城有驚人的相似之處。

華盛頓城明顯而強烈地建立在軸的關係上。以國會大廈為軸心，而側有「獨立」、「憲法」兩條林蔭大道。第一條是從美國國會大廈延伸到林肯紀念堂；第二條是從美國國會大廈，經賓夕法尼亞大街，延伸到白宮總統府。第三條從白宮總統府至林肯紀念堂。整座城市呈放射狀的三角鼎立之勢。其間有「聯邦三角」建築群。其中包括聯邦政府各部的機關駐地和國家美術館、國家檔案館、國家博物館、泛美聯盟等大型建築物。這三條主軸，構成的三角形為城市布局的骨架，在其間的各個細部又分為若干個小的三角形，幾乎每塊公共用地上都建有代表性的紀念建築物。僅哥倫比亞特區便有各種紀念堂、紀念碑、聖像三百餘處。這眾多的三角形，從各個方向上把主要建築物、紀念碑、街心廣場、街心花園、活動中心既聯接起來又伸展開去。這樣，華盛頓就成為一個多向的、互相補充的、有來有往的、相應相反的、景觀深遠交錯的、一系列嚮往未來而又追憶歷史的城市。若站在這座城市中的任何一點上，都會感到「我就是這個城市的中心」。華盛頓的城市規劃設計集西方文藝復興以來城市建築藝術之大成。使每一個身臨其境的人都感受到心靈的鼓舞和留下深刻的印象。這個印象集中地體現了林肯的遺言：民有、民治、民享；「天賦人權」！

三條軸線與三個頂角象徵著這個國家建立在三權分立的基礎之上。三權互相制約而又互相聯繫。莫斯科和華盛頓，其城市規劃布局都集中而深刻地反映了這兩個大國的文化精髓，反映了他們政權與文化信仰的特質。

第五節　中國古代中小城鎮及長江、黃河沿岸風水圖示

中國古代中小城鎮及長江、黃河沿岸風水圖例是古代勞動人民對傳統文化的重要貢獻。在當時的歷史條件、環境條件、思維方式等受到很大限制的情況下，先民們千方百計開發大自然，利用大自然，從而為發展生產，改善生活和提高自己對自然界的適應能力而奮鬥不息；並創造、總結出多種建築局形（圖4-17至圖4-46），這種精神是極可貴的。當然，今天我們參閱、觀察這些圖例需要以科學的態度吸收其中有用的東西，特別是風水這種古文化現象對中華民族文明史及世界文化發展史的貢獻，同時需要摒棄那些無用甚至有害的東西。這才是今人對古代風水與建築選址應持有的態度。

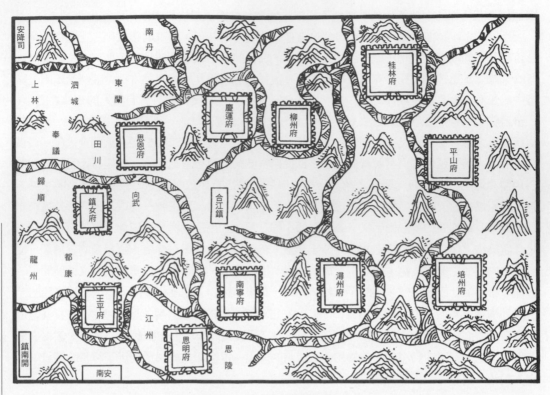

圖4-17 廣西風水圖

圖4-18 桂林風水圖

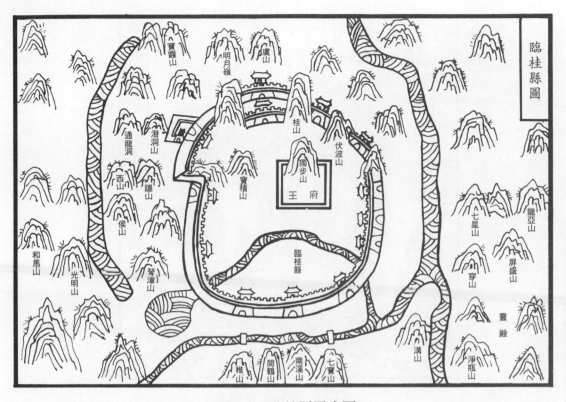

圖4-19　臨桂縣風水圖

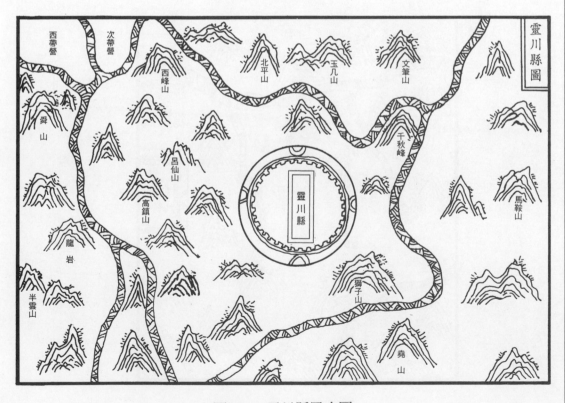

圖4-20　靈川縣風水圖

圖4-21　柳州風水圖

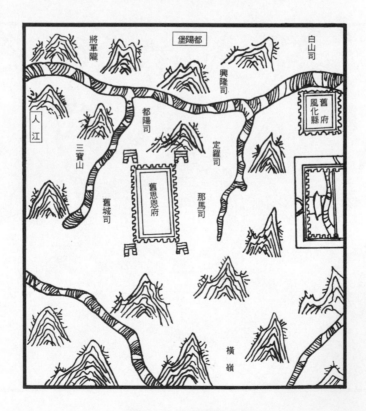

圖4-22　思舊風水圖

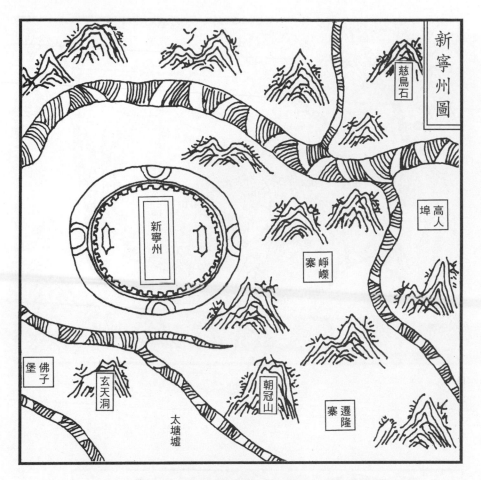

圖4-23　新寧州的山水結構和風水

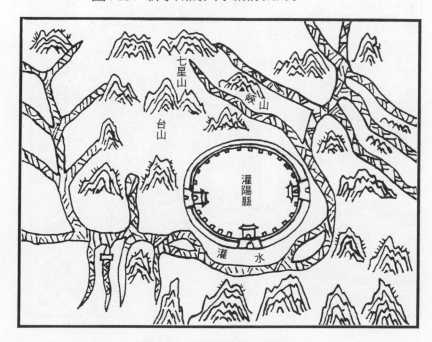

圖4-24　灌陽縣風水圖示

圖 4-25 陽朔縣風水圖

圖 4-26 全州風水圖

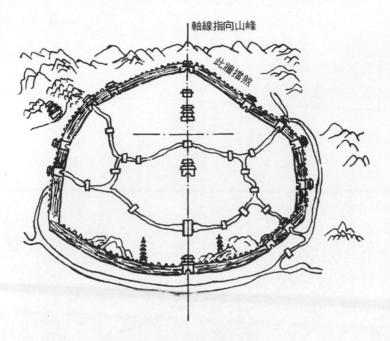

圖 4-27 福州城風水圖
明洪武四年建，中軸正對主峰

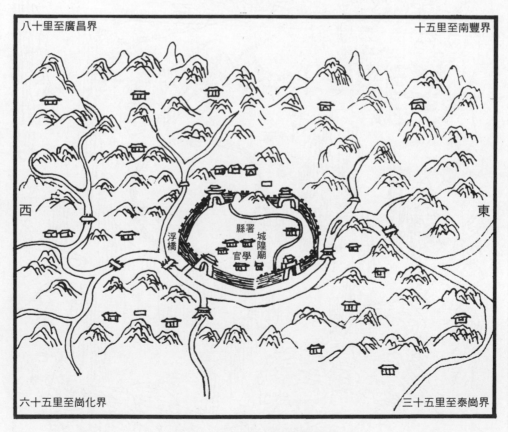

圖 4-28 福建省建寧縣城風水圖
[清]光緒二十六年《邵武府志》

東湖縣山川風水圖（乾隆東湖縣志）

圖 4-29

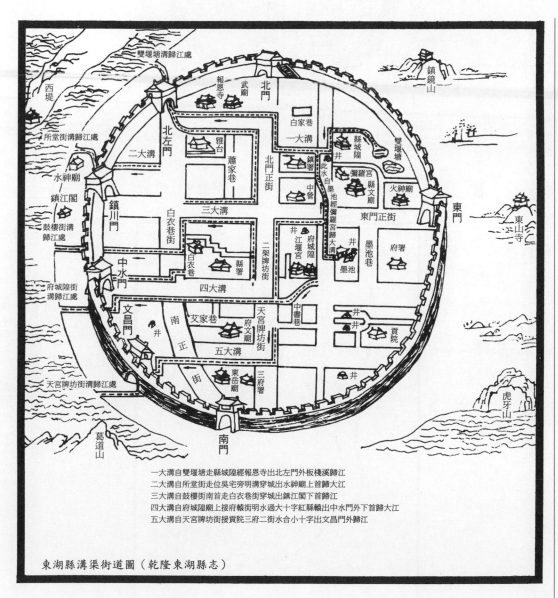

一大溝自雙堰塘走縣城隍經報恩寺出北左門外板棧溪歸江
二大溝自所堂街走位吳宅旁明溝穿城出水神廟上首歸大江
三大溝自鼓樓街南首走白衣巷街穿城出鎮江閣下首歸江
四大溝自府城隍廟上接府轄內明水過大十字紅縣轅出中水門外下首歸大江
五大溝自天宮牌坊街接貢院三府二街水合小十字出文昌門外歸江

東湖縣溝渠街道圖（乾隆東湖縣志）

圖 4-30　東湖縣溝渠街道風水圖

圖4-31　廣東省惠來縣風水圖（《惠來縣志》）

[清]雍正九年刊本，民國十九年重印本

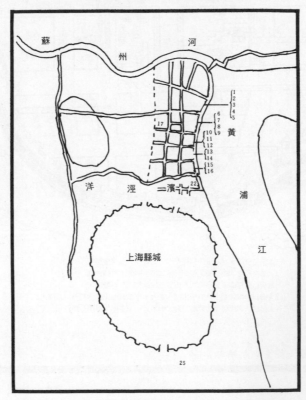

圖4-32　1855年黃浦江與蘇州河合口處風水圖

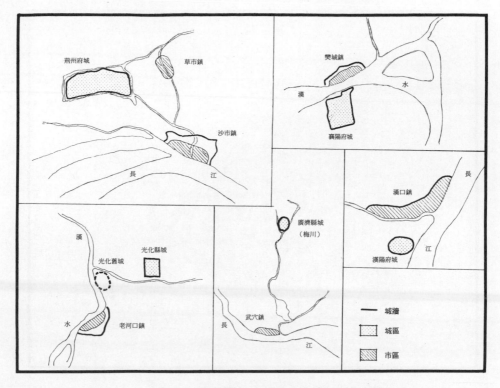

圖4-33 長江邊依河流合口而發展的城市

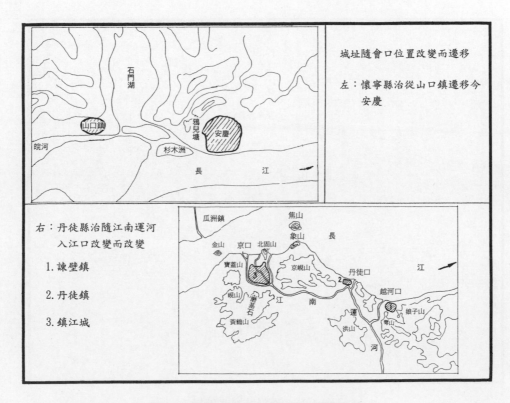

圖4-34 懷寧縣治和丹徒縣治遷移情況

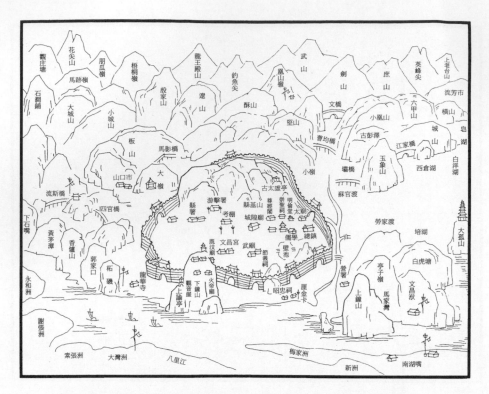

圖 4-35　湖口縣城與石鐘山風水（同治九江府志　湖口縣圖）

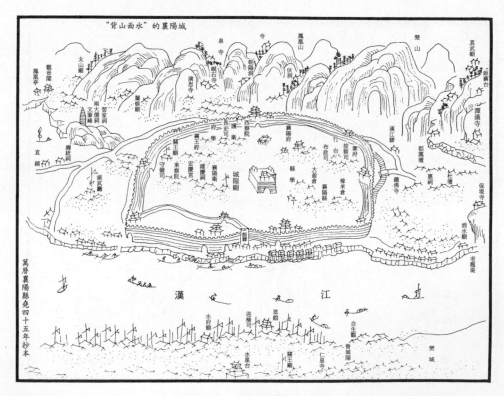

圖 4-36　襄陽城風水外局

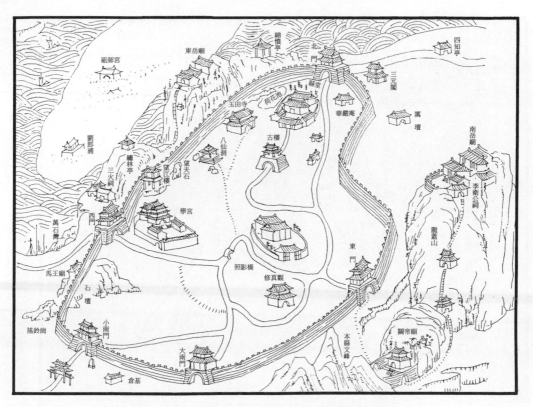

圖 4-37 [清]乾隆《石首縣志》縣城風水圖

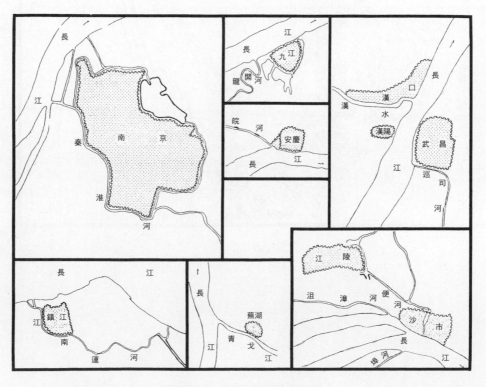

圖 4-38 會口位置城市舉例

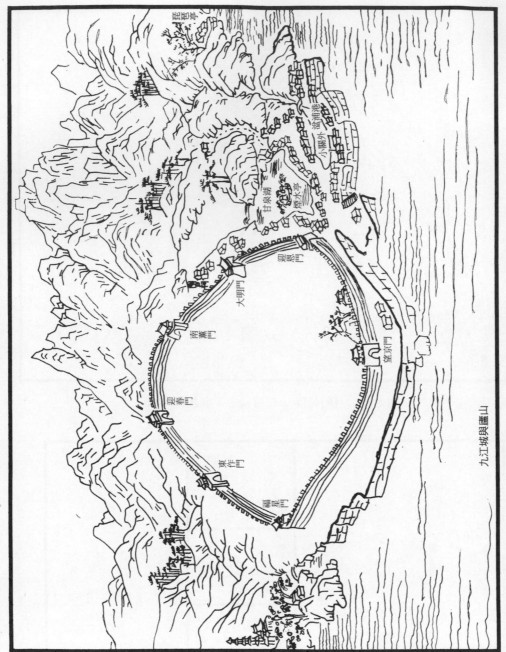

琵琶亭

滋浦港

小關外

甘泉湖

濯水亭

大明門

迎恩門

南薰門

望京門

迎春門

東作門

福星門

九江城與匡山

圖 4-39　德化縣山水風水圖（乾隆德化縣志）

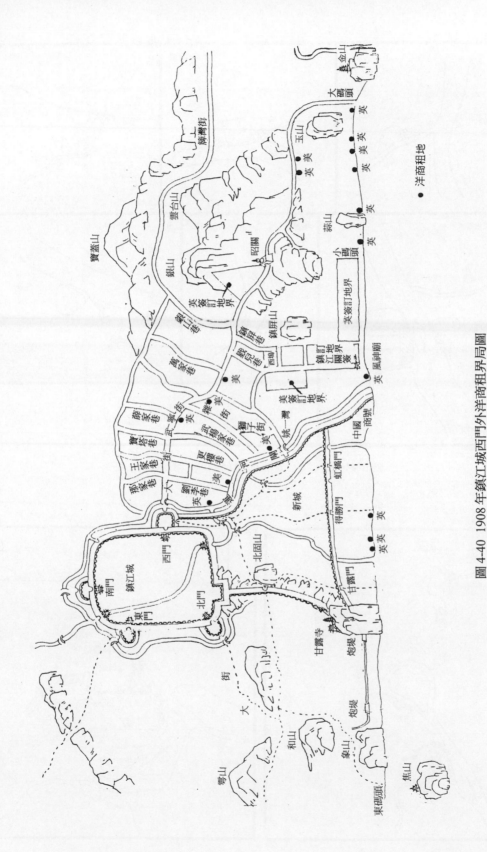

圖 4-40 1908 年鎮江城西門外洋商租界局圖

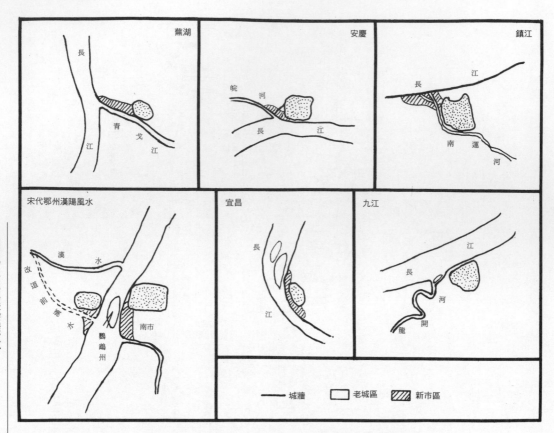

圖 4-41 依長江及支流而發展的城市風水運勢

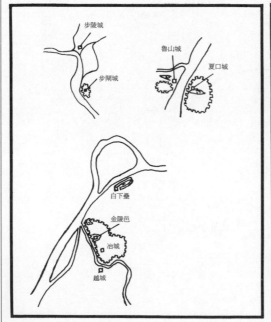

圖 4-42 長江邊合口處城市選址

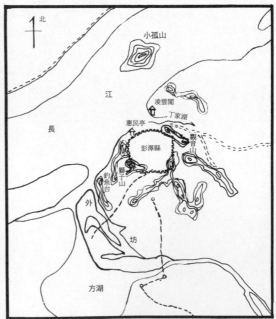

圖 4-43 依山面水的彭澤縣風水

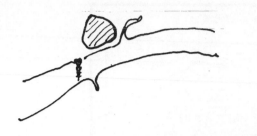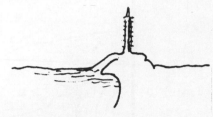

九江鎮江樓塔位於江邊礬頭（回龍磯）

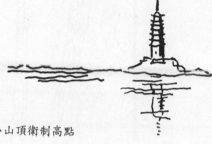

安慶振風塔位於小山頂衛制高點

沙市萬壽寶塔位於彎曲江岸的凹岸底部
（也在沮漳河幾江口及觀音磯上）

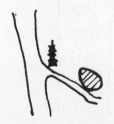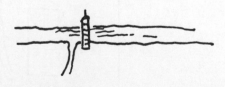

蕪湖中江塔位於兩河會口—青戈江幾江口

圖 4-44 江邊建塔平面位置分析

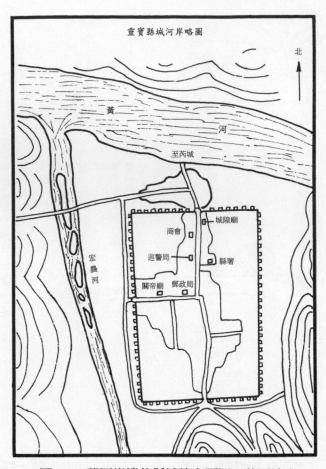

圖 4-45 黃河岸邊的縣城建在兩河口的匯流處

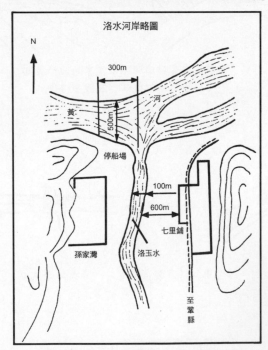

圖 4-46 洛水合口風水

第五章　風水與村落選址布局

第一節　村落選址的外局

據楊文衡等研究，風水家認為：「凡尋龍穴，固宜由祖山、宗山、間星、應星以至少祖山、穴星，逐層查看，方為的確。」(《地理指正》)尋龍先須問祖宗，看他分劈在何峰，或屏或障穿中出，定有奇蹤發貴榮。具體做法有十條：「一看祖山秀拔；二看龍神變化；三看成形住結；四看落頭分明(圖5-1)；五看脈歸何處；六看穴內平窩；七看砂水會合；八看朝對有情；九看生死順逆，十看陰陽緩急。」通過這「十看」，達到龍、穴、砂、水四美俱備(《地理正宗》)。四美俱備，才是封閉式的環境單元。正如《丹經口訣》講的：「陽宅須教擇地形，背山面水稱人心，山有來龍昂秀發，水須圍抱作環形。明堂寬大斯為福，水口收藏積萬金。關、煞二方無障礙，光明正大旺門庭(圖5-2)。」(《陽宅集成》)類似這樣的地理環境，在一些宗譜中常有記載。如福建《蓬島郭氏宗譜》說：「蓬島者，四面皆嶺，引基其上，福坪居中，勢若太極之圈，形如蓮花之心。雙髻後插，鐘昆前峙。」這種封閉式的地理環境，不僅有利於保存祖先的文化傳統，道德倫理，風俗習慣，使中國兩千多年的傳統文化得以不斷發展，而且可以阻擋寒流，使環境單元內的氣溫穩定，這對生產、生活都是有利的。

在以山為主的選擇中，選擇封閉式的地理環境的同時，也可以依據各種不同的需要，選擇山地的某個部位。如因軍事需要，選在山頂建城。村址位於主幹河及支河的交匯處，三面臨水，一山聳峙，村踞於山巔，村落依隨山勢而築，順山蜿蜒，形險而峻。濱臨河的一面，陡崖百餘尺直下河灘(圖5-3)。由於地勢險固，易守難攻，歷史上從來沒有被敵方攻破過。

對不適宜地址的回避與改造，廢址、古監獄、古戰場、舊墳場、門前道路多、水從屋背沖射、三陽不照的陰地、蛟潭龍窟之地等(《立宅入式歌》)，這幾種地不宜居住，特別是三陽不照的陰極之地，人生活在裡面必會生病。《三百寶海》也提出了十種不宜居住的惡地：1. 雷霹地。2. 流水沖成坑坎之地。3. 窮山獨峰。4. 畔深陷，案山險惡，臨大江無回顧，隔水方案。四八風交吹，四獸不附，坐穴處高，四邊低破。5. 明堂窄狹，不容人存立。6. 受死地，堂中濁水江湧，四時濕爛。7. 天囚地，明堂深坑，天井損陷。8. 天隔地，地深一尺有石，案山逼近反高，左右龍虎高於本主。9. 天都地，土色焦枯，不生草木。10. 天魔地，掘深一尺即是濕泥，土色黑爛不乾。

《山洋指迷》又指出有以下八種水的地方不能居住：一曰穿，穿胸破堂水。二曰割，割脈割腳水。三曰牽，天心直出，牽動土牛水。四曰射，小水直來，形如箭射。五曰反，形如反弓水。六曰直，水來玄無情。七曰斜，水斜飛而去。八曰沖，大水沖來。

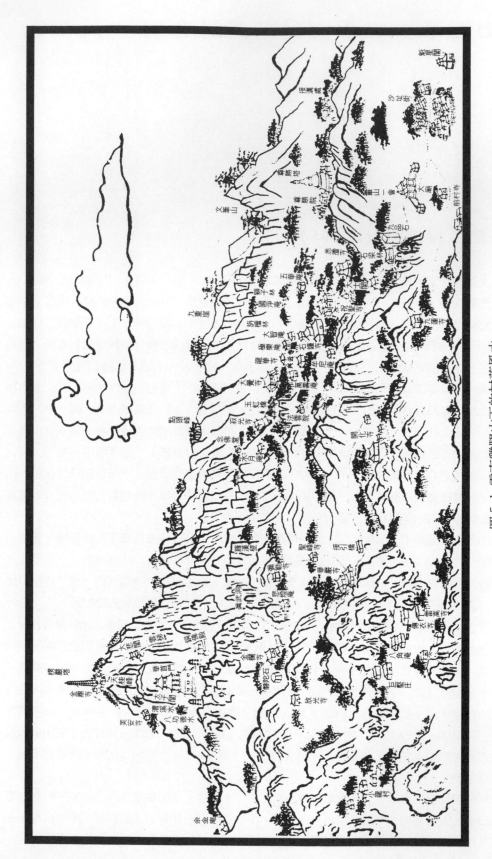

圖 5-1 雲南雞腿山下的村落風水
一塔標晴，千山送夕暉

圖 5-2 廣東省樂昌縣城文筆塔
[明] 嘉靖十八年重建。載《東昌縣志》，[清]同治十年本。

圖 5-3 最佳村址選擇

　　《識餘》則說五箭之地不宜居住：一曰風箭，峰巔嶺脊，陵首隴背，土囊之口，直當風門，急如激矢之地。二曰水箭，峻溪急流，懸泉瀉瀑，沖石走沙，聲如雷動，晝夜不息之地。三曰土箭，堅剛爍燥，斥鹵沙磧，不生草木，不澤水泉，硬鐵腥錫，毒蟲蟻聚，散若壤壤之地。四曰石箭，層崖疊巘，峻壁巉岩，銳峰峭岫，拔刃攢鍔，聳齒露骨，狀如浮屠之地。五曰木箭，長林古木，茂樾叢薄，翳天蔽日，垂蘿蔓藤，陰森肅冽，如壚墓間之地。對這些不宜居住的地點，如果人工還沒有力量改變時，當時只好回避，放棄不用。如果人工可以改變時，風水先生極力主張採取積極的人工改造。

　　《地理大全》卷二十九「裁成之妙」說：「挖壠去滯，障水蔽風，截長補短，添砂續脈，此隨時化裁，盡人合天之道也。善作者能盡其所當然，不害其所自然。斯為得之。」如徽州（今安徽歙縣）有一個村子，地形很好，就是缺少一條環繞村子的水流。在風水先生的指導下，全村

215

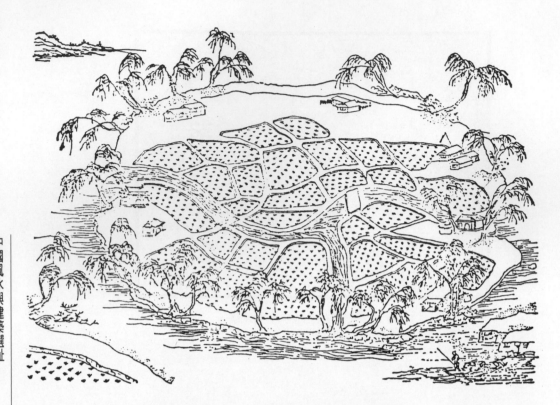

圖5-4 田園風水，圍田圖（據《授時通考》）

人開挖了一條環繞村子的水渠（圖5-4），此後，村運興盛，參加科舉考試的人連連獲得金榜題名，真是立竿見影，功效神奇（《齊氏族譜》）。這當然是人們過於誇大的言辭，實際功能是修了此渠後，全村的灌溉、供水條件改善，自然物產豐盛，人丁興旺。

歙縣呈坎村也是如此。南宋時羅氏定居葛山腳下，一溪水沿山腳而流，限制了以背山面水為格局的村基用地。從風水觀點看，原來的溪水對村子呈沖射狀，不吉。於是羅氏在風水先生指導下，築石壩使溪水改道。這樣，不僅擴大了村基用地，而且將原來的沖射狀水形改為冠帶形水形，於是大吉大利。

陽基的理想模式：通常的模式為：枕山、環水、面屏或背水、面街、人家。這種模式以東南地區為最盛。例如《蓬島郭氏宗譜》中有這樣的記載：「蓬島者，武榮以北之極阪也……四面皆嶺，引基其上……大抵蓬島據萬山之上而福坪居正其中，勢若太極之圈，形如蓮花之心。雙髻後插，鐘昆前峙……且碼山為墓蒼特朝，而鐘昆山則祠宇為諸塋域俱向焉。」

徽州《尚書‧方氏族譜》則有這樣的記載：「慕山水之勝而卜居焉……阡陌縱橫，山川靈秀，前有山峰聳然而峙立，後有幽谷窈然而深藏，左右河水回環，綠林陰翳……。」

村舍基地不夠完善的要加以人工化的處理，以趨於以上的理想模式。最常用的方法如引水等。

《陰陽二宅全書》有這樣的說法：「人身之血以氣而行，山水之氣以水而運。」因而，如若一地水源不足，或渠道不暢，可以人工引水以克服其基地上的不利，進而便可以達到引來財源，招來吉祥的好結果。通常採用的方法為引溝開圳、挖塘蓄水、開湖和築堤坎幾種。

開圳在《羽中麓齊氏族譜》有這樣的記載：「吾里山林水繞（圖5-5）……而要害尤在村中

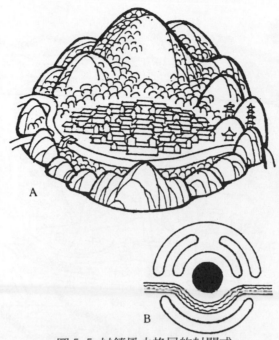

A

B

圖 5-5 村鎮風水格局的封閉式
空間構成（A）及其基本模式圖（B）

圖5-6 溝渠環繞村落

之一川；相傳古坑族祖淵公精堪輿之學，教吾里開此圳，而科第始盛……自圳塞而村運衰焉……
故培補村基當以修圳為先務……務使溝通，永無壅滯，此我里之福也。」

挖塘蓄水講究更多，風水認為：蓄水之塘可以蔭地脈、養真氣。挖塘蓄水常用於下列情況：
其一，順局寬曠，則取塘以聚氣。其二，引溝渠環繞村落而取吉氣（圖5-6）。

黟縣宏村也有類似的變遷。南宋紹熙元年(1190)汪氏「卜築數椽於雷岡」（來龍山）之下，一
溪沿山腳而流。德佑年間(1275～1276)，暴雨洪流使溪水改道，與西南邊的另一條河流匯合，
繞村子的南面流去。這次水系變化給宏村提供了更廣闊的發展基地，呈背山面水之勢。明朝永
樂年間(1403～1424)，又三聘地師對村落進行了總體規劃，將村中一天然泉水擴掘成半月形水

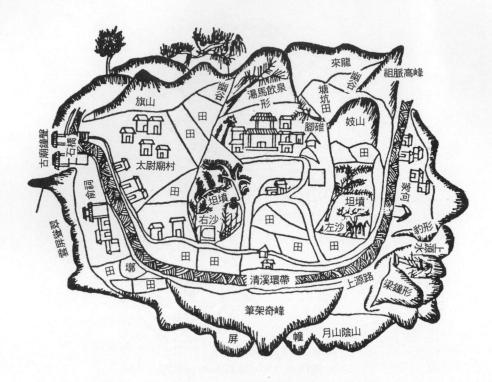

圖5-7　宏村水系規劃

沼，並從村西河中「引西來之水南轉東出」。萬曆年間(1573～1620)又將村南百畝良田掘成南湖。至此，宏村水系規劃完善，從村西入村，經九曲十彎，貫穿村中月沼，穿過家家門口，再往南注入南湖(圖5-7)。這一水系調整，不僅符合風水學說觀念，而且為宏村的發展提供了良好的基礎。明清時期，此地居然成為黟縣「森然一大都」了。可見風水理論對環境的改良是有益的（張十慶：《風水觀念與徽州傳統村落關係之研究》）。

　　風水環境可以改善，也可以破壞，這種破壞風水的做法，傳說戰國時期就已流行。為了鎮壓金陵王氣，楚威王用埋金的辦法鎮地。秦始皇時更加盛行，他聽說金陵有王氣，就派人去挖斷龍脈，引淮水北流，以泄王氣。唐太宗也相信這個辦法，他聽說西南千里外有王氣，就派人去四川找。後來使臣到了閬中，果見山氣蔥鬱，就說王氣在這個地方，於是鑿斷閬中的石脈，以泄王氣。民間也學帝王的做法，村與村之間為了各自的利益與安全，也互相破壞風水。方法是以鎮物鎮之、破之，如修廟、樓、塔等。各村為了避開對方的鎮物，又在村落形態與建築形象上加以修正與調整。如歙縣呈坎因村南的山峰之間有外姓所做之鎮物，故整村將南向視為忌諱的方向。而村中的奎星樓、龍山廟又是破壞別村風水的鎮物。

　　從地理學的角度來看，風水先生提出來的這些不適宜居住的地址，其居住環境的確有某種缺陷。如神前佛後，求神拜佛的人絡繹不絕，念經作法事的鑼鼓不停，噪音擾人，人員往來複雜，既不安寧，又不安全，住家自然不理想。廢址為什麼要躲避呢？因為此地之所以成為廢址，無人居住，不外乎這幾個原因：火災、水災、瘟疫、盜賊橫行、地震山崩、土地瘠薄，沙化、乾旱，無法從事生產。前車之覆，後車之鑒，既然前人在此居住已成廢墟，後人還是不住為好。古監獄、古戰場，必然有不少人在此死亡，從心理上說，住這種地方不踏實。挖別人的祖墳蓋房子不道德，不可取。門前道路多，人來人往，很不安全。流水沖屋背，一旦洪水暴發，很不

安全。三陽不照之地,陰森潮濕,不宜居住。家近深潭深塘,不利兒童的安全。八風交吹的地方,連動物都不住,植物也長不好,自然不宜人居。土色焦枯不生草木的地方,不利於生產,人居住不下去。爛泥地的生態環境差,更不宜居住。至於五箭之地,也因生態環境不好,不宜人居。由此可見,風水學說提出的選擇都城、市鎮、民居地址的理論和標準大多數是實踐經驗的總結,符合地理學的科學原理,包含著寶貴的地理科學知識。

第二節　水的選擇

風水學說很注重水,因為水是自然環境中的重要因素,它關係到人類的生產、生活。因此,風水先生在選擇環境時要嘗水,通過辨別水的味道和顏色,達到選擇優質水的目的。如果水色碧,水味甘,水氣香,這是最好的水。水味清,水氣溫的水是中等質量的水。水色淡,水味辛,水氣烈的水是下等質量的水。如果水味酸澀發餿,那麼這種地方絕對不能居住。一旦居住,會人丁傷亡。(《博山篇》)

地表水水系。風水裡面水占了一半,可以看出風水學說對水的重視。水與龍脈息息相關,因此風水先生看地時常常是未看山先看水。「龍無水送,則無以明其來。穴非水界,則無以明其止。有山無水休尋地,尋龍點穴須仔細,先須觀水勢。」(《地理簡明》卷十六)由於風水先生對地表水、地下水的長期考察,積累了較豐富的水文知識。在《地理大全》中,即依據山脈來論述中國的地表水系,而且從水系源頭講起。

在地表水系中,風水學家們還提到潮水、沼澤水(古稱沮洳水)、湖水、溝洫、池塘、瀑布、臭穢水、泥漿水等。在風水家的眼裡,潮水、天池水、湖水、溝洫、池塘等都是好地的體現,而有沼澤、臭穢水、泥漿水的地方不吉利。從水質條件看,上述三種水對人體健康不利,說有這三種水的地方不吉利有道理。

地下水。風水學說不僅重視地表水,也重視地下水。和地表水一樣,地下水也有好壞吉凶的區別。比如好的地下水是嘉泉,「陰穴進之,乃龍氣之旺,大富貴地方有此應」。(《人子須知》)而不好的地下水則有冷漿水(又名泥水泉),「陰穴近此最凶」。湯泉即溫泉,「凡是湯泉莫尋地」。礦泉(又叫紅泉),「龍脈氣鍾於礦,他時礦利發泄,必致掘鑿傷毀」。銅泉(又名膽泉),「龍脈旺氣皆鍾於泉,不能結地,不必求穴」。湧泉,「泉自地中湧出起泡噴沸,或石岩湧出,乍起乍沒如潮水起白泡者,不可求穴」。濺泉,「出竅如射,冷冽殊常,乃陰極肅殺之氣,不可求穴」。沒泉,「水從下漏者也。下有虛竅潛通他所,水溜其下,如沒池中,不見其去。此乃虛陷之地,氣不融結,不必求穴」。黃泉,「水落黃泉,春雨乍起則其水驟漲而起,雨才止,而水即浸入地中,四時乾竭,乃浮沙之地,龍氣虛耗,不結陰地」。漏泉,「點滴滲漏,乃龍氣之弱者,不可求穴。」冷泉,「清流冷冽,乃受極陰之氣,絕不能融結造化也」。龍湫泉,「為鬼魅之都,不可求穴」。風水學家對上述諸泉水文動態的論述很不錯,是我國古代水文知識的體現。

水質。通過辨別水質來確定地的好壞吉凶,「水味以甘甜為上,辛鹹次之,酸苦最下。水本無味,因土而變味。氣以變土,土以變味。地有氣而後水有味,故鹽池皆龍氣所鍾。其餘州郡之大者,城內必多鹹水。鄉村有鹹水者必多富貴,此亦可以卜地氣矣」(《地理或問敘》)。有的認為,水色碧,水味甘,水氣香,主上貴;水色白,水味清,水氣溫,主中貴;水色淡,水味

辛，水氣烈，主下貴。若水酸澀，發餿，不足論（《博山篇》）。為了辨別水味，風水先生還規定了一種嘗水味的方法，說：「夜半子時，先以別水淨口。初飲香，再飲甜者必有大地；初飲甜，再飲淡，大地恐人葬了。含唇似辣，主出武貴；閉口似苦，豈有賢豪？吐出酸鹹及澀，定為神廟；若有醒氣在牙，是為鐵礦銅山。」（《地理大全》卷29）把水質與人類的生產、生活聯繫在一起考慮，這對維護人類健康，預防疾病有很高的科學價值。如嘉泉，「其味甘，其色瑩，其氣香，四時瑩徹。陽宅有此嘉泉，居民飲之富貴長壽，一方多慶」（《人子須知》）。冷漿水，「其味淡，其色渾，其氣腥，不可灌溉，不堪盥頹，不直炊飲。陽宅飲之，非但此方無有富貴，仍主瘟疫，久而絕滅。」醴泉，「味甘如醴，飲之令人壽。」礦泉，「其山泉流紅色黏滯」。銅泉，「其水可浸鐵為銅者也。以其色類膽汁，又名膽泉。」這些說法含有科學道理。由於水中所含礦物質、雜質及化合物不同，會有各種水色和水味。如水中含有大量有機物時，水是甜的；含有礬鹽礦物時，水是酸的；含有硫酸鎂及硫酸鈉時，水是苦的；含有氯化鈉時，水是鹹的；含有鐵鹽時，水是澀的；含有高量錳時，水也是澀的；含有藍、綠藻原生物時，水是腥的。因此，風水學說講的「水味以甘甜為上，辛鹹次之，酸苦最下」是正確的，是人類長期生活經驗的結晶。

第三節　藏風、聚氣

　　風水有一套美的格局，稱為美格（《都天寶照經》）。美格最起碼的要求是氣蓄，氣蓄又要山水環抱，形成封閉式的環境。封閉要求嚴密，不出現缺口，這樣就需要山水多次環抱，形成層次。外層為外羅城，中層為龍虎砂，內層為護穴砂。風水學說中的這種美的格局，被中國古代建築家所吸收，應用到古建築中去。因此，中國古代建築的基本形式是由三面或四面的建築物圍成庭院，用牆及回廊聯接形成封閉的空間（圖5-8），既有隔聲、擋風及遮陽作用，又可在院內栽植花草樹木，安設山石盆景，造成寧靜的居住環境。這種格式一層套一層，風水稱為大聚、小聚。最大的國都要求山水大聚；其次是城市，要求山水中聚；民宅最小，也要求山水小聚。庭院建築就是仿照小聚的格式設計的。

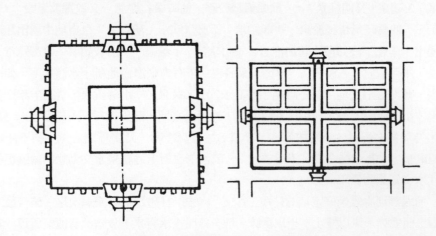

圖 5-8　多層次的空間封閉結構
這是中國傳統的規劃設計思想。左為三環相套的城市
空間構成，右為重重圍牆的里坊宅院空間層次

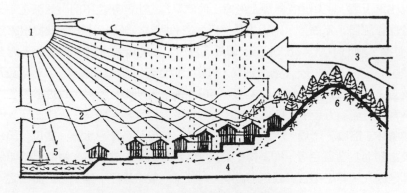

圖5-9 村鎮選址與生態關係
1.良好日照 2.接受夏日南風 3.屏擋冬日寒流
4.良好排水 5.便於水上聯繫 6.水土保持調節小氣候

　　風水中風也占了一半。要求藏風或避風，上下兩旁，必須有護穴砂。水流去的一邊風吹不得，水流來的一邊風也吹不得（《地理》）。風水寶地為什麼要避風呢？風水學說認為：「外山環抱者，風無所入，而內氣聚。外山虧疏者，風有所入而內氣散。氣聚者暖，氣散者冷。」（《堪輿泄秘》）正因為避風是為了使一個地方的小氣候溫暖不冷，因此，風水不是要避開所有的風，而是只避寒冷的風，不避溫暖的風。這點《地學指正》講得很清楚：「平陽（即平原地區）原不畏風，然有陰陽之別。向東、向南所受者溫風、暖風，謂之陽風，則無妨（圖5-9）。向西、向北，所受者涼風、寒風，謂之陰風，宜有近案遮攔，否則風吹骨寒，主家道衰敗丁稀。」就一個具體地點來說，從方位上考慮，有的方位要避風，有的方位可以不避風。如「陽山坐乾位（西北方315°），子（正北方360°）上有風反不畏。又有坐申（240°）作寅（60°）向，或是坐寅向申位，子上風來是吉方，只要穴中相回避」（《玉髓真經》卷九）。如果坐坤（225°）、申（240°）、乙（105°）、辰（120°）、壬（345°）、子（360°）這六個方向，就不怕申向的風。這些論述都是對的，因為都不是對面直吹的風，故不用回避。若是對面直吹，自然不吉，須回避。

　　由於風與氣溫有密切的關係，所以風水先生在選擇環境時一般都要避風，前後左右都要有山阻擋風吹方為吉地。山彎中的旋風，平陽的暗風，山壑口的凹風，兩山之間空處吹來的洞風，都是風水上要回避的。風水先生把平原上由東、南方向吹來的溫暖風叫做陽風，不用回避。而把由西、北方向吹來的涼風或寒風叫做陰風，需要有山阻擋，否則不吉，主家道衰敗丁稀（《地學指正》）。

第四節　村落與土壤

　　風水先生知道水的質量好壞與土壤有密切的關係。水本身無味，水之所以有味是因為水體受自然污染的結果。比如有的泉水為紅色，那是因為水流流經含有氧化鐵礦地區時受了礦土的污染。風水先生憑借這些地理知識來選擇環境，自然符合科學道理，不是無稽之談。

　　風水先生以土壤作為辨別環境好壞的一個因素，居住地區要壤肥土沃，土質細嫩堅實，光潤溫和，不過於潮濕（《畫莢圖集說》）。這種土壤有利於農業生產，只要勤勞，自然會有較好的收成，日子會越過越富裕。如果土色焦枯，不生草木，或是黑濕泥，都不利於農業生產，屬於惡地，要避開（《三白寶海》）。

風水學說注重土壤，主要是從氣脈上考慮。他們認為，土的顏色不同，氣脈也不一樣。氣脈好則有利於保存屍體，氣脈差，則屍體易腐朽。這個觀點從郭璞《葬經》就提出來了。他說：「夫土欲細而堅，潤而不澤，裁肪切玉，備具五色。」為什麼要求穴中有五色土呢？這是因為「五氣行乎地中，金氣凝則白，木氣凝則青，火赤土黃皆吉，唯土黑則凶。五行以黃為正色，故亦以純色為吉。又紅黃相兼，鮮明者尤美，間白亦佳。青則不宜多見，以近於黑色也。穴中生氣聚結，孕育奇秀而為五色者，則無不吉。言五色者，特舉其大綱耳。土山石穴，亦有如金如玉者，或如象牙、龍腦、珊瑚、琥珀、瑪瑙、朱砂、紫粉、石膏、水晶、雲母、禹余糧、石中黃、紫石英之類而具有五色者，即為得生氣矣」（《地理大全》卷二）。假如土乾如聚粟，土濕如腐肉，都是凶穴，葬之不吉。五色土當中，以紅土、黃土最好，紫土、白土次之，而黑土不吉。四色齊備，這叫檳榔土。鮮紅色的叫朱砂土，俱上吉。又要紋理緊密，顏色鮮明的為貴。體質頑硬，砂塊鬆散的為劣。為什麼五色土之中以四色為佳，而以黑土為不吉呢？這是因為紅、黃、白、青四土有機質少，對保存屍骨有利。而黑土有機質多，保存屍體不利，故以黑土為凶。

近湖近海處，常被水淹，這些地方的宅基要築高台。平原地方，有的宅基太低，須用土填起圓盤。在修築高台和圓盤時，要把地面草根鏟除，掘盡穢土，使新土與舊土連成一片。填築高台、圓盤的土要選擇向墻土，不用紅赤鬆散土、青黎土、塘泥、砂石雜土、水稻田中的烏土、雞眼土、馬肝土、青羔土、豬肝土、灰雜土、死黃土、肉紅土、乾垎土、烏沙土、枯焦土、稀軟泥等（《堪輿泄秘》）。

風水先生在選擇土壤時，有兩種檢驗土壤的方法。一種是掘地一尺二寸成圓圈形，將土粉碎，用羅篩篩過，復還原圈持平，不要按壓。第二天早晨來看，如果填土下陷成凹形則凶；如果填土隆起則吉。另一種是用寶斗量土平口，稱土的重量，由土壤的輕重得知土的厚薄，十斤最好，七斤為下。如果是住宅，一般用九斤的土。或取土四方一寸，稱其重量，重三兩者凶，五兩七兩可居住，九兩以上大吉（《相宅全書》）。

由於風水學家對土壤的重視，所以積累了一些土壤知識。這土壤知識是中國古代土壤學的組成部分，在中國土壤學史中應該佔有一定的地位。

第五節　村落風水的秀、吉、變、情

風水不僅追求環境條件好，也追求環境美。「地有奇巧有醜拙，巧是穴形美且奇，拙是穴形媸且醜」（《地學簡明》）。穴形雖醜，但地善也可用。因此，風水追求的環境美實際上是環境善與美的統一。風水追求的環境美，有四個標準。

第一是秀。從外觀上看給人的印象應該是秀美（圖5-10），不是醜。比如土色要光潤，草木要茂盛，不犯風吹水劫。蓋房屋時，地基要方正，房屋的外形要端肅，氣象要豪雄，護從要整齊好看，這才是美。如果高低相差太大，東扯西拉，東盈西縮，看起來就不美。

第二是吉。吉就是美，凶就是醜。氣吉則形必秀麗、端莊、圓淨，氣凶則形必粗頑、欹斜、破碎（《地理知止》）。比如地形上探頭、刺面、掀裙都是凶地，自然也是醜地。而玉帶、御屏、帝座是吉地，自然也是美地。對水來說有八吉八凶，也就是八美八醜。八美是：一眷，去而回顧；二戀，深聚留戀；三回，回環曲引；四環，繞抱有情；五交，兩水交會；六鎖，彎曲緊密；七織，之玄如織；八結，眾水會瀦。八醜是：一穿，穿胸破膛；二割，割脈割腳；三

圖 5-10　秀美外觀（據鐘義明）

牽，天心直出，牽動土牛；四射，小水直來，形如箭射；五反，形如反弓；六直，來去無情；七斜，斜飛而去；八沖，大水沖來。

第三是變。各種自然因素要有變化才美，無變化，呆板則不美。龍脈要活動曲折，山欲其迎，四山向我。迎則不是大河大溪繞抱的，雖小邑市井亦必可通舟楫。《太陽經》說，州、縣、京畿地必平，水龍水衛水為城，堂基卻在高高處，莫道窩藏是正形。

這種山水環抱的環境，從自然美學的角度看是很美的，具有很高的審美價值。在這種環境中旅遊、觀賞，甚至居住時，可以欣賞到大自然四季景色的變幻。山裡雲氣狀態和煙嵐的瞬息萬變，山的遠、近、正、側、向、背的不同形態，朝、暮、陰、晴所引起的山色氣象的變化，不同地域的山所表現的奇、秀、渾、厚的差異等等。對水來說，水以山為面，故水得山而媚。有山無水謂之孤，有水無山謂之寡，都不美。只有山光水色巧妙組合，才能使風水美學環境令人神往，就像陶淵明描述桃花源裡的夢幻景象。實際上自然環境優美，與人才的成長有關，如王

223

勃在《滕王閣序》裡說的，「人傑地靈」，「俊彩星馳」，歌頌了南昌故郡的物華天寶與人才薈萃的盛況。

風水學說還以特殊事物為美，比如說「萬綠叢中一點紅」就顯得格外美。以山為例，大山之中的小山，小山之中的大山，平坦之中的小丘，小丘之中的平坦，都是美的。以山水而論，山多的地方有水，水多的地方有山也是美的。以地形而論，舒曠的地方忽然緊夾，緊夾的地方忽

圖 5-11 水口山及其附帶建築的景觀

然舒曠也有美的情趣。所謂「山重水復疑無路，柳暗花明又一村」就是這種地形的寫照。所以在水口處往往建塔亭之類，以壯其美。依照這種美學觀點，風水理論在選擇居住環境時，主張「眾大取其小，眾小取其大。眾高取其低，眾低取其高。坦中取突，突中取坦。圓取其尖，尖取其圓。山多處要水，水多處要山。舒曠處要緊夾，緊夾處要舒曠。剛取其柔，柔取其剛（圖5-11）。來者不宜太逼，去者須要回頭。山本靜，勢求動處；水本動，妙在靜中」（《地學簡明》）。山本靜，欲其動，動則氣流行於內而不絕也。水本動，欲其靜，靜則氣停蓄於中而不散也（《青鳥經》）。

第四是情。風水不外山情水意，若山無情，水無意，則失地理之本旨矣（《都天寶照經》）。朝對要有情，如案山近宜低，遠宜高。水要曲折而來，盤桓而去，橫水抱穴為弓，繞抱有情。內明堂不可太闊，太闊近乎曠蕩，曠蕩則不藏風。又不可太狹，太狹則氣局促，局促則穴不貴顯。總之要合情合理，要適中（《囊金》）。風水要求整個環境都要面面有情，環水抱山山抱水（圖5-12）。要達到這個要求，就要做好十件事：一要五星形體分明；二要坐處旺氣豐凝；三要前有寬大明堂；四要玄武四應分明；五要授受動靜相乘；六要合尖界水聚前；七要龍虎高低相應；八要前後案樂相親；九要乘借無差；十要村門關鎖（《地理考索》）。

徽州《灣里裴氏宗譜》則又有：「鶴山之陽黟北之勝地也，面亭子而朝印山，美景勝致，目不給賞，前有溪清波環其室，後有樹蔥龍蔭其居，悠然而虛，淵然而靜……惟裴氏相其宜，度其原，卜築於是，以為發祥之地。」

翠屏峰

鼓峰

圖5-12 環水抱山山抱水

它可以被表述為一首風水歌謠：「陽宅需教擇地形，背山面水稱人心，山有來龍昂秀發，水須圍抱作環形，明堂寬大斯為福，水口收藏積萬金，關煞二方無障礙，光明正大旺門庭。」

以上這只是山地陽基的理想模式，而作為平原地帶，顯然無山可枕，因而只能以水主龍脈。所以《地理五訣》中對平原相應地作了這樣的說明：「山地屬陰，平洋屬陽，高起為陰，平坦為陽，陰陽各分看法不同，山地貴坐實朝空，平洋要坐空朝滿，山地以山為主，穴後

宜高，平洋以水作主，穴後宜低。」

「平洋地陽盛陰衰，只要四面水繞歸流一處，以水為龍脈，以水為護衛。」「平洋莫問龍，水繞是真縱（蹤）。

這樣，平原地區便形成了不同於山地的，以水為龍脈的陽基模式。它被概括為「背水、面街、人家」的陽宅模式（圖5-13）。

《烏青鎮志》記：「兩鎮之水，烏鎮之水自顧家塘分一股入三里涇下……總出太師橋……是烏鎮之水分於坤申而合於丑艮，所謂斗牛納丁庚之氣也，尤妙在西料溪一水，自北逆上與太師橋

圖5-13　平原陽宅模式

之水合，此烏鎮大得力處；青鎮水由白馬塘一股……是青鎮之水分於丙丁而合於乾戌，所謂乙丙交而趨戌也，尤妙在東青石橋之水，又下北過西出六里壩，此青鎮大得力。」……而其大會大交「至分水墩則東者歸西，西者歸東，南流下北，北流上南，皆合聚於此，故分水墩為兩鎮之大關鍵大紐合」（圖5-14）。

後倚之來龍山昂而秀

前有溪水
似金帶環繞

明堂（陽基）寬大呈扁矩形

水口處彎曲收藏積萬金

案山

朝山

圖5-14　兩鎮水系圖

第六節　村落風水的生物與人文因素

風水理論又以生物作為辨別環境好壞的一個因素，居住地區要草木鬱茂，蒼松翠竹，森森繞屋。這樣會人旺財豐，著緋著綠（《相宅全書》）。不僅植被要茂盛，禽獸也要繁盛才好。如果一個地方草木焦枯，禽獸離散，自然不適宜人類居

住（《堪輿完孝錄》）。道理很簡單，生物生存都有困難的地方，讓人類去住必然生活不下去，生產不發達，甚至連身體健康也受影響。採光、向陽、臨水是好風水的生物條件。

風水理論除了選擇自然環境以外，還要選擇社會環境。首先，風水先生提倡聚居，不要獨居。如果四邊曠野，總無人煙，或是山地獨家村，都不吉利（《發微論》）。其次，要迴避神前廟後香火之地，茅坑拉腳之地，屠宰場地，尼庵娼妓之地，祭壇古墓，橋樑牌坊之地。這些地方社會環境嘈雜、污穢，居住在這些地方，心裡不寧靜，對後代影響也不好。

風水先生除了選擇自然和社會環境外，還要用綜合的觀點選擇環境。陸象山主張，選擇的吉地必須要山水環抱，水土深厚，草木昌茂，人煙團聚。凡是土薄貧瘠，水流湍急，草木凋零，人煙稀少的地方就是凶地（《玉髓真經》引）。

中國人的審美心理需要對環境的要求比較普遍而細膩，因而表現在對一半的處理上也多顯示出要求人化自然的傾向。村舍外部景觀的風水解釋正強化了人們的這樣一種心理需要。應和著「龍首當鎮」、「興文運」的風水解釋，大量的亭台樓閣便建造起來了。如普陀山的「鎮莽塔」、天童山的「鎮莽塔」等。

以「興文運」為目的所建之塔更多，據《相宅經纂》載：「凡都省府州縣鄉村，文人不利，不發科甲者，可於甲、巽、丙、丁四字方位上，擇其吉，立一文筆尖峰，只要高過別山，即發科甲。」「文筆峰」是某地高山上人們建造的一座塔，人稱文筆峰。過去實行科舉制選拔人才，那個地方過去年年有人中舉，後來卻連連落選，原來是文筆峰倒塌了。於是集資修塔，結果次年又出了人才（這種因果關係難以成立）。

古人發現，欲出人才，必要有高物，才能接天之氣。如今民間仍懂得蓋房要比別人家高些的道理，哪怕高一塊磚也好。假如比鄰居的房矮，也可架起電視天線予以彌補，因為天線能引入宇宙氣場（氣場包括電磁場）。

氣，通過氣功外氣測試，已發現有遠紅外、微波等，說明氣的內容包括了電磁波，故可以天線引導而下。

大家知道，氣功可以健身和開發大腦智慧。氣功之氣與宇宙之氣是同一本源。故先得、多得宇宙之氣，自然有助於開發大腦智慧，變得聰明起來。北京的玉泉山塔、杭州的六和塔、延安的寶塔等都具有這種開發智慧的功能。

水口的位置以具體情況而定，一般多選在山脈的轉折或兩山夾峙清流左環右繞之處。我國河流多源自西北流向東南，故水口多在東或東南方，即所謂「巽位」吉方。水口距村落的距離一般在一里至六七十里之間，它根據地氣的大小而定。

水口處一般建造一些建築物，常見的是橋台樓塔等物，並輔以樹亭堤塘，以增加鎖鑰的氣勢，徹底扼住關口。而有較高文化素質的地方則建以文昌閣、魁星樓、文風塔、祠堂等物。《仕里明經胡氏宗譜》有這樣記載：「……水口兩山對峙，澗水匯村境，……築堤數十步，栽植卉木，屈曲束水如之字以去，堤起處出入孔道兩旁為石板橋度人行，一亭居中翼然，……有閣高倍之……榜其楣曰：文昌閣。」水口有文昌閣、魁星樓、風水塔、觀音廟等建築，足見水口的重要性。

至於築壩、建橋，其目的全在於固一方之元氣，利村民之往來。這在今天的實例也不勝枚舉，其科學性的價值是很大的。

植樹、修砂。這也是改變一方風水的有效辦法之一。中國古代關於植樹培砂的例子非常之多。如廣東四合縣在其主要山脈金岡山上修亭並遍植松樹；福建仙游縣的天馬山的山背部分因

形家說象徵貴人乘馬，所以人為培砂增高。

　　平原地區的水口常在去水中央立州或土墩，並在其上建閣或廟，同樣能夠達到保留風水的目的。如浙江烏青鎮的分水墩上建閣，即所謂「今又於水墩之左建一傑閣則風水愈固，財源愈美」。像這樣在分水墩上建閣者，江浙一帶很多。

　　公共建築。公共建築大體上包括宗祠、書院、奎樓、文閣等。

　　中國人歷來有敬祖先的習慣心理，因而宗祠一般都建立在一村之中的最佳地段。所謂「自古立於大宗子之處，族人陽宇四面圍位，以便男婦共祀其先，切不可近神壇寺觀」。

　　而書院、奎樓、文閣，風水認為不宜建於住宅的上手方（即上風向），而只宜於將它建立在住宅的下手方（即下風向），主要目的是借此以助氣。

　　在村落當中，也有宗教建築，幾千年來起到淨化人心的作用。在村落建築中有不可忽視的作用（圖5-15）。

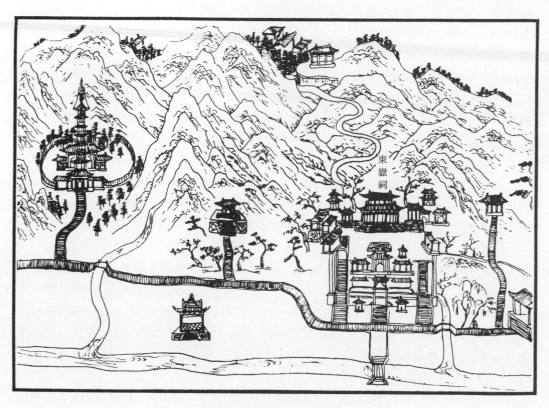

圖 5-15　村落的寺廟風水

　　道教由於追求長生不老、得道成仙，因而其選址往往遠離塵囂，避之深山。而於深山之口則幾乎所有道觀都以「四靈獸」式為準則。如安徽劉雲山的太素宮，左有鐘峰，右有鼓峰，背倚翠屏峰，前視香爐峰。

　　這些都說明道教對風水的崇尚。《穹窿山志》卷四「形勝」中有這樣一段描寫：

「大峰剛直，二峰峻急，開帳出峽，頓斷再起，星峰體秀身圓土石和美者是三矛峰，右臂石骨東行轉身作白虎案是名，崗上真觀三楹，舊基在三峰之下，壓於當胸之白虎，向為庚申，堂

局傾瀉，香火幾絕。」於是施師苦行：「就峰前高處立基，而以堯山最高峰為眉之研，明堂開曠，白虎伏降，左臂就本山勢迴拱如抱，故以山口入乾不見殿場，從殿場出者不見水口，……前以堯峰、皋峰、九龍諸山為列屏，而上方一山固捍門鎖鑰也，……百香山脣口則巽水從入之路也。」

佛教選址的總模式也是「四靈獸」式，其特點為：「環若列屏，林泉青碧」，「宅幽而勢阻，地廓而形藏」，可見其所受風水的影響也是很大的。

風水理論認為，山水廣大，出人度量寬宏。山水逼窄，出人胸襟狹隘。四山端正，而水清平，出人平易正大。四山凶惡而水沖激，出人凶狠乖戾（《堪輿雜著》）。司馬頭陀說，山形端方則人忠，山形傾側則人佞。山形柔亂則人淫，山形卑劣則人賊。山形粗猛則人惡，山形瘦薄則人貧。山形粹美則人慈，山形威武則人斷。《寶鑒》說，山厚人肥，山瘦人飢，山清人貴，山破人悲，山歸人娶，山走人離，山長人勇，山縮人低，山明人達，山暗人迷，山順人孝，山逆人欺（《人子須知》引）。這就是說，環境對人的性格有明顯的影響。

楊文衡研究認為，風水理論將山水形態與社會現象相聯繫，造成人們對環境寄託某種希望，追求某種目標的心理。如選擇水口（即村口）時，就將人丁、財富、官職、人的品德等社會現象與它相聯，認為水口狹窄人丁興旺，左右無砂即使致富了也不長久。青龍砂上起高峰，長子的財富勝過石崇。青龍之山如履杓，羅綺重重著。龍山直出腦生峰，離鄉逞英雄。青龍不怕高萬丈，虎要彎弓樣。主人忠孝家和順，富貴無窮盡。朱雀之山不怕高，尖利出英豪。展旗卓筆墳前立，家富多官職（《寶照經》）。風水先生認為，山的形狀像某種東西，就會有一種社會現象與之相對應。不僅陰宅陽宅有這種對應效果，而且郡邑也有這種對應效果。比如弋陽（今河南潢川縣西）主峰如拍板，其邑多出戲子。常州塔山如葫蘆而邑多名醫。福建莆田壺公山如朝笏，而邑多朝貴（《人子須知》）。《葬經》對此說得更明確：

福厚之地，雍容不迫。四合周顧，辨其主客。山欲其凝，水欲其澄，山來水回，富貴財豐。山頓水曲，子孫千億，山走水直，從人寄食。九曲委蛇，準擬沙堤，重重交鎖，極品官資。勢上形昂，前闊後岡，位至侯王。形止勢縮，前案回曲，金谷碧玉。公侯之地，龍馬騰起，面對玉圭，小而首銳。宰相之地，窠市敦伊邇，大水洋朝，無極之貴。空闊平夷，生氣秀麗。貧賤之地，亂如散錢。

這種把地形和官階緊密相連的說法，當然是毫無根據的迷信。如果真是那麼靈，風水先生為什麼不想盡辦法首先占領呢？這可能是風水師故意造出用以招徠生意的說法。不過，當人們相信這種說法以後，自然在心理上會得到某種滿足和平衡，即使明知是騙人的話也願意接受，願意花錢。另一方面，當人們居住在美麗的環境中，其感受自然跟居住在醜陋的環境中不一樣。

基於上述原因，風水師們在選擇環境時，提出六戒、十不相、三十六怕等是有道理的，並不都是無稽之談。如《陽宅十書》說，凡宅不居當沖口處，不居寺廟，不近祠、社、窯、冶、官衙，不居草木不生處，不居故軍營戰地，不居正當水流處，不居山脊衝處，不居大城門口處，不居對獄門處，不居百川口處。廖禹也說，四山高壓宅居凶，人口少興隆。陰幽窒塞號天牢，住宅決蕭條。三陽不照名陰極，妖怪多藏匿。又忌卑下污濕及水沖，宅背凹風射。脅水聲潺湲，喪禍自連綿（《人子須知》引）。

第六章　風水與住宅選址布局

第一節　宅對人生的重要性

　對於陽宅的重要，《黃帝宅經・序》明確指出：「夫宅者，乃是陰陽之樞紐，人倫之軌橫，非夫博物明賢，未能悟斯道也。就此五種，其最要者，唯有宅法為真秘術。」接著又說：「凡人所居，無不在宅，雖只大小不等，陰陽有殊，縱然客居一室之中，亦有善惡。大者大說，小者小論。犯者有災，鎮而禍止，猶藥病之效也。」為此，結論是：「故宅者人之本，人以宅為家。若安，即家代吉昌；若不安，即門族衰微。」上至國都，次及州郡縣邑，下之村坊署柵，乃至民居，但人所處，皆其例焉。

　由於「宅者人之本，人以宅為家。宅安，即家代吉昌；宅不安，即門族衰微」的傳統說法，所以自古以來，人們對於陽宅風水的好壞，十分重視。《晉書・魏舒傳》記載，魏舒幼年喪父，寄養在外祖父的家裡。後來「寧氏起宅，相宅者云當出貴甥。」外祖父見魏舒年幼聰慧，認為一定會如相宅者所說的話。魏舒也說：「當為外氏，成此宅相。」這裡，魏舒的意思雖然是說，我長大後要好好努力，做一番事業，以證實舅氏門宅當出貴甥的說法，我們今天看出了當時相宅風氣的盛行，和人們對居宅風水的重視。

　在古人的眼裡，陽宅風水的好壞，直接關係到「家代吉昌」或「門族衰微」。在《晉書》裡，還另有上黨鮑瑗家因為「安宅失宜」，而多喪禍貧苦。當時，鮑瑗被喪禍貧困攪擾得焦頭爛額，不知道是什麼原因引起的，便去請教淳于智。淳于智占卜後，根據所得卦象說：「為君安宅者，女子工耶？」鮑瑗回答：「是也。」淳于智又問：「此人已死耶？」鮑瑗回答：「然。」接著，淳于智說：「此人安宅失宜，既害其身，又令君不利。宅東北有大桑樹，君徑入市門數十步，當有一人折新馬鞭者，請買還，懸此三年，當得物。」鮑瑗聽了他的話，前去市上買來馬鞭，把它掛在大桑樹上三年。後來鮑瑗浚井，「得錢十萬銅錢，雜器復可二十餘萬」，於是家道中興。

　三國時，吳國孫皓流徙丁奉一家。到了晉朝，在丁家的舊宅先後住過的有周凱、蘇峻、袁真、司馬秀等大戶人家，然而都紛紛「凶敗」了。此後，又由臧燾去住，「亦頻遇喪禍」，所以當時有個名叫王富綽的人，平時「常以正達自居」，認為「宅無吉凶，請為宅，未經擇吉，即造築，結果仍然未居而敗。」

　為了望知人家宅第的吉凶，《地境圖》「望百家宅法」很有趣，說：「有赤氣者，家有泛財。白氣入人家，有財不保。黑氣有五，其伏在宅中。青氣者，有銀，地寶也。」

　在陽宅風水中，《宅經》曾指出：「宅以形勢為身體，以泉水為血脈，以土地為皮肉，以草

木為毛髮，以屋舍為衣服，以門戶為冠帶。若得是事儼雅，乃為上吉。」人一生中有一半以上的時間是在住宅家中度過的。住宅本身及環境的好壞與人的日常生活關係極大，所以自古以來，住宅便倍受人們的重視。因此，風水學中分離產生出專門研究陽宅住屋的陽宅學理和陽宅學派自然是在情理之中的事了。

據王玉德研究，我國歷代先哲都很重視陽宅文化建設，《釋名》云：「宅，擇也，言擇吉處而營之也。」歷代名人的住宅，大多選在風水寶地，如百里奚、范蠡、鄭玄、陶潛、謝玄、嵇康等人的宅地被傳誦千年。傳聞光武帝的舊宅在六安縣，靠近白水，取龍虎白水之義。風水師稱為最好的陽宅有兩處，一為山東曲阜孔子舊宅，地居泰山之下，沫泗二水交流，乃是平原得水之貴格，故子孫福祚綿遠，千萬年不絕；一為江西龍虎山張道陵舊宅，有青龍白虎盤踞之勢。歷代文獻中有許多關於陽宅的論述。

《墨子·辭過》云：「古之民未知為宮室時，就陵阜而居，穴而處，下潤濕傷民，故聖王作為宮室。為宮室之法曰：室高足以御辟潤濕，邊足以風寒，上足以待霜雪雨露。」這段文字說明上古的民宅是傍山陵阜而建。

《左傳》記載，齊景公建議晏子重新選地蓋房，理由是「子之宅近市，湫隘囂塵，不可以居。」這說明住宅環境對處理政務有影響。

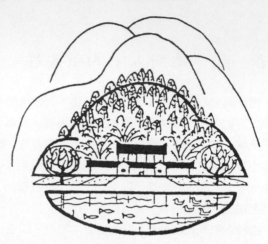

圖6-1　風水山與風水池的背景及前景效果

《後漢書·仲長統傳》記載仲長統對住宅的要求是「使居有良田廣宅，背山臨流，溝池環幣，竹木周布，場圃築前，果園樹後。」背山臨流，前有場圃，這正是風水術對陽宅的基本要求。參見圖6-1和圖6-2。

《御覽·居處》引王隱《晉書》記載：魏舒從小喪父母，住在外祖父寧氏家，「寧氏起宅，相者云當出貴。」上黨有個鮑瑗請人相宅，宅修好了，仍有災難，術士淳于智批判原來的相宅者說：「此人安宅失宜，既害其身，又令君不利。」這說明，至遲在晉代，就有了專門從事相陽宅的風水師。

唐代，湖北黃州的浮屠泓師精通陽宅術。《丑莊日記》記載，泓師為大臣張說相宅，告誡張說不要在宅東北打洞。後來，宅東北無故陷丈餘，張說欲平地，泓師

圖 6-2　理想的風水圖

祖宗山
入首
主山
龍腦
眉砂
明堂
穴
內青龍
內白虎
外青龍
內水口
水
外白虎
外水口
案山
河川
朝山

圖6-3　魯班經

斷言：「公當富貴一世，而諸子將不終。」並說：「客土無氣，與地脈不連，譬身瘡痛補他肉無益也。今人俗師妄言風水者，一遇方隅坎陷，則令補築增輳，便謂藏風聚，豈不料哉，君子無惑焉可也。」這說明陽宅文化日益盛行。

宋代高似孫在《緯咯·宅經》歸納陽宅與吉凶的關係云：「凡宅東下西高，富貴雄豪；前高後下，絕無門戶；戶高前下，多足牛馬。凡地欲坦平，名曰梁土；後高前下，名曰晉土，居之並吉。西高東下，名曰魯土，居之富貴，當出賢人；前高後下，名曰楚土，居之凶；四面高，中央下，名曰衛土，居之先富後貧。」這些定論到底有多少合理性，值得探討。

明代吳江人計成撰寫《園治》一書，對興造相地、立基、屋宇均有論述，主張陽宅因地制宜，不拘方向，任其自然。

清代，北方人修四合院，大門都開在院子正面前左角，稱為青龍門，風水師稱這種坎宅巽門最吉利。《魯班經》可算是總結性的經典（圖6-3）。

什麼樣的陽宅吉？什麼樣的陽宅凶？我國自古以來有兩大流派，一是形勝派，此派注重山川的來龍去脈，講究明堂砂水和方向，把特定的陽宅放在客觀環境中考察，強調實踐性和效果性，為民眾廣泛接受。理想住宅的方位分配見圖6-4。

形法家。又稱形勢、巒頭、巒體、形家、江西之法，代表人物有郭璞、楊筠松、曾文迪、賴大有、謝雙湖、周景一、俞廷舉等。代表作有《葬經》、《撼龍經》、《玉髓經》、《葬法心印》、《泄天機》、《平砂玉尺經》、

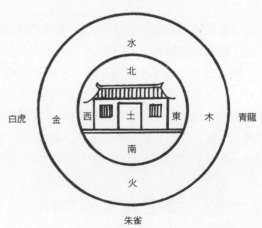

圖6-4　理想住宅的方位分配

《堪輿管見》、《地理人子須知》、《披肝露膽》、《搜玄曠覽》、《山洋指迷》、《地理知止》等。主要內容是注重龍、砂、穴、水相配，山川形勢有情。看地的具體方法有十條：一看祖山秀拔，即大河發源處的山脈秀麗挺拔。二看龍神變化，即山脈走向有起有伏，有變化。三看成形住結，即山脈起伏間形成的大小盆地、平原。四看落頭分明，即河水交匯處。五看脈歸何處，即山脈走向的終點。六看穴內平窩，即小地形。七看砂水會合，即穴周圍的山水環抱形勢。八看朝對有情，即穴前後的山水。九看生死順逆，即山水吉凶的選擇。十看陰陽緩急，即山水向背的選擇。十條缺一不成（《地理臆解》）。

由於形法家的發起和傳播範圍主要在江西，所以又稱江西之法。形法派要求到野外看地形，須要眼力、足力。研究方法講求實際，因此具有不少真實的地理知識，對中國古代地理學的發展有一定貢獻或起過一些推動作用。風水的精華主要是形家的研究成果。

另一流派是理氣派，此派以氣說、陰陽、五行、八卦、十二干支、二十四節氣、星命、吉凶禁忌揉和在一起，有一套複雜而神秘的理論體系。

理氣家。又稱方位、宗廟之法、屋宅之法、羅經之法，主要內容是五星八卦。五星即五行，陽山陽向，陰山陰向，不相乖錯。純取五星八卦推定生剋道理，又須乘氣作向，控制消納，因此太極、河圖、洛書、八卦、天干、地支、陰陽都成為這一派的理論基礎。在此基礎上，又有元運說，以甲子六十年為一元，配以洛書九宮，經歷上、中、下三元為一周，再經歷三周五百四十年為一運，合九個六十花甲，即九個甲子。每元六十年為大運，一元之中，二十年為小運，用這種方法占卜地氣的旺、相、休、囚、死。這個學說出自元末明初寧波幕講僧，五代無此說（《靈城精義》）。

傳說理氣這個學派始於閩中，流傳浙江一帶，宋時最盛行，以王伋為代表。由於以方位論五行，所以它離不開羅盤，羅盤成了這一派的規矩。在羅盤中有二十四個方位，有管局九星，有三合九星，九星之外又推演催官，增入二十八宿宿度，非常繁瑣，以致使羅盤的層次達到二十四層。理氣家不用到處考察山川，只在一個地點從羅盤上推演，前有楊盤，後有蔣盤。理氣起源於秦漢五音、五姓，南北朝時梁有《五音相墓書》、《五音圖墓書》、《五姓圖山龍》等。唐代邱延翰把羅經方位由十二位增加到二十四位。楊筠松、曾文迪、賴文俊、廖禹、張子微、蔡牧堂等人兼談形勢、理氣。宋代盛行的國音說即五姓說。理氣的代表作有《青囊奧語》、《青囊序》、《天玉經》、《都天寶照經》等。專論理氣的代表人物有王伋、張子微、幕講僧、蔣大鴻等。

對理氣派後人有許多批評，說它「流弊之極」（《地理末學》）。「捨形勢而勿論，獨以卦列、天星、理氣等說惑人」（《堪輿完孝錄》）。「天星理氣之說亦不足憑，龍穴不正，天星雖吉而亦敗。龍穴既的，天星不吉而亦發。故智者但求成穴之假真，勿泥天星之凶吉」（《地理正宗臆解》）。「惟有姓音不可憑，謬妄最分明」（《人子須知》）。「理氣各家，妄談神秘，使人疑惑，久停不葬，為害不小」（《地理末學》）。「今時盲師橫議，正義滋隱，崇飾方位，雜以天星，非分推求，妄加拘忌，於是形家的學說廢，而山川之本失」（《葬經翼》）。「後之學地者，斷斷不可信一切理氣無稽之邪說」（《地理知止》）。這些意見是值得思考的。

第二節　陽宅風水的條件

據尹弘基及王玉德研究，陽宅風水的基本問題是：一個人怎麼來選定吉祥宅地才能與周圍的

自然、人文環境協調共處，並因而從中汲取利益？為了獲得吉祥，下列五方面問題對陽宅風水很重要：

(1)選擇有利宅地；

(2)選擇房屋的朝向；

(3)確定房屋的空間組織結構或形制；

(4)建造圍牆；

(5)決定什麼人應住在那裡。

由此可推知以上五方面內容都是關於人與環境要想達到完美和諧境界應採取的途徑問題。

1. 選擇有利的宅地

從理論上講，陽宅應當依山傍水。依山，可以取得豐富的生活資源，防止水潦，傍水有利於灌溉、洗滌、食用。吉利的宅地也要求有「四神砂」(青龍、白虎、玄武、朱雀)和周圍水道。實際上房屋或居住地比墳墓占地面積要大。當一個人想在一塊有人居住的地方建一座房子，在選址上就沒有太多可供選擇的餘地。但不管怎樣，風水先生仍然很關心住宅周圍的地形。

2. 陽宅應當坐北朝南

由於我國處於地球上特定的地理位置，因此，陽宅的南向是最佳朝向，當然，處於不同經緯度地區的陽宅各自以南偏東、南偏西為最佳朝向。從考古發現的新石器時代半坡遺址看，幾乎所有的房屋都是坐北朝南，即風水師倡導的子午向。坐北朝南的陽宅，在炎夏可以避開陽光的輻射，在寒冬可以充分取暖、殺菌、得到維生素 D 的滋潤。民間俗語云：「大門朝南，子孫不寒，大門朝北、子孫受罪。」此話不無道理。如果朝山是崎嶇醜陋的石山、傾斜的孤山(由於山崩引起)或窺峰(山脈背後半掩半露的山峰)……則不是人類居住的好地方。若山峰輪廓沒有崎嶇不平、醜惡可厭的形貌，則為吉山。朝水也叫外水……來水應流向與龍(山脈)會合的方向以使陰陽二氣中和，而且要流速平緩，迂迴曲折，切忌平直如線。因此，如果有人想建宅並打算留傳給子孫後代，他就會通過相看某地風水來選擇宅地。

3. 陽宅的點與面要和諧

每一座(處)陽宅與周圍的環境是點與面的關係，點面和諧才能使人「得山川之靈氣，受日月之光華」。大環境以百尺為形，千尺為勢。形住於內，勢住於外；形得應勢，勢得就形，形不欲行，勢不欲止。小環境以水口、明堂至關重要。水口指某一地區水流進或水流出的地方，從水入至水出即是水口的範圍。水口包容的面積決定了村鎮的規模，對其建設發生影響。明堂本是古代天子理政、百官朝見的場所，風水術引申為宅前之地。明堂有內外大小之別，不可太寬，寬則曠蕩不藏風；不可太窄，窄則局促不顯貴；不欹側，不卑濕，不生惡石，有諸山聚繞，眾水朝拱，生氣聚合為佳。

4. 陽宅的基址要適中

風水師稱宅地為穴，相地為點穴。穴有高有低，有肥有瘦，有窄有寬。穴有貫頂者，有折臂者，有破面者，有墜足者，皆為病穴。《管氏地理指蒙》論穴云：「欲其高而不危，欲其低而不沒，欲其顯而不彰揚暴露，欲其靜而不幽囚啞噎，欲其奇而不怪，欲其巧而不劣。」穴土不可太濕，不可太浮，不可太頑。宅基要有生氣，《博山篇》云：「氣不和山不植，不可扦，或有奇紋土隱中，法宜扦。氣未止山直趨，不可扦，或腰結，或橫龍，法宜扦。」氣是生機，有生機之地最宜人們生存。

在《擇里志》一書中說到風水是人們在選擇有利宅地時應連同經濟條件、人的性格、自然風

景一起加以考慮的這四項重要因素之一。

5. 陽宅結構應當講究美感和實用

早在先秦，陽宅規模就注重勻稱，庭院、堂廡、寢室井然有序，後來修建的長安城、北京城以工整給人以莊嚴的感覺。民間住宅也有規範，不宜太窄、太寬，不宜後高前低，不宜四角欠缺，不宜宅小窗大，不宜宅大人少，不宜有堂無室，不宜樑大柱小，不宜將臥室對灶屋、茅廁、客廳大門。

6. 綠化環境

風水術主張在陽宅周圍植樹：廣陌局散，非有護障不足以護生機；山谷風重，非有樹障不足以御寒氣。草木繁盛則生氣旺盛，護蔭地脈，斯為富貴坦局。東植桃楊，南植梅棗，西栽槐榆，北栽杏李，大吉大利。壬子癸丑方種柘樹。寅甲卯乙方種松柏樹，丙午丁未方宜種楊柳樹，申庚酉辛方宜種石榴樹。俗語云：樹木彎彎，清閑享福；桃株向門，蔭庇後昆；高樹般齊，早步雲梯；竹木回環，家足衣綠，門前有槐，榮貴豐財。

此外，陽宅風水還有值得注意的零散原則，如宋人袁采在《袁氏世範・治家》云：「屋之周圍，須令有路，可以往來。」「居宅不可無鄰家，慮有火燭，無人救應，宅之四周，如無溪流，當為池井，慮有火燭，無人救應。」

應怎樣來考察某地的風水狀況呢？首先，觀察水口，依次為野勢、山形、土色、水利，最後為朝山朝水。

水道。如果水口虧散空闊，即使該地擁有大片農田和高大住宅，興旺繁榮的家境也不能延續給下一代。住在那裡的家族將散居各地，最終消聲匿跡。因此，當尋找和觀察宅地時，應找尋那些排水量不易被觀察到的溪流以及群山環繞的田野。儘管在山區很容易發現這種水道，但在平原地區卻不是那麼容易⋯⋯不管是高山還是低丘（陰山），若水流從旁邊背離該地面而去，則吉祥⋯⋯。

野勢。一般來說，人得陽氣生（出生、生存、多產）。因為天空是陽性光（頭頂的天空沐浴在陽光裡），故四周高山聳峙，只露出一線天空的地方不適宜人類居住。廣闊的田野多麼美麗，它是人類居住的好地方。日、月、星光永遠照耀著大地，風、雨、寒暑自然界各種天氣現象溫柔中和。這種地方會誕生很多偉大人物，而且人們無病無災。在選擇居住地時，要盡力避免那種因四周高山阻隔而太陽晚升早落的地方。

如果晚上看不到北斗七星的靈光，則這種地方有一種陰氣。一旦陰氣占據優勢，會導致「鬼怪」在早晚出沒於凶氣之中或者導致主人容易生病。因此，住在狹窄的山谷裡不如住在開闊的原野上好。廣袤的田野周邊的低山不應稱其為山。它們亦稱原野，因為這些地區並未隔絕天日，而且水路遠遠流過。在高山地區，若有一片開闊地，也是人類定居的好地方。

山形。一般最好的山形，據風水師所說，其祖宗山要高峻挺拔，主山要秀麗、雅潔、柔和⋯⋯應盡力避開由於龍形蠢笨疲軟而缺乏生氣的來龍（山脈）⋯⋯。

土色。一般在農村的居住地，水底和岸邊的土質應結構堅實，紋理細膩，然後才會有清涼乾淨的水井。這一切構成了人生中最理想的居住條件。如果土質是紅色黏土、黑砂、砂礫土或細黃土，則為「死土」，從這種土壤裡流出來的水無一例外地會令人噁心（嵐瘴）。這種地方不適合人類居住。

水利。一般人無法生活在無處取水的地方。山裡應有溪流，然後它才能產生出吉祥神妙的變化力量（生化之妙）。水流的進出口應與風水法則保持一致，這樣的地方吉祥。

陽宅風水對設計民房、頤養身心有一定作用。《吳興志‧談志》記載宋代吳興郡治的房屋布局是「大廳居中，譙門翼其前，卜蒼擁其後，清風、會景、銷署蜿蜒於左，有青龍象，明月一樓獨峙西南隅，為虎踞之形，合陰陽家說。」《歸潛志》卷十四記載金代劉祁自述其園居云：「所居蓋其故宅之址，四面皆見山。若南山西岩，吾祖舊游。東為柏山，代北名剎。西則玉泉、龍山，山西勝處，故朝嵐夕靄，千態萬狀，其雲煙吞吐，變化窗戶間。門外流水數支，每靜夜微風，有聲琅琅，使人神清不寐，劉子每居室中，焚香一炷，置筆硯褚墨几上，書數卷，偃息嘯歌，起望山光，尋味道腴，為終日樂，雖敝衣惡食不知也。」

總之，陽宅風水的形局，是從四神砂的山水形局演化而來的。這也像人體的頭、胸、手的合抱之勢。形局布置選擇、演化及其理論依據參見圖 6-5、圖 6-6。

第三節　陽宅經典對外形的論述

《黃帝‧宅經》總論中如：「宅有五虛，令人貧耗；五實，令人富貴。宅大人少，一虛；宅門大內小，二虛；牆院不完，三虛；井灶不處，四虛；宅地多，屋小，庭院廣，五虛。宅小人多，一實；宅大門小，二實；牆院完全，三實；宅小六畜多，四實；宅水溝東南流，五實。」又云：「宅內漸昌勿棄，宮堂不衰莫移。……」又云：「其田雖良，薅鋤乃芳；其宅雖善，修移乃昌。……」在《修宅次第法》中如：「宅以形勢為身體，以泉水為血脈，以土地為皮肉，以草木為毛髮，以舍屋為衣服，以門戶為冠帶。若得如斯，是為儼雅，乃為上吉。」《元元經》曰：「地善即苗茂，宅吉則人榮。」《黃帝‧宅經》所提倡的這些話，應當認為是正確的。

在宅院的布局中，按照宅屋的方向定位，然後定門、定路、定井、定廚灶、定碾磨房、定牛馬欄；但不管哪個方向，坐東向西宅屋，不宜居。在日常生活的實踐中，誰也懂得坐東向西的房子最不好，冬冷夏熱，缺點甚多。宅院的布局很講究門，這也有它一定道理。

在論宅內形中，主張凡起屋，應是後高前低，最後是「青松鬱鬱竹漪漪」的四合院；對其他的內形均有很多禁忌。

村鎮建設做到節約用地、布局合理、經濟適用、美觀大方。即我們住宅建設的技術政策所提倡的：堅固、適用、經濟、美觀。風水與建築物協調配合見圖 6-7。

中國個體建築，獨具一種「命名」的傳統習慣。即對一宮一室，一樓一閣，一門一橋，都根據其方位、功能、寓意願望給以「命名」。而這命名，包含著深入淺出的哲理祝願和詩情典故。

陽宅「形法」的基本觀點，大抵是採用《陽宅十書》，以及明代刊行的《魯班營造正式》和清代刊行的《魯班經》。前者是有關建築選址與規劃布局的，為堪輿家所掌握；而後者多涉及建築的設計與施工，為建築匠師所熟悉運用。

明代所刊行的《陽宅十書》在建築營建經驗及民間習俗的基礎上，將流行於世的被認為是吉凶的宅外形，歸納出了一百多項。《陽宅十書》中說：

陽宅來龍原無異，居處須用寬平勢。
明堂須當容萬馬，廳堂門廊先立位。
東廂西塾及庖廚，庭院樓台園圃地。
或從山居或平原，前後有水環抱貴。

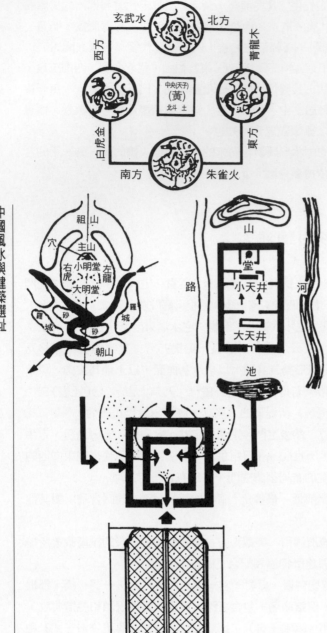

風水中負陰抱陽為形，藏生氣為本，將五行方位四靈等文化因素用於風水。

從村落到住宅完全是同構體。而以聚「氣」（心理空間）為要。行為衣，氣為體，「氣者形之微，形者氣之著。」村落的拓樸因素多於住宅，住宅的定勢由於大一統的結果。

從村落到住宅形成雙層環抱，使「氣」凝結開穴。以「形」「滯」「氣」（氣來自龍脈，通過砂山，匯聚於穴）。

門為氣口。「惟是居房屋中，氣因隔別，所以通氣只此門戶耳；門戶通氣之處，和氣則致祥，乖氣則致戾。」

——引自《古今圖書集成》

圖 6-5　從風水形局到四合院的演化（據徐蘇斌）

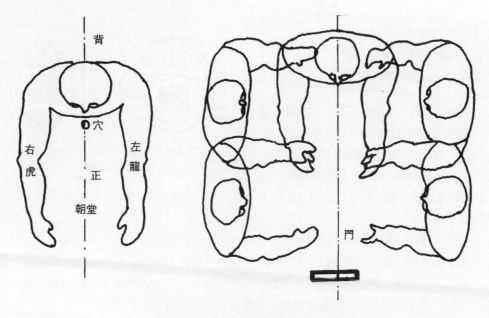

圖 6-6　四合院的身體宇宙

圖 6-7　風水與建築物

根據風水理論,常需在山上建塔,水中建閣,河
上建橋及修築其他風水建築。這些建築往往成為
村鎮標誌、風景構圖中心或觀景點。

......

更須水口收拾緊，不宜太迫成小器。
星辰近案明堂寬，案近明堂非窄勢。
此言住基大局面，別有奇特分等第。

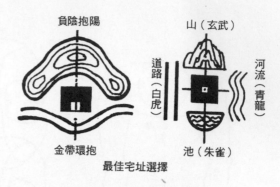

最佳宅址選擇

圖6-8　最佳宅址選擇

人之居處，宜以大地山河為主，其來脈氣勢最大，關係人禍福最為切要。若大形不善，總內形得法，終不全吉。故論宅外形第一。

凡宅，左有流水謂之青龍，右有長道謂之白虎，前有污池謂之朱雀，後有丘陵謂之玄武，為最貴地（圖6-8）。

凡宅，東下西高，富貴英豪。前高後下，絕無門戶。後高前下，多足牛馬（圖6-9）。

凡宅，不居當衝口處，不居寺廟，不近祠社、窖冶、官衙，不居草木不生處，不居故軍營戰地，不居正當水流處，不居山脊衝處，不居大城門口處，不居對獄門處，不居百川口處。

凡宅，東有流水達江海吉，東有大路貧，北有大路凶，南有大路富貴。

凡宅，樹水皆欲向宅吉，背宅凶。

凡宅，地形卯酉不足，居之自如。子午不足，居之大凶。子丑不足，居之口舌。南北長東西狹，吉；東西長南北狹，初凶後吉。

凡宅，居滋潤光澤陽氣者吉，乾燥無潤澤者凶。

凡宅，前低後高，世出英豪。前高後低，長幼昏迷。左下右昂，長子榮昌，陽宅則吉，陰宅不強。右下左高，陰宅豐豪，陽宅非吉，主必奔逃。兩新夾故，死須不住。兩故夾新，光顯宗親。新故俱半，陳粟朽貫。

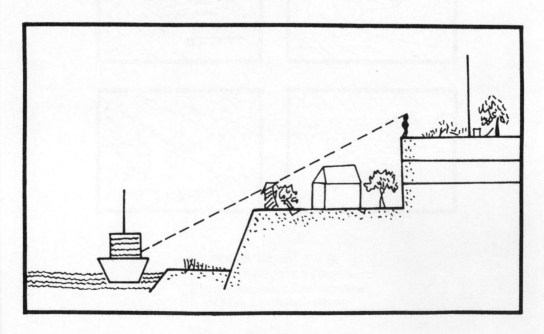

圖6-9　沿江風水前低後高

凡宅，或水路橋樑四面交沖者，使子孫懦弱，主不吉利。

凡宅，門前不許開新塘，主絕無子，謂之血盆照鏡。門稍遠可開半月塘。

凡宅，門前不許人家屋箭來射，主出子孫忤逆不孝。

凡宅，門前有探頭山，四時防盜。若在屋，出軍賊之人。

凡宅，屋後或有峻嶺道路，或前沖後射，主出軍賊之人。

凡宅，屋後不要絕尖尾地，主絕人丁。門前屋後方圓大吉。

凡宅，門前見水聲悲吟主退財。

凡宅，門前忌有雙池，謂之哭字。西頭有池為白虎開口，皆忌之。

凡宅，門前屋後見流淚水主眼疾。

凡宅，門前朝平圓山主吉。

凡宅，門前屋後溝渠水不可分八字，及前後水出，主絕嗣敗財。

凡宅，井不可當大門，主官訟。

凡造屋，切忌先築牆圍並外門，主難成。凡大門門扇及兩畔牆壁需要大小一般，左大主換妻，右大主孤寡。大門拾柱，小門六柱，皆要著地，則吉。門扇高於牆壁多主哭泣。門口水坑，家破伶仃。大樹當門，主招天瘟。牆頭沖門，常被人論。交路夾門，人口不存。眾路相沖，家無老翁。門被水射，家散人啞。神社對門，常病時瘟。門下水出，財物不聚。門著井水，家招邪鬼。糞屋對門，疤癩常存。水路沖門，忤逆子孫。倉口向門，家退遭瘟。搗石門居，宅出隸書。門前直屋，家無餘穀。門前垂楊，非是吉祥。異方開門及隙穴開窗之類，並有災害。東北開門，多招怪異。重重宅戶，三門莫相對，必主門戶退。

這一百多項特定的環境條件，主要討論了住宅周圍的地形地貌、山脈水流的形態和走向，道路的方向、形狀、位置，宅基的形狀，以及鄰近建築物的性質、方位和樹木的種類、形態及位置等等。當然，這都是古人對宅居形局的認識。

在住宅與周圍環境的關係上，風水總的來說是要求合乎情理，要求向度上的一致，忌背眾，即忌與眾人的屋向相反。對於屋前空地，不能兩邊低而自己獨高，只可人高而己略低，但又不能過低，否則都將犯忌。

另外在綠化方向，風水的要求也非常多。一般以如下方法為佳：東種桃柳（益馬），西種栀榆，南種梅棗（益牛），北禁種杏。又有：中門有槐，富珊三世，宅後有榆，百鬼不近。宅東有杏凶，宅北有李、宅西有桃皆為淫邪，門庭前喜種雙棗，四畔有竹木青翠則進財。

風水十分注重住宅及其與四周環境的關係，如地形、水流、水質、建築、樹木等，認為這些因素都能夠影響住宅的興衰。

通常在宅地的選擇上，風水常用「辨土法」和「稱土法」兩種，以決定此處建宅是否吉祥。「辨土法」的基本內容是：在基址上挖地，周圍闊一尺二寸（40厘米），深也是一尺二寸（40厘米），再將原土篩細，填入坑裡，到填滿為止，不能把土按實。過一夜後察看，若地氣旺則土拱起，若地氣衰則土凹陷，拱起便吉，凹陷便凶。

「稱土法」的基本內容是：在基地取土一塊，削成長寬高皆為一寸的正方形，以秤稱之，若重九兩以上為吉地，五、七兩為中吉，三、四兩為凶地。另外一種辦法是用斗量土，將土擊碎，量平斗口，秤之，每斗以十斤為上等，八九斤為中等，七八斤為下等。

第四節　陽宅外形吉凶圖說

宅形左短右邊長，君子居之大吉祥。
家內錢財豐盛富，只因次後少兒郎。
（宅外形右長左短，錢財富而子孫少）

右短左長不堪居，生財不旺人口虛。
住宅必定子孫愚，先有田蠶後亦無。
（宅外形右短左長，人財兩虛）

此是人間大吉居，丑寅空缺聚錢貲。
家豪富貴長保守，子弟榮華得逸居。
（東北－丑寅－空缺主聚財）

巳辰不足卻為良，居此家豪大吉昌。
若是安莊終有利，子孫興旺足牛羊。
（東南－辰巳－地與圍牆不完整，此宅大吉大昌）

仰目之地出賢良，庶人居之富無量。
子孫印綬封官職，光顯門庭稱一鄉。
（長方形宅地出賢人，吉）

中央高大號圓丘，修宅安墳在上頭。
人口平安多富貴，服官食祿任優游。
（在中央高大的圓丘上建宅，吉）

坎兌兩邊道路橫，定主先吉後凶生。
人口貲財初一勝，十年之後不支撐。
（正北，正西－即坎兌有道路，先吉後凶）

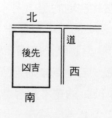

住宅修在涯水頭，主定其地不堪修。
牛羊盡死人逃去，造宅修塋見禍由。
（宅建在水源之上，凶）

中國風水與建築選址

前狹後寬居之穩，富貴平安旺子孫。
資財廣有人口吉，金珠財寶滿家門。
（宅地前狹後寬，吉）

前寬後狹似棺形，住宅四時不安寧。
破盡貲財人口死，悲啼呻吟有嘆聲。
（宅地前寬後狹，凶）

西南坤地有丘墳，此宅居之漸漸榮。
若是安莊並造屋，兒孫輩輩主興隆。
（宅的西南方有丘崗高地，吉）

此宅卯地有丘墳，後來居之定滅門。
愚師不辨吉凶理，年久墳前缺子孫。
（宅的東邊有丘墳，凶）

西高東下向北陽，正好修工興蓋莊。
後代資財石崇富，滿宅家眷六畜強。
（東低、西高、北面向山的開闊地，大吉）

此宅方圓四面平，地理觀此好興工。
不論宮商角徵羽，家豪富貴旺人丁。
（四面皆平的地方，各種姓氏的人都可以居住，吉）

此宅觀靈取這強，卻因辰巳有池塘，
兒孫旺相宜資盛，興小敗長有官防。
（東南有池塘，先吉後凶）

此房正北有丘墳，明師安莊定有名。
君子居之官出祿，庶人居之家道榮。
（正北有丘墳，吉）

前後有丘不喜歡，安莊修造數餘年。
此宅常招凶與吉，得時富貴失時嫌。
（南北兩邊有丘墳，招凶、招吉說不定）

此居乾地有丘陵，修宅安莊漸漸興。
女人入宮為妃后，兒孫以後作公卿。
（西北方有丘崗，吉）

前後高山兩相宜，左右兩邊有沙池。
家豪富貴多年代，壽命延年彭相齊。
（南、北有高山，東、西有沙池，主人貴富、長壽）

此宅左右水長渠，久後兒孫福祿齊。
禾麥錢財常富貴，兒孫聰俊勝祖基。
（宅的東、西有水渠流過，主富貴子孫聰俊）

左邊水來射午宮，先初富貴後貧窮。
明師斷盡吉凶事，左邊大富右邊窮。
（水從東南流來，直射南宮，初富後窮）

此屋西邊有水池，人若居之最不宜。
牛羊不旺人不吉，先富後貧少人知。
（宅西邊有水池，凶）

西北乾宮有水池，安身甚是不相宜。
不逢喜事多悲泣，初雖富時終殘疾。
（宅西北有水池，凶）

後邊有山可安莊，家財盛茂人最強。
若居此地人丁旺，子孫萬代有餘糧。
（宅的北面有山，吉）

前有大山不足論，不可安莊立墳塋。
試問明師凶與吉，若居此地定滅門。
（南面有大山，凶）

此宅後邊有高崗，南下居之第一強。
子孫興旺田蠶勝，歲歲年年有陳糧。
（東北方有丘崗，大吉）

東北丘墳在艮方，成家立計有何妨。
修造安莊終迪吉，富貴榮華世世昌。
（東北方有丘崗，大吉）

左短右長卻安然，後面夾稍前面寬。
此地修造人口吉，子孫興旺勝田蠶。
（宅的西側短，東側長，人口吉，子孫旺）

此宅東邊有大山，又孤又寡又貧寒。
頻遭口舌多遭難，百事先成後來難。
（宅的東邊有大山，凶）

此地觀之有何如，前山後山不堪居。
家貧孤寡出賊子，六畜死盡禍有餘。
（宅的南、北兩邊有山，凶）

此宅四角有林桑，禍起之時不可擋。
若遇明師重改造，免教後輩受恓惶。
（宅屋四角有林桑，凶）

此宅前後有墳林，凡事未通不稱心。
家財破敗終無吉，常有非災後又侵。
（宅的前後有墳林，凶）

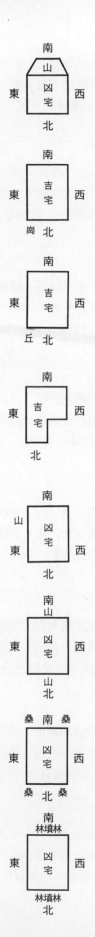

左邊孤墳莫施工，此地安莊甚是凶。
疾病纏身終不吉，家中常被鬼賊侵。
（宅的左邊有墳，凶）

此宅右短左邊長，假令左短有何妨。
後邊齊整方圓吉，庶人居之出賢良。
（宅的東牆長，西牆短，北面齊整方圓，吉）

中央正面四面高，修蓋中宅福有餘。
牛羊六畜多興旺，家道富貴出英豪。
（宅的四周高，吉）

四面交道主凶殃，禍起人家不可擋。
若不損財災禍死，投河自縊井中亡。
（宅的四面皆有道路，大凶）

此宅東北斜道行，宅西大道主亨通。
雖然置下家財產，破敗一時就滅傾。
（大道在宅西，另有東北斜道，先吉後凶）

宅東流水勢無窮，宅西大道主亨通。
因何富貴一齊至，右有白虎左青龍。
（宅東流水，宅西大道，吉）

朱元龍虎四神全，男人富貴女人賢。
官祿不求而自至，後代兒孫福遠年。
（東、南兩面有水，北面有山，西面有道路，大吉）

宅前有水後有丘，十人遇此九不憂。
家財漸有積蓄起，牛羊滿山福無休。
（宅南有水，宅後有丘，吉）

此宅安居正可求，西南水向東北流。
雖然重妻別無事，三公九相近王侯。
（宅地有水自西南流至東北，吉）

宅前林木在兩邊，乾有丘埠艮有崗。
若居此地家豪富，後代兒孫貴顯揚。
（宅前的林木分為兩片在旁，西北有丘埠，東北有山崗，大吉）

前有丘陵後有崗，西邊穩抱水朝陽。
東行漫下過一里，此宅安居甚是強。
（南有丘陵、北有崗，西邊有水流向南，
　東邊地勢逐漸低下，超過一里，吉）

西來有水向東流，東顯長河九曲溝。
後高綿遠兒孫勝，禾穀田疇歲歲收。
（有水自西流向南，東邊又有水九曲轉環，北面地勢高，大吉）

後高有陵前近池，西北瞻仰顯高危。
天賜富貴倉糧足，輩輩兒孫著紫衣。
（宅北有高丘陵，南近池塘，往西北越高，吉宅）

西有長波匯遠崗，東有河水鵝鴨昌。
若居此地多吉慶，代代兒孫福祿強。
（宅的東西兩側有河水流過，吉）

前邊左右有丘陵，後面東道遠平平。
巽地開門家富貴，不宜兌路子孫沖。
（宅南有丘陵分列兩側，北面有道路，在東南方巽地開門，
　對著正西兌方沖過來，凶）

住宅西南有水池，西北丘勢更相宜。
艮地有崗多富貴，子孫天賜著羅衣。
（宅西南有水池，東北有崗丘，吉）

南來大路正沖門，速避直行過路人。
急取大石宜改鎮，免教後人哭聲頻。
（南來的大路正沖門，需避開一直走來的行人，
　必須由鎮石使路口改道，凶）

　　　　　　　　　　　　　南
　　　　　　　　　　　　　道
　　　　　　　　　東　凶宅　西
　　　　　　　　　　　　　北

東西有道直衝懷，定主風病疾傷災。
從來多用醫不可，兒孫難免哭聲來。
（門前東西兩側有路直衝屋宅，此為凶宅）

　　　　　　　　　　　道　南　道
　　　　　　　　　東　凶宅　西
　　　　　　　　　　　　　北

前有高埠後有崗，東來流水西道長。
子孫世世居官位，紫袍金帶拜君王。
（宅前有高埠，後有山崗，東有流水，西有長道，大吉）

　　　　　　　　　　　　南
　　　　　　　　　　　　高埠
　　　　　　　水　　　　　道道道
　　　　　　　東　吉宅　西
　　　　　　　　　崗
　　　　　　　　　北

乾坤艮坎土崗高，前平地勢有相饒。
立宅居之人口旺，兒孫出眾又英豪。
（宅的北、西北、東北有高崗，西南有崗，南方平緩，吉）

　　　　　　　平　南　崗
　　　　　　　東　吉宅　西
　　　　　　　高高高
　　　　　　　　北

西北仰高數里強，東南巽地有重崗。
坤艮若平家富貴，田蠶萬倍足牛羊。
（宅的西北有數里高崗，東南又有重崗，西南、東北地勢平坦，吉）

　　　　　　　高　南　平
　　　　　　　東　吉宅　西
　　　　　　　平　　　高
　　　　　　　　北

南北長河又寬平，東嶺西崗三兩層。
左右宅前來相顧，兒孫定出武官人。
（宅南向北的長河空闊平緩，東嶺西崗兩三層，兒孫之中出武官）

　　　　　　　　　南
　　　　　　　　鄰河崗
　　　　　　嶺　吉宅　崗
　　　　　　東　　　　西
　　　　　　　　北

右邊白虎北聯山，左有青龍綠水潺。
若居此地出公相，不入文班入武班。
（宅的北面有山，東有水清綠，西有道路，吉）

　　　　　　　　　南
　　　　　　水　吉宅　道
　　　　　　東　　　　西
　　　　　　　　山
　　　　　　　　北

林中不得去安居，田宅莫把作丘墳。
田蠶歲歲多耗散，宅內驚憂鬼成精。
（宅的四周是林地，凶）

　　　　　　　林　南　林
　　　　　　東　凶宅　西
　　　　　　　林　北　林

宅東南北有長河，坤乾丘墓近大坡。
此地若居大富貴，更兼後代子孫多。
（宅的東邊有南北向長河，西南、西北接近大坡，吉）

北有大道正衝懷，多招盜賊破錢財。
男人有病常常害，貧窮不和鬧有乖。
（宅的北面有大道，宅凶）

東西有道在門前，莫把行人斷遮攔。
宅內更有車馬過，子孫富貴得安然。
（宅的東西兩側有道路伸展到門前，宅內更有車馬通過，吉）

兩邊低下後邊高，婦人守寡受勤勞。
多招接腳並義子，年深猶自出貧消。
（宅的東西方有墳，北方有林，凶）

乾地林木婦女淫，溝河重見死佳人。
坤地水流妨老母，子孫後代受孤貧。
（宅的西北有林，西南流水，凶）

庚辛壬癸有墳林，可取千株鬱鬱林。
正對宅舍六十步，兒孫換改舊家門。
（宅的北邊有林，西邊有墳，吉）

門前若有玉帶水，高官必定容易起。
出人代代讀書聲，榮顯富貴耀門閭。
（宅的南面有玉帶水，吉）

門前三塘及二塘，必啼孤子寡母娘。
斷出其家真禍福，小兒落水淚汪汪。
（宅南門前有水塘，凶，小孩易落水身亡）

面前凶沙若有此，左火砂來兄必死。
右火衝身弟必亡，當面尖射中此是。
（宅的南面門前有尖狀、火狀的道，凶）

竹木倒垂在水邊，小兒落水不堪言。
欄柵添置猶防可，更有瘟災發酒顛。
（宅的南面門前有竹木倒垂水邊，凶，謹防小兒落水）

獨樹生來無破相，必定換妻孤寡真。
孤辰寡宿定分明，無兒無女妙通神。
（宅的大門口南面正對處有大樹，凶）

怪樹腫頭又腫腰，奸邪淫亂小鬼妖。
貓鼠豬雞並作怪，疾病癆瘵不曾饒。
（宅前有腫頭、腫腰的怪樹，表明此地水土不宜人和生物生長，凶）

門前若見此尖砂，投軍做賊夜行家。
出人眼疾忤逆有，兄弟分居餓死爺。
（宅前有尖砂，凶）

面前若見生土堆，墮胎患眼也難開。
寡婦少亡不出屋，盲聾喑啞又生災。
（宅門前有土堆，凶。說明環境清潔整齊，才會風水好）

門前若見有小屋，官事臨門來得速。
便見何年凶禍生，歲煞加臨災更毒。
（宅門前有小屋，有官司，凶）

此屋若在大樹下，孤寡人丁斷不差。
招郎乞子家中有，瘟疫怪物定交加。
（屋在大樹之下，凶）

小石當門多磊落，其家說鬼時時著。
小口驚赫不須言，氣絕聲啞人難覺。
（屋前小石磊磊，環境不整潔，凶）

此個人家品字樣，讀書作館起家莊。
人財大旺添田地，貴子聲名達帝鄉。
（房屋布局呈品字樣，吉）

前有塘兮後有塘，兒孫代代少年亡。
後塘急用泥墳起，免得其後受禍殃。
（宅的前後有塘，兒孫少年亡，凶）

此屋門前有大堆，住此房內主墮胎。
更兼眼疾年年有，火殺加臨更惹災。
（宅前有大堆，凶。說明環境清潔、優美，風水才會好）

此屋門前兩口塘，為人哭泣此明堂。
更主人家常疾病，災瘟動火事干連。
（宅前兩口塘，凶）

此屋若有大路衝，定主家中無老公。
殘疾之人真是有，名為暗箭射人兇。
（宅前大門有大路正對者，為沖，凶）

離鄉迢迢是此路，兒孫出外皆發富。
若然直去不回還，定出離鄉不歸屋。
（宅前有曲曲彎彎的道路，主兒孫在外發富，吉）

門前有路川字行，破財年年官事興。
若然直射見明堂，三箭三男死卻身。
（宅門前有三條川字路，正對大門，凶）

當面若行元字路，其家財穀多無數。

面前恰似蚯蚓行，定出瘰瘰病多苦。

（宅門前有蚯蚓路，凶）

北

元字路

南

　　總的說來，不論是宅外形法還是宅內形法，其吉凶標準的制定，多是綜合了氣候、地形、景觀質量、生活條件、宗法制度、倫理觀念、營建技術，以及藝術、心理和風俗習慣等因素而總結出來的經驗之談。當然，其中也摻雜了迷信觀念，是謂古風水之糟粕也。今人只能將它作為古文化欣賞研究。

第五節　程建軍對陽宅的理法研究

　　據程建軍研究，陽宅的第二個系統便是「理法」了。它是關於住宅的朝向，門、灶、床……等的位置與朝向，以及與宅主的生辰的搭配關係等內容。這部分內容較形法複雜，《後漢書·藝文志》著錄的《圖宅術》是早期陽宅風水的代表作品。《圖宅術》說：

> 宅有八術，以六甲名教而第之，第定名立，宮商殊別，宅有五音，姓有五聲，宅不宜其姓，姓與宅相賊，則疾病、死亡、犯罪、遇禍……。故商家門不宜南向，徵家門不宜北向，……水勝火，火滅金，五行之氣不相得，故五姓之門有宜向，向得其宜，富貴吉昌，向失其宜，貧賤衰耗……。

　　即是說其論「宅相」，主要是以主人的姓，看姓的發音，究竟是屬「宮、商、角、徵、羽」五行五音中的哪一個，然後來配合所居房宅來論其吉凶。也就是住宅的本身沒有先決吉凶的定論，而是要看是什麼姓氏的人來住。與姓與宅的五音相宜便吉利；或某姓的人應建某音某向的房屋才可以避凶，這種方法是以陰陽五行生剋的觀念而衍生的，即「五音相宅法」。「五音相宅」在漢代十分流行，一直延續到隋代，到唐代時而迅速衰落下去。

　　由洛書演變而來的九宮圖為堪輿家所利用，把九宮配以九色，九色又叫「九星」，其分別稱為：「一白、二黑、三碧、四綠、五黃、六白、七赤、八白、九紫」。依堪輿所定，九星中屬於紫白星為吉，屬於黑碧綠黃赤星的為凶（表6-1），即一白、六白、八白、九紫為吉，餘為凶，並以此製成九星圖（圖6-10）。九星圖並不是固定不變的，而是依時間逐年變化的，有時還要逐月、逐日、逐時而變化，但總的是以年變化為主，這種變化就叫做「游年」。

　　九星的變化就叫九星術，又叫九宮術或九宮算。專門從事九星術的人就被稱為九星家。從寬

表 6-1　　　　　　　　　　　　　九宮數星

九宮數	1	2	3	4	5	6	7	8	9
九　星	白	黑	碧	綠	黃	白	赤	白	紫
吉　凶	吉	凶	凶	凶	凶	吉	凶	吉	小吉

泛的意義上來說，九星家也是堪輿家的一個流派。九星術是九星家用來推斷人事吉凶的一種方法，其與涉及天文星象的占星術無什麼關係。九星術的方法在漢代以前還沒有，從史料推測，可能是唐末創立的。

　　九星圖的基本變化如圖 6-11 所示。

四綠	九紫	二黑
三碧	五黃	七赤
八白	一白	六白

圖 6-10　九星圖（據程建軍）

(1)

四綠木星	九紫火星	二黑土星
三碧木星	五黃土星	七赤金星
八白土星	一白水星	六白金星

(2)

三碧木星	八白土星	一白水星
二黑土星	四綠木星	六白金星
七赤金星	九紫火星	五黃土星

(3)

二黑土星	七赤金星	九紫火星
一白水星	三碧木星	五黃土星
六白金星	八白土星	四綠木星

(4)

一白水星	六白金星	八白土星
九紫火星	二黑土星	四綠木星
五黃土星	七赤金星	三碧木星

(5)

九紫火星	五黃土星	七赤金星
八白土星	一白水星	三碧木星
四綠木星	六白金星	二黑土星

(6)

八白木星	四綠木星	六白金星
七赤金星	九紫火星	二黑土星
三碧木星	五黃土星	一白水星

(7)

七赤金星	三碧木星	五黃土星
六白金星	八白土星	一白水星
二黑土星	四綠木星	九紫火星

(8)

六白金星	二黑土星	四綠木星
五黃土星	七赤金星	九紫火星
一白水星	三碧木星	八白土星

(9)

五黃土星	一白水星	三碧木星
四綠木星	六白金星	八白木星
九紫火星	二黑土星	七赤金星

圖 6-11　九星圖轉換形式（據程建軍）

在圖6-11中，設某年為(1)的圖形，翌年為(2)的圖形，再翌年移為(3)的圖形……，移到(9)的圖形之後，又回到(1)的圖形，月日時也是這樣循環變化的。九宮圖的數字排列轉換饒有趣味。但九宮圖形為什麼要這樣變化呢？九星家說，這是天意的奧妙，不是一般凡人所能了解旳，因而利用它來占卜運勢。而實際上，它一點秘密也沒有，它的變化存在著一定規律，即只要把各區劃（各宮）的數減去一，以九宮數的順序循環，換以相應的星名就可以了。這僅是個數字圖形轉換遊戲而已，並非什麼鬼神驅使（圖6-12）。九星中以白星最多，又是吉星，故這種變化又稱為「飛白九星」。

古代術數家將八卦和九宮圖聯繫起來，用後天八卦的方位和九宮的方位相配合，又產生了一系列的變化。東漢鄭玄注《易·乾鑿度》說：

> 太一者，北辰之神名也，……四正四維，以八卦神所居，故亦名之曰宮，……太一下九宮，從坎宮始，……自此而從於坤宮。……又自此而從震宮。……又自此而從巽宮。……所行者半矣，還息於中央，即又自此而從乾宮。……自此而從兌宮。……又自此而從於艮宮。……又自此從於離官。……行則周矣。

按照這個順序將各宮依次標出一二三……九，則得出九宮圖。八卦的震、離、兌、坎四卦位於東南西北四正；巽、坤、乾、艮四卦位於四維。按照鄭玄的注解便可得到太一神下九宮的八卦九宮圖（圖6-13）。太一神下九宮的順序和九星術的變化有著內在的聯繫。後來，唐代的堪輿家利用八卦與九宮的配合，創立了八宅格局，成為風水術中陽宅學的主要理論和方法。

以明清二代定義，看陽宅除了勘察環境、確定宅向外，最受注重的便是門、灶、床三項內容了，這在風水學中被稱為「陽宅三要」。本來，在住宅中，作為主要出入口的門戶，就寢的臥室和做飯的廚房，其設計布局只要按其各自的功能，做到使用方便，聯繫密切就可以了。但在風水學中，它們則是完全以理法來推論的，即所討論住宅的門、灶、床的位置與朝向是依據宅主之命卦和房屋的方位吉凶配合來處置的。

在陽宅風水中，房屋的朝向可能比其他任何要素都重要，從周圍環境來說，選擇宅地的機會非常有限，因為多數房屋都建在居住區內或附近，「坐向和朝向」指中文術語「坐向」，它由「坐」和「向」兩部分組成。「坐」字面上意為「坐下來」或「坐著」；「坐向」，即為房前方

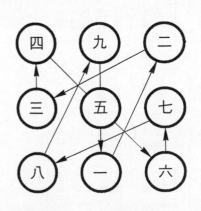

圖6-12　九數循環

巽宮	離宮	坤宮
震宮	中宮	兌宮
艮宮	坎宮	乾宮

圖6-13　八卦九宮圖

向；「向」字意為「面向」或「面對著」。

根據坐向和朝向，房屋可分為兩組，即東四宅或東四命，西四宅或西四命。顯然，風水先生是用《易經》後天八卦的八個主要方向將房屋劃分為兩組的。

在這種分類法中，房屋的坐向成為首要的判斷標準。例如，若房子坐向坤（西南方），則屬於「西四宅」，如坐向坎（北方），則屬於「東四宅」。這兩類房屋分組如下：

東四宅

(1)震宮（東）；(2)巽宮（東南）；(3)離宮（南）；(4)坎宮（北）。

西四宅

(1)兌宮（西）；(2)坤宮（西南）；(3)乾宮（西北）；(4)艮宮（東北）。

堪輿家根據八卦把住宅分成以上兩個系統，一個是坎離震巽四卦的住宅，定名為東四宅；一個是乾坤艮兌四卦的住宅，稱為西四宅。這樣的區分基於八卦陰陽爻及卦象的平衡。八卦共卦爻二十四，這種方法使各組有十二爻，其中陰爻六，陽爻六，而且東西四宅卦的卦象與卦爻排列恰恰是相對的，如乾與坤、艮與兌等。分八卦為東西宅卦以求得某種變化。關於東西四宅，楊筠松曾說明其利害關係：

震巽坎離是一家，西四宅爻莫犯他。

若還一氣修成象，子孫興盛定榮華。

乾坤艮兌四宅同，東西卦爻不可逢。

誤將他卦裝一屋，人口傷亡禍必重。

東西四宅就是所謂「宅卦」，其本身並無吉凶可言。堪輿家認為，要看宅主的「命卦」與「宅卦」的配合是否相宜，相宜則吉，否則為凶。

堪輿術中，把人的生辰年份和八卦的配合叫做「命卦」，它是以洛書九宮和六十甲子而推論的，其方法稱為「三元命卦」（表6-2）。所謂「元」就是六十甲子紀年法的一周，三元就是三個六十甲子的周天，計一百八十年。第一個六十甲子稱為上元；第二個稱為中元；第三個稱為下元。每元的干支年都照洛書九宮來排列，它的次序是一坎、二坤、三震、四巽、五中、六乾、七兌、八艮、九離。按堪輿術的排列，凡是上元六十甲子中所生男子，都是從一坎起甲子逆行，即按甲子、乙丑、丙寅……的順序依次配一坎、九離、八艮……。例如，男子上元甲子生，甲子在一坎，乙丑在九離，丙寅在八艮，丁卯在七兌，戊辰在六乾，己巳在五中，庚午在

表6-2　　　　　　　　　　　六十甲子表

1	2	3	4	5	6	7	8	9	10
甲子	乙丑	丙寅	丁卯	戊辰	己巳	庚午	辛未	壬申	癸酉
11	12	13	14	15	16	17	18	19	20
甲戌	乙亥	丙子	丁丑	戊寅	己卯	庚辰	辛巳	壬午	癸未
21	22	23	24	25	26	27	28	29	30
甲申	乙酉	丙戌	丁亥	戊子	己丑	庚寅	辛卯	壬辰	癸巳
31	32	33	34	35	36	37	38	39	40
甲午	乙未	丙申	丁酉	戊戌	己亥	庚子	辛丑	壬寅	癸卯
41	42	43	44	45	46	47	48	49	50
甲辰	乙巳	丙午	丁未	戊申	己酉	庚戌	辛亥	壬子	癸丑
51	52	53	54	55	56	57	58	59	60
甲寅	乙卯	丙辰	丁巳	戊午	己未	庚申	辛酉	壬戌	癸亥

四巽，辛未在三震，壬申在二坤，癸酉在一坎，周而復始，六十甲子與八卦九宮相配合，最後至癸亥而終於五中。五在九宮的中央無卦可配，男子便寄之於坤卦。凡是女子在上元六十甲子中所生，都是從五中宮起甲子順行，即按：

$$\left.\begin{array}{l}\text{甲子、乙丑、丙寅}\cdots\\ \text{五中、六乾、七兌}\cdots\end{array}\right\}\text{相配}$$

這樣至癸酉又回到五中，也是周而復始，至癸亥而終於一坎。甲子在五中無卦可配，便寄命於艮。如是依次規定中元花甲生人，男子甲子從四巽起逆行，女子甲子從二坤起順行；下元甲子生人，男子甲子從七兌起逆行，女子甲子從八艮起順行。這樣無論男女，凡所配的卦是坎離震巽之一，便是東四命；凡所配的卦是乾坤艮兌之一，便是西四命。這便是堪輿術中推算出的人的所謂「命卦」，因其同時也按九宮排列，所以又稱「命宮」。

如此，東四命的人應配東四宅；西四命的人應配西四宅，否則將犯「煞」而不吉利。根據堪輿家的曆算推演，從黃帝紀元起，到現在已是七十八個花甲了。以六十年為一元推算，自清朝同治三年(1864)起，到民國12年(1923)止又是上元花甲，……這樣循環運行不息，周而復始。

但是，宅卦與命卦的相配僅是個大前提，每個房宅如何布局，還要看宅的吉凶方位如何。堪輿家又依據後天八卦的方位把住宅的平面劃分為八個方位。據《易經》「時中」和陰陽平衡的概念，又把住宅的八個方位分為四個吉方和四個凶方，再以宅主命卦與方位相配，得出八個方位中孰方位吉凶與否，並以此為依據來確定建築的朝向、門的朝向和位置，以及灶、床、廁等的位置，以取得最佳的「氣」，生丁旺財，富貴長壽。

推論吉凶方位要根據宅卦的方位和卦爻本身的爻變，再經五行生剋的關係定論（圖6-14）。爻變是將某卦自身的陰陽爻改變，看其變得的卦與原卦的五行屬性生剋的關係如何。如屬性相同或相生，那麼該卦所屬的方位便是吉利的，否則為凶煞方位。例如，乾卦本是由三陽爻(☰)組成，五行屬金，如改變上爻，便成為兌卦 (☱)，而兌卦五行亦屬金，二者五行屬性相同，於是兌卦所在的方位便是吉利的。再如乾卦變中爻成為離卦 (☲)，離為火，火剋金，乾離兩者相剋，那麼離卦所在的方位就是不吉利的。這樣每個卦就有七個變卦，本卦稱為「伏位」，

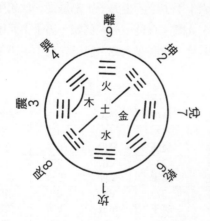

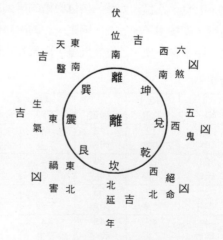

　　圖6-14　後天八卦配五行　　　　圖6-15　離卦伏位吉凶方位格局

是吉方。如此經過爻變五行生剋，八個卦中就分別得出四個吉方和四個凶方。堪輿家依次把它們定名為（圖6-15）：

四吉：伏位　生氣　延年　天醫

四凶：五鬼　六煞　禍害　絕命

　　其實爻變這一步驟也是堪輿家故弄玄虛而已，因為要取得某卦所謂吉凶方位，只要用該卦的五行屬性與其他七卦的五行屬性直接對比，觀其生剋結果即可。為了便於推算和記憶，堪輿家將其編成「大游年八式歌訣」：

乾六天五禍絕延生　　坎五天生延絕禍六

艮六絕禍生延天五　　震延生禍絕五天六

巽天五六禍生絕延　　離六五絕延禍生天

坤天延絕生禍五六　　兌生禍延絕六五天

　　按上面的歌訣，堪輿家便可繪出八種住宅的圖式。這便是風水學陽宅「八宅明鏡」的格局與由來。在住宅布局上，依據這八種格局的吉凶方位，將門、床、灶、井、碓磨等與養生有關的事物宜放在吉利方位；而廁所、煙囪等污穢物直放在或朝向凶煞方位。在表面看來，這是一種簡單的類比而已，其實是與古代中國多神崇拜有關。

　　這八種基本房屋（或八種基本房屋方向）名稱來源於後天八卦。在陽宅風水中，其名稱和方位俱本於《易經》。房屋的八種基本方法以及「東四宅」和「西四宅」的房屋分類法這兩個概念為什麼在陽宅風水中這麼重要？主要原因是因為房子的重要單元（特別是大門和正房）的方向不能與東四宅及西四宅的方位相牴觸，而應與之協調一致。例如，如果大門朝向東四宅某一方位，那麼正室也應朝向同一方向。

第六節　陰陽互補、對稱協調的庭院布局

　　傳統的中國都城的內部結構以注重整體組合，建築群間的巧妙連接為特徵。居民住宅為城市的細胞，四合院為其最基本的結構。

　　《黃帝宅經》裡說：「夫宅者乃陰、陽之樞紐，人倫之軌模。」可見住宅的形制，屋內的結構、布局與天地自然、風俗人倫的關係都極大。什麼是陰、陽呢？《老子》一書說：「萬物負陰而抱陽。」《黃帝內經》說：「陰陽者，天地之道，萬物之綱紀，變化之父母，生殺之本始，神明之府也。」陰陽是寓於萬物之中不可缺少的兩個部分，它們雌雄相依、正負互補，雙方互為依存，不可缺少，事物的變化發展生滅都由此而定。而「矛盾」僅只是陰陽關係中的特例。

　　中國傳統建宅追求的目標是陰、陽的調和與和諧。和諧帶來吉祥，而打破這種和諧則會帶來禍殃。它追求的是父子的和諧、夫妻的和諧、家庭與社會的和諧、鄰里之間的和諧，並把這種和諧體現在住宅的結構和布局裡（圖6-16）。

　　在陰陽互補觀認為，天地人結合成一個統一體。人們的社會風俗應融匯在自然環境裡，把自然界看成是一個有機統一的整體，追求人與環境的和諧。

　　在中國中緯度的地帶，春夏秋冬四季分明，四合院就是這一文化觀念的完美體現。經考古發掘中國最早的四合院是在先周時期，陝西岐山之下鳳雛村的原京城之內。其建築規模宏大、布

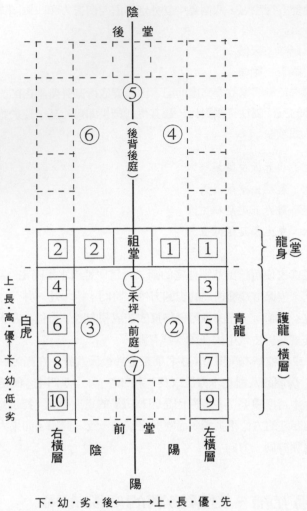

圖 6-16　對稱協調的庭院布局

局整齊，呈南北方向。中軸線明朗，前堂和後屋居中。結構有門道、前堂、過廊、影壁、東西廂房、門房等。總體上前後、左右對稱整齊。前堂大廳是主體建築，寬17.6米，深6米。整個宮殿四合院建築群統一、完整。

中國的單元四合院最簡單的結構是北房三間為「正房」，也稱「祖房」，一般是家長或長輩的居室。中間的堂屋也是家庭成員集中活動的地方。正房的兩側為家長和上一輩老人的住房。東西兩側各三間，為「廂房」，是子女的住房。南面一側間數不等叫「下房」。各房環繞的中間空地為庭院。中為花圃園林並有小池（風水池）。庭院出入有廊，南面一側設大門。

單元四合院的宅基規模不同，又有「兩進」、「三進」甚至「四進」的庭院。但在總體上仍是四方形。有的在最後一進的庭院內，或在各進之間前後相接處，開闢為花園。有的在二進之處加築「二門」。有的在正房與廂房之間增建走廊。更多的是在正房兩端增建「耳房」或「廚房」。其變化雖多，但總體上四合院的對稱、均衡、和諧之格局未變。

中國傳統文化的大小四合院民居，是世界上獨一無二的（圖6-17）。舊都風貌，王府、官署、佛寺、道觀大都是以四合院的空間組合為基本格局。甚至少數民族、猶太教的廟堂，只要

在中國本土之上，也都繼承了漢文化四合院的傳統。

　　四合院的東南西北四方，古代稱為「四象」，它與青龍（東）、白虎（西）、朱雀（南）、玄武（北）相配，又與春夏秋冬相依。即青龍（東方、春天）、白虎（西方、秋天）、朱雀（南方、夏天）、玄武（北方、冬天）。四個方位加上它們的當中，就形成了東西南北中的五個方位。並與金、木、水、火、土相配，東方為木，南方為火，西方為金，北方為水，當中為土。在房屋、宮殿的建築上都用此「五星座」配置。將主殿堂置放於當中，四方各有配殿，用長廊將此五方連接。這就是中國傳統庭院的整體布局，在文化上也是中國陰陽五行思想的體現。

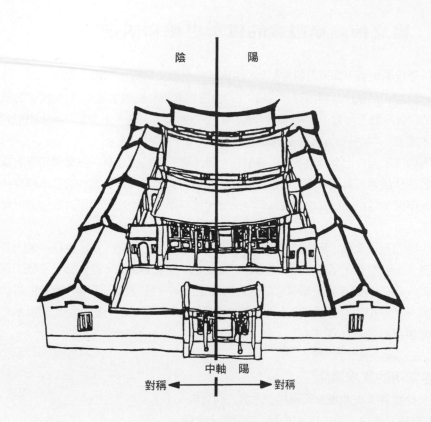

圖 6-17　四合院庭院布局

第七章　著名學者論風水

第一節　楊文衡論徐霞客的風水思想和活動

在《中國科學技術史國際學術討論會》上，中國自然科學史研究所的楊文衡研究員，論述了徐霞客的風水思想和活動，具體內容有四項：(1)徐霞客常用的風水術語；(2)徐霞客的部分考察方法和目的與風水幾乎一致：(3)徐霞客關於山脈分布的論述，基本上來源於風水學說，並為說明金陵風水服務：(4)徐霞客有部分活動是替親朋好友、寺廟看風水。

研究徐霞客的文章至今已有二百多篇，專著也有近十種，但是還沒有一篇文章和專著談到徐霞客的風水思想和活動。為了全面了解徐霞客的思想和活動，本文對徐霞客的風水思想和活動進行了初步的研究，並把它提交給一九九〇年北京中國科學技術史國際學術討論會進行學術交流。（註一）

風水作為中國的風俗文化，影響深遠。從時間來說，已流傳了近兩千年。從信奉的人員範圍來說非常廣泛，上至皇帝，下至官吏、老百姓。從儒家、道家到佛家，從知識分子到工人、農民，三教九流，各行各業，幾乎都有它的信徒。這是任何一種宗教，任何一種文化都比不上的。身為知識分子，徐霞客也信仰風水。在他的《遊記》中，留下了一些有關他的風水思想的資料。本文即根據這些資料寫成。

一、徐霞客常用的風水術語

初步統計，徐霞客常用的風水術語約十六個，詳見表7-1。

(1)常用風水術語有水口、龍、砂、案山、明堂等十六個。

(2)整部《遊記》從頭至尾都有風水術語，說明徐霞客從青年時代起就接受了風水學說。

(3)風水術語使用最多的是「水口」，其次是「案山」，「龍砂」、「脈」、「龍」等，反映了徐霞客對這些風水部位的重視。徐霞客為什麼重視水口？因為風水學說就特別重視水口，主張看地先看水口，「水口關局內之精神，管一鄉之樞要。重重緊閉，精神百倍，富貴大小，皆由於此。」水口有百里者，有五十里者，有十數里者，有一二里者，須用高大緊關，無愁內病。若門戶不緊，雖聚不豐」（註二）。水口就是通常說的村口或一縣一州的門戶，在軍事地理上是一個地方的關卡或門衛，對捍衛一方的安全有十分重要的意義。徐霞客為什麼從青年時代起就接受了風水學說呢？這與中國文化傳統有關。由於風水盛行，使風水成了儒者(即知識分子)份內事。儒者如果不懂風水，「不明此事，何以配合三才（天、地、人）？」（註五）這就是包括徐霞客在內的中國封建社會知識分子大多通曉風水的原因。因此，《徐霞客遊記》中使用

表 7-1　　　　　　　　　　徐霞客常用的風水術語統計表

頁碼 註三	峰	案山	回龍顧祖	過脈	龍	脈	水口	城	文筆峰	龍砂	虎砂	開洋	穴	後屏	內堂	外堂
7	✓註四															
16		✓														
62		✓														
78				✓												
112					✓	✓										
114							✓									
137							✓									
140							✓									
143								✓								
149							✓		✓							
152										✓	✓					
162		✓														
196						✓	✓									
265							✓			✓						
277							✓									
278								✓								
446							✓									
448							✓					✓				
477							✓									
480		✓					✓									
532					✓					✓						
545		✓														
582		✓														
731						✓										
774					✓											
825										✓						
843										✓						
844		✓								✓	✓			✓		
845		✓														
848		✓														
878		✓			✓											
890					✓	✓										
950										✓		✓				
951										✓						
969						✓										
974			✓													
994										✓	✓					
1002						✓										
1017						✓					✓					
1022															✓	✓
1023										✓	✓		✓			
合計	1	10	1	1	5	7	11	2	1	10	5	2	1	1	1	1

風水術語是正常的文化現象，是徐霞客思想的真實反映。

二、徐霞客部分考察方法和目的與風水幾乎一致

風水先生為了尋找龍脈，選擇好地，極力主張到野外考察。考察方法主要有兩點：一曰仙眼，就是要有一雙善於觀察山川形勢、真假、向背的眼睛，要看得遠，看得準，目力要好。不要有指鹿為馬，以黃為赤的毛病。二曰小鬼腿，就是要能多走路，多爬山涉水，有步力，耐得勞苦，將龍、穴、砂、水逐一詳查。比如尋龍穴時，須選擇某個地方的最高峰，登其絕頂，觀看龍脈走向，這樣龍行之勢才能全面掌握 （註六）。

徐霞客為了探索大自然奧秘，有一套考察方法：一是實地考察；二是描述記載；三是分析比較；四是採集標本 （註七）。前兩項離不開眼看和走路，與風水的考察方法基本一致。徐霞客為了看清祖國山川面貌，長途跋涉，「窮九州內外，探奇測幽，至廢寢食，不憚以身命殉。晚年往來雞足山中，單裝徒步，行十萬餘里，因得探江、河發源，尋三大龍脈。」（註八）徐霞客的「探江、河源，尋三大龍脈」，與風水學說中的「尋龍點穴觀水勢」既有區別又有聯繫。其區別在於：徐霞客是為了探明各地山川地理形勢，主要在地理。為辨別清江、河源，三條幹龍，他甚至計劃作「崑崙海外之遊」（1187頁）（註九）。而風水先生的主要目的在點穴。但在尋龍脈這一點上卻基本一致。為了尋龍脈，徐霞客跟風水先生一樣，常常登山頂。「躡其頂，則猶非大龍之脊也」（744頁）。「復上頂，始晰是山之脈」（735頁）。「不涉此崗，不知此脈乃由此也」（746頁）。「抵軍峰巔，登頂下望五、六尖峰，自西南片片成隊而來，乃閩中來脈也」（136頁）。類似的記載在《遊記》中不少。

三、徐霞客關於山脈分布系列的論述，基本上來源於風水學說，
　　並為說明金陵風水服務

中國山脈分布系列的概念，出現很早。戰國時成書的《禹貢》已有四列山脈的描述，是山脈分布系列概念的初始階段。《山海經》把中國山脈分布歸納為南、西、北、東、中五大系列，每個大系列又分若干分支系列。這個時期由於風水學說還處在起源階段，沒有盛行，因此山脈分布系列概念沒有受風水學說的影響。到唐代，風水學說已盛行，風水學家把古代山脈分布系列概念移植到風水學說中，使山脈分布系列概念明顯地打下了風水學說的印記。風水學說強調龍脈的起伏變化，選擇陰陽宅基時，不僅要龍脈遠大，而且要弄清龍脈的始終。風水家認為，「行龍之脈，山脊牽連」（註十）。就是說體現龍脈的山體是聯繫在一起的，其分布有一定的規律。這種規律的體現就是幹龍。天下的龍脈起自崑崙，崑崙往東，則分出幹龍。唐代開元年間(713～741)，僧一行提出山河兩戒說，即中國山脈分布為兩大幹龍說。宋代風水家又提出三大幹龍說。明朝萬曆年間(1573～1620)，王士性在三大幹龍說的基礎上，又提出了一個詳細的三大龍說，使中國山系學說達到了完整化和系統化。徐霞客在王士性的學說基礎上，進一步修正和補充，提出了他的山脈分布系列。他說：「今詳三龍大勢：北龍夾河之北，南龍抱江之南，而中龍中界之，特短。北龍亦祇南向半支入中國（俱另有說）。惟南龍磅礴半宇內，而其脈亦發於崑崙，與金沙江相持南下，經石門、麗江（東金沙、西瀾滄，二水夾之），環滇池之南，由普定度貴竺都黎南界，以趨五嶺……自五嶺東趨閩之漁梁，南散為閩省之鼓山，東分為浙之台、岩，正脈北轉為小竿嶺（閩、浙界），度草坪驛（江、浙界），峙為浙嶺（徽、浙界），黃山（徽、寧界），而東抵叢山關（績溪、建平界），東分為天目、武林；正脈北度東壩，而

峃為句曲，於是回龍西結金陵，餘脈東趨餘邑」（1130頁）。徐霞客搜尋南龍「凡四十年」（1119頁），其目的就是要說明他的家鄉和金陵（今南京市）龍脈的來龍去脈。他說：「是餘邑不特為大江盡處，亦南龍盡處也。龍與江同發於崑崙，同盡於餘邑，屹為江、海鎖鑰，以奠金陵，擁護留都，千載不拔之基以此」（1130頁）。後面這幾句話完全是風水學說的觀點，徐霞客幾十年尋龍的目的，就是要說明金陵是塊風水寶地，是「千載不拔之基」。

四、徐霞客有部分活動是替親朋好友或寺廟看風水

從《徐霞客遊記》中得知，霞客在青年時代還沒有替別人看風水的活動。到了晚年，特別是在他生命的最後五年作萬里遐征時，替親朋好友或寺廟看風水的活動明顯增多。這一方面反映了他的思想變化，另一方面則反映了當時社會上盛行風水迷信活動的狀況。下面舉幾個實例說明。

崇禎九年（1636）十一月十九日，霞客遊江西宜黃南坑時，對南坑潘、吳兩家的陽宅風水非常欣賞，說：「有澗自東南來，四山環繞，中開一墊，水口緊束，灣環北去，有潘、吳二姓縮水口而居，獨一高門，背水朝尖，雄撮一塢之勝」（140頁）。這些描述與風水理論基本一致。

崇禎十年（1637）九月初九日，霞客旅行到廣西南寧，對南寧的風水作了一番描述：「南寧之脈，自羅秀東分支南下，崗陀蜿蜒數里，結為望仙坡，郡城倚之。又東分支南下，結為青山，為一郡水口。青山與馬退東西對峙，後環為大圍，中得平壤，相距三十里。邊境開洋，曾無此空闊者」（448頁）。

崇禎十一年（1638）九月十二日，霞客遊雲南霑益翠峰山時，看到「其山自絕頂垂兩支，如環臂東下：北支長，則繚繞而前，為新橋西岡之脈；南支短，即所躡以上者。兩臂之內，又中懸一支，當塢若台之峙，則朝陽庵踞其上，庵東北向；其南腋又與南臂環阿成峽，自峰頂逼削而下，則護國舊寺倚其間……舊寺兩崖臂夾而陰森，其病在旁無餘地；朝陽孤台中綴而軒朗，所短在前少回環」（731頁）。這裡霞客以風水先生的眼光指出護國舊寺和朝陽庵兩地在風水上存在的缺點：護國舊寺「旁無餘地」，不開闊；朝陽庵又「前少回環」，沒有形成聚氣的封閉環境。可見徐霞客對風水學說的內容非常了解，非常熟悉，並能在實地運用。到金龍庵之後，他又對照護國寺和朝陽庵，指出金龍庵比它們都好，「前臨危箐，後倚峭峰，有護國之幽而無其逼，有朝陽之敞而無其孤，為此中正地」（734頁）。

崇禎十二年（1639）三月二十七日，霞客遊雲南永平寶台大寺時，經他仔細觀察以後，認為「其脈自東北圓穹之頂，層跌而下，狀若連珠，而殿緊倚之。第其前橫深峽，既不開洋，而殿址已崇。西支下伏，右乏護沙，水復從泄。覺地雖幽閟而實鮮關鎖，此其所以未盡善者。或謂病在前山崇逼，余謂不然，山外大江雖來繞，而無此障之則曠，山內深峽雖近環，而無此夾之則泄。雖前壓如面牆，而宇內大刹，如少林之面少室，靈巖之面岱宗，皆突兀當前，而開拓彌遠；此吾所謂病不在前之太逼而在古之少疏也」（950頁）。從這段話來看，徐霞客的風水造詣不低。他不僅指出寶台大寺在風水方面的缺點，而且把它和少林寺、靈巖寺對比，從對比中更顯示出寶台大寺有不可彌補的缺點。

崇禎十二年五月二十四日，霞客遊雲南永昌（今保山市）蒲縹時，觀看了正統間揮使胡琛父子墓，指出此墓在風水上有很大毛病，「其墓欲迎水作東北向，遂失下手砂，且偏側不依九隆正脈，故胡氏世賞雖僅延，而當時專城之盛遂易」（1017頁）。由此可見，霞客非常相信風水理論和風水迷信。

崇禎十二年六月初三日，徐霞客在雲南永昌沈家莊替太史閃人望看其夫人馬氏墓地，這塊地是閃人望的父親選定的，下葬已十餘年。霞客看後覺得內堂太逼促。為了改變內堂逼促的毛病，霞客建議在內堂前「橫築一堤，亙兩砂間，而中蓄池水，方成全局」（1022頁）。虎砂上又有一棵圓松獨聳，霞客也建議去掉。這裡霞客不僅指出墳地的缺點，而且提出了彌補的措施。他不僅通曉風水理論，而且有替人看風水的實際本領，是一個名副其實的風水先生。只不過他不以此為職業罷了。

綜上所述，我們可以得出這樣一個結論：中國古代地理學與風水有密切的關係，兩者之間雖然不能等同，但相互之間的滲透非常明顯，風水學說中不可缺少地理知識，地理學中也留下了風水遺跡，即使最著名、最傑出的地理學家徐霞客也不例外。

〔注釋與參考文獻〕

註一　本文得到大陸國家自然科學基金資助。

註二　蕭克《地理正宗》。

註三　頁碼指 1982 年上海古籍出版社出版的《徐霞客遊記》的頁碼。

註四　表中打 v 者表示此頁有此名。

註五　曹溶：《地理指歸》。

註六　何廣廷：《地學指正‧雜說》。

註七　唐錫仁、楊文衡著：《徐霞客及其遊記研究》第 203～214 頁，中國社會科學出版社，1987 年。

註八　吳國華：《壙志銘》，載《徐霞客遊記》第 1181 頁，上海古籍出版社，1982 年。

註九　括號內的頁碼指 1982 年上海古籍出版社出版的《徐霞客遊記》中的頁碼，下同。

註十　沈六圍：《地學》。

第二節　李約瑟論風水（范為輯譯）

中國人不僅根據天象來占卜，也以相土或風水（字面意義為風和水）術來卜地。風水所產生的深遠影響，已比星命學更為近代學者所注意。風水與占卜不同，從羅盤的發明，可以認識風水的重要性。查理（Chafley）為風水下過定義：「此為使生者與死者之所處與宇宙氣息中的地氣取得和合的藝術。」其基本思想是：如生者的居室與死者的墳墓不置於適當的地方，各種災禍將降及居者與墓中死者的子孫；反之，吉地將降祿壽與福祉。每一地皆有其特定的地勢，此地勢，局部性地制約著各種自然之氣，人們根據當地的地勢，調節選擇的位置，獲得所嚮往的和諧。由於「風和水」的影響而形成的山岳形狀、水流方向，是最重要的。建築的高度與形態、道路和橋樑的方向，也是有一定意義的因素。此外，不可見的氣的力量與性質，時時為天體的位置所左右，所以，從當地觀察的天體方位也必須考慮在內。位置是極重要的，對於不吉的位置，人們可以通過挖穴、堆丘或其他措施來變化風水，改善它。

這套思想很古老，至少可追溯到公元前第四世紀，兩個世紀後，風水說已廣泛普及。前引《管子‧水地篇》，可窺知地氣有如人和動物的筋絡流通。王充時代，已很發展，可能在漢初已為人所接受。《史記》提到一支占卜者階層，即堪輿家（堪天道，輿地道的占卜者）。《漢書‧藝文志》著錄《堪輿金匱》與《宮宅地形》兩書，皆失傳。王充同時代的王景似曾研究風水之學，顯示出當時是和修河渠、治水，已發生相當的關聯。風水之說真正自成體系，似始於三國時代，管輅有《管氏地理指蒙》（管氏是風水先生）。其後郭璞有《葬書》，王微有《黃帝宅經》

（今存），唐代楊筠松有《青囊奧旨》，明代劉基有《堪輿漫興》。《古今圖書集成》所載的風水專家，郭璞之前有三人（管輅除外），一為戰國時代的樗里子，二為秦代的朱仙桃，三為漢代作《葬經》的青鳥先生。

存於大地上的陰陽二氣，與春天出現於東方的青龍，秋天出現於西方的白虎相一致。二者都以地熱來象徵，青龍居墳墓或居室之左，白虎居其右，而墳墓或居室猶如處於雙臂彎抱之間，藉之得以庇護。然而，這僅是複雜的開端，高聳的峭壁被視為陽，圓形的高地被視為陰，在可能的情況下，須由地址的選擇來平衡這些（山靈）影響，取陽的3/5陰的2/5，人們還必須考慮到與此交織在一起的八卦，六十甲子與五行。由於所有這些因素的影響，占卜者極偏愛蜿蜒的道路，迂曲的牆壁，與波折多姿的建築物，益求其適合山水景色，而不是支配它們，他們避免了直線與幾何性布局，認為孤立的巨石也是不吉利的。在許多方面，風水對中國人民是有益的，如它提出植樹術和竹林以防風，強調流水近於房屋的價值。雖在其他方面十分迷信，但它總是包含著一種美學成分，遍中國農田、居室、鄉村之美，不可勝收，都可藉此得以說明。

無庸置疑，羅盤的發明應歸因於風水，它最初為占卜者之蓋，即所謂「栻」。盤分兩層，上盤為圓形，象徵天，下盤為方形，象徵地。北斗七星標在上層上，盤兩層都刻著有關羅經點的符號。此種占卜者之盤，可遠溯到西元前三世紀，而且很明顯與定方向有關，即使陰天時也可用它。但羅盤發明的全過程延續到了較晚的時代，也有證據認為，占卜者之盤與棋弈有關，它最早的使用好像是一種往盤上擲類似骰子形的棋子（人）來占卜的方式。

——譯自《中國的科學與文明》

中國磁羅盤之發明，原始於宮廷幻術士的占卜術。而其後的應用發展，乃在農業的大陸而非主要是航海的文明。它的用途，卻又局限於準科學道家的堪輿術（風水術）。明乎此，我們不難了解這重要的發明，所以傳播得如是慢之原因。

堪輿術在各種占卜術中，是最深植於中國各代文化中的。它發展於戰國時代，各派陰陽家哲學，鄒衍的全盛時期。《管子》中形容水是大地的血和氣。《史記》中亦提及某些占卜師為堪輿家。由於王充（第一世紀末）對此之攻擊，可知在漢朝堪輿術已相當發達，到了三國時，更形鞏固了。

羅盤的興起，以使堪輿師自唐代後分成二派。江西有「贛州先生」，以楊筠松為首（874～888），提到占星學而未及羅盤的使用。另一派為福建派，宗奉王伋（生於990年），認為羅盤對地形預兆極為重要。西元一七八六年趙九峰的「地理五訣」，皆係有關如何使用羅盤來選擇墳墓住宅吉地的詳細方法。

不幸的是許多書籍都散失了。西元一六〇二年，精於堪輿術的李應試入耶穌教，他竟將三滿箱精心收藏之高價手抄本（占卜術及教律所禁的書），公開焚燒了。又三年後入教的瞿太素，亦焚毀三四擔各學派的印本及手抄本待印的書。這愚昧之舉，關閉了探索中國對科學最偉大貢獻的史料之門。

中國的堪輿羅盤，極為複雜，包含八卦，天干，地支，二十四個方位等。到了航海的羅盤，則簡化為十二至八個方位。

丘延翰（唐代堪輿師，713～741年間）時的天文南北線方位術語為「正針」。楊筠松（880）以該時之磁偏角（北方偏東7.5度）在羅盤又加一圈，稱為中針。偏角隨時變易的記載，見於范宜賓的《羅經精一解》（1736～1795）。……

——譯自《中國的科學與文明》

清楚的是，中國磁羅盤雖然可能是在用作堪輿（尤其是宅地墓穴定位向用）數世紀後才用於航海，但是中國水準比他們的歐洲同行們使用磁羅盤至少早一個世紀，而且更可能是早兩個或三個世紀。

晚唐時期（約800年）的堪輿書《管氏地理指蒙》首次明確地提到了磁偏角。這是以磁針為前提的，實際上是專門的敘述。在《九天玄女青囊海角經》（約900年）中含有關於磁偏角的含蓄的資料，因為書中談論了「正針」和「縫針」。如果我們看一下近代的中國堪輿羅盤，就會發現羅盤上有三個同心圓：外面兩個同心圓是重複了最內層一個圓上的24等分點，但是和內層圓的等分點是錯開的，一個向東偏7.5度，另一個向西偏7.5度。按天文學南北方向的叫做「正針」，採用向東磁偏角圓周方位的叫做「縫針」，而偏西的叫做「中針」（很可能因為這一個圓在三個同心圓的正中間）。每樣事實都表明了，這三個圓是磁偏角在中國順序地向東和向西那時候保留下來的，像化石般的痕跡仍體現在羅經盤上。實際上，中世紀的史籍生動地描寫了堪輿家們之間因此而爭論對宅地和墓地位置，哪一個是更正確的方位。終於，一一七四年曾三異在《同話錄》中提出了一種理論來詳細地解釋磁偏角。因此無疑可以肯定，當歐洲人甚至連指向性都還沒有聽說過時，中國人就已在為磁偏角的起因而操心了。

——輯自《李約瑟文集·中國對航海羅盤研製的貢獻》

風水以其豐富的哲學、科學、美學內涵，也引起了國外學者的高度重視。英國著名科學史權威李約瑟，評價風水為「準科學」。他指出：風水理論「總是包含著一種美學成分」，「遍中國的田園、房屋、村鎮之美，不可勝收，都可藉此得到說明。」

第三節　國際風水研究與學術動態

據楊文衡等研究，風水在韓國具有悠久歷史。

在韓國的歷史文獻中明確記載風水內容的為數不少，例如有文獻說新羅的某些國王之所以能夠繼承王位是借助王陵的風水而登基的。在高麗時代，風水說在政治上占了相當大的比重。關於庶民生活中的風水事例也有記載，比如將祖先埋於明堂，其後世子孫就發達；人們為爭取明堂而出現爭鬥等。在這些記載中，最有名的是關於李太祖和漢陽的風水故事，一直在韓國流傳。

高麗時代（918～1392），定都松岳，即今日之開城。李成桂（李太祖）在推翻高麗政府後，創建李朝（1392～1910），這時，僧人向他建議遷都漢陽（今之漢城），認為漢陽地理位置符合風水學說的全部要求。李成桂採納僧人的建議，從開城遷都漢陽，漢陽的選址完全是在風水思想指導下進行的。

漢城，位於中部漢江的北岸，地形周圍環山，中央呈低窪的盆地，漢江繞漢城的東邊和南隅，向西流入黃海，這非常符合風水理論中的金雞吉利形象，周圍群山環抱，只在南方敞開，並用四周的山川比做四神守護著四方，這樣的地方是風水寶地，這是其一。

風水理論還根據五行山的分類方法來分析四周各山的形態特性。把山分為水山、火山、木山、金山和土山，並根據形態特性所帶來的影響，論其吉凶得失。風水師認為漢城北邊的北岳山，其形態宛如一個正三角形，屬木山。木山形態類似筆尖，在風水理論中稱為「文筆峰」。在有文筆峰的地方，學者、文人輩出，是一處文化中心地。由於文筆峰的影響，在漢城使用文筆的人備受禮遇，各種言論者、官僚、宗教人士都能得勢。

慶北宮的西邊是仁王山，此山形態是典型的金山。風水師主張將王宮設在仁王山，認為此仁王山呈圓貌，既雄偉又有力，彌漫著王氣。王宮設在此山之下，誕生了世宗大王等多位國王。

位於漢城南向的冠岳山（漢江之南），形態宛如火花，屬火山，被認為是漢陽城常常發生火災的原因。為把凶相的地形改善成吉祥的地形，遂於光華門設置了一座抑制火氣之水生動物——海獺的石像，用以抑制冠岳山之火氣，預防火災。顯然建都漢城的舉措和風水的關係極為密切。

韓國風水研究書暢銷。例如日本的村山智順著《朝鮮的風水》（譯成韓文），九十六萬字，已經銷售萬冊以上。

風水研究在日本同樣具有悠久歷史。

風水術傳入日本大約是公元六世紀，最初影響了城鎮和廟宇的布局，爾後很快擴展到其他建築形式，甚至日常生活中。但「風水」一詞在日本並不普及，較多使用的是「家相」一詞。

風水術傳入日本的初期，似乎一直停留在確定四靈的水平上，發展很緩慢，也不普及。直到江戶時期，開始出版了若干這方面的日文著作，其中最重要的是江戶末期的松蒲東機的《家相大全》，益蒲銀鶴的《相家》，這些著作使風水在日本得以發展，並被普遍應用。

西元七九四年，由於戰爭，日本的國都從平城京（奈良的前身）遷到平安京（即現在的京都市）。平安京的選址是根據中國的四神相應的原理，將城市的方位與象徵該方位的神聯繫起來，每一個神象徵一個星座，並以該星座命名。城市的各個方向與一定的地理景觀環境密切聯繫。北方玄武，對應著山脈和丘陵，南方朱雀，對應著池塘或稻田，西方白虎，對應著大道，東方青龍，對應著河流。城內的建築物和諧地安插在由道路形成的網格內，皇城設於城市北邊，天台宗的寺院建於城東北的比叡山上，作為城市的避邪屏障。

東京原名江戶，一六〇三年成為日本的首都。與平安京不同的是江戶城的皇宮位於城的中心，原有的大部分方位原則被沿用。城內的寺院群是為了城市吉凶觀念，街道也根據筑波山、富士山和高尾山的方向進行規劃。如橋本街正對著西南一百公里外的富士山，在銀座與橋本街之間道路正對著東北方的筑波山。

西方人對中國風水的真正接觸，開始於西方傳教士來華之時。最早撰文的是意大利傳教士利瑪竇（1552～1610），一五八二年被羅馬耶穌會派到中國傳教。他在《中國傳教史》中說：「地理師根據山陵、河流、地理位置來預知吉凶。看風水，對西方人來說是很新奇的。風水師認為風水能決定一家人的健康、財運、功名成就，及一地禍福，真是愚昧極了。」最有代表性的著作是德國傳教士艾德（1838～1908）所撰的《風水——中國自然科學的萌芽》一書。艾德於一八六二年被巴色會派來中國廣州傳教，曾任《中國評論》編輯多年，寫過許多關於中國的文章。《風水——中國自然科學的萌芽》於一八七三年在香港出版發行。他在書中寫道：「什麼是風水？這個問題在近三十年來一直被人們探討，因為自從外國人允許在大清帝國這個陌生的國家定居後，風水問題總是不斷地困擾著我們。當人們買塊地，建一座房子，推倒一座牆，或升一根旗杆，住在通商口岸的居民遇到了數不清的困難，所有這些都用看風水來解決。當被建議豎幾根電線杆，建議中國政府建鐵路，建議在煤礦深處修吊車通道時，中國政府官員會以風水為理由而婉言拒絕。當香港政府開建道路，也就是著名的通向幸福谷的索道，當地宗族陷入了可怕的恐懼之中，因為他們認為這會破壞香港的龍脈。當許多參與道路修建的工程師死於香港熱病時，許多外國人因為瘴氣而不得不捨棄建於幸福谷的住房時，中國人勝利地宣稱，這部分是風水的公正判決……」

上面的這些話表明了西方漢學家對中國風水的認識和態度。確實，風水可能是他們誤解最深，最不能理解的專題之一，這種情況一直維持到現在。目前，西方漢學家中對風水的認識普遍存在兩種情況，一種是對風水有一定的認識，但卻產生嚴重的誤解，否認它的重要性，並認為它只是迷信。另一種是承認風水的重要性，但由於風水是東方文化特有的現象，在西方沒有類似的體系，更由於風水理論的神秘性和複雜性，西方漢學家很難有深刻的理解，一九七八年西方漢學家邁耶在《中國城鎮風水》一文中曾說：「我認為我們將永遠不會達到深刻理解風水的程度。」但風水的研究仍然深深吸引著西方漢學家。法國漢學家雅克‧勒穆瓦納曾經說過：「如果說只有一個專題在吸引著西方漢學家的話，那麼這就是風水。」

目前，國外有影響的風水地理著作主要有：

(1)福伊希特萬著《從人類學角度剖析中國的風水》，1974年在萬象出版。

(2)尹弘基著《韓國風水研究——文化與自然》，1976年台北東方文化社出版。

(3)杜登著《風水——地理位置選擇與布局的藝術》，1983年在紐約出版。

另外，還有大量研究風水的論文。風水在東亞、東南亞文化中占有十分重要的地位，我們相信，漢學家對風水的研究會進一步深入發展。總之，應當從獨具特色的中國風俗文化這一視角，科學地加以辨識，把自然科學與民俗文化結合起來進行評估，好的說好，壞的說壞，而不是全盤否定它。

據日本東京都立大學教授渡邊行雄研究（何彬譯），至八〇年代風水作為一種思想觀念被評價，一九八九年成立了全國風水研究者會議。

歐洲人不理解為什麼東洋比西洋經濟發展快，他們先是注目於儒教，現在他們開始關注風水。

1. 歐美的風水研究史最長，英國為最

(1)十九世紀的歐美文獻多載於基督教方面的刊物上，他們為了在中國布教，而記錄下中國的信仰。

(2)為了與中國貿易的經濟調查中也涉及中國人的風水觀念。

(3)十九世紀後期，歐洲人開始把風水視為中國獨特的科學來研究。

(4)十九世紀末，中國研究整體發展，風水研究作為文化研究的一個方面而起步。

2. 歐美廿世紀的風水研究

(1)截止於一九八九年，世界上的風水文獻：

　　韓文 120 種；

　　日文 220 種；

　　中文 150 種；

　　歐文 250 種；

　　歐美書最多，內容水準也最高。

(2)歐美研究中國的書，在講述中國人思考方式時，都會論及風水。二十世紀的歐洲，人們視風水為宗教、世界觀、科學思想。

(3)社會人類學的風水研究

　　最著名是英國社會人類學者 M. Freedman，每年出書。

　　論點：祖先。　陽祖：牌位＝祖先崇拜。

　　　　　　　　　陰祖：墳墓＝祖先是傀儡。

美國學者反對。台灣李亦園、韓國任敦姬著書，認為祖先分：

遠祖→子孫

近祖→←子孫。

渡邊欣雄，同意雙方的觀點。

3. 韓國風水研究概觀

東亞中韓國風水文獻（書）最多，水準也高。七〇年代研究發展，八〇年代興盛期。

特色：歷史學、地理學角度的研究為多，民間故事、民歌與風水的研究亦不少。

4. 日本的風水研究史

村山智順《朝鮮的風水》是日本最初的風水研究書，晚於歐洲研究近一百年。

日本人不研究本國風水，是一個特色。

其原因有以下幾點：

(1)戰前日本風水研究為殖民統治服務，韓國、台灣研究多，並且從法律學角度(研究當地習慣法)研究，多是研究史上最不好的時期。

(2)戰後殖民地沒有，風水研究也衰退了。

(3)六〇年代，多翻譯韓文書。

(4)七〇年代的特色：

1. 作為海外研究，恢復了台灣、韓國的研究，但風水研究並不盛行。

2. 其中，牧尾良海，七〇年代一直研究中國思想史。

3. 七〇年代，國內研究中，沖繩開始出現風水研究。

5. 八〇年代始，日本風水研究熱三個方面

(1)中國、韓國研究的角度。

(2)在沖繩研究範疇裡。

(3)日本本土幾乎沒有風水研究。

6. 日本全國風水研究者會議成立（1989 年 9 月）

主要目的有以下幾個：

(1)統一把握沖繩、中國、韓國研究。

(2)統一各研究領域，協調研究。

(3)創立「東方壓倒西方」的理論。

(4)收集世界上的信息。

英國學者帕特里克・阿伯隆比謂：「在鄉村問題上，中國的風水處理，已較歐洲任何國家前進甚多。」「在風水所展開的中國風景在曾經存在過的任何美妙風景中，可能是構造最為精美的。」美國凱文・林奇也在《都市意象》中指出風水理論是一門「前途無量的學問」，「教授們組織起來，予以研究推論」，「專家們正在這方面謀求發展」。

附錄

中國古代的堪輿書目

第一類　巒頭

地理醒心錄，傅振商輯，〔明〕天啟五年版，16冊。

地理心法，楊芸（鋤云）著，〔明〕萬曆四年，2冊。

扒砂經，廖禹著，江之棟輯，〔明〕萬曆四十二年，12冊。

地理玉髓經，張子微著，〔明〕天啟七年，10冊。

地理仙婆集，張鳴鳳編，〔明〕萬曆十五年，4冊。

地理天人共寶，黃慎（仲修）編，〔明〕崇禎六年，12冊。

闢徑集，李秩（默齋）著，〔明〕嘉靖二十年抄本，1冊。

人子須知，徐善（繼述）著，〔明〕萬曆十一年（後又復鐫），24冊。

地理四家，張亘（宗道）著，〔明〕永樂十一年（同治甲戌重鐫），14冊。

一貫堪輿，唐世友（心甫）輯，〔明〕天啟四年版（湖南新鐫），8冊。

地理大成，葉泰（九升）著，〔清〕康熙三十五年，16冊。

地理四彈子，張鳳藻（九儀）輯，〔清〕康熙年版，6冊。

地學，沈鎬（六圃）著，〔清〕康熙五十二年，2冊。

琢玉斧，張九儀著，〔清〕康熙四十年（道光八年重鐫），4冊。

地理金丹，方行慎（念余）輯，〔清〕雍正九年版，1冊。

陰宅集要，姚廷鑾（瞻旂）輯，〔清〕乾隆九年，8冊。

陰陽二宅全書，姚廷鑾（瞻旂）輯，〔清〕乾隆十七年，12冊。

地理啖蔗錄，袁守定（易齋）著，〔清〕乾隆二十年，6冊。

地學形勢集，倪化南（保合）著，〔清〕乾隆二十年，6冊。

入地眼全書，萬樹華（仁村）編，〔清〕道光元年版，6冊。

地理括要，王邦著，〔清〕道光二十年版，1冊。

地理鐵案，司馬頭陀著，郭錫疇（禹門）輯注，〔清〕光緒五年，4冊。

地理八竅，朱冠臣（益垣）輯著，〔清〕光緒九年版，3冊。

地理拾鉛，程承瀚輯，〔清〕光緒十年版，6冊。

地經圖說，余九皋著，〔清〕光緒十一年版，1冊。

天機會元，徐之鎮（試可）重編，〔清〕光緒十六年新刊，12冊。

撼龍經批注，寇宗（萬川）集注，〔清〕光緒十八年版，6冊。

兆域微機，著者佚名，抄本，4冊。

地理大略，著者佚名，抄本，4冊。

金函經，譚寬（仲簡）著，舊抄本，4冊。

倒杖圖說，著者佚名，抄本，1冊。

賴公葬法秘旨，賴文俊著，抄本，1冊。

楊公倒杖法，楊救貧著，抄本，1冊。

地理指掌，著者佚名，抄本，1冊。

謝氏地理，謝復（解），民國13年版，2冊。

歷史基礎，傅守洞（玉鏡）撰述，民國19年版，2冊。

第二類　理氣

地理理氣秘旨，李國本（喬伯）刪定，〔清〕康熙年版，16冊。

玉尺經全書真機，劉秉忠述，劉青田解，〔明〕萬曆三十四年版，6冊。

玉尺經，張九錫輯，1冊。

地理辨正，蔣平階（大鴻）補傳，姜垚辨正，清初版，4冊。

堪輿正論，葉遠（滄致）著，〔清〕康熙十八年版，4冊。

地理鉛彈子，張鳳藻（九儀）撰述，〔清〕康熙二十年版，7冊。

地理六經注，葉泰（九升）著，康熙二十六年版，4冊。

直指原真，僧如玉（徹瑩）著，〔清〕康熙三十一年版，8冊。

理氣三訣，葉九升著，〔清〕康熙三十二年版，3冊。

穿透真傳，張鳳藻（九儀）著，〔清〕康熙五十七年版，4冊。

天玉經說，黃越（際飛）著，〔清〕康熙六十年版，8冊。

天玉經注，黃越（際飛）著，〔清〕康熙六十年版，6冊。

地理度金針，舒鳳儀（梧岡）纂圖，〔清〕雍正八年版（重鐫），6冊。

地理孝思集，舒鳳儀（虞廷）著，〔清〕雍正八年版，6冊。

正義六種，張受祺（式之）著，〔清〕乾隆八年版，4冊。

乾坤法竅，范宜賓（寅旭）著，〔清〕乾隆二十三年版，3冊。

堪輿正傳，劉凝一著，〔清〕乾隆二十七年版，1冊。

地理五訣，趙廷棟（玉材）著，〔清〕乾隆五十一年版，6冊。

山洋寶鏡，許坤著，〔清〕乾隆五十一年版，1冊。

堪輿一貫，陸金（麗江）著，〔清〕乾隆五十二年版，6冊。

山洋指迷，周景一著，俞歸璞等增注，〔清〕乾隆五十二年版，4冊。

陰陽五要奇書，江之棟（孟隆）輯，〔清〕乾隆五十五年版，6冊。

陰宅鏡，陳澤泰（茹徵）著，〔清〕乾隆六十年版，4冊。

地理四秘全書，尹有本（一勺）著，〔清〕嘉慶元年版，12冊。

理氣圖說，周惇庸著，〔清〕嘉慶二年版，4冊。

地理錄要，蔣大鴻著，于楷編，〔清〕嘉慶七年版，4冊。

義經秘旨，無極子著，嘉慶二十一年抄，8冊。

地理金鎖秘，鄧恭（仙卿）著，嘉慶二十一年版，4冊。

辨正直解，無心道人（章氏）增補直解，〔清〕道光元年版，4冊。

天元五歌，蔣大鴻撰，〔清〕道光三年版，2冊。

周易葬經，端木國瑚著，〔清〕道光三年版，1冊。

地理元文，端木國瑚著注，〔清〕道光五年抄本，8冊。

楊曾地理元文，徐迪惠參定，張思安解，〔清〕道光抄本，10冊。

地理一貫集，繆亮（既明）輯，〔清〕道光九年抄本，8冊。

風水一書，歐陽純（理菴）著，〔清〕道光十年版，4冊。

天驚訣補義，呂士俊（懷之）著，〔清〕道光十年抄本，1冊。

地理三會集，張亘（宗道）著，〔清〕道光十四年版，3冊。

天心正運，華湛恩著，〔清〕道光十五年版，4本。

心眼指要，無心道人（章氏）輯，〔清〕道光十六年版，4冊。

堪輿指原，邵涵初（吟泉）注次，〔清〕道光二十八年版，4冊。

陰陽指正，姚承輿（正甫）撰，〔清〕咸豐二年版，2冊。

定向指原，王如林著，〔清〕咸豐六年版，1冊。

圖書奧義，梁同新（矩亭）輯，〔清〕同治二年版，4冊。

地理小補，劉杰（麓岩）著，〔清〕同治八年版，2冊。

辨正發秘初稿，劉杰（麓岩）著，〔清〕同治十三年版，2冊。

地理仁孝必讀，周梅染（會極）輯，〔清〕光緒三年版，8冊。

地理指南，吳春藻著，〔清〕光緒三年版，3冊。

地理辨正集注，尋緣居士著，〔清〕光緒四年版，10冊。

地理葬書，吳文正公澂刪定，鄭謐注釋，10冊。

地理說略，裘晉齋（本堯）著，〔清〕光緒十六年版，1冊。

地理辨正合璧，朱之翰（紫君）校，〔清〕光緒二十二年版，1冊。

地理一盤珠，劉統才（漢珍）輯，〔清〕宣統元年版，6冊。

催官篇注，潮注，出版年月失考，2冊。

陰陽摘要，1冊。

理氣擇要，3冊。

四課水法，董得彰（銀峰）著，1冊。

陰陽捷徑，嚴鯁臣（枚仲）錄，抄本，2冊。

堪輿理氣秘訣，抄本，1冊。

堪輿輯要，少垣氏輯，抄本，1冊。

地理摘要選擇便覽，朱佩箴節抄，1冊。

撥砂真訣，抄本，1冊。

堪輿辟謬真傳，富慈鶴著，民國5年版，1冊。

地理存菁，郭景純著，高星權補注，民國9年版，4冊。

許氏辨正釋義，許錦瀕輯，壬戌版，1冊。

沈氏玄空學，沈竹礽著，江志伊編，民國14年版，4冊。

辨正談氏新解，談浩然（養吾）新解，民國14年版，6冊。

金氏地學粹編，金志安（芝菴）編輯，民國19年版，8冊。

堪輿小志，查國珍著，民國24年版，2冊。

玄空古義四種，沈祖綿釋，民國19年版，1冊。

錢氏辨正參解，錢文選，民國19抄本，3冊。

第三類　水龍

地理新知錄，張受祺（式之）著，〔清〕乾隆二十五年版，4冊。

水龍經，賈履上輯，〔清〕咸豐六年版，4冊。

地理千里眼，幕講禪師（法心）著，2冊。

青田劉氏心書，劉文成著，張九錫輯，1冊。

地理正經，無著禪師著，蔣大鴻述，抄本，1冊。

輔星水法，抄本，2冊。

第四類　宅法

宅法全書選擇集要，黃　鳳編，〔明〕天啟七年版，8冊。

宅譜邇言，青江子纂訂，〔清〕康熙五十六年版，2冊。

相宅新編，青江子輯，〔清〕嘉慶四年版，2冊。

宅法定論全書，李時英編，〔清〕嘉慶十五年抄本，2冊。

立宅賦，陸樂山著，〔清〕光緒四年版，1冊。

陽宅愛眾篇，張覺正（佩鳴）著，〔清〕光緒六年版，4冊。

八宅明鏡，箬冠道人著，〔清〕光緒十六年新鐫版，2冊。

陽宅指掌，黃海山人輯，〔清〕光緒十六年版，2冊。

陽宅三要，抄本，4冊。

陽宅要訣，抄本，4冊。

陽宅便覽，抄本，1冊。

陽宅八山斷訣，高濂著，抄本，1冊。

八宅斷訣，黃石公著，抄本，1冊。

陽宅修方召吉法，抄本，1冊。

陽宅都天滾盤珠，汪源著，戊申年版，1冊。

二宅實驗，民國16年版，1冊。

第五類　羅經

羅經頂門針，徐之鎮（式之）著，明天啟三年版，4冊。

羅經秘竅，甘霖著，〔明〕崇禎元年版，6冊。

羅經解，葉泰（九升）著，4冊。

易學蔣針，張丹（明軒）著，庚申石印版，4冊。

第六類　選擇

三式秘竅全書，甘霖著，〔明〕崇禎版，6冊。

象吉備要通書，魏鑒述，〔清〕康熙五十一年版，8冊。

協紀辨方，清高宗欽定，〔清〕乾隆六年版，15冊。

選擇通德類情，沈重華輯，〔清〕乾隆三十六年版，8冊。

崇正辟謬，李奉來編輯，〔清〕乾隆三十六年版，8冊。

諏吉便覽，漫士記，〔清〕嘉慶二年版，2冊。

董公選要覽，董潛著，〔清〕嘉慶二十二年版，1冊。

選擇正宗，鍾透述，〔清〕光緒三年版，2冊。

玉鏡正經，抄本，1冊。

選擇輯要，抄本，1冊。

第七類　鉗記

臥雲地圖，周臥雲繪，1冊。

賴劉越中鉗記，賴文俊等記，抄本，2冊。

浙中鉗記，賴文俊著，抄本，1冊。

地記圖說，賴文俊等記，抄本，1冊。

地鉗雜記，吳景鑾等記，抄本，1冊。

安徽名地鉗記，劉青田記，〔清〕咸豐時抄本，2冊。

澂浦鉗記，劉青田記，抄本，1冊。

越中鉗記，抄本，2冊。

休寧鉗記，抄本，2冊。

桐城龍脈總論，抄本，1冊。

蘇州大地記略，胡玉書著，〔清〕同治元年抄本，1冊。

蘇州來龍記，胡玉書著，〔清〕同治七年抄本，1冊。

類書堪輿書目

陰陽寶海三元玉鏡奇書（一名三白寶海），三卷，〔明〕釋目講撰，選擇叢書集要。

陽明按索五卷，〔明〕陳復心撰，陳漢卿補注，選擇叢書集要。

羅經秘竅圖書十卷，〔明〕甘霖撰，五種秘竅全書。

羅盤解一卷，〔清〕趙楡森撰，三余堂叢刻江氏百問目講禪師地理書附。

徵驗圖考一卷，〔清〕尹有本撰，四秘全書。

玄空秘旨通釋一卷，沈祖綿撰，玄空古義四種通釋。

玄機賦通釋一卷，沈祖綿撰，玄空古義四種通釋。

飛星賦通釋一卷，沈祖綿撰，玄空古義四種通釋。

紫白訣通釋二卷，沈祖綿撰，玄空古義四種通釋。

黃帝宅經二卷，道藏・洞真部眾術類，小十三經，夷門廣牘・雜占，津逮秘書第四集，

崇文書局匯刻書，道藏舉要第九類，景印元明善本叢書十種。夷門廣牘・雜占。

宅經二卷，四庫全書・子部術數類，學津討原第九集。

宅經，居家必備・趨避。

宅經一卷，說郛弓一百九。

陽宅論，空青先生撰，居家必備・懿訓。

相宅要說，〔明〕高濂撰，居家必備・趨避。

陽宅指南一卷，〔明〕蔣平階撰，〔清〕尹有本發義，四秘全書。

陽宅三格辨一卷，〔清〕蔣平階撰，四秘全書。

陽基部一卷，〔明〕黃復初撰，地理真訣卷二。

紫微斗數三卷，續道藏。

豁落斗一卷，〔口〕劉紫芝傳，安樂延年室叢書。

八宅明鏡二卷，〔清〕箬冠道人撰，陰陽五要奇書。

宅譜邇言二卷，〔清〕魏青江撰，陽宅大成。

選時造命四卷，〔清〕魏青江撰，陽宅大成。

宅譜修方五卷，〔清〕魏青江撰，陽宅大成。

陽宅撮要二卷，〔清〕吳鼒撰，借月山房匯鈔第十二集，澤古齋重鈔第十集。

陽宅辟謬一卷，〔清〕姚文田（梅漪老人）撰，榕園叢書續刻，咫進齋叢書第三集，叢書集成初編‧社會科學類。

傳家陽宅得一錄一卷，四秘全書。

相地骨經，〔漢〕青鳥子授，居家必備‧韜澥。

相地骨經一卷，說郛弓一百九。

青鳥先生葬經一卷，〔漢〕青鳥子撰，〔金〕兀欽仄注，小十三經，津逮秘書第四集，學津討原第九集，廿二子全集。

葬經一卷，夷門廣牘‧雜占，景印元明善本叢書十種‧夷門廣牘‧雜占。

葬經二卷，〔晉〕郭璞撰，地理大全一集。

葬經一卷，廿二子全集。

葬書一卷，四庫全書‧子部術數類。

郭氏葬經刪定一卷，〔晉〕郭璞撰，〔明〕黃復初輯，地理真訣卷一。

古本葬經一卷，〔晉〕郭璞撰，津逮秘書第四集。

古本葬書一卷，學津討原第九集。

葬經內篇一卷，崇文書局匯刻書。

劉江東家藏善本葬書一卷附校偽一卷，〔晉〕郭璞撰，〔元〕吳澄刪，〔元〕鄭謐注，校偽，〔清〕胡珽撰琳琅秘室叢書（咸豐本）第二集。

劉江東家藏善本葬書一卷附校，一卷續校一卷，〔晉〕郭璞撰，〔元〕吳澄刪，〔元〕鄭謐注，校偽，〔清〕胡珽撰，續校〔清〕董金鑒撰，琳琅秘室叢書（光緒本）第二集。

葬經翼一卷難解二十四篇一卷圖一卷，〔明〕繆希雍撰，津逮秘書四集，學津討原第九集。

葬經箋注一卷圖說一卷，〔清〕吳元音撰，借月山房匯鈔第十二集。

玄女海角經纂一卷，地理真訣卷一。

撼龍十卷，〔唐〕楊益撰，菊逸山房地理正書。

疑龍三卷，〔唐〕楊益撰，菊逸山房地理正書。

撼龍經二卷疑龍經一卷，〔唐〕楊益撰，地理大全一集。

撼龍經一卷疑龍經一卷，四庫全書‧子部術數類。

龍經疑龍三卷撼龍統說一卷，正覺樓叢刻。

撼龍經傳訂本注一卷，〔民國〕廖平撰，〔民國〕黃鎔筆述，新訂六譯館叢書‧地理類。

葬法倒杖十二法一卷，〔唐〕楊益撰，地理大全一集，四庫全書‧子部術數類‧撼龍經附。

楊公金函經刪定一卷，〔唐〕楊益撰，〔明〕黃復初輯，地理真訣卷一。

青囊奧語一卷，〔唐〕楊益撰，地理大全二集，四庫全書‧子部術數類。

青囊奧語一卷，〔唐〕楊益撰，〔清〕端木國瑚注，楊曾地理元文四種。

堪輿正經（一名青囊經）一卷，地理真訣卷一。

三字青囊經一卷，四秘全書（嘉慶本、同治本）。

青囊序一卷，〔唐〕曾文迪撰，地理大全二集，四庫全書·子部術數類。

曾氏水龍經校（一名青囊經序）一卷，〔唐〕曾文迪撰，〔明〕黃復初輯，地理真訣卷一。

青囊敘一卷，〔唐〕曾文迪撰，〔清〕端木國瑚注，楊曾地理元文四種。

秘傳水龍經五卷，〔明〕□□撰，〔明〕蔣平階輯，借月山房匯鈔（嘉慶本、景嘉慶本）第十二集，指海（道光本、景道光本）第
十六集，澤古齋重鈔第十集，式古屋匯鈔，叢書集成初編·哲學類。

天玉經內傳三卷外編一卷，〔唐〕楊益撰，地理大全二集，四庫全書·子部術數類。

天玉經一卷，〔唐〕楊益撰，〔清〕端木國瑚注，楊曾地理元文四種。

吳公教子書（一名天玉經外傳）一卷附四，十八局圖說一卷，〔宋〕吳克誠撰，地理大全二集。

都天寶照經一卷，〔唐〕楊益撰，〔清〕端木國瑚注，楊曾地理元文四種。

都天寶照經一卷，〔唐〕楊益撰，〔民國〕廖平注新訂六譯館叢書·地理類，地理辨正補正附。

青囊天玉通義五卷，〔清〕張惠言輯，大亭山館叢書·子類。

天機素書四卷，〔唐〕丘延翰撰，地理大全一集。

卜氏雪心賦刪定一卷，〔唐〕卜則巍撰，〔明〕黃復初輯，地理真訣卷一。

靈城精義二卷，〔南唐〕何溥撰，〔明〕劉基注，四庫全書·子部術數類。

玉尺經四卷附原經圖式一卷，〔宋〕陳摶撰，〔元〕劉秉忠輯，地理大全二集。

催官評龍篇二卷附理氣穴法一卷，〔宋〕賴文俊撰，地理大全二集，催官篇二卷，四庫全書·子部術數類。

催官篇四卷，〔宋〕賴文俊撰，〔清〕尹有本注四秘全書（嘉慶本、同治本）。

賴公天星篇校一卷，〔宋〕賴文俊撰，地理真訣卷二。

七十二葬法一卷，〔宋〕賴文俊撰，〔清〕尹有本發義，四秘全書（嘉慶本、同治本）。

發微論一卷，〔宋〕蔡元定撰，地理大全一集，四庫全書·子部術數類，蔡氏發微論校一卷附穴情賦一卷，地理真訣卷二。

九星穴法四卷，〔宋〕廖瑀撰，地理大全一集。

廖公四法心鏡一卷附全局安墳立宅入式歌一卷，〔宋〕廖瑀撰，地理真訣卷一。

司馬頭陀達僧問答一卷附水法一卷，〔宋〕劉潛撰，地理真訣卷二。

達僧問答一卷，〔宋〕劉潛傳，〔清〕尹有本注四秘全書（嘉慶本、同治本）。

地理葬書集注一卷，〔元〕鄭謐撰，十萬卷樓叢書初編，續金華叢書·子部。

葬書問對一卷，〔元〕趙汸撰。

風水問答一卷，〔元〕朱震亨撰，奚囊廣要。

披肝露膽經一卷，〔明〕劉基撰，地理大全一集。

地理正言一卷，〔明〕朱權撰，奚囊廣要。

青鳥緒言一卷，〔明〕李豫亨撰，學海類編（道光本、景道光本）·集餘六。

新鐫唐氏壽域一卷，〔明〕五福賢撰，五種秘匯全書·羅經秘匯圖書附。

心得要旨一卷，〔明〕金星橋撰，木犀軒叢書。

山水忠膽集摘要一卷，〔明〕蕭克撰，續知不足齋叢書第二集。

石函平砂玉尺經纂一卷，〔明〕賴從謙輯，地理真訣卷二。

地理辨正補義五卷，〔明〕蔣平階補傳，〔清〕尹有本補義，四秘全書（嘉慶本、同治本）。

地理古鏡歌一卷，〔明〕蔣平階撰，藝海珠塵萃集（庚集）。

相地指迷十卷，〔明〕蔣平階撰，〔清〕凌堃輯凌氏傳經堂叢書。

地理微緒一卷，〔明〕羅明祖撰，羅紋山先生全集。

龍部一卷，〔明〕黃復初撰，地理真訣卷二。

穴部一卷，〔明〕黃復初撰，地理真訣卷二。

作用部一卷，〔明〕黃復初撰，地理真訣卷二。

警世要言一卷，〔明〕黃復初撰，地理真訣附。

理氣部一卷，〔明〕黃復初撰，地理真訣卷二。

水部一卷，〔明〕黃復初撰，地理真訣卷二。

砂部一卷，〔明〕黃復初撰，地理真訣卷二。

搜玄曠覽十四卷，〔明〕李國木輯，地理大全一集。

索隱玄宗九卷，〔明〕李國木輯，地理大全二集。

地理秘竅一卷，〔明〕甘霖撰，五種秘竅全書。

儒門崇理折衷堪輿完孝錄八卷，續道藏（萬曆本、景萬曆本）。

江氏百問目講禪師地理第一卷地理索隱一卷，〔明〕釋目講撰，三餘堂叢刻。

草木幽微經一卷，格致叢書，奚囊廣要。

平洋論，〔明〕□□撰，地理大全一集·披肝露膽經附。

潮水論，〔明〕□□撰，地理大全一集·披肝露膽經附。

葬書二卷，〔清〕陳確撰，乾初先生遺集·別集，葬書二卷附錄一卷，葬書五種。

地理驪珠一卷，〔清〕張澦撰，檀几叢書第四帙。

翻卦挨星圖訣考著一卷，〔清〕戴鴻撰，藝海珠塵萃集（庚集）。

葬考一卷，〔清〕邵嗣宗輯，婁東雜著土集。

地理末學六卷，〔清〕紀大奎撰，紀慎齋先生全集。

地理水法要訣五卷，〔清〕紀大奎撰，紀慎齋先生全集。

周易葬說一卷，〔清〕端木國瑚撰，楊曾地理元文四種附。

地理真蹤一卷附錄一卷，〔清〕黃錫紱撰，遜敏堂叢書。

風水祛惑一卷，〔清〕丁芮樸撰，月河精舍叢鈔。

慎終錄要一卷，〔清〕王載宜撰，葬書五種。

菊逸山房山法備收一卷，〔清〕寇宗輯，菊逸山房地理正書。

堪輿譜槩一卷，〔清〕張桂林撰，張氏雜著。

地理精語四卷，〔清〕尹有木撰，四秘全書。

誠是錄一卷，〔清〕孟超然撰，亦園亭全集·孟氏八錄。

罔極錄二卷附記一卷，〔清〕許楹撰，葬書五種。

喪葬雜說一卷，〔清〕張朝晉撰，葬書五種。

地理枝言，〔清〕洪枰撰，赤誠遺集匯刊。

地理辨正圖說一卷，〔清〕徐迪惠撰，楊曾地理元文四種附。

珠神真經二卷，〔口〕李德鴻撰，木犀軒叢書續刻。

水盤八針法一卷，〔清〕□□撰，遜敏堂叢書。

地理答問一卷，〔民國〕廖平撰，新訂六譯館叢書·地理類。

地理辨正補正三卷，〔民國〕廖平撰，〔民國〕黃熔筆述，新訂六譯館叢書·地理類。

北京大學圖書館藏堪輿書目

地理大成

陽宅大成〔清〕

地理真訣〔明〕

四秘全書〔清〕

四庫全書

楊曾地理元文四種

菊逸山房地理正書

選擇叢書集要〔明〕

陰陽五要奇書〔清〕

五種秘竅全書〔明〕

玄空古義四種通釋

居家必備

續道藏

安樂延年室叢書

借月山房匯鈔，第2集

澤古齋重鈔，第10集

說乳，宛委山堂本

津逮秘書，第4集

學津討原第9集

夷門廣牘

廿二子全書

琳琅秘室叢書，咸豐本，第2集

正覺樓叢刻

葬書五種

新訂六譯館叢書・地理類〔民國〕

指海，道光本、景道光本，第16集

叢書集成初編・哲學類

大亭山館叢書・子類

十萬卷樓叢書初編

續金華叢書・子部

奚囊廣要

學海類編

木犀軒叢書

續知不足齋叢書，第2集

藝海珠塵萆集（庚集）

凌氏傳經堂叢書〔清〕

羅紋山先生全集〔明〕

三餘堂叢刻〔明〕

乾初先生遺集・別集〔清〕

檀几叢書第四帙〔清〕

婁東雜著土集〔清〕

紀慎齋先生全集〔清〕

紀錄匯編〔明〕

叢書大辭典

（重刻）平津館叢書

岱南閣叢書

武英殿聚珍版叢書

三才紀要〔光緒〕

五經歲編齋校書三種〔清〕

崇文書局叢書〔光緒〕

螯園叢刻〔光緒〕

求實齋叢書〔清〕

長恩書室叢書

清隱山房叢書七種〔光緒〕

申報館叢書〔光緒〕

國粹叢書〔光緒〕

龍威秘書〔清〕

（重刻）玉函山房輯佚書

質學叢書初集〔光緒〕

古學叢刊第二集

新時代史地叢書

選印宛委別藏〔民國〕

清代學術叢書〔民國〕

後記

對於書籍，中國古代歷來有兩大派主張。一派提倡撰述，認為每一見解都發自作者本人，每一句話都發自自身。提出「無一字不出於己」的口號，這就是「撰述派」。這一派對於寫小說、記新聞、寫遊記等等是很合理而必需的。另一派主張纂輯，提出書中的每一句話都發自古人與前著，將古人、前著的優秀作品，依現實需要作分類纂輯，也提出了「無一學不出於人」的口號。這對於整理古代文化，忠實於歷史事實，也是一種學派。中國古代，稱之為「纂輯派」。纂輯派的名著也很多，如清代的《日下舊聞》即是一例。

纂輯的書籍，不沒古人和前者的功績，一般都將原著者的姓名，標於所纂的段落。新纂的書籍，也並不是沒有編纂者的創造。其創造在於將分散的數十種乃至數百種有關論述，優選、集中匯編起來。這就像將分散於天空的片片雲層，使之集中融會，方能形成雨滴，落到人間，滋潤萬物。纂輯者將分散的論文，依事物內在的邏輯與規律，編匯成書。如何選材，如何剪集，如何連接，如何結論，這都與編算者的見識、學養和業務文化的功力有關。一部良好的纂輯書，也是一項獨出匠心的創造。

《中國風水與建築選址》一書，是採用纂輯的方法，整編而成的。大多數原著經分句、分段節錄、重新匯編盡量標明原著者。個別原著說明作者，則整節照錄，以保存原貌。

所引用的主要文獻如下：

1 《黃帝宅經》。
2 舊題〔晉〕郭璞：《葬經》，〔元〕吳澄刪定。
3 舊題〔唐〕楊筠松：《撼龍經》。
4 《青囊序》，舊題〔唐〕曾文迪撰。
5 舊題〔唐〕楊筠松：《天玉經》。
6 舊題〔南唐〕：《靈城精義》。
7 〔宋〕賴文俊撰：《催官篇》。
8 〔宋〕蔡元定撰：《發微論》。
9 〔唐〕卜則巍撰、〔明〕黃復初輯：《雪心賦》。
10 〔明〕徐善繼、徐善述：《人子須知》。
11 〔明〕王圻、王思義：《三才圖繪》，上海古籍出版社。
12 〔紐西蘭〕尹弘基：《韓國堪輿研究》（英文版）
13 〔日本〕渡邊欣雄：《風水思想在東亞》（日文版）。
14 〔日本〕渡邊欣雄：《漢族的風水知識與居住空間》。

15〔日本〕渡邊欣雄：《國際風水理論研究動態》。

16 台灣·鍾義明：《陽宅風水理論基礎》。

17 天津大學學報：〈風水理論研究〉，建築學專輯。

18 程建軍：《中國古代建築與周易哲學》，吉林教育出版社。

19 程建軍：《風水與建築》。

20 王青：《中國古代風水術》，北京師範大學出版社。

21 洪丕謨：《中國風水研究》，湖北科學技術出版社。

22 新編《周易預測學》實用手冊，山西人民出版社。

23 楊文衡、張平：《中國風水研究》，國際文化出版社。

24 《地理正宗》：廣西出版社。

25 于希賢：《中國古代風水與城市規劃布局》，台灣《大地》雜誌。

26 于希賢：《風水觀與莫斯科城的選址布局研究》，經濟地理雜誌。

27 于希賢：《中國古都的風水文化透視》。

28 張岱年：中國哲學中「天人合一」思想剖析。

29〔英〕李約瑟：《中國古代科學思想》，陳立夫譯，江西人民出版社本。

30〔美〕寶宗儀：《中國的陰陽中和觀與現代科學思想》。

31 高友謙：《風水——中國建築的文化特質》。

32 凌燕：《風水與徽派建築》。

33 殷永達：《論徽州傳統村落水口》。

34 台灣·鍾文明：《陽宅風水基本原理》。

35 楊文衡：《論風水的地理學基礎》。

36 高友謙：《風水的美學原理》。

37 蔣匡文：《風水山形之基本格局》。

38 黃永融：《風水景觀論》。

39 王玉德：《漢民族陽宅風水文化散論》。

40 肖桐：《黃帝·宅經》和《陽宅十書》辨析。

41 張惠民：《中國風水應用學》。

42 王其亨：《風水和古代中國建築外部空間設計探析》。

43 何重義等：《楠溪江古村落建築的環境意趣》。

44 劉公中：《堪輿辟謬真傳》。

45〔日本〕郭中端等：《風水——中國的環境設計》。

46〔日本〕崛込憲二：《風水思想和中國的城市》。

47〔英〕西蒙·丁·蓋爾：《方位與建築環境》（榮斌譯）。

48〔日本〕三浦國雄、毛綱毅曠：《風水與城市形象》。

49 尚篍：《中國風水格局的構成、生態環境與景觀》。

50 梁雪：《從聚落選址看中國人的環境觀》。

51 徐蘇斌：《風水說中的心理場因素》。

52 朱光亞：《古今相地異同淺述》。

53 馮建逵、王其亨：《關於風水理論的探索與研究》。

54 史箴：《辨方正位，指南針的發明與磁偏角的發現》。

55 史箴：《風水典故考略》。

56 王蔚、戚珩：《毀譽交加說風水：E‧J‧依特爾〈風水──古代中國神聖的景觀科學〉評介》。

57 范為輯譯：《李約瑟論風水》。

58 鄭連第：《古代城市水利》。

59 李樹菁：《風水與經絡穴位》。

60 何俊壽：《易經與北京古都的規劃布局》。

61 鄭志海：《紫禁城》。

62 姜舜源：《古都北京的風水思想》。

以上六十二種文獻是直接引用過的。其中的理論、思想和實踐案例，還參考了上百種文獻，這裡不一一列舉。

總之，科學事業是天下公器，必須積眾人之力，匯眾人之智，方能形成力量。書中所引海內外同仁的著作，在文中儘量標明，示無忘前人的努力與功績。希望這一纂輯的讀物，能有助於對中國古代環境、建築科學思想的認識。「讀古書，當明古誼；居今世，不負今人。」

最後需要說明，由於歷史的原因，風水這一古文化流脈與其他某些學科一樣，精華與糟粕共存。今人閱讀當應取其精華，去其糟粕，善於思考，正確對待，藉以達到博古通今、頌揚光明、研究整理和欣賞傳統文化之目的，這才是纂輯者的本來意圖。

國家圖書出版品預行編目資料

中國風水與建築選址 Geomancy and the Selection
in Architecture Placement in Ancient China / 一丁
雨露 洪涌 合著– 初版.– 臺北市；藝術家，
民 88 面： 公分.–

ISBN 957-8273-50-9（平裝）

1.堪輿 2.建築 – 文化 – 中國

294   88013886

中國風水與建築選址

Geomancy and the Selection of Architecture Placement in Ancient China
一丁‧雨露‧洪涌◎編著

發行人　何政廣
主　編　王庭玫
編　輯　魏伶容‧陳淑玲
美　編　柯美麗‧莊明穎
出版者　藝術家出版社
　　　　台北市重慶南路一段 147 號 6 樓
　　　　TEL：（02）23719692~3
　　　　FAX：（02）23317096
　　　　郵政劃撥：0104479-8 號帳戶
總經銷　藝術圖書公司
　　　　台北市羅斯福路三段 283 巷 18 號
　　　　TEL：（02）23620578、23629769
　　　　FAX：（02）23623594
　　　　郵政劃撥：0017620~0 號帳戶
分　社　台南市西門路一段 223 巷 10 弄 26 號
　　　　TEL：（06）2617268
　　　　FAX：（06）2637698
　　　　台中縣潭子鄉大豐路三段 186 巷 6 弄 35 號
　　　　TEL：（04）5340234
　　　　FAX：（04）5331186
製　版　新豪華彩色製版印刷有限公司
印　刷　欣　佑彩色製版印刷有限公司
初　版　中華民國 88 年（1999）10 月
定　價　台幣 500 元

ISBN　957-8273-50-9
法律顧問　蕭雄淋
河北科學技術出版社授權出版
行政院新聞局出版事業登記證局版台業字第 1749 號